A Crossover of Political Philosophy and Critique of Political Economy

社会哲学と経済学批判

●知のクロスオーバー

角田修一

KAKUTA Shuichi

文理閣

謝辞

社会経済学（political economy）は社会哲学（political philosophy）を基礎とする社会科学の一分野である。K・マルクスの社会経済学は唯物論に立つ社会哲学である史的唯物論（歴史の唯物論的把握）を基礎とする。このマルクスの社会哲学はG・ヘーゲルの社会哲学と弁証法を批判的に継承し、のりこえたものである。本書では、公式主義的な命題の解釈や機械的適用の反省をこめて、社会哲学という名称を用いる。

本書は、ヘーゲルからマルクスへの社会哲学の批判的継承関係をベースに、初期マルクスの哲学と思想、現代社会＝政治哲学におけるリベラリズムとコミュニタリアニズム、意識とイデオロギーの理論、社会科学と経済学の方法、現代経済学批判、民主主義と資本主義など、いくつかのジャンルと積極的にクロスオーバーを試みる。ジャンルを超えて融合することを音楽用語でクロスオーバーというが、異なるジャンルとのクロスオーバーがマルクス経済理論の社会哲学的基礎と現代経済学としての可能性をより鮮明にしてくれると期待している。

本書の構成と成り立ちを紹介し、クロスオーバーに応じ、またガイドしてくださった方々に謝意を表す。

第一篇「社会哲学」。筆者は一九七〇年の見田石介先生との出会いから、ヘーゲルの論理学を学んできた。現在は牧野広義さんに精神現象学を学んでいる。マルクス「学位論文」（第一章）は山本広太郎さん、ヘーゲル法哲学（第二章）は尼寺義弘さんの研究に触発された。現代社会＝政治哲学とのクロスオーバー（第三章）を試みた理由の一つは、一九九二〜九三年のアメリカ留学の際、ラディカル派社会経済学者（Radical Political Economists）の講義のなかでロールズ『正義論 A Theory of Justice』（一九七一年）が扱われたこと、二つ目は小沢修司さんが先鞭をつけたベーシック・インカム（BI）構想の社会哲学的基礎を考えること、三つ目はBIが筆者の学位論文『生活様式の経済学』（一九九二年、青木書店刊）で主張したマルクスの個人的所有再建の社会哲学的意義と関係すると考えたことである。

第二篇「社会的意識とイデオロギーの理論—ポスト・マルクス」。上野俊樹さん、向井俊彦さん（いずれも故人）がイデオロギー論、「主体の学の構想」にとりくまれたことに触発された（第四章）。意識とイデオロギー論について筆者はマルクス以後（ポスト・マルクス）の理論史の再検討が必要だと考えた（第五、六章）。この過程で、自由、平等、正義そして権利といったマルクスの価値理念にかんする欧米の議論（これもロールズが起点）を手堅く整理された松井暁さんの仕事から学ぶことが多かった。またグラムシについては鈴木富久さんからお教えをいただいた。

そして丸山眞男（第八章）である。丸山眞男へのガイド役、後藤康夫さん、後藤宣代さんの紹介でカリフォルニア州立大学バークレー校（UCB）日本研究センターに二〇〇八年前半席をおき、歴史学部教授アンドリュー・バーシェイ（Andrew Barshay）さんと交流することができた。教授のご著書『近代日本の社会科学—マルクス主義と近代主義の伝統』（二〇〇四年、邦訳副題に注意）は戦前、戦後の日本のマルクス主義社会科学の諸潮流をたんねんに研究したものだが、その結びは経済学者ではなく意外にも丸山眞男であった。筆者との会話のなかで教授は丸山眞男をグラムシと関係させた。そこで、グラムシと丸山眞男のあいだに誰がいただろうかと考えたところに、あの三木清を「発見」した。本書第二篇はこのようにして可能になった。

第三篇「経済学批判の方法」は、二〇〇五年に刊行した二冊目の単著『「資本」の方法とヘーゲル論理学』（大月書店）の成果を社会科学の方法論からとらえたところに生まれた。ウィーン学派メンガー、ドイツ歴史学派シュモラー、そしてヴェーバー、大塚久雄と、日本における経済学と経済学史研究の分厚い成果に依拠したが、社会科学と経済学の方法における基礎的諸問題についてマルクスの「理論的方法」の優位性を明らかにするためには、他の方法論と積極的に比較、検討する必要があると考える。

第四篇「現代経済学批判」と第五篇「民主主義と資本主義」の四つの章はいずれも先の一九九二〜九三年のア

メリカン大学（American University, in Washington, DC）滞在の際、Mieke Meurs, John Willoughby, Robin Hahnel（現 Portland State University）さんの講義（Political Economy, Comparative Study of Economic Systems など）などから得たテーマである。社会経済学の講義用シラバスはA・スミスから制度学派まで幅広く、そのなかにマルクスが位置づけられ、教えられていた。哲学的素養や裾野の広さが日本のマルクス経済学教育には欠けていると実感した。いまではインターネットでこれらの方々の動向を知ることができ、隔世の感がある。Meurs さんはS・ボウルズ（Samuel Bowles）とH・ギンタス（Herbert Gintis）がいたマサチューセッツ州立大学アマースト校（UMass Amherst）で学位をえた人であった。一九九二年九月、思いがけず柳ケ瀬孝三さん（故人）がイギリス留学からの帰国途上ワシントン DC に立ち寄り、ボウルズさんとギンタスさんに会う約束があるとお誘いをうけた。こうしてボストンから二〇〇キロ西方に離れたアマースト校にお二人を訪ね、幸運なインタビューが実現した。いまもボウルズさんが自転車で研究室に現れたことに驚き、ギンタスさんはG・ベッカー（Gary Becker）への批判が必要だと言われたことが記憶に残る。その後、ボウルズとギンタスの「抗争交換理論」を『資本論』ベースの競争論あるいは賃労働論次元への具体化と評価し、かれらの共著 *Democracy and Capitalism*（1986）の内容とその意義に関する論稿を書いた（第五篇）。また、ボウルズとR・エドワーズ（Richard Edwards）のすぐれたテキスト *Understanding Capitalism* 2nd., 1992 に出会った。その内容は帰国後の専門教育に生かしてきたが、現在は第三版（二〇〇五年）を『概説社会経済学』（文理閣、二〇一一年）に利用している。

以上がクロスオーバーの相手方あるいはガイド役の方々である。また常日頃、平野喜一郎さんと芦田文夫さんの両先輩にはお世話になる機会が多い。立命館大学経済学部・同経済学会（松本朗学部長・会長）、関西唯物論研究会（牧野広義代表）、基礎経済科学研究所（中谷武雄理事長）、京都労働者学習協議会（芦田文夫会長）の関係者にも感謝を表したい。本書は、戦前、戦後のマルクス主義に関連する文献を必要としたが、その多くは立命館大学図書館で利用することができた。先輩研究者たちによる長年の収書努力の賜物と感謝している。

学術書の刊行が厳しさを増すなか、見田先生没後四〇年の本年に刊行したいとの申し出に心よく応じてくださった文理閣代表者黒川美富子さん、編集長山下信さんにあらためてお礼を申しあげる。
現在、筆者の研究と生活は二人の家族、佳奈と真希に支えられている。愛する家族に本書をささげる。

二〇一五年八月九日　盛夏の京都（河原町広小路）にて

＊本書の論旨と解題は、各篇冒頭のページでごらんいただける。

目　次

第三篇　経済学批判の方法

第一篇　社会哲学――自己意識の哲学から社会的意識諸形態の理論へ

社会経済学（political economy）は社会哲学（political philosophy）を基礎とする。社会哲学とは人間の社会の歴史を含む見方・考え方、認識方法、そして人びとの意識の在りように関する哲学である。マルクスの社会経済学の基礎は社会哲学の一種である史的唯物論である。

第一篇は、全体として、マルクスがもっとも若い時に提出した哲学博士の学位論文から人間の意識の在りようを追求し、社会哲学としては史的唯物論、思想的には自由主義から民主主義を経て社会主義あるいは共産主義に到達し、意識の在りようを社会的意識形態論として展開したことを明らかにする。

その学位論文において、マルクスは、古代ギリシャの哲学者エピクロスの原子論を読み解き、哲学としては人間の「自己意識の絶対性」、思想的には自由主義に立つことを宣言した。「自己意識としての人間」は現実的な社会的存在としては「具体的で普遍的なもの」により制限される矛盾のなかにある（第一章）。この「具体的で普遍的なもの」とは近代市民社会とその国家にほかならない。マルクスは近代市民社会とその国家における現実の諸問題と格闘するなかで、ヘーゲル社会哲学における市民社会論と国家論を批判し、これをのりこえた。そして、思想的には自由主義から民主主義へ、そして近代市民社会批判から「経済学批判」を経て、資本制生産様式の理論的解明にもとづく社会主義思想へとみずからを発展させていった。マルクスの社会経済学と社会哲学が交差する。ヘーゲルの社会哲学と古典派経済学、この二つの市民社会論の限界をのりこえることでマルクスの新しい社会哲学と社会経済学は生まれた（第二章）。

ヘーゲルの社会哲学をのりこえたマルクスは、近代市民社会における人間は「私人」、近代国家という「政治的共同体」においては「公民」として「分裂」せざるをえない事態を明らかにする。近代社会に固有な社会的意識形態である自由、平等、所有、正義といった人権も、政治的には独立した自由な諸個人がとりむすぶ関係としてありながら、経済的土台における利己的諸個人の関係により分断される。そして、この利己的諸個人のあいだの関係が社会的存在となって、私有にもとづく私益優先、利己主義といった社会的意識を生みだすのである。これこそが「経済学批判」の対象であり、前提ともなる市民社会の意識とイデオロギーにほかならない。第三章はさらに、マルクスの社会哲学からみれば、現代アメリカのリベラリズム哲学を代表するジョン・ロールズとロバート・サンデルの社会哲学上の対立が、じつは現代版「私人と公民の分裂」であることを明らかにする。

第一章　自己意識の哲学と自由主義思想
――マルクス「学位論文」の哲学と思想――

はじめに――課題設定

社会経済学（political economy）は社会哲学を基礎とし、またしなければならない。K・マルクス（Karl Marx, 一八一八〜一八八三）の社会経済学と経済学批判には広く社会と歴史および思想したがってまた人間観にまで及ぶ哲学的基礎があった。本書で社会哲学というのは、いわゆる政治哲学あるいは経済哲学をも含む広義のpolitical philosophyを意味する。そして、唯物史観あるいは史的唯物論といわれるマルクスの社会哲学もまたそうした社会哲学の一形態である。本書はこの唯物史観あるいは史的唯物論の公式主義的解釈を再考することを意図し、「マルクスの社会哲学」という用語を用いる。

第一篇は社会哲学における意識とイデオロギーの理論に課題をしぼる。さらに、この第一章はマルクスの哲学と思想の出発点をなしたかれの学位論文をとりあげる。

学位論文の表題は「デモクリトスの自然哲学とエピクロスの自然哲学の差異」（イエナ大学、一八四一年四月、以下「学位論文」）というものであった。マルクスが弱冠二三歳で書いた最初の学術的著作であり、いわばマルクスの哲学および思想の原点ともいえるものである。いわゆる初期マルクスをめぐる議論のなかでもとりあげられることは、そう多くない。しかし、そこからは、いくつか、素朴な、あるいは素直な疑問がわいてくる論文である。

ヘーゲルの弟子ガンス（Eduard Gans, 一七九七～一八三九、法哲学）などをとおしてヘーゲルの観念論哲学を学んだマルクスが、なぜ学位論文では古代ギリシャの唯物論を代表する哲学者をとりあげたのか。ヘーゲル『哲学史講義』（マルクスは準備ノートでミシュレ K.L. Michelet 編第一版第二巻一八三三年刊を用いている）を読むと、なかでもエピクロスにたいするヘーゲルの評価はかんばしくない。にもかかわらず、マルクスは学位論文の結論部分で、デモクリトスよりもエピクロスを「ギリシャ最大の啓蒙家」とよんだ。エピクロスの哲学は「自己意識の自然学」であり、その原理は「自己意識の絶対性と自由」であると高く評価したのである。

これらのことから、マルクスは論文執筆時ヘーゲル哲学にたいしてもすでに一定の批判をもっていたのではないか、マルクスが関係したいわゆるヘーゲル左派（マルクスの学位論文の注における表現は「自由派」）、とくにブルーノ・バウアーの「自己意識の哲学」との関係はどうなのか、学位論文執筆当時、マルクスはバウアーらと同じ理論的立場にいたのか、それともバウアーらにたいしてすでに一定の批判をもっていたのか（マルクスはこの後、バウアーらの立場を厳しく批判するようになる）、あるいはそもそもこの論文にはオリジナリティはあるのか、あるとすればそれは何か、といった問題が提起されている。さらに、学位論文執筆当時のマルクスの哲学上の立場ははたして観念論だったのかどうか、そのマルクスが学位論文の後にフォイエルバッハの唯物論を受容するが、その要素はこの学位論文のなかにあるのか、また、その後にフォイエルバッハを批判することになる要素もすでに学位論文のなかにあるのかなどの問題もうかびあがるところである。

マルクスの学位論文はその生前には公刊されず、F・メーリングによって一九〇二年に公表された。その後、レーニンが論文「カール・マルクス」（一九一四年）のなかで、「（学位論文）当時のマルクスは、その見解からすれば、まだヘーゲル学派の観念論者であった」という評価を下した。そのため、マルクスの一八四一年から一八四四年ないし四五年にいたる急速な理論的成長は、かつての公式主義的な理解では「観念論から唯物論への転換」として、またそれとともに「革命的民主主義から共産主義へ」として特徴づけられた。

わが国のマルクス研究でも、学位論文は『経済学・哲学草稿』（一八四四年）あるいは「ヘーゲル国法論批判」（一八四三年）に比べてとりあげられる機会は少ない。しかし、一九二七年に出されたリャザノフ編の旧全集版にもとづく改造社版『マルクス・エンゲルス全集』第一巻（一九二八年）には、服部英太郎による邦訳がある。それ以来、一九七〇年代までに、淡野安太郎、重田晃一、良知力、富沢賢治、城塚登、山中隆次、廣松渉、正木八郎、大井正、疋野景子などがそれぞれの初期マルクス研究のなかでこの学位論文を扱った。また、これらの研究のなかで、リャザノフ、メーリング、ルカーチ、コルニュ、オイゼルマン、レーヴィット、マクレラン、ヒルマン、ローゼンなど、海外における学位論文研究も翻訳ないし紹介されている。一九八〇年代以降は、「マルクスの哲学」とは何だったのかという問題の一環として学位論文が取りあげられる機会が多い（鷲田小彌太、山本広太郎、岩淵慶一、渡辺憲正、石井伸男、田畑稔など）。また、マルクスの自然認識あるいはエコロジー論について論じられる際に学位論文に言及されることもある（工藤秀明、フォスター）（以上については参照文献リストをみられたい）。

マルクス学位論文の研究は、ヘーゲル哲学、ヘーゲル左派なかでもブルーノ・バウアーの哲学と思想との関係、そしてドイツのいわゆる三月革命前期と初期社会主義というように、とり扱う問題の範囲が広がる。しかし、本稿では、最初の素朴な疑問にたいする一定の解答をみいだすことに課題を限定する。すなわち、学位論文とその執筆時期におけるエピクロス哲学の評価、ヘーゲル哲学およびブルーノ・バウアーの「自己意識の哲学」との関係に問題を絞る。学位論文執筆期のマルクスにその後の理論的成長につながるすべてを求めることはできない。しかし、「マルクス」になっていく萌芽をその哲学と思想の出発点においてみいだすことは、同時にその当時のマルクスの理論的限界、したがってまた課題を明確にすることにつながる。

以下、一．でエピクロスの哲学をヘーゲルの「哲学史講義」における評価と重ねあわせる。二．と三．では学位論文におけるエピクロス評価をとりあげる。そのうえで、四．では「自己意識の哲学と自由主義思想」をめぐって、「むすび」では「観念論と唯物論」をめぐる諸説を検討する。

一　エピクロスの哲学とヘーゲル「哲学史」

エピクロス（Epikouros、紀元前三四一〜同二七〇）は、古代ギリシャ哲学の解体期、都市国家ポリスの衰退期にあたるヘレニズム時代の哲学者である。エピクロスは膨大な量の著作を書いたとされているが、残されたものは数少ない。したがって、ヘーゲルの「哲学史講義」でも同様であるが、マルクスの学位論文（準備ノート）では、エピクロスが書いたとされる断片的な著作や、他の人びとが書いたエピクロス哲学の紹介をもとに研究がなされている。(1)

エピクロスは反対者からいわれなき中傷や非難を浴びたとされている。しかし、ヘーゲルは『哲学史講義』のなかで、「私たちはエピクロス主義について通常世に行われているすべての俗見を脱却しなければならない」(2)と述べた。以下、ごく簡単に、エピクロス哲学の要点をヘーゲル「哲学史講義」における評価と重ね合わせてみよう。

エピクロス哲学は、一般的にいえば、原子論的唯物論を基礎とする実践哲学である。その哲学は規準論（Kanonik）・自然学（Physik）・倫理学（道徳論 Moral）の三部門からなる。かれは、真偽や善悪の規準を感覚や感情の明瞭性（エネルゲイア enargeia、英 actuality）におき、神々や死後に関する迷信（臆見ドクサ doxa）や恐怖から脱して、平静な心境（アタラクシア ataraxia）と肉体の苦しみのない状態を保って朗らかに生きることを目的とする哲学を説いた。

エピクロス哲学の規準論とは、認識において真理を成り立たせる規則を構成する諸契機を扱う、いわばエピクロス哲学の論理学である。

まず、エピクロスは、「すべては感覚にしたがってみるべきである」（岩文一一ページ）と言う。この感覚に由来して形成される「先取観念」によって、ものごとの判断の真偽が決定される。行為に関しては「現存する感情にしたがって」、「快＝善」と「苦＝悪」とを区別すべきである。

こうしたエピクロスの規準論について、ヘーゲルは、「きわめて単純で、抽象的で浅薄」（前掲書二二七ページ）だと批判している。

つぎの自然学によれば、感覚や直観は、その外にある事物の表面から流出する「映像」に対応する性質が感覚をとおしてわれわれの内側に形成されるものである。この意味で、観念は実在を反映する。[3] 問題は事物の本質である。エピクロスによれば、全宇宙は「有るもの」（物質）から生じるから、「有らぬもの」へと消滅することはない。その根本原理は「不可分な物体的実在である原子」である。原子それ自体は、形状、重さ、大きさ以外の性質を持たない。そして原子はたえず、永遠に運動する。その運動する場が「空虚と空間とかの不可触的な実在とかよばれるもの」である。この意味で、全宇宙は無限である。物体は運動するものであって、物体と空虚の他に実在するものはない。イデアや神、理性のような「それ自体として完全な実在として捉えられるもの」は存在しない。ただし、神は不死と智福の存在であり、人びとの共通の明瞭な直覚にもとづいて認識される。したがって、「エピクロスは無神論者ではない」（岩文、出・岩崎の訳注、一七四ページより）ことに注意する必要がある。

以上のようなエピクロスの形而上学と自然学について、ヘーゲルは当然ながらきわめて否定的である。ヘーゲルによれば、本質的な存在である原子と感性的な現象との関係を示すことが肝要である。ところが、エピクロスは、「何の意味もないあいまいなことを、とりとめもなく、あれこれ述べているだけである」。原子相互のある種の関係である性質や、原子の衝突と結合による有機的な事物も、エピクロスにおいてはすべて偶然的な運動によってつくりだされたものにすぎない。ヘーゲルによれば、「エピクロスは思考がそれ自体として存在することを認めない。かれの原子それ自体が思考の本性（にしたがったもの）、すなわち直接的に存在するのではなく、本質的に媒介によるものであり、したがって否定的あるいは普遍的な存在であることに考え及ばなかった。これこそ、エピクロスの第一の、そしてまた唯一の不整合である」（前掲書二三六ページ）[4]。

さらに、エピクロスの自然学は経験的な科学の方法である。迷信や神への怖れを一掃し、「啓蒙をおしすすめた」。しかし、有限なものに立ちどまっているために、「エピクロスの哲学的な思考について、私たちは何の敬意ももちえない。あるいはそれはむしろ、まったくの無思想である」（同上、二四七ページ）とヘーゲルは言う。

ヘーゲルはまた、エピクロスと同時期のギリシャ哲学であるストア派（stoicism）とエピクロスとを比較し、エピクロス哲学の一面性をつぎのように批判する。

ストア派は、普遍的なものとしての思考の原理すなわち抽象的な思考されたものとしての理性（ロゴス）や概念を真理と考えて、これに固執する。こうしたストア派の「抽象的普遍」にたいしてエピクロスの哲学は、存在を感覚においてとらえ、個別的な形式における意識を本質あるいは原理ととらえる。ヘーゲルによれば、ストア派とエピクロス派のどちらも一面的であって、特定の原理や規準だけを立てる哲学すなわち独断論（Dogmatismus）である。どちらも、一方に原理や規準があるとすれば、他方で、主観はこの原理によって精神の自由、自立を獲得すべきだとする。したがって、何ものにも動じず、すべてのものに無関心であるような哲学、これがストア派にもエピクロスにも共通する考え方である。

たしかに、エピクロスの道徳論（実践哲学）は乱されることがない純粋な自己意識におかれている。エピクロスは言う。「身体の健康と心境の平静こそが祝福ある生の目的である。（中略）快は、この生の初めと終わりである。われわれは快を生まれながらの善と認める」。「すべての始原、しかも最大の善は思慮深さである」（以上、岩文六九〜七二ページ）。

ヘーゲルによれば、エピクロスの道徳論はかれの教えのなかでもっとも評判が悪いが、むしろかれの教えのなかではもっとも良い。なぜなら、エピクロスは、快を享受するうえで哲学にもとづく思慮深さを求めているからである。エピクロスにあっては、快という目的に対応する普遍的な思考と、感覚という個別的なものとが合致するようになっている。

もう一つ。エピクロスは「重さ」を原子の根本的な性質ととらえ、原子の運動については重さによる落下運動を考えた。その運動はデモクリトスのような直線ではなく、直線からいくらかはそれる線すなわち曲線をなす運動だとされる。そうなると運動は無差別な方向になるので、その結果、原子がぶつかりあい、本質的ではない事物の統一が形成される。

「原子はたえず、永遠に運動する。或るものは〈垂直に落下し、或るものは方向が偏り、或るものは衝突して跳ね返る。……〉」（エピクロス、岩文一四ページ）[5]。この「方向の偏り」については、ヘーゲルは「思いつきの作りごと」「空虚」あるいは「貧弱なもの」と酷評している。

以上、ごく簡単に、エピクロスの哲学とこれにたいするヘーゲルの評価をみた。エピクロスおよびその前身にあたるデモクリトスの哲学は原子論にもとづく唯物論であった。これにたいして、ヘーゲルは、「有限なものを真の存在とは認めない」絶対的観念論の立場から、思考をも原子から説明するエピクロスの哲学は「浅薄」だとする。そして、エピクロスにおける思考と存在、普遍と個別、本質と現象のあいだのかい離あるいは不整合を批判したのである[6]。

では、マルクスは学位論文においてなぜデモクリトスとエピクロスの差異をとりあげ、なかでもエピクロスの哲学を高く評価したのか。そこにはヘーゲルのエピクロス評価とは異なり、むしろヘーゲルをのりこえ、その後のマルクスの哲学と思想の展開の芽となる要素があるのではないか。つぎにそのことを明らかにしよう。

二　「学位論文」におけるエピクロスの原子論

エピクロスより前のギリシャ哲学成熟期（アテネ時代）にデモクリトス（前四六〇頃〜三七〇頃）の唯物論哲学

があり、プラトンの観念論哲学と対立した。エピクロスはこのデモクリトスの哲学を継承し、発展させたとされている。こうした通説と異なり、デモクリトスに比してむしろエピクロスの哲学の方を高く評価し、その意義と同時に限界、そしてまたその限界をのりこえる方向をも明らかにする。これがマルクス学位論文の主題であった(7)。

マルクスは学位論文の「序言」(一八四一年三月)においてこの論文の意図を説明し、「ギリシャ哲学史のなかで今日までのところまだ解決されていない問題を解決したと信じる」と書いた。そして、この論文は「エピクロス派、ストア派、および懐疑派の哲学の一団を全ギリシャ的思弁との関連で詳細に叙述するつもりである大きな著作のたんなる先ぶれをなすものとみなしてほしい」とも予告した(この著作はもちろん書かれなかった)。そして、ヘーゲル「哲学史講義」におけるこれら三つの哲学体系の扱いに触れて、つぎのように述べている。

これら三つの哲学体系の「普遍的なものをヘーゲルは全体的には正しく規定しているが、(中略)すぐれて思弁的と呼んだものについてのヘーゲルの見解が妨げとなって、ギリシャ哲学の歴史とギリシャ精神一般にたいしてこれらの体系がもつ高い意義を認識できなかった。これらの体系は真のギリシャ哲学史を理解する鍵である」(*MEW*, Bd.40, S.261-2、傍線は引用者)。

このように、哲学史講義におけるヘーゲルの評価と異なり、マルクスはヘーゲルが独断論と呼んだエピクロスとストア主義、そして懐疑派の哲学を高く評価する。しかもヘーゲルによる評価の妨げとなったもの、したがってまたヘーゲルとの違いはヘーゲル哲学の思弁性によることを明言したのである。

この序言において、マルクスはさらに、哲学は「世界を征服しようとする自由な心」であると言う。そして、「人間の自己意識を最高の神性と認めないすべての神々にたいする哲学自身の宣言」として「自己意識と並ぶものはだれもいない」と宣言する。これは学位論文の結論部分においてエピクロスの哲学の原理を「自己意識の絶対性と自由」と評価することに対応しており、みずからの哲学上の立場を自己意識とその絶対的自由の立場だと宣言したものである。

学位論文と詳細な注を執筆する前、一八三九年に、マルクスは七冊の準備ノートを作成した。以下、「学位論文」本文、注および準備ノートにもとづいて、マルクスによるエピクロス評価を明らかにしよう(8)。

学位論文第一部はデモクリトスとエピクロスの自然哲学の「一般的差異」を論じる。先にみたように、エピクロスの自然学は「原子と空虚」を根本原理とすることにおいて、デモクリトスの自然学と同じである。ところが、原子と感覚的世界との関係になると、両者は正反対の立場になる。デモクリトスが感覚的世界を主観的仮象とするのにたいして、エピクロスは感覚的世界を客観的現象とする。したがって、エピクロスでは、客観的現象に対応する感覚的知覚が真理の規準になる。これにたいして、デモクリトスでは、原理は現象に表れず、現存在を欠く。その代わりに、原理とは別に存在する実在世界については哲学とは別の経験的観察と実証的知識に委ねられる。実在世界についてデモクリトスはたいへん博学であった。これと比べて、エピクロスは、無学ではないが、哲学に満足しているという意味で幸福である。

さらに、デモクリトスはすべてを原子の運動による必然性ととらえる決定論に立っている。これにたいし、エピクロスは偶然を認める。偶然を認めることはあらゆる可能性（「抽象的可能性」）を認めることである。以上の二つがマルクスのとらえた両者の「一般的差異」である。

つづく学位論文第二部では両者の「個別的差異」が考察される。

デモクリトスは空虚のなかの原子の運動を直線的な落下運動と多くの原子の反発とするが、エピクロスはこの二つに「直線からの偏り」を加える。これが両者における最初の「個別的差異」である。マルクスは、この「原子の直線からの偏りが全エピクロス哲学をつらぬいている」（Ibid., S.282）ことを見抜いた（先に述べたように、ヘーゲルはこの考えを酷評した）。

原子の運動が直線であるかぎり、原子の純粋な個別性あるいは自立した物体性は否定され、たんなる点になってしまう。したがって、原子は他者との関係に規定された存在（「定有」）でしかない。そこで純粋な自立的な個別性（「一者」）と他者との関係性とは対立する。マルクスはここに、「原子の概念のなかに存在する矛盾」（Ibid., S.285）を見いだす。そして、原子の偏りはこの矛盾の現実化であるととらえる。原子の偏りがあるから「はねかえり」や「ぶつかり」が生じ、世界がつくられるからである。

さらに、マルクスは、原子論を人間の本質的なあり方にせまるものとする。すなわち、原子を「ひとりの個別的な人間」の自立性ととらえる。そこには「直接に存在する個別性」としての人間があるとみるのである。「人間が自然の所産であることをやめるのは、かれが関係する他者がなんら異なる現存在ではなく、たとえまだ精神ではないにしても、それ自身がひとりの個別的人間であるときである」（Ibid., S.284）。

この一文の「たとえまだ精神ではないにしても」というくだりは、ヘーゲル『精神現象学』を想起させる。というのは、ヘーゲルにおける「精神」はまず、感性的な対象がそれ自体としてあって、「意識」は個別的な「このもの」であると確信するところからはじまる。そのつぎに、自分自身を対象とする「自己意識（自覚）」へとすすみ、こののちに「理性」を経て「精神」にいたる。したがって、人間の意識は他者を個別的な存在として自覚する段階から、さらに自分自身を対象とする「自己意識」としての人間にすすむ。マルクスは明らかにヘーゲル『精神現象学』の展開を意識して、つぎのように続けている。

「しかし、人間が人間としてその唯一の現実的客体となるには、かれはその相対的な存在を、欲求の力とたんなる自然の力とを、自分のうちで破壊してしまわなければならない」（Ibid.）。

マルクスがここで「相対的な存在」というのは、「自己意識」としての人間はまずは自然とくに生命を自分の対象とし、これを自分のものにすることによって存在するものであり、その意味で相対的だということである。そして、こうした相対的な存在をのりこえなければならないというのは、そこには矛盾があるということを意味する。(9)

このようにして、エピクロスのいう「反発は自己意識の最初の形態」としてとらえられる。「それは、自分を直接的に存在するもの、抽象的に個別的なものとしてとらえるところの自己意識に照応している。／したがって、原子の概念は反発において現実化しているのである。（中略）原子の反発においては、直線による落下における原子の質料性（Materialität）と、偏りにおいて措定されていた形態規定（Formbestimmung）とが総合的に結合されている」（Ibid.）。ここで重要なことは、マルクスが原子の反発を素材的側面と観念的形態規定性の側面の両面からとらえていることである。デモクリトスはこのうちの素材面しかとらえない。これにたいして、エピクロスは観念的な面したがって形態規定性の面からこれをとらえたことをマルクスは評価するのである[10]。

以上みたように、マルクスは、エピクロスの原子が「抽象的個別的なもの」であることを指摘しながら、エピクロスの原子の偏り（という運動）において、感覚的な姿であっても、原子の概念とそのなかにある矛盾および反発の本質がとらえられたと評価する。マルクスによれば、エピクロスにおいては「反発がより具体的な形態に適用され、政治的な領域では契約、社会的な領域では友愛であり、友愛が最高のものとして称えられている」（Ibid., S.285）のである[11]。

三　エピクロス哲学の原理——自己意識の絶対性と自由

学位論文第二部は、第一部に続く四つの章において、デモクリトスとエピクロスの自然学の差異を扱い、エピクロス哲学の原理を総括する。

マルクスはまず、エピクロスの原子は変化しないものだから、可変的な属性をもつということは「原子の概念と矛盾する」ことを指摘する。エピクロスにおいては、反発する多数の原子は感性的空間をとおして分かれているので、必然的に直接にお互いに異なるし、その純粋な本質とも異なっていなければならない。これは質（Qualitäten）すなわち規定性あるいは規定された存在（「定有」）のことである。エピクロスの原子論では、大きさ、形状、重さがそれにあたる。

マルクスによれば、「原子は質によってその概念と矛盾するところの、ある現存在を獲得する。それは外化され、その本質から区別された定有として措定される。この矛盾こそがエピクロスの主要な関心をなしている」(Ibid., S.286)。すなわち、エピクロスは原子の質料的本性と同時に、それを否定するような諸属性をも措定するというのである。

このことは、二・で紹介した質料性と形態規定性との関係、直線運動と偏りとの関係につうじる。エピクロスにおいてはこれらの関係がかい離し、不整合を起こしているとヘーゲルは批判したのだが、マルクスはこれらの関係のなかに、質料と形態、概念と現存在のあいだの矛盾をみいだした。マルクスはつぎのように述べる。「原子の諸属性の考察は、したがって、偏りの考察と同じ結論をわれわれに与える。すなわち、エピクロスは原子の概念における本質と現存在とのあいだの矛盾を客観化し、そうして原子論の学を提供したのである。デモクリトスの場合は、原理それ自体の現実化もおこらず、たんに質料的な面だけが固執され、経験的知識のための仮説がもちだされるにすぎない」(Ibid., S.289f)。

つまり、マルクスによれば、デモクリトスの唯物論は事物の質料だけに着目する質料主義(materialism)である。エピクロスはその限界を脱して、事物の形態規定の側面をもとらえた。しかもそれを原子という原理のあり様として展開した。ただし、「エピクロスのやり方」は、「一つの概念の異なる諸規定を異なる自立的な現存在として措定しがちである。その原理が原子であるように、かれの知のあり方それ自体が原子論的である。展開のそれぞれの契機が、かれの手にかかるとすぐに、一つの固定した、その連関から、いわば空虚な空間によって分離された現実性に転化する。すなわち、すべての規定が孤立した個別性の形態をとる」(Ibid., S.292)。たとえば「無限性」がその例である。だから、「異なる諸規定に異なる現存在の形態を与えることによって、そうした区別を概念把握したわけではない」。エピクロスにおいては、現存在が原理あるいは概念からの展開として把握されていない。この意味で、「原子は諸属性によってその概念から疎外されている。しかし、それと同時に、原子はその構成において完成されている。質を与えられた原子の反発と、それと連関する集合体から、いまや現象世界が生じる」（Ibid., S.293）のである。

エピクロスにおける原子は「自然の絶対的な本質的な形態」であるが、「この絶対的な形態が、いまや絶対的な質料（Materie）にまで、現象世界の無形式な基体（Substrat）にまで降格されている」（Ibid.）。マルクスはここに、エピクロスにおける原子の概念の矛盾を見いだす。

つぎに時間について。

デモクリトスの体系においては、時間はどのような意味も、どのような必然性ももたない。これにたいし、エピクロスにおいては、時間は本質の世界から除外され、現象の絶対的な形態となる。すなわち、時間は感覚器官によってとらえられる物体あるいは実体の偶有性である。それは自然の客観的現象あるいは実体の変化である。したがって、現象世界をとらえる感性と、物体から生じる「映像」および時間は一つの物（Ding）である。

こうした考察からの帰結として、マルクスは言う。「第一に、エピクロスは質料と形態とのあいだの矛盾を現象的自然の性格とし、そこでこの現象的自然は本質的な、原子の対応像になる。（中略）第二に、エピクロスのもとではじめて、現象は本質の疎外としてとらえられる。（中略）最後に、エピクロスによれば……正当にも、現象的自然は客観的なものとして措定され、感覚的知覚は具体的自然の真の標識とされる。もっとも、その基礎である原子は理性によってのみ感得される」（Ibid., S.236）。

エピクロスにおいて、人間の自己意識は、「抽象的理性」としては原子という「抽象的で個別的な自然形式」であるが、感性としては「経験的な個別的な自己意識」として「具体的自然の唯一の標識」（Ibid., S.297）となる。これがエピクロスにおける「自己意識の自然学」（Ibid., S.305）である。

エピクロスの哲学における矛盾は、天体と気象に関連する過程（メテオーレ）において現れ、それとともに解消される。エピクロスは天界・気象界の事象についてはいくつもの説明が可能であると主張し、神学的な、あるいは迷信による説明に反対する。しかし、それは、天体や気象のなかに個別的な自己意識の平静さを破るような自然の「絶対的な自立性」(Ibid., S.281）や永遠性あるいは不変性をみいだすからである。マルクスは、「エピクロスは機械的な自然以外の自然を知らない」と指摘し、天体が「抽象的、個別的な自己意識」に敵対する「具体的」で「普遍的なもの（das Allgemeine)」あるいは「現存する普遍性」としてとらえられていることを指摘する。したがって、エピクロスの「自己意識の自然学」の帰結は「普遍的なものにたいする意識的な対立」(Ibid., S.305）になるのである。

エピクロス哲学の原理は、個別的な形式においてとらえられているとはいえ、「自己意識の絶対性と自由」(Ibid., S.304）である。この「抽象的に個別的な自己意識」を絶対的な原理とする哲学は、具体的な「普遍的なもの」にたいして「意識的に対立」するので、宗教や天空が人間生活を圧迫することに立ち向かった。この意味でエピクロスは「ギリシャ最大の啓蒙家」である。これに比べて、ストア派の自己意識は「抽象的に普遍的な自己意識」であるから、迷信と神秘主義に道を開くことになる。また、デモクリトスの原子は純粋な抽象的なカテゴリーにとどまる一つの仮説にすぎない。これが学位論文におけるマルクスの結論であった(12)。

四　自己意識の哲学と自由主義思想——諸説の検討

マルクスは、二、三で検討したように、エピクロスの原子論哲学を「抽象的で個別的な自己意識」による世界の把握だととらえた。ここで「抽象的」にたいして「具体的」を、「個別的」にたいして「普遍的」を対置しよう。そうすると、エピクロスの「抽象的で個別的な自己意識」にたいする「抽象的で普遍的な自己意識」はストア派の哲学の立場であり、「具体的で普遍的な自己意識」はヘーゲルの哲学の立場になる。では、マルクスの立場はといえば、具体的で「経験的な個別的な自己意識」（*MEW*, Bd.40, S.297）としての人間である（より明確な言葉になるのは後のことである。『聖家族』一八四五年「序」では「現実的人間主義」さらに『ドイツ・イデオロギー』の「生きている諸個人」）。

学位論文の序言においてマルクスが明言したのは「自己意識」を最高とする哲学の立場に立つことであった。そして、学位論文の内容でもっとも重要なことは、マルクスがエピクロスの原子論の「抽象的個別的自己意識」と「具体的で普遍的なもの」（これを自己意識とは言っていないことに注意）との矛盾を把握したことである。[13] この矛盾把握の基礎にはヘーゲルの弁証法（質料と形態、概念と現存在、それらのあいだの矛盾）と哲学的自己意識がある。そこで、学位論文をめぐる諸説の検討にあたっては、まず哲学的自己意識について検討しなければならない。

そもそも、エピクロス派とストア派の哲学を独断論とし、これに懐疑派（スケプシス主義）を加えて、これら三学派の哲学原理が自己意識にあるとしたのはヘーゲル「哲学史講義」であった。ヘーゲルによれば、これら三派の哲学は、特殊なものを包摂し、特殊なものに適用される「普遍的なもの」という理念（Idee）の意識をまだもっていないので、「理性」より前の段階にある「悟性（知性）の哲学」である。しかし、これらの哲学には体系化への要求がある。そのため、真理の標識（規準）となるような「一つの原理にもとづいて、あらゆる特殊なものを認識することを求める」。「これらの哲学すべてにとっては、自己意識が自分自身と純粋に結びつくことが原理である」。したがって、「このような哲学の原理は客観的ではなく、独断的であり、自己満足をえようとする自己意識の衝動にもとづいている。……主観は自己のうちに、自己のために、自己の自由の原理を、したがって心の平静の原理を求める」（Hegel, *Werke*, 19, S.250f. 宮本・太田訳、一五六～一五八ページ）というのである。

ヘーゲルによるこの特徴づけが一～三で検討したエピクロスの哲学に妥当することは明らかである。エピクロスを含む三派の哲学は、ギリシャで生まれながら、ローマ人が支配する世界の哲学となった。ヘーゲルによれば、ローマ世界が「理性的で実践的な自己意識にそぐわない世界」であったから、これらの哲学はローマ世界に背を向け、自己のうちに合理性を求めざるをえなかったのである。[14]

では、ヘーゲル哲学における自己意識（Selbstbewusstsein、self-consciousness）とは何か。

自己意識とは自覚あるいは自分自身についての意識のことである。ドイツ観念論では、主体としての精神が自己を自覚すること、あるいは宇宙的な自我という形而上学的な意味をもつ（『岩波哲学小辞典』「自覚」粟田賢三・古在由重編、一九七九年より）。

ヘーゲル『精神現象学』によれば、精神がより低次な段階から高次な段階へと歩む過程において、感覚や知覚、悟性という段階では、対象の側に真理があり自分の側には確信だけしかない。そのため、意識は自分が真理だという確信に至ることができない。この意識にたいし、つぎの自己意識はたんなる自我ではなく、自分と対象との区別を保持しながら、自分自身を対象としながら同時に対象である他者を自分自身であると自覚する。またこのことによって自分と対象との区別を止揚する、そうした運動の過程にある意識である。

したがって、ヘーゲルの自己意識は実践的性格をもつ。まず、生命対象をとりこみ、食い尽くす欲求という意識形態をとる。つぎに、対象が他のもう一つの自立的な自己意識となり、相互の対等な関係において互いを自由で独立しているものと認め合う相互承認関係になる。

ヘーゲルはこれを「考える、自由な自己意識であるような意識」と言い、哲学史上のストア主義と懐疑論（scepticism）のなかに見いだした。ストア主義では思考する意識は世界（他在）にたいして無関心で、つねに自分に還り、善と徳に生きる。懐疑論は確実な真理の認識を否定することで誤謬を避け、自分自身を平静に保つ。これら二つにたいして、絶対的な不変を求めながら自分はそこに到達できない矛盾をかかえた意識が「不幸な、自分のなかで分裂した意識」である（以上、『精神現象学』「B自己意識　Ⅳ自分自身の確信の真理　B自己意識の自由」）。

以上のような自己意識は「自己の独立と自由だけを問題にしている」。しかし、この自己意識がつぎの理性になると、「意識の他在にたいする否定的な関係が肯定的な関係に転回する」（『精神現象学』「C理性」章冒頭）と言うのがヘーゲルである。この「理性的自己意識」はすべての現実性を自己意識にほかならないと確信している意識であるから、思考がそのままみずから現実性となる。「理性とは、理性が全実在であるという意識の確信である」。ここに「人倫の国」が開ける。そして人倫の実体は民族の「おきて」と「習俗」にある。

「人倫の国」における意識がヘーゲルのいう普遍的自己意識である。普遍的自己意識とは、二つの自己が各々自由な個別性として絶対的な自立性をもちながら、他の自己のなかで自分を肯定的に知ることである。自由な自己意識である両者は、承認のための闘争の成果として、互いに承認されていることを知っている。普遍的自己意識はあらゆる人倫性（家族や国家、そして愛）の実体をなす。そこでは主観性と客観性とが同一であるから、自己意識は概念と実在性とが一致する理性になるというのである（以上、『精神現象学』「V理性の確信と真理　B理性的自己意識の自分自身による実現」および『エンチュクロペディー第三部　精神哲学』四三六～四三七節を参照）。

ヘーゲルの自己意識とは結局、精神である。精神は悟性（知性）から理性へと高まり、それらを契機としながら精神（精神、宗教、絶対知）に至る。ヘーゲルによる自己意識論の展開からみれば、エピクロスの原子は固定された本質、抽象的で個別的な自己意識にとどまっている。また、ヘーゲルの後、青年ヘーゲル派の中心人物として学位論文執筆時期のマルクスに影響を与えたとされるブルーノ・バウアー（Bruno Bauer, 一八〇九～一八八二）の「自己意識の哲学」は、このヘーゲルの自己意識論の一面をとりだし、拡大したものであった。バウアーの哲学全体を検討の対象とするところではないが、学位論文執筆時期（準備ノートを含め一八三九～四一年）に書かれたバウアーの著作をもとに、バウアーの自己意識の哲学の特徴はみておかねばならない。

青年ヘーゲル派が批判の対象としたのは、当時のプロシア国家とキリスト教教会との強い結びつきによる自由な精神の圧迫であった。一八四一年『ハレ年誌』に発表された「キリスト教国家と現代」のなかに、バウアーの哲学と思想をよく表すと思われるつぎの一節がある。

「革命（フランスの—引用注）、啓蒙主義および哲学は……国家を人倫的自己意識の包括的現象となるように改革した。この急激な改革は……これまで自分自身の権利にしばりつけられていた原子が解放されることにほかならない。これらの原子はそのときから平等な権利を獲得することができるのだが、それもまた……それぞれの原子が自分自身を抑えることによって他の原子と一体になることによってである。自己放棄が第一の律であり、自由はその必然的な帰結である。／……君主は国家の第一の下僕となる」（良知編一九七四、壽福訳二四一ページ）。

この一節に示されるように、バウアーは宗教や国家を自己意識の所産としてとらえている。そして、「国家が自由の顕現であり、普遍的自己意識の行為であることを示す」ためには、宗教の教義と教会は国家の一契機となるか、あるいはむしろ必要がないと主張する。「既成のものすべてを自分のうちに取り戻してしまうまで静止することはない」（同、二四五ページ）というバウアーの普遍的自己意識は「精神の真の客観性」あるいは「無限性」を国家にみいだすのである。

バウアーは同じ一八四一年、匿名で『無神論者で反キリスト者であるヘーゲルを裁く最後の審判ラッパ』を出版した。ほぼ全編にわたりヘーゲルの著作からの引用を根拠にヘーゲルと青年ヘーゲル派を攻撃するという形をとりながら、この著作は、実はヘーゲル哲学が神に変えて自己意識という名のもとに人間あるいは自我を最高の地位におく哲学であることを論証するものであった。バウアーは、「哲学は宗教を理解できるが、宗教は表象の立場にたっているので哲学を理解できない」として、宗教を自己意識の哲学に解消するだけでなく、普遍的にして無限の「自己意識こそが世界とその歴史の唯一の力である。歴史は自己意識の生成、展開という以外の意味をもたない」（良知・廣松編一九八七、大庭訳八二ページ）とする。「自由と平等万歳」と言って革命を推奨し、「当為は実践と行為にならねばならない」と主張したのはヘーゲルだとバウアーは言うのである。[15]

バウアーはこれらの著作をとおして、自分こそがヘーゲル哲学の正統な継承者である自負を表明した。バウアーが主張するような面がヘーゲル哲学の一面にあることはたしかである。しかしそれはあくまでヘーゲル哲学の一面である。ヘーゲルでは、自己意識は理性から精神に至り、さらに「みずからを概念と知る絶対知」（『精神現象学』）あるいは「絶対精神」（『エンチュクロペディー』）になる。世界を創造するのはこの絶対精神である。バウアーの哲学はヘーゲル哲学のこうした転倒性を批判するのではなく、ヘーゲル哲学の一面である自己意識をもって人間とその自由を歌いあげた。しかも、ヘーゲルの国家論については無批判であった（バウアーは一八四八年三月革命に背を向け、晩年は保守化し、反ユダヤ主義、反社会主義の立場に立ち、ビスマルクの国民自由党員になる）。(16)

マルクスが学位論文にとりかかった際、その主題の設定にはバウアーやケッペン（C.F. Köppen, 一八〇八～一八六三）らの示唆があったとされる（メーリング一九一八、栗原訳三九ページ）。また、マルクスが学位論文の序言において「自己意識が最高の神性」であると宣言していることから、学位論文の「自己意識」とバウアーの「自己意識の哲学」のそれとを同一視する見解がある。たとえば、ローゼン（一九七七）の第二部第三章「マルクスの学位論文におけるバウアーの影響」は、エピクロスを含む三学派の哲学をとりあげる課題意識と自己意識の絶対性の主張においてマルクスとバウアーは共通であると強調している。したがって、学位論文執筆後（『聖家族』一八四五年）にマルクスがバウアーを厳しく批判したことについて、ローゼンは「マルクスはバウアーの忠実な弟子であったという事実を忘れたのだ」（Rosen, p.153）とする。しかし、ローゼンは学位論文においてマルクスが明らかにした自己意識の内容を検討しておらず、外面的な比較に終始している。

また、マクレラン（一九六九）は、「要するにマルクスの学位論文には、バウアーの考えのいくつかに強く共鳴する一人の普通の青年ヘーゲル学徒以外のものであったことを示すものは何ひとつない」（p.73, 訳一一三ページ）と言い切っている。(17)

マルクスとバウアーはヘーゲルから学んだ「自己意識」という哲学用語で人間の自由と独立性、主体性を擁護することにおいて、たしかに同じ立場に立っている。しかし、両者の違いもまた明確である。それはマルクスがエピクロスの原子論の解釈のなかで把握した矛盾にある。マルクスはエピクロスの「抽象的個別的自己意識」が質料に媒介されて実在する有限なものであるととらえたので、バウアーの自己意識のように無限でも普遍的なものでもない。感性的自然における「経験的で個別的な自己意識」は「普遍的なもの」と対立し矛盾する。これについて、山本（一九八五）は、バウアーの普遍的自己意識は結局、意識のうえにのみ成り立つものであるが、マルクスがとらえた「抽象的個別的自己意識」は現実世界に実存するものであると、両者の差異を指摘したうえでつぎのように述べる。

『学位論文』では、自己意識は意識でしかない自己の限界を措定し、質料に媒介されてはじめて自然界にアトムとして実存するものとなっていた。その結果、自己意識の自由、その絶対性は思惟の領域に局限されず、逆に現実の世界に拡大されていく。たしかに自己意識の自由、その絶対性は現実の世界では矛盾として、闘争として実存するのであるが、かかる意味において自己意識の自由を絶対化しているのはほかでもない、マルクスである」（山本、一九八五、三七ページ）[18]。

他方、ルカーチ（一九五四）は、学位論文時点のマルクスはバウアーらと同じ立場だとみなす見解とは正反対の考えを提起した。ルカーチは学位論文第一部第四章にある長い注に注目する。この注において、マルクスは、哲学体系と現実世界とは反省関係にあるので、哲学の実現は同時に哲学の喪失であると言う。それは哲学の担い手である自己意識に、世界に向かう要求と哲学それ自体に向かう要求という「両刃の要求」を生じさせる。どちらも体系を超えられず、体系の個々の契機を実現するにすぎない。哲学的自己意識の二重性は二つの対立方向となって現れる。一つの方向は哲学の概念と原理を保持しながら現実世界の欠陥を批判する活動へ、もう一つの方向は実在世界を保持しながら哲学の内部の欠陥へと向かう。マルクスは第一の方向を一般的に「自由派（die liberale Partei）」とよび、自由派は「内的な矛盾をかかえながら、一般的原理と自分の目的を意識している」ので、「内容においては、自由派のみが、概念の派（Partei）であるから、現実の進歩に導くのだ」（*MEW*, Bd.40, S.328-

330）と評価する。

ルカーチはマルクスの一節を引き、ここには「哲学の政治的・革命的役割、ならびに哲学の実現による哲学の自己止揚という考えを準備するような思想がすでにはっきりとあらわれている」と言う。ルカーチによれば、マルクスはヘーゲル評価においても青年ヘーゲル主義者をこえていた。青年ヘーゲル主義者は、ヘーゲル哲学の現実への順応性をその本質的な原理の不十分さにおいてとらえることができず、「ヘーゲル哲学の基礎そのものにたいしてはまるで無批判的な態度をとっていた」ので、マルクスは「宗教批判にとどまっているブルーノ・バウアーらの青年ヘーゲル主義者をこえていた」とみる。

ルカーチは、マルクスの学位論文がエピクロスの評価についてヘーゲル「哲学史講義」と異なっていただけでなく、「エピクロス原子論のうちに弁証法の萌芽をみいだした」ことも高く評価する。その弁証法の内容とは「人類に自由への道をひらく偶然性についての考え方」であり、自然学における自然の理性的認識である。この点は、確かに、ヘーゲルの自己意識の哲学を絶対化したブルーノ・バウアーにはないものであった。しかし、ルカーチはエピクロスの原子にある矛盾（「抽象的個別的自己意識」と「普遍的なもの」との矛盾）をマルクスが明らかにしたことに言及していない。また、エピクロスがぶつからざるをえない「具体的で普遍的なもの」とはいったい何なのかをまだ明らかにしていないという、この時点におけるマルクスの限界についても、ルカーチは指摘していない。

学位論文は「自己意識の絶対性と自由」を主張し、プロシア国家とキリスト教の専制や圧迫、ヘーゲル哲学の現実妥協的性格を批判する「自由派」を評価しながら、まだ現実の国家と宗教そして歴史について何も分析していないことにその限界がある（⇒第二章）。これにはもちろん、ギリシャ哲学史を主題とする学位論文という目的による制約もあるだろう。

しかし、ヘーゲルも認めたように、哲学史上、「自己意識の哲学」は大きな哲学体系（古代ではアリストテレス、近代ではヘーゲル）のあとでかならず出てくる。それは「積極的で進歩的な働きをもつ」（ルカーチ）。そして、「学位論文の精神を特色づけているのは、マルクスが、当時の傾向のなかで、進歩的な政治的党派であるリベラリズム（Liberalismus）だけが内容のあるもので、哲学が同盟を結ぶべきだと考えていたことにある」（ルカーチ、平井訳二一〜二二ページ）。

ルカーチはこの「リベラリズム」に注釈を付し、「当時のドイツではラディカル民主主義はまだ自由主義と分離していなかった」（同）と述べている。旧ソ連などでなされた（たとえばオイゼルマン一九六二）学位論文当時のマルクスの思想については、意図的に自由主義と言わずに、急進的民主主義という評価が支配的であったが、ルカーチの自由主義という評価の方が妥当である。学位論文の「自己意識」にあらわされた若いマルクスの思想は自由主義あるいは個人主義から出発したとみるべきである。それはマルクス自身がヘーゲル以後の哲学の動向において「自由派」と名づけたこともあるが、マルクスが民主主義について自覚的にとりあげるのは、一八四二年に『ライン新聞』の主筆となって国家（法）その他の諸問題に正面から取り組まざるをえなくなり、翌一八四三年夏に「ヘーゲル国法論批判」ノートを書くに至ってからである[19]。学位論文における個人の自由は現実世界における「普遍的なもの」によって制限されるという矛盾に直面する。この「具体的で普遍的なもの」とは何であり、どのようにしてこの制限が克服されるのか、それをなしとげる変革＝実践主体を明らかにする課題が学位論文期のマルクスにはなお残されていた。

五　観念論と唯物論——むすびにかえて

以上をまとめると、マルクスの学位論文は古代ギリシャ哲学のなかでエピクロスの原子論のなかに人間の自己意識をみいだし、抽象的な論理ではあるが、人間の主体的自由とその制限という矛盾を導き出した。その限りで、ヘーゲルの弁証法的方法を駆使してヘーゲルのエピクロス評価とは反対の見解に到達した。また、ヘーゲルの弟子であったブルーノ・バウアーのような自己意識と自由の絶対性だけを主張することはなかった。哲学史を主題とすることの限界と、マルクス自身の理論的未熟さがあるとはいえ、そこにはたしかにその後のマルクスが急速に理論的に成長する芽があったとみなければならない。

そこで、最後に、学位論文執筆当時のマルクスの哲学的立場について検討しておこう。

マルクスの学位論文を最初に公にしたメーリング（一九一八）は、「マルクスがヘーゲル哲学の思弁的言いまわしを使ってエピクロス哲学を解説したのは、ヘーゲルの弟子である自分自身にさずけたヘーゲル哲学の卒業資格証明書なのだ。とはいえ、マルクスはまだこの著述でもまだまったくヘーゲル哲学の観念論的立場にたっている」（『マルクス伝』栗原訳四七ページ）と書いた。

これにたいして、ルカーチはもう一歩踏み込んで、つぎのように評価する。「一八四〇年から四一年ごろのマルクスはまだけっして唯物論者ではなかった」。すなわち、マルクスの「当時の世界観は急進的な無神論的汎神論であり、したがっておのずから客観的観念論の傾向をともなっていた。しかし、マルクスには、他の急進的青年ヘーゲル主義者がかれらのお師匠（ヘーゲルのこと―引用注）から受けついだ、唯物論にたいする偏見などというものはみじんも見いだされなかった。／この意味で、古代最大の唯物論者たるデモクリトスとエピクロスの遺産に目を向けたということは、そのことだけでもたいしたことだといわねばならない」（ルカーチ、平井訳一四ページ）。

マルクスが学位論文直後にフォイエルバッハの唯物論を受容した事実を考えれば、このルカーチの評価は妥当である。ただし、問題はヘーゲル的観念論あるいは客観的観念論の内容にある。

観念論（Idealismus）については、ドイツ観念論が理想主義的傾向をもつのにたいして、「ヘーゲルは理性や理念を現実のうちに内在するとみなすので、ヘーゲルの立場は理念主義というべき」（岩佐・島崎・高田編一九九一、五四ページ）だとされる。この点で、マルクスは、学位論文にとりかかる前に書いた「父への手紙」（一八三七年一一月、ベルリン）で、自分の勉学の経過をあれこれと（弁解のために）書き送った。手紙では、「理想主義的な詩」の作成から法哲学の勉学に移った際、「現実と当為との、理想主義（Idealismus 観念論？）に特有な対立が妨げとなった」と書いている。それは現実の法と主観的諸規定との対立のことを意味するのだが、客観的世界では「事物それ自体の理性がそれ自体のなかで衝突するものとして回転し続け、それ自身のなかで自分の統一を見いだすのでなければならない」とする。[20] 手紙の文面はその後、法の哲学的展開の図式を描きながらこれを反省し、「ちなみに、私は、カントおよびフィヒテの観念論と比較し、いだいてきた観念論から、現実的なものそのもののうちに理念を求めるところまでゆきついた」と述べている。この後、ヘーゲルを「始めから終わりまで知るようになって」、ベルリンのドクター・クラブに入り、そこで「大きな役割を演じているバウアー（ブルーノ）」とも協力関係にあると書き記している（以上、*MEW*, Bd.40, S.4-10）。

この手紙に記されているように、マルクスはベルリン時代にヘーゲル哲学を受け入れたようである。それはカントおよびフィヒテの哲学からの移行であった。では、「現実的なものそのもののうちに理念を求める」のはヘーゲル的な客観的観念論であろうか。

ヘーゲルのいう観念論では、先に注（4）でもみたように、「有限なものは真に存在するものではない」ので、存在するものは理念あるいは精神という無限なものの契機になる。端的に言って、「真の哲学はすべて観念論である」（ヘーゲル）。これにたいして、マルクスはすでに観念論あるいは理想主義には「あるべきもの（当為）とあるもの（現実）とのあいだの矛盾」が避けられないことを自覚し、事物自体のなかに理念を求めるという方法に立つことを明言している。たしかにこれもヘーゲル哲学の一面ではあるが、理念あるいは観念が現実世界を創造するという、ヘーゲル哲学がもつもう一つの考え方はすでにみられない。

先に見たように、学位論文におけるエピクロスの原子論に自己意識の哲学をみてとったマルクスは、原子の質料性と形態規定性とのあいだの矛盾をみいだした。「原子は自立性、個別性の形態における質料である」（Ibid., S.302）。ところがエピクロスは天界・気象界における天体に「自然の実在性と自立的な不滅性」をみいだし、個別的自己意識は「現存在と自然とになった普遍的なもの」（自己意識とは言っていない）あるいは「自立的となった自然の現実性」を否定し、これに立ち向かう。したがって、自己意識の観念性は質料性の制約を免れない、有限なものだとマルクスはとらえる。これはすでにヘーゲルの観念論を超えているのではないか。

学位論文のなかでマルクスは、デモクリトスやエピクロスの哲学を唯物論とは言わない。しかし、自己意識のなかに質料（Materie）をみいだし、質料による制限性を明確にしたことは、その後に唯物論（Materialismus）を受容する要素になったと考えられる。そして、哲学的自己意識が「世界を非哲学性から解放することは、同時に、一定の体系としてこれらを桎梏につないでいた哲学から自己を解放するということである」（Ibid., S.329）という学位論文第一部への注こそは、学位論文以後のマルクスの理論的方向性をさし示している。またここには、意識とイデオロギーにたいするマルクスの理論を明らかにする手がかりがある。(21) これらは、学位論文以後のフォイエルバッハ唯物論の本格的な検討、青年ヘーゲル派ベルリン・グループ「自由人」との決別、『ライン新聞』における一連の取り組みを経て、ヘーゲル国法論の批判において明確になっていくのである（⇒第二章）。

注

（１）エピクロスの著作については、出隆・岩崎允胤訳『エピクロス―教説と手紙―』（岩波文庫版、一九五九年）を参照し、「岩文」として邦訳ページ数を付す。同訳書には詳細な注とすぐれた解説がある。マルクスの「学位論文」をめぐる従来の議論では、同書の注および解説がじゅうぶんに生かされていない。

（２）『ヘーゲル全集一三　哲学史　中巻の二』宮本十蔵・太田直道訳、岩波書店、二〇〇一年、二一六ページを参照。

（３）「エピクロスの感覚論は、はっきりと唯物論、反映論の上に立っている」（出・岩崎訳注、岩文一六二ページ）。

（４）ヘーゲルによれば、「有限な存在そのものに真の、究極の、絶対的な存在を認めようとするような哲学は哲学の名に値しない。古代や近世の哲学の原理、例えば水（タレス―引用者注）、物質、原子（デモクリトス、エピクロス―引用者注）といったものもじつは思考であり、普遍的なもの、観念的なものであって、直接に見いだされるような、感覚的個別性における物ではない。」「有限者を真なる存在と認めないところに哲学上の観念論が成り立つ」（『ヘーゲル全集六a　大論理学　上巻の一』武市健人訳、一八六～一八七ページ）。ヘーゲル論理学では、一者としての原子と空虚も「向自有」の論理のなかに位置づけられ、吟味される（同上二〇一ページ以下の注釈を参照）。『エンチュクロペディー』「第一部　小論理学」（第三版、一八三〇年）第九八節でも同じような論旨で原子論が扱われている。

（5）この引用文中のカッコ内にある「方向の偏り」という概念は残存テキストでは脱落しており、他の伝承によって証拠だてられているものである（出・岩崎訳一六〇ページの訳注を参照）。

（6）ヘーゲルの主要著作の一つである『精神現象学』（一八〇七年）では、「自己意識」章のなかの「B　自己意識の自由」で「ストア派と懐疑論と不幸な意識」が扱われるが、エピクロスの哲学はとりあげられていない。この意味では、マルクスの学位論文はエピクロスの哲学を「自己意識の哲学」として復権させ、ヘーゲルの評価とは異なる光をあてたともいえる。

（7）学位論文は一八四一年にイエナ大学哲学部に提出され、学位が授与された。マルクス自筆の手稿はなくなっており、未知の筆写者により印刷のためにつくられたらしい、不完全な写しが保存されている。これにはマルクスの手による訂正や挿入、補足が付されている。（以上、*MEW*, Bd.40, 注解より）神田（二〇〇九）は、アムステルダム国際社会史研究所所蔵の草稿が学位論文の原本である可能性が高いとしている。

（8）学位論文の本文はほぼ、エピクロス哲学の主要な原則が述べられた「ヘロドトス宛の手紙」に沿って書かれている。また、七冊の準備ノートには「エピクロスの哲学」の表題をもつ五冊と、ヘーゲル『エンチュクロペディー』（第三版）からの抜粋「自然哲学の概要」―邦訳『全集』大月書店版補巻一所収―を含む二冊がある。

（9）エピクロス哲学における原子の運動とくに反発と人間の本質の解釈において、マルクスは明らかにヘーゲルの弁証法に依拠している。ヘーゲルにおいては人間の意識は向自有（Fürsichsein、自分に向ってあること、対自有とも訳される）の例であり、自己意識は向自有の完成されたものであった。向自有とは「他者との関係を自分の契機としてもちながら自分に還っている或るもの」で、ヘーゲル論理学・有論の弁証法の第三の核心である。向自有は「一つのもの」で独立した個であるから、一つひとつ数えられる。ヘーゲルは「一つのもの」と他の多くの「一つのもの」との関係を「反発」と「牽引」ととらえている（以上、角田二〇〇五、四八ページ参照）。第四ノートにこのことを示すマルクスの記述がある。「直線的な道からの原子の偏りという考えは、エピクロス哲学のもっとも内的な経過にもとづく、もっとも深い帰結の一つである。（中略）直線、単一な方向は、直接的な向自有である点の止揚である。……原子の本性は向自有である」（*MEW*, Bd.40, S.165）。なお、ヘーゲル『精神現象学』「自己意識」の章におけるつぎの叙述も参照されたい。

「自己意識は、自分にたいし自立した生命として現れる他者を止揚することによってのみ、自分自身を確信する。だから、自己意識は欲求である」（PhG., *Werke*, Bd.3, S.143, 樫山訳二一五ページ）。

(10) 出隆と岩崎允胤はつぎのような注釈（岩文、一六一ページ）を付している。ヘーゲルがその意味を見落とした原子の方向の偏りの概念にマルクスは注目し、その弁証法的意義を評価した。この概念は「二つの点で重要である」。一つは、デモクリトスの機械的必然観にたいし、必然性と偶然性とを統一したこと、もう一つは、デモクリトス的決定論に反対して、自由意志を、理性をつくるひじょうに微細な原子の方向の偏りにもとづくと考え、原子論的にこれを解決しようとした点である。これは至当な見解だと思われる。

(11) エピクロスの欲求、友愛および正義についての考えは『エピクロス』「主要教説」二六～四〇（岩文、八二～八六ページ）を参照。マルクスは第一ノートにこれらを書き抜いている。とくに正義論に関する叙述について、「以下の章句は精神的本性、国家についてのエピクロスの見解をなす。かれにとっては契約がその基礎であり、したがってまた、有用なこと、つまり効用の原理のみがその目的である」（*MEW*, Bd.40, S.28f）というコメントを記した。

このコメントはヘーゲルのつぎの叙述に対応する。「近代においては、原子論哲学は、政治学においていっそう重要になっている。それによれば個人の意志が国家の原理である。すなわち、牽引するものは欲求、傾向のような特殊性であり、普遍的なもの、国家それ自体は契約の外的な関係である」（『エンチュクロペディー』九八節、*Werke*, Bd.8, S.207, 松村訳二九七～九八ページ）。

(12)「ギリシャのポリス制の崩壊期に生きたエピクロスは、現実の社会との関係を断ち切り、個人的な自己充足の徳を説いた。かれの立場は個人主義であり、原子論はその自然学的基礎であった」（出・岩崎、岩文一七四ページ）。なお、ルクレティウス『物の本質について』（岩波文庫版一二ページ）をも参照。

(13) 学位論文の記述のなかに、エピクロスの「天体においては、質料は……具体的な個別性、普遍性になっている。したがって、メテオーレにおいては、抽象的に個別的な自己意識と相対して輝いているのは……現存在と自然とになった普遍的なものである」（*MEW*, Bd. 40, S.303）という記述がある。「普遍的なもの」「普遍性」（Ibid. S.304）がエピクロスの「抽象的で個別的な自己意識」とストア派の「抽象的で普遍的な自己意識」と対置されている。これをもって、廣松（一九七一）は、マルクスの立場はバウアーよりもヘーゲルの「具体的普遍」に近く、啓蒙主義からは遠いと城塚（一九七〇）を批判する。黒沢（一九七九、一九九四）もこの「具体的普遍」の立場に賛意を示す。しかし、ここで重要なのは、マルクスがここにエピクロス「最大の矛盾」（Ibid. S.303）すなわち自身が立脚しようとする「具体的で個別的な人間」と「具体的で普遍的なもの」とのあいだの矛盾を見いだしたことである。また、廣松（一九六八）は、マルクスがエピクロスを自己否定してとりだした「具体的普遍としての自己意識」がバウアー流に理解したヘーゲル哲学の主体＝実体たる精神であることは多言を要しない（一九七四、二〇八〜二〇九ページ）とする。しかし、マルクスは「具体的普遍としての自己意識」とは言っていない。本文で紹介するように、ヘーゲルの普遍的自己意識では概念と実在性の矛盾が解消されるので、廣松の解釈からはマルクスとバウアー、ヘーゲルとが同一視され、マルクスがエピクロス原子論に見いだした矛盾を否定することにつながる。

(14) 岩淵（一九八六）は、アリストテレス以後のエピクロスを含む哲学が自己意識の哲学であり、エピクロス哲学が啓蒙主義的性格をもっていたことは青年ヘーゲル派を含むヘーゲル学派全体の見解であったが、ヘーゲルも認めたこれら哲学の近代哲学との連続性をさらにラディカルに展開しようとしたのがマルクスだとする（同、一二一〜一二九ページ）。

(15) バウアーの思想については良知力（一九六八）を参照。また村上（一九七七）はバウアーの自己意識の哲学を本格的に検討している。バウアーは真の自由主義を確立し、普遍的自己意識の実践を唱えた思想家であるが、あくまで哲学的意識の枠内にとどまったというのが村上の評価である。さらに、渡辺（一九八九）第四章はマルクスによるバウアーの自己意識の哲学の「止揚」をていねいにとりあげている。一八三八年以降のバウアーの立場は師ともいえるヘーゲルがその限界を批判した啓蒙に近い。ヘーゲルは、『精神現象学』において、啓蒙は無神論に向かい、感性のみを実在とみるか、あるいは感性をつうじてとらえられる物質を世界の原理とする唯物論に進む、そして社会観においては個人主義と無政府主義になると批判した。

(16) 後のブルーノ・バウアーに関する研究として、石塚編（一九九二）所収のつぎのものがある。「ブルーノ・バウアーにおけるヘーゲル左派の総括」（林真佐事）、「ブルーノ・バウアーと三月革命」（村上俊介）、「ブルーノ・バウアーの反ユダヤ主義」（篠原敏昭）。

(17) マルクスの学位取得にいたるベルリンでの生活実態と理論形成の過程を検討した神田（二〇〇九）も、学位論文はバウアーの「自己意識の哲学」の圧倒的影響のもとで書かれたとしている。

(18) ここには方法の問題がかかわる。「所与の具体的な対象のうちに、まず普遍、あるいは本質を摘出し、次に特殊による普遍の否定、実存による本質の否定を摘出し、そこに普遍と特殊との矛盾、本質と実存との矛盾を分析するというこの方法は……マルクスの全著作を貫く赤い糸である」（山本三九〜四〇ページ）。正木（一九七二、一九七三）は学位論文と準備ノートを丹念に検討し、「マルクス思想形成の出発点」において、実践主体としての自己意識の被拘束性によって生じる矛盾の認識が、自己意識を普遍的主体に高めるバウアー流の傾向を克服する「思想的転回」になるとする。山中（一九七二、初出一九六八）も、エピクロスは「人間の主体的自由の道を明らかにした哲学者」であり、原子の反発運動は「アトム的近代人の構造的矛盾の自然的表現として把握される」と理解する（同、二七ページ）。

（19）さしあたり角田（二〇〇八）を参照。コルニュも、学位論文当時のマルクスはもはや自由主義ではなく民主主義の立場にたっていたとする（Cornu 1954, S.204、一九四八青木訳八九ページも同様）が、この評価には先走りがある。なお、コルニュの大著については重田（一九五八）に紹介がある。関連して、城塚（一九七〇）は、マルクスの哲学的出発点には三つの契機があるとして、ヘーゲル哲学、自己意識の立場に続く第三の契機として「自由主義、人間主義、感性的現実主義、実証主義というフランス啓蒙主義」があるとする（同書第二章）。自由主義と人間主義は了解できるが、ヘーゲルの啓蒙批判（注15参照）を知るマルクスは当時すでに啓蒙主義の限界をいかに超えるかを模索していたのではないだろうか。

（20）フランスのヘーゲル研究者ジャン・イッポリットは若いマルクスの手紙のこの一節に注目している（イッポリット一九五五、訳一七八ページ）。

（21）本書第五〜七章。

第二章　「具体的普遍」としての近代市民社会批判
――「ヘーゲル国法論批判」――

一　近代市民社会と国家にたいする批判

第一章でとりあげた学位論文以降、マルクスは近代市民社会と国家への批判の立場と方法をより明確にしていく。第二章はその過程の一端を明らかにする。すなわち、学位論文の結果、マルクスにとって明らかになった課題からどのような経過をたどって近代市民社会と国家への批判に至ったのか、ヘーゲルとの差異と相互関連において、マルクスがヘーゲルの近代市民社会批判から何を受け継ぎ、また批判したか、ヘーゲルの国家論にどのような問題があると考えるに至ったのかを明らかにしたい。その手がかりは一八四三年の「ヘーゲル国法論批判」ノートにある。

ヘーゲルは、『精神現象学』の「自己疎外された精神の世界」において、「自己意識にとって二重の本質であり対象として現に在る」のは、「市民社会における富」と「国家権力」という「二つの実在」あるいは「精神的威力」であると明言した（『精神現象学』「六精神Ｂ」）。

ヘーゲルとマルクスの市民社会論と国家論は現代の社会思想および社会科学の豊かな源流である。現代の市場原理主義やグローバリズムへの批判、またあらためて資本制経済の本質的な批判と関連して、市民社会からアソシエーション社会へ、あるいはポスト資本主義社会としてのアソシエーションという思想の流れが再興しつつある。さらに、政治・社会思想におけるリベラリズムとコミュニタリアニズムとの対立、その超克（ロバート・

ウィリアムズ）といった課題が提起されている。こうした現代的問題関心から、現代思想と社会科学の原点＝源流であるヘーゲルとマルクスにたちかえり、かれらの近代市民社会と国家にたいする批判を再考することは現代的な意味がある課題である。(1)

周知のように、一八五〇年代になると、マルクスは「市民社会の解剖学」を経済学に求め、「資本」を基本概念とする「市民（ブルジョア）経済の体系」（『経済学批判への序言』一八五九年）を構想した。そして、六項目の経済学批判体系のもっとも基礎となるべき「資本一般」すなわち資本の普遍的概念の完成にその後の学問的精力を傾けた。その際、ヘーゲル論理学の方法を大いに参考にしたが、みずからの方法については「理論的方法」と称している。それこそは、ヘーゲルのいう「理論的理念」としての概念を把握する思考方法であった（角田二〇〇五を参照）。

ヘーゲル哲学の根本は絶対精神の「絶対的理念」にある。ヘーゲルの「絶対的理念」は理論的理念と実践的理念との統一、いいかえると真の理念と善の理念、あるいは認識と行為との統一である。このヘーゲルの哲学について、マルクスは、「理念という名の、一つの自立した主体にさえ転化している思考過程が現実的なものの創造主であり、現実的なものはただその外的現象をなしているだけだ」（『資本論』第一巻第二版後記、一八七三年）と批判した。これはヘーゲルの理念主義（まさに観念論）への批判である。これにたいしてマルクス自身の言う「理論的方法」は、ヘーゲルと異なり、学的対象を実在するものとして前提し、分析と総合の方法を不可欠の前提として認め、そのうえでヘーゲルのいう「真の理念」すなわち事物の概念を把握し、展開する方法である。マルクスが『資本論』で意図したことは、ヘーゲルの「絶対的理念」に含まれている「実践的理念」の展開ではなかった。ヘーゲルの「理念」にたいして、マルクスはあくまで対象固有の論理を表現する概念（「資本」さらに「資本一般」の概念）を把握し、それを展開しようとしたのである。

しかし、そこからなお二つの課題が生じてくる。

一つは、ヘーゲルは、論理学の最後に、理論的理念に基礎づけられた実践的理念を善の理念とし、両者の統一を絶対的理念とした。しかし、善の理念の詳しい内容について論理学ではほとんど何も述べていないに等しい。善はかれの哲学体系（エンチュクロペディー）第三部「精神哲学」第二篇「客観的精神」において扱われる。精神哲学においては、意識や理性、理論的精神と実践的精神などは第一篇「主観的精神」で、社会的意識や社会的行為は第二篇「客観的精神」で扱われる。そして、この第二篇「客観的精神」の「C人倫」において、「家族」「市民社会」「国家」の三契機が扱われる。ヘーゲルの実践的理念あるいは意志と行為にもとづく社会の哲学、したがってまたかれの市民社会批判は「精神哲学」に属していることをまず確認しておこう。

もう一つの問題は、ヘーゲルの市民社会批判に関連して、そこから派生するマルクスの近代市民社会認識である。マルクス自身が明記したように、かれの実質的に「最初の仕事はヘーゲルの法哲学の批判的検討であった」。その仕事の「序説は一八四四年にパリで発行された『独仏年誌』に掲載された」が、その執筆のために一八四三年夏にクロイツナッハで執筆されたノートが一九二七年に「ヘーゲル国法論批判」として戦前版の全集（リャザノフ編集）に発表された。マルクスによる近代市民社会批判、のちの「資本」論にいたる最初の手がかりはここにある。マルクスは、法、道徳、国家に関するプランは作成したが、体系的著作は著わさなかった。したがって、かれが残したいくつかの定式やテーゼをもとに、これまでさまざまな解釈がなされ、また周知のような公式化もなされてきた。しかし、マルクスによる定式やテーゼの意図や内容を真に理解するためにはヘーゲルの哲学とその方法、なかでも社会哲学（「法の哲学」）の理解を基礎としなければならない。それは、マルクスの簡潔な定式化やテーゼあるいは断片的な叙述の背景に、ヘーゲルの社会哲学という豊かな土壌が存在しているからである。そこで、マルクスによるヘーゲル法哲学批判のノートのなかに、後のマルクスによる近代市民社会批判とその経済理論につながる萌芽を見出すこと、これがこれからの課題となる。そして、ここには、エピクロスの原子論によせて「自由な個別的自己意識」に対立する「具体的で普遍的なもの」を見いだした学位論文のマルクスが、その「具体的で普遍的なもの」すなわち「国家権力と富」（ヘーゲル）をより具体的な近代市民社会と国家の概念として把握し展開していく過程をみることができる。この意味で、本章の課題は第一章に続く。

以上の二つの問題は、近代市民社会と国家の批判におけるヘーゲルとマルクスの差異と関連という問題に収斂される。少なくともこの二つの問題は交差してくる。[2]

二　ヘーゲルの近代市民社会批判

(1) ヘーゲル哲学体系における社会哲学の位置

ヘーゲルの哲学体系は、『エンチュクロペディー（Encyclopaedia）』（第三版一八三〇年）にみられるように（1）論理学（2）自然哲学（3）精神哲学の三部から構成される。（1）論理学は哲学全体の方法を扱うもの、（2）自然哲学の自然は「精神のない」ところの、理念の疎外態であり、同時に精神活動の素材となるものである。したがって、ヘーゲル哲学体系では、（3）の精神哲学が「人間の真実なものの認識」（三七七節）という意味をもつ。[3] われわれが普通に「社会」という事柄をヘーゲルが扱うのは、この精神哲学の第二篇「客観的精神」である。

ヘーゲル哲学の根本を貫くのは理念（Idee, Idea）である。自然が理念の疎外態であるのにたいして、理念は精神（Geist, Spirit or Mind）においてその疎外を克服し、自然を前提にして本来の自由をとりもどし、より優位な段階に達する。精神はまず、「人間相互の関係を度外視し、自然との関係でとらえられ」る。これが「主観的精神」（精神哲学第一篇）である。主観的精神の考察は、人間学（心）―精神現象学（意識）―心理学（理論的精神と実践的精神）の各段階からなるが、これは「自然に拘束されたあり方から精神が脱却して自立する過程をたどる」（岩佐ほか編『ヘーゲル用語事典』一七三ページ参照）ものといえる。

「主観的精神」にたいして「客観的精神」（精神哲学第二篇）は、「精神自体によって産出されるべき、そして精神自体によって産出された世界としての現実性という形態において存在するもの」（三八五節）である。「客観的精神」は、「主観的精神」の「それ自体における自由」にたいして、「必然性」として存在する（同節）。したがって、ヘーゲル哲学にあっては、主観性（自由）と客観性（必然性）とが分離している状態における、後者の客観的世界、これがいわゆる社会である。このように主観性と客観性とに分離した精神はまだなお「有限な精神である」（三八六節）ことはいうまでもない。

ヘーゲルにおいては、精神は本来、無限である。したがって、この分離は発展的に解消されねばならない。それがヘーゲルのいう「絶対的精神」（精神哲学第三篇）である。「絶対的精神」とは芸術、宗教および哲学の立場である。これらは、ヘーゲルにおいては、「客観的精神」の世界より高次のものである。また、世界を直観や表象においてとらえる芸術や宗教にたいして、精神からなるヘーゲルの世界は、概念において世界を把握するかれの哲学において完結する。

（2）ヘーゲル精神哲学における主観的精神と客観的精神（＝法哲学）

以上、簡単にヘーゲル哲学体系における精神哲学の位置を示した。本項では「客観的精神」の位置や構成、内容を概観する。まず、ヘーゲルの『エンチュクロペディー』における論理学と精神哲学の構成を対比してみよう。これにより、つぎのようなことが明らかになる。

論理学（エンチュクロペディー第一部）の第三篇「概念」「C　理念」は「a生命」「b認識」「c絶対的理念」という順序になっている。このうち「b認識」は「認識（そのもの）」と「意志」とに分かれる。認識は真理を求める衝動、すなわち「理論的活動」である。これにたいして意志は「善を完成しようとする衝動、すなわち理念の実践的活動」である。そして、「c絶対的理念」は理論的理念と実践的理念との統一である。ただ、先にも述べたように、論理学においては、意志の理念、あるいは意志にもとづく活動、それが目的とする善の理念についてほとんど何も説明されていない。

そこで、精神哲学（エンチュクロペディー第三部）の構成をみてみよう。「Ⅰ主観的精神」における「A」は「人間学　心」であるが、つぎの「B精神の現象学　意識」では、「a意識そのもの」として感性的意識、知覚作用、悟性、「b自己意識」として欲望、他人を相互に承認する自己意識、普遍的自己意識、そして「c理性」が扱われる。そのつぎの「C心理学　精神」は「a理論的精神」と「b実践的精神」、そして「c自由な精神」からなっている。このうち「a理論的精神」では直観、表象そして思考、「b実践的精神」では感情、衝動と恣意、幸福が扱われる。そして「Ⅰ主観的精神」は「c自由な精神」で締めくくられ、「Ⅱ客観的精神」に移行する。「善」はこの「Ⅱ客観的精神」の「B　道徳性」の最後に位置する。

こうしてみると、論理学で扱われる「認識（そのもの）」は精神哲学の「理論的精神」と重なること、そして論理学ではほとんど展開されなかった「意志の理念」は広く精神哲学の「実践的精神」として、それぞれ詳しく展開されていることがわかる。これから主に検討しようとする『法の哲学』（『エンチュクロペディー』「Ⅱ客観的精神」はその要約である）の対象は、いわば「理性的自由（あるいは自由な理性という精神）」の所産である。

そこで、「法の哲学」あるいは「客観的精神」の内容に立ち入る前に、「主観的精神」の到達点ともいえる「理性的自由（あるいは自由な理性）」の内容を簡単にみておくことにする。

精神はさしあたって意識において現れる。それはまた、さしあたり、自分を自分として意識することから始まる。これは自我としての自己意識である。自我としての意識は直接には欲望として現われ、これにたいして客観は意識（欲望）の対象として存在する。意識はその対象を自分のものとして取り込み、そうすることによって自分を維持する（満足）。さらに、こうした自由な自己を他人に認めさせ、同時に他人を自己との同一性においてとらえることは「闘争の過程」であると理解される。この闘争は相互承認のための闘争であるが、ここにおいてまずは「真の自由」（四三一節補遺）が現れる。ただし、これはまだ「人間が個々人として存在している自然状態において起こること」（四三二節補遺）であって、市民社会や国家からはほど遠い。しかし、「承認のための闘争は人間的精神の発達における一つの必然的な契機を形成している」（同）のである。

人間にとって、生命は自由と同様に本質的なものであるから、こうした相互承認のための闘争において、生命の方を守るために自由の方を放棄することがある。そうすると、不平等をともなう支配と服従、主人と奴隷の関係が生じる。(4)

第一章でも紹介したように、相互承認のための闘争という否定的な契機を超えると、自由な他者のなかで自己を肯定することができる。これがヘーゲルの言う普遍的自己意識であり、自由な自己意識である。二つの自己はそれぞれ自由な、独立した個体性である。普遍的自己意識と個別的自己意識との統一として「理性」の概念がある。「理性」は真実を知る自由な精神であるとともに、自由な、そして無限の創造的活動である。

このうち、理論的精神としての自由な知性（die Intelligenz）の働き、これが認識活動（あるいは作用）である。認識活動は直観、表象、そして思考へと展開する。直観はたんなる感性的な意識ではないところの知的直観であり、諸規定を一つの全体に統合して対象（あるいは事象）の実体をとらえる。ただ、それは認識の出発点であって、まだ対象の内部を展開できない。つぎの表象は、直観が見いだした素材から始まり、内化された対象を想起する何らかの像、そしてそれらの像を一つにまとめあげ再生産する構想力（そこから記号と言語が出てくる）、さらに記憶という三段階を経る。そして、思考は概念的に把握する認識活動である。思考は表象を類や法則（諸カテゴリー）に加工する悟性、個別と普遍の関連にもとづく判断、普遍から特殊を媒介して個別へと総括する推理へと展開する。その結果（産物）が思想である。ここにおいて知性は理性的認識へと至る。そして、思考は意志の実体になる。

実践的精神は自由な意志としての精神である。この意志は思考する意志として、なお主観的精神の領域内にとどまっている限りでは、自分自身の内部の主観的な規定である目的や関心から出発する。意志の最初の展開は個別的意志のさまざまな実践的感情である。第二は、意志の内面的規定（情熱や傾向性）と客観性との一致（満足）を求める衝動（活動）である。第三は、もろもろの衝動のあいだで恣意的な選択を行ない、幸福という一つの普遍的なものに従属（満足）させられることである。しかし、ここでは、どこに幸福を求めるかを決定するのはあくまで主観的な感情と好み（意向）であるが、意志はここにおいて現実的に自由な意志になる。

現実的に自由な意志となった精神は理論的精神と実践的精神との統一であり、自分の概念を知っている自由な知性としての意志、あるいは理性的な意志となる（四八一節）。そして、この自由な意志が次の客観的精神の世界を生み出すとされるのである[5]。

ヘーゲルのいう客観的精神の世界は、かれの哲学体系における理念―精神―理性―自由―意志―活動という序列の中に位置づけることができる。すなわち、その哲学体系である「エンチュクロペディー」第一部論理学の最後に到達した絶対的理念は、理論的理念である真の理念と、実践的理念である善の理念との統一であった。この絶対的理念は、精神の世界における絶対的精神にいたる過程で、主観的精神と客観的精神とに分かれる。理性は、前者の主観的精神における「B　意識」の最高の形態である。また、「C　精神」における理論的精神においては、思考の概念的把握が理性的認識として位置づけられる。したがって、理性的思考によって基礎づけられた実践的精神は自由な精神としての意志となる。この理性的な意志が客観的精神という存在において理念を現実化する。これが活動である。

このように、ヘーゲルの哲学体系は、理念―精神―理性―自由―意志―活動という系列において各項が相互に連結するように構成されている。こうした系列においては、どの項目においても、もし他のものを欠き、あるものだけを単独に取り出せば真のものではなくなる。たとえば、「理性なき精神」「自由なき理性」「意志なき自由」などはそれぞれ真の精神、理性、自由ではない。そして、精神がつくりだす客観的世界は何よりも「理性的自由」の所産、あるいは自由な意志をもつ活動の産物である。ヘーゲルの客観的精神の理解にあたってはこのことに十分に留意しておく必要がある。

（3）「法の哲学」の概要

以上の要約にもとづいてヘーゲル精神哲学の特徴を一言で表せば「理性的自由の哲学」とよぶのがふさわしい。先にとりあげた第二篇「客観的精神」はこれより先、一八二一年に出版された『法の哲学』の要約版であるから、ここからはもっぱら『法の哲学』をとりあげる（以下の引用は基本的に『法の哲学』の節番号による。『法の哲学（あるいは自然法と国家学の要綱）』を出版したヘーゲルは、その前後に七回講義を行っている）[6]。

一　概念的把握と理性的自由にもとづく意志的活動の展開

『法の哲学』は、法の理念、法の概念とその実現形態を明らかにする、哲学の一部である。先に「思考」のところでみたように、ヘーゲルは、普遍から特殊を媒介して個別性にいたる推理の過程すなわち推論を理性的認識と考える。これは概念的把握における普遍—特殊—個別の弁証法であり、客観的世界すなわち「法哲学」の対象となる世界の把握においても貫徹される[7]。それだけではない。「法哲学」の対象世界の概念的把握は、同時に「理性的自由」（三〇一節）にもとづく意志的活動と重なっている。これがヘーゲル法哲学の大きな特徴である[8]。

したがって、法の理念である自由な意志も、個別的な意志、特殊的意志、普遍的意志という推論で構成される[9]。最初の個別的な意志は、直接的で外面的な「人格（性）」である。「法哲学」第一部「抽象的な法（ないし権利）」の領域で扱われる主体がこの人格である。特殊的な意志は自己反省した意志とされ、内的なものとしての「善」と、外的なものとしての現存世界とに分かれる。二つが相互に媒介しながら分裂しているなかにある主体的な意志、これが第二部「道徳性」領域で扱われる「主観（ないし主体）」である。そして、この主体的な意志と現実性とが統一された普遍的意志が「倫理的実体」としての世界になる。これが「法哲学」第三部「人倫」の領域である。

二　家族―市民社会―国家

「法哲学」第三部「人倫」は家族―市民社会―国家という三つの章から構成されているが、ここでは人倫を構成する三契機の関係をとりあげたうえで、ヘーゲルの市民社会批判に焦点をあてる。

まず、人倫は、たんなる道徳ではなく、実体となった倫理であり、主体的意志と客観的法則が一体化した世界のことを意味する。先の「善」もここではたんに内的なものにとどまらず、生きている善、自己意識の行動をとおして現実性をもつ。「その内容は、即自かつ対自的に存在する掟と機構である」（一四四節）。この掟が法律であり、機構が家族、市民社会、国家なのである。

人倫が実体であるということは、諸個人は実体にたいしては偶有性である。ただし、偶有なき実体はないから、偶有である諸個人はどうでもよいといっているわけではない。しかし、実体は諸個人にたいして、たとえば永遠の正義とか神々とかというように、ひとり持続的な威力や権力、人びとを拘束する義務として存在する。むしろ、自由であるべき諸個人の権利は倫理的な現実世界に所属することによってかなえられる。諸個人はこの義務において解放されるというのがヘーゲルの考え方である。

ヘーゲルは、家族、市民社会、国家を倫理的実体といい、これを「倫理的共同体（das sittliche Gemeinwesen, an ethical community）」（一五〇節）ともよぶ。ここにいう共同体は普遍的本質あるいは概念的なものであり、現実具体的に存在した歴史上の共同体のことではない。

倫理的実体としての家族は、なお自然的性質にとらわれている。自分と他者との一体性の意識あるいは感情である「愛」を概念規定とする精神である。家族は婚姻、資産所有、そして子供の教育をつうじて形成され、両親の死とともに解体する近代家族である。

そして、それぞれの家族が独立した、具体的人格として互いに振舞う世界、これがヘーゲルのいう市民社会である。ヘーゲルにおける市民社会は、『法の哲学』におけるこれまでの展開から明らかなように、さしあたり次のようないくつかの特徴をもっている。

(1) 市民社会は倫理的なもの(実体)の現象世界である。

(2) 市民社会は家族におけるような一体性が失われた社会(die Gesellschaft)である。家族が個別性において一体であるとすれば、各自が特殊性としてその特殊な諸欲求を実現しようと振舞うのが市民社会である。

(3) 普遍性がこうした特殊性を媒介して現われ、貫徹する市民社会。いいかえれば、各人が他人をつうじて、そしてまた普遍性という形式(法則や法=権利)を媒介としてのみ、自分を貫徹できる。あるいは、普遍と特殊は分裂しているので、普遍は「必然性」として存在するのが市民社会である(一八六節)。

(4) 分散した家族の集合(die Versammlung, a coming together)の具体的な仕方は、相互に「つながりあった諸欲求とそれらの欲求の満足の相互作用によって結ばれた、自発的結合体(freiwillige Vereinigung, a voluntary union)」(一八一節)である。この面で、市民社会における人びとの集合は「威圧的な権力によるもの」ではない(同)。

(5) 諸個人は市民として自分の利益を目的とする私人(Privatpersonen)である。しかし、私人たちは、知(悟性)と意志のはたらきによりこの社会の必然性を洞察することをつうじて、みずからを陶冶する(一八七節)。

ヘーゲルのいう市民社会は大体、この五つの特徴を有している。

そのうえで、市民社会は三つの契機においてとらえられる。第一の契機は、個々人が互いに労働により欲求を満足させる「欲求の体系」である。第二の契機は、この欲求の体系に含まれる人格、生命、(私的)所有を保護する司法活動である。そして、第三の契機は欲求の体系に残る偶然性を顧慮して、行政(die Polizei)と職業団体(Korporation)によって市民社会における特殊利益を共同的なものにすること、である。

ヘーゲルの市民社会論については、とくに第一の契機である欲求の体系がよく知られている。欲求の体系における諸個人は、相互に承認しあう、形式的に平等な諸個人であるだけではない。資産と技能における実質的不平等を含む。これが身分(die Stande, Estates)である。[10] 身分は世襲制ではなく、だれがどの身分に属すかは気質や境遇、恣意によって決まるが、土地に密着した貴族と農民、商工業者、官吏と軍人とに分かれる。

さらに、ヘーゲルのいう市民社会には第二、第三の契機すなわち司法活動と行政、職業団体が含まれる。第二、第三の契機は、いわば市民社会の内部における道徳性と国家の契機である。特に行政は、私益の衝突の上からの調整、共通の利益を達成するための各種の公的事業、世界商業と植民(殖民)などをつうじて、市民社会のもつ巨大な威力を制御する力である。また、職業団体はそれぞれの労働における特殊性や技能に応じて市民社会の成員を組織して、全体社会の一分肢を構成し、利己的なものと共同的なもの、普遍的なものとを媒介する、いわば「第二の家族の役を引き受けるもの」(二五二節)である。

(4) 近代市民社会の批判

ヘーゲルが念頭においている社会は明らかに、当時としては先進的な近代市民社会である。

市民社会は、諸個人の自由ではあるが恣意的な欲求と利己的で特殊な利益にもとづく行為をもとに、彼らの相互依存のうえに成り立つ社会(ゲゼルシャフト)である。そこでは、人びとの共同性や一体性は潜在的なものにとどまっており、直接的なものではありえない。あるいは、社会的なものはただ形式的な法則や制度において、無意識のうちにあるところの必然性にすぎない。だから、本来は普遍的資産に関わるはずの個々人の生計や福祉も一つの可能性としてあるにすぎない。したがって、市民社会はそのままの姿では存立しえず、のりこえられなければならない。これがヘーゲルによる市民社会批判の最大のポイントである。

ヘーゲルの場合、市民社会はたんにばらばらな個人の集合ではない。ホッブズがとらえたような、ばらばらな諸個人が相争うから、あるいはルソーのいうような、個別的意志の共通性として普遍的意志を形成するからという理由で、国家が市民社会の上に必要となるわけではない。ヘーゲルは、意志を国家原理としたことをルソーの功績だと評価しながら、ルソーは意志を個別的意志という形式だけでとらえ、普遍的意志を個別的意志からくる「共同のもの（あるいは共通のもの das Gemeinschaftliche）」（二五八節）としてとらえたにすぎないと批判する。諸個人の互いに孤立し分裂した状態を克服し、ヘーゲルのいう「普遍的なもの」をぎりぎりのところで実現するものが市民社会の内部におかれる。それが司法活動であり、行政活動によるものと職業団体である。したがって、ヘーゲル市民社会論を第一の契機である「欲求の体系」においてだけ理解することは、「一方の原理」（一八二節）にとらわれた理解である。ヘーゲルにおいては、市民社会そのものがある種の結びつきや仲間集団、諸団体を含んだ集団的なものであり、複合的もしくは重層的な構造をなしている。さらに、市民社会の内部で、人びとは陶冶＝教養を発展させ、市民社会を意識的に制御するとヘーゲルは考える。すなわち、「市民社会の発展において倫理的実体は無限の形式を獲得する」。そこには二つの契機が含まれる。一つは無限の区別、もう一つは陶冶における普遍性の形式、あるいは思想という形式である。この思想において精神は法律と制度という思考された意志の形をとるのである（二五六節）。

しかし、ヘーゲルは、かれのいう「普遍的なもの」は市民社会ではなお制限された形でしか実現しないと考える。「倫理的実体」が「市民社会の分裂を通じて国家にまで展開する」。この展開がヘーゲルにおける「国家の概念の学問的証明」なのである（二五六節）。

このように、ヘーゲルの市民社会批判は、市民社会がつくりだす普遍性という肯定面を十分に評価したうえで、この普遍性はなお制限されたものにとどまるので、多数の個々人の一体化ないし結合体（die Vereinigung, Union）は国家において実現するというものである。

ヘーゲルは一面でリアリストである。現実の国家が不完全なもので、恣意と偶然と誤謬の中にあることをよく理解していた。そして、国家の理念、あるいは理念にふさわしい真の国家（「理性的国家」）を考えた。補遺として残された表現を借りると、「近代国家の本質は、普遍的なものが、特殊性の十分な自由と、諸個人の幸福とに結びつけられていなければならないということ、それゆえ家族と市民社会との利益が国家へ総括されなければならないということにある。しかし、普遍的なものは特殊的なものの十分な働きなしには実現できないから、主体性も完全にかつ活発に展開させられなくてはならない」（二六〇節補遺）というのである。

このように、ヘーゲルのいう市民社会はいわば国家に吸収される。国家は国家社会としてみずからを総括するのである。[11]

では、マルクスにとって、ヘーゲルによる近代市民社会批判はなぜ不十分なのか。マルクスのもっとも初期に属するノートの内容に聞いてみよう。また、マルクスの草稿ではまだ汲みつくせなかったヘーゲル市民社会論とは何なのか。このこともまた問題にしたい。

三　ヘーゲルからマルクスへ

（1）学位論文からヘーゲル法哲学批判へ

ヘーゲルが一八三一年に急逝した後、ヘーゲル学派（学徒）は三つに分裂したとされる。一八三〇年代、ドイツではなおキリスト教にたいする批判が最大の問題であった。シュトラウス（一八〇八～一八七四）は『イエスの生涯』（一八三五～一八三六）で人類を主語にすえ、ブルーノ・バウアーとエドガー・バウアー（一八二〇～一八八六）兄弟は「批判的批判」の名による聖書批判を展開し、フォイエルバッハ（一八〇四〜一八七二）は『キリスト教の本質』（一八四一年、とくに第一章人間の本質）や『将来の哲学の根本命題他』（一八三九〜四三年）において、神は人間の「自己意識」であり、人間の「類的本質」についての知であるとして、人間学主義を唱え、人間（その本質は愛）―理性（ヘーゲル哲学）―神（宗教）という序列をおいて、ヘーゲル哲学とキリスト教では人間は自分の本質を「疎外」していることを明らかにした。これらはよく知られているし、マルクスによるヘーゲル法哲学批判がこのような経過と理論的蓄積のうえでなされたこともまたよく知られている。すなわち、マルクスの意図には二面性があった。一つはドイツ（プロシア）の現状に対する批判である。その現状がヘーゲル法哲学に反映されているとみたからである。もう一つは、近代社会の国家と法のあり方に関する最先端の理論がヘーゲル法哲学であり、ヘーゲル法哲学の批判はこのあり方を批判することでもある。

しかし、マルクスが学位論文において人間の自己意識と自由の絶対性を主張することからさらにすすんで、ヘーゲル国家論批判という課題認識にいたるにはなおいっそうの歩みが必要であった。それは『ライン新聞』への寄稿と主筆の時代（一八四二年四月〜一八四三年三月）にさまざまな社会問題にとりくんだことによる。マルクスは後になってこれらの諸問題とくに物質的利害にとりくんだ際に「困惑した」ことを吐露している（一八五九年「経済学批判序言」）。

マルクスはいったい何に困惑し、そこからヘーゲル国家論批判の必要性を自覚するようになったのか。

(2)「ライン新聞」時代のマルクス

一八四一年四月に哲学学位をえたマルクスだが、官庁や大学での職の望みはすでに絶たれていた。宗教や芸術の研究をしながら、一八四二年一月、マルクスはフォイエルバッハを高く評価する論稿を著し、「従来の思弁哲学の概念と偏見から解放せよ。真理と自由への道はフォイエルバッハ（火の川）を通る以外にない」（『全集』第一巻所収）と宣言した。

マルクスが現実のプロシア（とくにライン州）においてとりくんだ課題は、経済問題（「木材窃盗取締法」）、婚姻問題、都市と農村の地方行政、出版の自由（「検閲法」）などである。これらをめぐる論述から、人間の自由や国家あるいは法に関するマルクスの基本的な考え方が明らかになる。できるだけそこに絞って整理する（以下、『全集』第一巻邦訳からの引用ページ数は省略する）。

いわゆる木材窃盗取締とは、貧しい農民が共同体的な慣習にもとづいて枯木や枯枝を集めることにたいして、森林所有者とその代表者たちからなる身分制州議会がこれを犯罪として取締り、罰金さらには身体拘束まで課そうとした問題である。私的所有権だけを一面的（悟性的）に優先する私法体系によって従来の慣習法を切り捨てるやり方にたいし、マルクスは、「その本性上、無産で、根源的な、最下層の大衆の権利以外ではありえない慣習上の権利」を「自然権」として擁護した。この場合、特権的身分の慣習法は、特殊な私的利害の打算にとらわれ、普遍性と必然性の法形式にさからった、理性的権利の概念に反したものだと批判する。この論説では、法律とは「事物の法的本性に従って制定されるべきもの」であり、法の原理が「生命、自由、人間性、公民権、自分自身のみの所有者の利益保護のための法感情、公正感情」にあるという考えが明記されている。

いわゆる離婚法案では、婚姻が人間の人倫的実体である意志関係にもとづくという概念自体は解消できないが、現に存在する婚姻がもはやその概念に適合しなくなっているという法的判断は可能だとする。「ある人倫的関係の現存在がその本質に合致しなくなる条件が、誠実に、学問および普遍的見識の立場に即して先入見なしに確認されるという保障は、当の法律が民衆の意思の自覚的表現であり、したがって、この意志をもとにしこの意志によってつくりだされたものである場合にだけ、現存するであろう」。ここでもまた、法とは人びとの意志関係にもとづくものであること、そして概念と現存在との不一致による解消あるいは解体という弁証法が示されている。

つぎに、都市と農村を分けて従来の封建的貴族階級の立場を守ろうとするプロシア政府の法案にたいして、都市と農村の法的平等と共通の地方行政法を求めるライン州議会を擁護する。この論説のなかで、マルクスは、「法律は現実の自律的、観念的模写、実践的な生活諸力の理論的な、自立化された表現でしかありえない」（大月版『全集』補巻1、一五ページ）と書きとめている。

出版の自由の制限（国家による検閲）は、新聞の編集および寄稿者にとって最大の問題であるだけではない。マルクスにとって、それは人間の本質にかかわる問題であった。マルクスは、「意志の自由は人間の本質に属する普遍的自由」あるいは「普遍的権利」であることを強くうちだしている。出版の自由は「理性的自由」の一つの姿である。「自由は精神的存在の類的本質」であり、「自由の実現だけが人間的にみて良いもの」である。この場合、「自由は無意識的な自然法則」である。これにたいして、法律は、「積極的で明快な、普遍的規範であり、そのなかで、自由は、個々人の恣意に依存しない、非人格的な、理論的な定在をかちえている」。「法律は人間の行為の内的な生命法則そのものにほかならず、生命の意識的な映像にほかならない」。そして、「法典は一国民の自由のバイブルである」とも述べている。

こうした現実の政治、経済、社会問題にたいする理論的格闘のなかで、マルクスは、断片的ではあるが、国家について自身の考えを対置している。

国家は「倫理的人間の自由な結合体」あるいは「自由の実現を目的」とする。「理性的自由の実現」、これが「国家の概念」である。したがって、国家の概念は「人間的諸関係の理性から国家を展開する」。また、国家と教育とのかかわりを例にとって、マルクスはつぎのように述べる。

「国家が真に『公共』教育をおこなうのは、国家が理性的で公共的な存在であるということによってである。国家そのものが、その成員を国家の成員とならせることによって、また個々人の目的を普遍的な目的に変え、粗野な衝動を倫理的性向に変え、自然的な自立性を精神的自由に変えることによって、さらに個々人が全体の生活のなかで自分の生活をたのしみ、全体が個々人の心情を自分の心情としてたのしむということによって、その成員を教育するのである。」この意味で、「国家はたがいに教育しあう自由人の結合体（Verein）」である。

最後に、マルクスは学位論文における考えをさらにおしすすめ、「新しい理性の哲学」について書いている。「新しい理性の哲学」は「人間的諸関係の理性から（先の国家概念を―引用注）展開する」ように、宗教からではなく「人間的社会の本性から出発する」。だから、「われわれが哲学することと呼ぶのは、自由な理性の活動のことである」。哲学は、「真理と認識をそれ自体のために愛している公衆、この公衆の判断力と倫理性」に依拠する。

「およそ真の哲学はその時代の精神的精髄である。だから、哲学とその時代の現実世界とが、内的に、その内容上、ふれあい、作用しあうだけなく、外的に、そのあらわれのうえでも、ふれあい、作用しあうときがかならずこなければならない。そのとき、哲学は、他の特定の体系にたいする一つの特定の体系ではなくなる。それは世界にたいする哲学一般となり、現在の世界の哲学となる。」

ここにすでに、のちにマルクスが書き留める哲学についての考えがあらわされている。すなわち、以上のことからわかることは、マルクスの哲学的立場は人間の本性は理性的自由にあるとするものである。国家の概念はそれに適合する理性的国家であった。これらはヘーゲルの社会哲学の考え方と同じである。したがって、ここにはまだヘーゲル哲学にたいする批判はみられない。また、いわゆる物質的欲求の世界についての考察もまだないが、一部の特権的・排他的私有による支配と現実のプロシア国家（非理性的国家、「邪悪な国家」）への批判は厳しく、すべての人びとの自由にもとづく平等な権利の要求は明確であった。こうした現実の諸問題との格闘のなかで、マルクスには、学位論文においては抽象的・哲学的に設定された「具体的で普遍的なもの」の実像が見えてきたのであろう。しかし、そうした現実を概念として認識し、概念と現存在との矛盾を把握するためには、なおまだヘーゲルの法哲学自体をのりこえる必要があった。そのための準備作業がつぎの「ヘーゲル国法論」批判ノートであった(12)。

(3)「ヘーゲル国法論批判」ノート(一八四三年夏)

マルクスは一八四三年三月、「目下の検閲事情」を理由に「ライン新聞」編集部をしりぞいた。そして、その年(二五歳)の夏、最初にとりかかった本格的な研究が「ヘーゲル国法論批判」であった。現在残されているノートは、ヘーゲル「法哲学」第三部人倫(倫理)第三章国家の「A国内公法 Iそれ自体としての国内体制」に入る前から「a君主権」を経て「c立法権」の途中までを抜書きして、それぞれに批判を記したものである。したがって、家族、市民社会についての評注はない。マルクスによる市民社会批判はこの段階では未完であり、またヘーゲル哲学にたいする評注ノートによることにも限界がある。本項では、このノートからうかがうことのできる範囲で、マルクスの市民社会批判および国家論の要点を整理し、今後の展開の礎石とする。

マルクスははじめに、「(ヘーゲルにおいては)家族と市民社会は、暗い、生の下地としてあらわれ、ここから国家の火が灯り出る」と記している。家族と市民社会は国家の部分をなし、国家の材料を勝手に割り当てられている、というのである。そして、ここにはヘーゲルの汎神論的神秘主義が歴然とあらわれている。すなわち、理念が主体で、現実はその中の働きにすぎない。だから主語と述語がアベコベである。現実的な主体は市民社会、家族、個人的自由である。ところがこれらは理念の契機とされてしまう。ここに法哲学、ヘーゲル哲学一般の全秘密が隠されている。ヘーゲルにとっては、事柄(事象)の論理ではなく、論理の事柄あるいは論理の証明が問題なのであって、法哲学は論理学のたんなる添え物になっている。このように、マルクスは、最初にヘーゲル哲学それ自体にたいする根本的な批判を表明するに至る。

ヘーゲルは国家を有機体あるいは有機的な政治的体制であるととらえ、その諸側面はその本性から必然的に連関するものとみる。しかし、これはまったくのトートロジー(同義反復)である。国家のさまざまな区分は経験的現実であるから、その特定の理念(=概念)から展開することが問題であるのに、ヘーゲルは理念あるいは有機体一般という抽象的概念から一歩も出ない。これはまやかしであるとマルクスは言う。

君主権については、ヘーゲルが君主権を主体とし、あたかも（生きている）君主がこの君主権の主体であるかのようにするのは不当である。現実的には、個人的な意思が君主権であるということにほかならない。それは結局、恣意的な意志である。したがって、君主権は恣意である。

ヘーゲル哲学の目的は、世襲君主を哲学上の純粋理念からでっちあげることにある。国家主権という意志を君主の身体に求め、理性的意志の有機的組織であるかのように装うのは、ヘーゲル哲学にとっては急所である。ヘーゲルは、王位の継承について、国家体制という客観的な制度にその保証を求める。これは結局、自分から君主権の自然的契機を否定し、それが流動的なものであると述べているに等しい。立憲君主制の体制は無責任性である。しかも、世襲制は君主の身体の最高の機能である性行為にもとづいている。

つぎに民主制について。民主制は君主制の真理であるが、君主制は民主制の真理ではない。しかし、民主制のうちでの君主制的契機はどんな矛盾でも、撞着でもない。

さらに統治権について。ヘーゲルはただ、統治権、司法権と行政権とを調和的なものにするだけである。通常は、行政権と司法権とは対立物として扱われる。ヘーゲルが統治権について書いている内容は、そのままプロイセン（プロシア）の国法に沿ったものである。

ヘーゲルはまた、行政を官僚制として展開する。そして、官僚制の前提として団体自治が置かれている。団体は市民社会の中の官僚制（国家）であり、官僚制は国家の中の団体（市民社会）である。官僚制は実践的幻想の組織であり、官僚精神は神学的精神、官僚組織は僧侶共同体である。官僚制は、形式的目的と実際的目的との間の衝突に陥る。誰もそこから抜け出せないような環のようなものである。その位階制（ヒエラルキー）のなかで、上部は下部に細事を期待し、下部は上部に普遍への洞察を期待し、そうしてお互いをだましあう。官僚制は国家を私物化し、外部にたいしては閉鎖的な秘事となる。権威の偶像化は官僚制の意向である。官僚制内部では、ひどい物質主義、受動的服従、権威信仰、固定した形式的やり方、原則、見方、仕来りのメカニズムといったものにならざるをえない。官僚の生活は立身出世の手段であり、物質的生活である。一方では物質主義、他方では精神主義がある。

最後に、立法権について。ヘーゲルは立法権についてだけは憲法が前提だというコメントを述べているが、立法権は普遍的なことを組織する権力であるから、憲法（体制）を越えた広がりをもつ。他面で、立法権は、憲法にかなった一つの権力であり、憲法に包摂されている。マルクスに言わせれば、「ここに衝突がある」。ヘーゲルは、憲法と立法権との対立を、合憲的な働きと実際の働きとの二律背反におきかえて、矛盾をはっきりとさせた。国家の諸権力の有機的統一とヘーゲルはいうが、ヘーゲルはこれらの権力の違った原理を展開しないで、これらの現実的衝突から想像上の有機的統一へと逃げている。

ヘーゲルにおいては、現実的主体の自由は形式的な自由にすぎない。公共事も、それ自体が主体とされてしまう。

ヘーゲルの二面性、あるいは矛盾は、一方では、①国家の普遍事を市民社会の特殊利益と対置し、両者の衝突を描き出した。②市民社会を私的身分として政治的国家に対置する。③立法権の議会的要素を市民社会のたんなる政治的形式主義とよび、市民社会の国家への反映関係、国家の本質的あり方を変えない反映関係として言い表す。他方で、市民的生活と政治的生活との分離を望まず、反映関係を忘れて市民的身分をそのまま政治的身分とする。ヘーゲルは結局、国家の内部で、市民社会の身分と議会的要素との統一が実現することを望んでいるにすぎない。したがって、ヘーゲルのいう身分制議会は古い世界観を新しい世界観であるかのように解釈するまやかしである。

ヘーゲルがとがめられるべきは、かれが現代国家のあり方をあるがままに描かずに、現にある姿を国家というものの本質的あり方だと称するからである。ここには理性的現実と非理性的現実との矛盾がある。

真の対立物はじつは君主と市民社会であるのに、ヘーゲルは国民をミニチュアにしてしまう。「真の現実的な両極」「相互に相容れない本質の現実的対立」は君主制国家と市民社会にあいだにある。ところが、ヘーゲルは一つの本質の上での区別（抽象的対立）と現実的対立とを混同している。

（4）マルクスによる近代市民社会批判

マルクスによるヘーゲル法＝国家哲学にたいする批判の要点は以上であるが、マルクスの批判的コメントは「二院制」についての節で終わっている。では、マルクス自身はこの批判の中で、みずからの近代市民社会あるいは国家への批判をどのように表明しているか。

マルクスはまず、ヘーゲルにおいて合理的なことは、国家は家族という自然的土台と、市民社会という人工的土台なしにありえないということだけであると述べている。国家は現存している衆人から出てくるものである。これはヘーゲルとはまったく反対である。したがって、マルクスは明らかに民主制を志向している。さらにまた、家族のような一つの現実的な領域の純粋な観念性は、ただ学（問）としてのみありうると述べており、実在する対象の概念を明らかにするという課題をみずからに提起している。すなわち、現実的な主体から出発して、この主体の客体化を考察すべきである。マルクスにおいては国民だけが具体的で現実的な主体であるから、国民の主権か、君主の主権か、これが問題である。

国務や権力は誰かの私有物ではないとヘーゲルは言う。ところが、ヘーゲルは、国務と活動が人間的な、社会的な機能であることを忘れ、人間の社会的性質の活動様式にほかならないことを忘れている、とマルクスは言う。民主制において国民は国民の体制をもつのである。したがって、体制は人間の自由な活動の産物という、その本来のあり方においてあらわれる。あらゆる国家体制の本質は「社会化された人間」であり、それが一つの特殊な国家体制としてあるあり方である[13]。

そもそも、政治的国家ということ自体が一つの抽象物であり、このことは現代的産物である。家族、市民社会、国家などは人間の社会的存在様式であり、それは人間の本質の現実化であり、客体化である。このように個人の社会的あり方を展開すべきであるのに、ヘーゲルでは諸個人の社会的あり方が意志の本質の諸規定として展開される。したがって、マルクスによれば、つぎのような批判になる。

「官僚制の廃止は、普遍的利益が現実的に、すなわちヘーゲルのようにたんに思想のなかでだけでなく、特殊的利益になるということでしかありえない。」すなわち、普遍が特殊と一致すること、さらにいえば、この両者を一致させる運動（実践）にこそ未来がある。

統治の代表者は市民社会に対立する国家の代表である。「つまり、国家は市民社会のうちにではなく外に在る。」したがって、正しい問い方は、国民は自分たちのために新しい憲法をつくる権利があるかという問題であって、マルクスは無条件にこれを肯定する。

立法権が総体である以上は、むしろ君主権と統治権は立法権の契機でなければならない。本当は、公共事は現実的主体が彼らの事柄として公共事を必要とし、そこにおいてみずからを対象化するのである。議会は国家と市民社会との間の総合（ジンテーゼ）である。議会のうちに、現代の国家機構のあらゆる矛盾が凝集している。

ヘーゲルは身分というまとまりによって市民社会の原子論的あり方を批判したが、国民が政治的には平等で、市民社会の生活上で不平等であるのは歴史のうえで一つの進歩である。政治的身分である公民と市民との分離はフランス革命で完了した。個人の自由な意志を原理とする私的領域である市民社会では金と教養が標識となる。市民社会の原理は享受と享受能力である。今日の市民社会は個人主義の原理の徹底であって個人的存在が究極の目的であり、労働、活動等々はその手段である。

現代の文明は、人間の対象的本質を一つのたんに外的な、物質的なあり方としてかれらから分離する。これについてマルクスは「市民社会の章」でもっと詳しく展開すると予告したが、この章は結局、書かれなかった。しかし、これがその後の彼の経済学研究につながることは明らかである。

「今日の国家体制の真に哲学的な批判は、もろもろの矛盾の存在をただ指摘するだけでなく、それらの矛盾を明らかにし、それらの生成、それらの必然性を把握する。それは矛盾をその独自の意義においてつかむ。この概念把握は……独自な対象の独自な論理をつかむところにある。」

独自な対象の独自な論理を概念で把握し、その矛盾を鮮明にすること、マルクスが「ヘーゲル国法論批判」において書き記した方法論はこれであった。

四　まとめと課題――自由主義から民主主義へ

以上で明らかになったように、学位論文期のマルクスが自己意識という哲学的用語で人間の自由を高らかにうたったのにたいし、『ライン新聞』時代の各種論説、そしてヘーゲル国法論批判をつうじて、マルクスの社会思想は明確に自由主義から民主主義へと成長していった。これを本稿では「自由主義から民主主義へ」と表現する。それは、国民主権にもとづく民主制を志向するという政治的意味にとどまらない。現実的で具体的な主体は近代市民社会を構成する人びとであるという思想にもとづくものである。ところが、その近代市民社会は私的所有を基礎とし、個人主義的な自由主義にもとづいて構成されている。富と貧困の対立や経済社会的さらに政治的その他の不平等は避けられず、人びとは他人を自分の手段とみなす原子論的な関係が支配する。近代市民社会は自由な諸個人から成る社会をつくりだしながら、同時にそれを妨げる、いわば矛盾物であった。市民社会と民主主義の関係をさらにつきとめるには市民社会を概念的に把握することがマルクスに求められた。

ヘーゲルは近代市民社会の社会経済的な問題点を、少なくとも哲学的にはよくとらえた。しかし同時に、個人の自由と私有財産両方の強力な支持者であった。それがもたらす問題点は、市民社会の構成要素である職業団体と、この市民社会の政治的国家への反映でもあり、また国家主権すなわち君主権にもとづく上からの行政活動によって克服されるべきものだと考えた。したがって、ヘーゲルが市民社会を批判的な対象とした場合、その経済学研究の源泉をイギリス古典派経済学の成果の吸収にだけ求めることはできない。ヘーゲルがその時代の官房経済学やイギリス古典派経済学の批判者たちの成果を吸収したものとするプリッダート（一九九〇）の見解は、ヘーゲルの政治＝社会哲学からすれば当然である。

マルクスは、近代市民社会の延長においてではなく、資本を主体とする経済という近代市民社会の本質的概念においてこれを批判的に把握し、市民社会を超える次の新しい社会（アソシエーション社会）の可能性を展望した。それは「市民社会の解剖学」としての経済学の批判をつうじて「資本の経済学」に至って理論的に可能となった。マルクスがヘーゲル社会哲学体系の影響から抜け出て、独自の理論に踏み出すその最初のステップがヘーゲル法哲学の批判であった。

それは、市民社会の問題点を国家という理念において解決するヘーゲルとは二つの意味で正反対であった。一つは、いうまでもなく理念上の解決ではなく、現実的な主体である人間とその社会関係の実践による解決を志向することである。第二は、この社会を市民社会という名前でさしあたり呼んでいるが、その実在する対象の本質を理論的に把握する、したがってまた概念的に把握することである。そのことによって、「市民社会」という用語それ自体が、自由で自立した諸個人の集合体という一種の理念的意味内容をもつものではなくなっていくことは容易に予想される。(14)

次章は、「ヘーゲル国法論批判」以後、続いてマルクスが一八四四年『独仏年誌』で公にした二つの論稿（「ユダヤ人問題によせて」「ヘーゲル法哲学批判序説」）の内容とその意義を明らかにする。その意義をより鮮明にするため、現代政治（社会）哲学とくにリベラリズムを代表する議論との比較検討をとおして、二つの論稿に示されたマルクスの社会哲学にせまる。

（＊なお、本稿では、ヘーゲルの国家論さらにマルクスの国家論との関係についてこれ以上は触れることができない。また、ヘーゲルの経済学研究および社会＝政治哲学の研究については、今日では、ヘーゲルが七回にわたって行った「法の哲学」の講義録記録の利用が必須とされているが、これらの比較によるヘーゲル法哲学研究は本稿の課題をこえるものであることを断っておきたい。）

注

（1）なお、リベラリズムとコミュニタリアニズムの対立について、本書は次章でロールズとサンデルをその代表にとりあげる。ウィリアムズ編『リベラリズムとコミュニタリアニズムを超えて』（二〇〇一）は、一九九八年一〇月にジョージア大学で開催されたアメリカ・ヘーゲル学会第一五回大会において発表された論文を編集したものである。訳者解説にあるように、興味深い、多様な論点が提示されている。表題のテーマについては編者であるウィリアムズによるところが大きいが、日本における城塚登・濱井修編（一九八九）のように、ヘーゲルからマルクスへという関連で論じたものはない。最近の市民社会論として、小松善雄（一九九七）、山口定（二〇〇四）、吉田傑俊（二〇〇五）、形野清貴（二〇〇七）をあげておきたい。また、ヘーゲル法哲学と経済学研究に関する研究として、尼寺義弘（二〇〇七）がある。

（2）ヘーゲル「法の哲学」とマルクス「ヘーゲル国法論批判」との関連について、わが国では、長洲一二（一九五三）、梯明秀（一九五九）、細見英（一九六〇）、有井行夫（一九八七）などの先行研究がある。これらの先行研究については、拙著『生活様式の経済学』（一九九二）第一章「ヘーゲル生命論と初期マルクス」で触れたので、本書では省略する。その他に寿福真実（一九九六）。マルクーゼ『理性と革命』（一九五四）は、ヘーゲルの体系を概観し、その理論がファシズムとは敵対し、マルクスに合致する意味をもっていること、ヘーゲルの否定の哲学にたいして実証主義の肯定の哲学が台頭したことを明らかにした優れた著作である。しかし、マルクスの「ヘーゲル国法論批判」についてはなぜか言及されていない。生松敬三『社会思想の歴史』（一九六九）は、ヘーゲルにおける「市民社会と国家」からマルクスの社会思想の展開を簡潔にまとめたすぐれた入門書である。マクレラン『マルクス主義以前のマルクス』（一九七〇、一九八〇）は、『経済学＝哲学草稿』にいたるマルクスの生涯とその理論的発展を扱った好著である。「ヘーゲル国法論批判」についてもかなり詳細に検討しているが、本書第一章に既述したように、マルクスの学位論文にたいするマクレランの評価は低い。

（3）島崎隆氏は、「ヘーゲルの文献学的研究がおおむね峠を越し」、これにもとづきヘーゲル哲学それ自身の研究があらたに開始されるべき時が到来している、そうした「大きな岐路」にたつヘーゲル研究は「新しいヘーゲル像に向かって進む」べき時であるが、膨大な内容と多面性をもったヘーゲル哲学を一言で特徴づけるとすれば、「精神の哲学」と名づけるのがふさわしい、とのべている。ここでいわれている「精神の哲学」は『エンチュクロペディー』第三部精神哲学のことではない（岩佐茂・島崎隆編［二〇〇三］3、二五ページ）。なお、ここでは岩佐・島崎・高田編『ヘーゲル用語事典』（一九九一）の「精神」の項目をも参照にした。

（4）ヘーゲルは、承認の闘争と主への服従は、人間の共同生活のはじまりにおいて現象したものとみている。そして、ギリシャ人とローマ人はまだ、人間の「絶対的自由という概念」に到達しておらず、「人間がそのものとして、普遍的自我として、理性的自己意識として、自由をもつ権利があるとは認識しなかった」と解説している（四三三節および補遺）。また、ヘーゲルがここで、奴隷は主人の欲望のために働くことによって自分の我欲をこえているから、主人よりも高い地位にいる、服従は自由の端緒である、そして主人もまた真に自由ではない、と述べたことはよく知られている（四三四節補遺）。

（5）ヘーゲルは、「自由の理念ほど不明確かつ多義的で、最大の誤解を受ける可能性があり、またそのために実際に受けているものはない」（四八二節）と言う。ヘーゲルによれば、東洋もアフリカも、古代ギリシャもローマ人も、そして哲学者のプラトンやアリストテレスですら、「自由の理念をもたなかった」。自由の理念はキリスト教によって世界に現れた。それによれば、個人そのものが無限の価値のあるもの、それ自身において絶対的精神という最高の自由に対して規定されているものである。したがって、人間が自由という理念をもつのではない。「人間がその理念なのである」。ここには、マルクスが批判するような主語と述語の転倒があるとはいえ、ヘーゲルが自由な精神を、哲学のあるいは世界の出発点とし、また到達点にしようとしていたことがうかがえる。

（6）近年のヘーゲル研究とくに法哲学の専門研究は、ヘーゲルの講義録にもとづく研究に重点がある。これについては牧野広義（二〇〇四、第七章「今、なぜヘーゲルか」）を参照。たとえば、プリッダート『経済学者ヘーゲル』（一九九〇）は法哲学の講義録を全面的に用いた研究である。ただし、これには市民社会論におけるヘーゲルからマルクスへの批判的継承関係という視点はない。法哲学の講義録も相次いで邦訳されている。ヘーゲル『自然法および国家学に関する講義―一八一七／一八冬学期講義、ハイデルベルク、一八一八／一九冬学期序説（付録）、ベルリン―』（ヴァンネンマン手稿、尼寺義弘訳、晃洋書房、二〇〇二年）、ヘーゲル『自然法および国家法―「法の哲学」第二回講義録　一八一八／一八一九年、冬学期、ベルリン―』（ホーフマイヤー手稿、尼寺義弘訳、晃洋書房、二〇〇三年）、ディーター・ヘンリッヒ編『ヘーゲル法哲学講義録一八一九／一八二〇』（中村・牧野・形野・田中訳、法律文化社、二〇〇二年）。関連して、ヘーゲル『イェーナ精神哲学』（一八〇五／〇六実在哲学の一部、尼寺義弘訳、晃洋書房、一九九四年）、同『法哲学講義』（グリースハイム稿、一八二四／二五年講義、長谷川宏訳、作品社、二〇〇〇年)、同『ヘーゲル教授殿の講義による法の哲学ⅠⅡ』(第五回講義録、ホトー手稿、尼寺義弘訳、晃洋書房、二〇〇五年、二〇〇八年)。

(7)「法の哲学」における方法が「論理学」を前提にしていることについてはヘーゲル自身が三一節で明言している。普遍—特殊—個別の弁証法については、七、二四、三一節を参照。ただし、ヘーゲルは、概念弁証法は外部から素材を取り入れないで「普遍的なもの」あるいは概念が自己展開するものであると明言している。

(8) 精神は思考一般であるのにたいし、意志は特殊な仕方の思考である。すなわち、思考が自分に存在を与えようとする衝動としての思考が意志であるとされる。したがって、ヘーゲルにあっては、意志の方が理論的なものを自分のなかに含む(四節補遺を参照)。

(9) 法哲学の対象となる法は狭義の法ではなく、一つには das Recht (right) という用語に含まれる権利論であるとともに、人びとの意志にもとづく活動の掟したがって制度を扱うという意味もあると思われる。

(10) ヘーゲルは国家の土台 (die Basis) として家族と身分をあげている(二〇一節補遺)。また、国家の倫理的根源 (die Wurzel, root) として家族と職業団体をあげる(二五五節)。粂(一九七九)は、経済学の扱う物象化された個人を超えて諸個人を有機的に組織する身分と職業団体こそがヘーゲル市民社会論の独自性であったが、一八三〇年の革命によってその理論体系が崩壊するとして、そのあり様を明らかにしている。

(11) リーデル(一九六九)は、ヘーゲルは古典政治学と近代自然法に対決したので、アリストテレスからカント、ルソーにいたる伝統的な市民社会概念である国家と社会との一体性に反対し、国家から相対的に自立した新しい市民社会概念をうち立てたと解する。この解釈は、ヘーゲルは一八世紀来のイギリス人、フランス人にならって市民社会という用語を使ったとするマルクス「経済学批判への序言」(一八五九年)の理解とは異なるように思われる。テイラー(一九七九)は、ドイツにおける啓蒙主義と表現主義とロマン主義とを組み入れたヘーゲルの社会哲学はマルクスに継承されたとする。ヘーゲルのいう絶対的精神(ガイスト)の自由を類的存在としての人間に置き換えたのがマルクスであったが、二〇世紀の市民社会とソ連型社会主義の結末を見通したとき、ヘーゲルのいうような諸共同体を組みこんだ理性的国家の理念こそが再考に値する。これがテイラーの考えである。しかし、マルクスの経済学批判がヘーゲルの市民社会批判をこえたことの意義がテイラーの所論では明らかにならない。

(12) 岩淵慶一(一九八六)は、マルクスが『ライン新聞』時代にはなおヘーゲル主義的国家観の枠内にありながら、現実の諸問題にとりくむなかで理論的、思想的「危機」に陥り、一八四三年三月にようやくヘーゲル主義を完全に放棄し、「哲学革命」ともいうべき転換を成しとげたとする（同書とくに一二章）。また、渡辺憲正（一九八九）は、マルクスによるバウアー批判に関連して、一八四三〜四四年をマルクスの「理論転換」と位置づける（同書とくに第四章）。石井伸男（二〇〇二）は、学位論文から一八四三年夏までをマルクスの「批判哲学時代」とし、哲学と理性的国家の両方への期待がマルクスにあったが、こうした理念論的な批判哲学では限界があることを知るのが物質的利害関係への取り組みであったとする。

（13）マクレラン（一九七〇、一九八〇）は、マルクスの民主制の概念はこの段階で、①人間主義的である②ヘーゲルにはない人類の自由を含む③ある意味で社会主義的である④共和制は国家の消滅を含む新しい社会形態には不適当である、という四つの特徴をもつが、明らかに過度的な観念であると述べている（pp.114-115, 訳一七三〜一七四ページ）。しかし、民主主義および民主制は自由主義から社会主義へのたんなる過渡ではない。なお、一八四三年七〜八月にライン州クロイツナハで書いたとされる覚書にもヘーゲル国家論への根本的な批判が記されている。主語と述語の転倒、政治的神学、哲学的・宗教的汎神論、古い世界の形而上学的表現といった点である（邦訳『全集』補巻1、一九〜二〇ページ、参照）。

（14）「市民（ブルジョア）社会の経済」から「資本制生産様式」への展開については、重田澄男氏のつぎの著作が参考になる。この著作についての「読書ノート」を合わせて参照されたい。角田修一「読書ノート　重田澄男『再論　資本主義の発見―マルクスと宇野弘蔵―』（桜井書店）を読む」基礎経済科学研究所編『経済科学通信』第一二七号、二〇一一年一二月。

第三章　マルクスから現代社会哲学へ
——マルクス、ロールズ、そしてサンデル——

はじめに

一九七一年、現代アメリカの政治＝社会哲学者ジョン・ロールズ（John Rawls, 一九二一～二〇〇二、元ハーバード大学哲学教授）が『正義論（A Theory of Justice）』を著わし、「公正としての正義（Justice as Fairness）」と名づける現代正義論を展開した。功利主義に代わる規範的正義論を復権させたその議論は現代のリベラリズム哲学を代表するものとなっただけでなく、一九七〇年代以降のあらゆる政治＝社会哲学あるいは公共哲学の論議の基盤を提供した。このことは現代アメリカのラディカル派社会経済学（Radical Political Economy）の社会哲学（第一五章）にたいしても同様である。一九八〇年代半ば以降、ロールズは包括的な道徳哲学から政治的リベラリズムへと姿勢を変化させたとされるが、かれの「公正としての正義」という観念がゆらぐことはなかった。先の『正義論』は一九九九年に改訂版が出版された。その後も講義録や草稿が相次いで出版されている。それをみると、ロールズは「政治哲学史講義」のなかでマルクスを「リベラリズムの批判者」として紹介し、かなりの時間とスペースを割いて評価していた。それにもかかわらず、ロールズをめぐるじつに多くの議論はマルクスの社会哲学とそれにたいするロールズの評価については口をつぐんでいる（cf. Rawls 一九九九、二〇〇一、二〇〇七）。

ロールズのマルクス理解は、ハーバード大学での長年にわたる政治哲学講義の中で扱われた。二〇〇七年に出版され、二〇一一年に邦訳が刊行された『ロールズ　政治哲学史講義』（邦訳Ⅰ、Ⅱ）における一九八三年の講義概要では、週二回の講義、計八週間半のうち二週間半をマルクスに費やしている。現代リベラリズムの代表者が「リベラリズムの批判者」マルクスにこれだけの時間を割いたこと自体が驚きというべきである。日本におけるリベラリズムをめぐる大方の議論が（一部を除き）マルクスおよびロールズのマルクス評価に言及しないのはおかしな事態である。

マルクスの正義論はロールズ以前に英米の一部学界で大きな議論になっていた。マルクスは資本主義を不正義だと批判したのかどうか、あるいは普遍的に妥当する正義の原理は存在しないと考えていたのかどうか、これが基本的な論点である。

ロールズによれば「マルクスの正義観念は首尾一貫している」。マルクスにとって、経済的土台にはそれに相応する正義の構想がある。たとえば交換の正義からみれば資本主義経済は正義に適ったものである。では、剰余価値についてマルクスはなぜ、盗みだとか横領だとか、強制だとか表現したのか。それは、マルクスには「唯一の意義をもつ生産要素は人間の結合された労働（combined labor）」だという観念があり、「自由に連合した（freely associated）生産者たちとしての社会構成員の観点から」生産手段および自然資源にたいする平等なアクセスを正義の構想としていたからである。また、マルクスは「正義と権利とは異なる原理である自由や自己実現といった価値において資本主義を非難した」ので、その価値が実現する完全な共産主義の段階（『ゴータ綱領批判』）すなわち「自由に連合した生産者たちの社会」では「正義と権利」といったイデオロギー的意識自体が消滅すると考えた、いいかえると、完全な共産主義社会が正義を超越した社会であると考えたとロールズは理解する。ただし、ロールズ自身の考えでは「正義の消滅は望ましいことではない」。しかし、少なくともロールズのマルクスにたいする理解は正しい。

一九七〇年代以降に展開された英米系の社会＝政治哲学の構想における基本的な論点は自由と共同体、正義と権利、資源と能力、分配と再分配のあり方をめぐるものである。この議論を整理すると、われわれは意外にも、はるか以前、一八四〇～七〇年代のヨーロッパにおいてマルクスが直面した社会哲学上のテーマに引きもどされる。そこに現れるもっとも基本的なテーマは、マルクスが明らかにした近代「市民社会」の「公民と市（私）民の分裂」という事態である。

そこで、一．では、第二章の「ヘーゲル国法論批判」の後、一八四四年にマルクスが『独仏年誌』に発表した二論文（「ユダヤ人問題によせて」「ヘーゲル法哲学批判」）から晩年のものまでをとりあげ、マルクスの社会哲学の概容を明らかにする。二．ではロールズがより明確にしたとされる政治的構想としてのリベラリズムの立場を、三．ではその批判者として名をあげたマイケル・サンデル（Michael Sandel, 一九五三～、ハーバード大学政治学教授）の共和主義政治哲学をとりあげ、ロールズとサンデルとを比較、検討する。その結果、ロールズとサンデルの違いは現代における「公民と市民との分裂」にあることを明らかにする。

一　マルクスの社会哲学

（１）公民と市（私）民の分裂

第一章でみたように、マルクスの学位論文は、エピクロスの哲学が「自己意識の絶対性と自由の哲学」であり、その社会原理の基礎が契約論的であること、したがってまたその原理は功利にあることを見抜いた。「エピクロスの精神的自然つまり国家についての見解。かれには契約がその基礎であり、したがってまた有用なこと、つまり効用の原理のみがその目的である」（マルクスの第一ノートより、*MEW*, Bd.40, S.28）。

もちろん、マルクスは社会契約説的な考えに賛成ではない。このような個人主義的な自由主義の社会哲学原理が現実の「具体的で普遍的なもの」と衝突する矛盾を、少なくとも抽象的ではあるが哲学の言葉で明らかにしたのである。

マルクスはまた、第二章でみたように、「理性的自由の哲学」であるヘーゲル哲学から出発し、一八四三年夏にヘーゲル『法の哲学』（一八二一年）の評注にとりくんだ。そのうち、現在残されている草稿は『法の哲学』第二六一～三一三節に対する評注（「ヘーゲル国法論批判」）だけであった。[1]この評注をもとに、マルクスは、一八四三年秋から翌年一月にかけて、「ユダヤ人問題によせて」と「ヘーゲル法哲学批判序説」の二論文を書き上げ、一八四四年に公にした。マルクスがそこで直面した事態は、フランス革命やアメリカ独立の際の人権宣言や憲法にうたわれた理念、その後のいわゆる市民社会の現実、そして遅れたドイツの諸事情とドイツ哲学および思想の先進性、宗教と政治および「市民社会」における人間解放、そして人間解放を担う労働者階級の役割といった諸問題であった。[2]

「ヘーゲル国法論批判」からさらにすすんで、先の二論文で明らかにしたマルクスの社会哲学の概要はつぎのようなものである。

一般に国家が宗教から解放されている場合、国家は共和国（der Freistaat）でありうる。選挙権や被選挙権についても、納税を条件としないような国家もありうる。すべての国民を国民主権への平等な参加者とするような国家においては、納税の基礎となる私的所有だけでなく、出生、身分、教養、職業の区別も、国家の次元では廃棄されている。しかし、現実には私的所有等々が廃棄されているわけではない。「国家が現実の国民生活のすべての要素を国家の観点から取り扱う場合」は、私的所有等々の区別を前提し、これらの区別すなわち前提と対立することによってのみ国家は実在する。[3]

国家の本質は人間の「類的生活」にある。国家という「政治的共同体」において、人間は「自分を共同的存在だとみなす」。そして、「仮想上の主権の空想的な構成員となり……非現実的な普遍性によって満たされる」。このような国家＝政治的共同体と対立するのが物質的生活であり、人間の「利己的な生活」である。「利己的生活のあらゆる前提は、国家の領域の外に、すなわち市民社会のなかに、市民社会の特性として存続している」。「市民社会の生活において、人間は私人（Privatmensch）として活動し、他の人間を手段となし、自分自身を手段におとしめ、疎遠な力によって手玉にとられている」（以上、*MEW*, Bd.1, S.354-355 城塚訳二四〜二五ページ）。

マルクスはフランスの人権宣言や一七九三年憲法の一節を引用しながら、自由、平等、所有、安全といった人権（Menschenrecht）の理念を一つひとつ考察する。人権のなかでも、公民権（droits du citoyen）と区別される限りでの「人の権利（droits de l'homme）」はまず信仰の自由や良心の自由などである。しかし、信仰の自由は「宗教的であることの権利」であって、「宗教からの人間の解放」ではない。こうした人権は「市民社会の構成員の権利」、つまりは「利己的人間の、すなわち人間と共同体から切り離された人間の権利にほかならない」（Ibid., S.364 城塚訳四二ページ）。

市民社会における自由（liberte）は「他人の権利を害しないことはすべてなしうる」（一七九三年フランス憲法第六条）権利である。これは「孤立して自分のなかに閉じこもっているモナド（単子）としての人間の自由である」。マルクスによれば、「自由という人権は、人間と人間との結合（Verbindung）にもとづくものではない、むしろ人間と人間との分離にもとづいている。それは、こうした分離の権利であり、局限された個人の、自身に局限された個人の権利である」（Ibid., 城塚訳四三〜四四ページ）。

所有権について、一七九三年のフランス憲法（第一六条）は、「所有権は、すべての公民が、自分の財産、所得、労働および労務の成果を任意に享受し、また処分する権利である」と定めている。マルクスによれば、このような「私的所有の人権は、他人との関わりなしに、社会から独立に、自分の資産を享受したり処分したりする権利、つまり利己の権利である。（そして）先に述べた個人的自由と、いま述べたその適用（所有権のこと—引用者）とが市民社会の基礎となっている。市民社会は、各人が他人のなかに自分の自由の実現ではなく、むしろその制限を見いだすようにさせている」（Ibid., S.365 城塚訳四四ページ）。

つぎに市民社会における平等（egalite）であるが、平等は「非政治的な意味での平等」である。この平等は

「自由の平等、すなわち、各人が等しくそのような自立自存のモナド（単子）とみなされることにほかならない」（Ibid. 城塚訳四五ページ）。さらに、「安全とは、社会がその構成員のおのおのに、その人身、権利および所有権の保全のために、保護を与えられることにある」（一七九三年憲法第八条）。マルクスは、この安全の権利が「市民社会の最高の社会的概念、警察の概念」であり、「安全とは市民社会における利己主義の保障である」とその本質を明言する。

このように、市民社会における人間は「共同体から分離された個人である」。そして、こうした「人間を結びつける唯一の絆は、自然必然性、欲求と私的利益であり、かれらの財産とかれらの利己的人身の保全である」。かれらが公民として振舞う政治的共同体さえも、市民社会における私人（bourgeois）としての人間すなわち利己的人間の僕（しもべ）となり、手段となる。政治的革命は確かに、封建制という「古い市民社会」における身分、職業団体、同業組合、特権のなかに組み込まれていた諸個人を解放した。権利とは、そのような「独立した諸個人の相互関係にほかならない」。すべての政治的生活が市民社会の生活の一つのたんなる手段とされることによって、「政治的国家の土台であり前提となるのは市民社会の構成員であるような人間である」。政治的国家は自らの土台であり前提である人間を「人権」として承認するのである。

「したがって、人間は宗教から解放されたのではなく、宗教の自由を得たのである。人間は所有から解放されたのではない。所有の自由を得たのである。人間は営業の利己主義から解放されたのではなく、営業の自由を得たのである」（Ibid. S.369 城塚訳五一ページ）。

市民社会は「欲求と労働と私的利益と私的権利の世界」である。そこにおける人間は、本来の、自然な、感性的な人間とされる。これにたいして、政治的世界における人間すなわち公民は、人為的につくられ、抽象化された人間として区別される。

このように公民と私人とに分裂した人間が、人間それ自体へと帰り、具体的で個別的な人間、その経験的生活と個人的労働のなかで自分たちの類的性質、すなわちその社会的な力を自覚し、組織するとき、「社会的な力をもはや政治的な力というかたちで分離しないときにはじめて、人間的解放は完成される」（Ibid., S.370 城塚訳五三ページ）とマルクスは考える。

政治的解放から人間的解放へ向かうことにより、公民と私人との分裂は真に克服される。マルクスの社会哲学上の基本的立場は、「人間を人間の最高のあり方だと言明する理論的立場」（Ibid., S.391 城塚訳九六ページ）である。これは「学位論文」においてすでに「宣言」されていた。では人間の解放を担う主体は誰か。それは、「人間存在のあらゆる条件を社会的自由（soziale Freiheit）の前提のもとで組織する階級」（Ibid., S.390 城塚訳九三ページ）である。これを理論的に根拠づけるためには、政治的社会の土台である市民社会の分析と概念による把握が必要である。このような理論的確信がマルクスのその後の研究を突き動かした。

したがって、若いマルクスは社会＝政治哲学のうえでけっして未熟ではなかった。公表された二論文においてすでにマルクスの社会哲学上の考えはある意味でできあがっていたといえる。

ここで、マルクスのルソーとの関係について触れておく必要がある。

「ユダヤ人問題によせて」の最後の方で、マルクスはルソーの一文をそのまま引用している。この一文は、ルソーがマルクスのいう「政治的人間の抽象化」すなわち公民的人間観を正しく描いている例として引用されている。したがって、マルクスはルソー流の社会契約説を肯定しているわけではない。マルクスからすれば、ルソーはあくまで自然状態にあるとされた人間すなわち私人あるいは抽象化された人間が社会契約を通じて公民となることを描いている。それによって政治的共同体における人間の結合を描き出した。しかし、そこには私人からなる市民社会の対立や困難、そしてその真の解決である「人間的社会（die menschliche Gesellschaft）」（マルクス：フォイエルバッハに関するテーゼ一〇、*MEW*, Bd.3, S.535 および「経済学批判への序言」*MEW*, Bd.13, S.9）は出てこないのである。(4)

（2） 権利と正義、自由

マルクスがその思想形成の出発点においてもっていた政治＝社会哲学からすると、『資本論』において、自由、平等、所有そしてベンサム流功利主義にたいする批判的評価がみられるのは当然である。なぜなら、この内容は一八四四年に公にした先の二論文において「市民社会」における自由、平等、所有そして私益の追求について述べた内容と同じだからである。それと同じ評価が『資本論』では商品流通あるいは商品交換の部面に対応する社会的意識形態への批判的評価として書かれている。

「労働力の売買がその枠内で行われる流通または商品交換の部面は、実際、天賦の人権の真の楽園であった。ここで支配するのは、自由、平等、所有、およびベンサムだけである。自由！　一商品たとえば労働力の買い手と売り手は、彼らの自由意思によって規定されているだけだから。彼らは自由で法律上、対等な人格として契約する。契約は、そこにおいて彼らの意志が一つの共通な法的表現を与えられる最終結果である。平等！彼らは商品所持者としてのみ互いに関係しあい、等価物を等価物と交換するだけだから。所有！　だれもみな、自分のものを自由に処分するだけだから。ベンサム！　両当事者のどちらにとっても、問題は自分のことだけだから。彼らを結び付けて、一つの関係のなかに置く唯一の力は、彼らの自己利益、彼らの特別利得、彼らの私的利害という力だけである。そして、このように誰もが自分自身のことだけを考え、誰も他人のことは考えないからこそ、すべての人が、事物の予定調和にしたがって、またはまったく抜け目のない摂理のおかげで、彼らの相互の利得、共同の利益、全体の利害という事業をなしとげるだけである」（*MEW*, Bd.23, S.190）。

まさにこの単純流通または商品交換の部面から、俗流自由貿易論者は、資本と賃労働の社会についての見解、概念、そして自分の判断基準を借りてくる、とマルクスは言う。すなわち、ここに一つの価値判断基準すなわち価値規範が成り立つ根拠がある。すなわち、商品交換の法則にもとづく価値基準は、相手の意思を支配し、対等な交換を行わず、相手の所有物を侵すことは、人権に反し、共同の利益に反すること、つまり不正義となる。

マルクスはこの「労働力の売買」の考察から資本制生産過程の分析をすすめた。その結果、資本家による商品生産過程が価値増殖過程であるだけでなく、剰余労働を強いる「一つの強制関係にまで発展」（Ibid., S.328）していることが明らかにされる。商品生産と商品交換の法則に適合する所有権は、資本―賃労働関係においては「他人の労働および剰余労働にたいする法的権原および強制権原に転化」する。マルクスはこれを「資本制生産に独自でこれを特徴づけている転倒」（Ibid., S.329）だと表現し、この資本制取得様式は商品生産の取得様式の適用から生じるもので、後者はなお有効である（Ibid., S.609f）とする。これがいわゆる取得法則の転回論である。

したがって、マルクスが正義論から資本制経済にたいして下す評価は二面的なものになる(5)。交換的正義の立場からは、生産過程においてなされる資本家の労働者にたいする一種の強制関係は不正義である。しかし、資本制経済は交換的正義の全面的な適用によって成り立つかぎり、交換的正義にもとづく価値規範は有効である。資本家だけでなく賃金労働者もこの規範に依拠せざるをえない。マルクスが労働日（日労働時間）の制限をめぐる労働力の売り手と買い手のあいだの闘争について、「商品交換の法則によって確認される権利対権利の二律背反が生じる」（Ibid., S.249）と表現したのはこれにもとづいている。しかも、マルクスは、イギリス工場法についても、「譲ることのできない人権」というアメリカ独立宣言の「派手な目録に代わって、法律によって制限された労働日というつつましい『大憲章（Magna Charta）』が現れ」（Ibid., S.320）たと評価しているのである。

マルクスは、プルードンにたいしては、商品生産の所有法則を有効だとして資本制経済の所有法則を廃止しようとすると批判した。それは、二つの法則が、前者を有効としながら後者を廃止することはできない関係にあるからである。マルクスは、資本制所有の変革ないし廃棄の課題については、商品生産の所有法則や所有権にもとづく交換的正義を一つの契機としながら、別の理論的根拠を明らかにしなければならないと考えた。

そもそも、「権利とは独立した諸個人の相互関係にほかならない」（前述）が、同時に、「権利は、社会の経済的形態、およびそれによって条件づけられる社会の文化的発展よりもけっして高度ではありえない」(*MEW*, Bd.19, S.21)。正義という観念もまた、そうした制約された諸関係の社会的意識における表現である。したがって、マルクスにおいては、絶対的正義というものは存在しないが、正義という社会的意識や観念は不可避である。問題はどのような社会関係、経済関係の理解にもとづいて、正義や権利を評価するかにある。自由や分配についても同じことが言えるのであるが、これについてはさらにマルクスの人間性論を明らかにする必要がある。

(3) マルクスにおける人間の本性とその疎外の論理

先の二論文が公刊されてのち、一八四四年四月から八月までのあいだに、マルクスは『経済学・哲学草稿』あるいはパリ草稿とよばれるノートを書き残した。この第一草稿のなかに「疎外された労働」論がある。マルクスの労働疎外論には、かれの社会哲学すなわち自由、正義といった価値規範についての考えが表わされている。

疎外された労働とは、古典派経済学者たちが明らかにした賃金労働者とその生産における疎外という事実から出発して、その事実を概念化したものである。疎外された労働の内容は、(一)労働生産物の労働者からの疎外、(二)労働者の生産的活動の疎外、(三)労働者の人間性の疎外、(四)人間からの人間の疎外、の四つの規定からなる。このなかの(三)において、マルクスは、人間性の疎外をその「類的本質」「類的生活」「人間的本質」「精神的な類的能力」などの疎外とした。そして、「生命活動の仕方のうちに一つの種の全性格が、その類的性格がある。そして自由な意識的な活動が人類の類的性格である」(*MEW*, Bd.40, S.516)と述べている。

この「自由で意識的な活動性」は、マルクスが「学位論文」で「自己意識の絶対性と自由」を宣言したものと同じである。この「自由で意識的な活動性」に人間の社会的本性をみいだしたマルクスは、人間の主体的な生命活動の疎外態としてブルジョア的私有の関係を把握する。疎外された労働論は「労働者の側からの考察」であった。しかし、これを「非労働者の側からも考察する」(Ibid., S.519)必要がある。そして、疎外された労働とその帰結である私的所有という二つの要因から「あらゆる国民経済学のカテゴリーを展開することができる」（Ibid., S.521）という見通しをえた。これは、翌一八四五年の「フォイエルバッハに関するテーゼ」第六項において、「人間性は個々の個人に内在する抽象物ではない。その現実のあり方において、それは社会的諸関係の総体である」としたのと同じ考え方によるものである。

さらにまた、マルクスは、この課題を考察する前に、「なお二つの課題を解決することを試みよう」とした。その一つは、私的所有の普遍的本質を「真に人間的で社会的な所有にたいするそれの関係のなかで規定すること」、もう一つは「どのようにしてこの疎外は人間の発達の本質のなかに根ざしているのか」であり、それは「外化された労働と人間発達の歩みとの関係への問い」（Ibid., S.521）である。(6)

このようにマルクスは『経済学・哲学草稿』第一草稿において、人間の社会的本性⇓疎外された労働⇓私的所有⇓真に人間的で社会的な所有への転化という形で、のちに展開される経済学批判のスタート地点を定めた。人間の社会的本性である「自由で意識的な活動性」は、資本制経済においては疎外された姿で、何よりも私的所有における「人間の外にある物象（事象 Sache）」の姿で存在する（物象化論）。しかし、そのもとで人間の本性は発達し、それを現実化する真に人間的で社会的な所有への転化が必然的である（人間発達論）。こうして、人間の本性とその疎外論はマルクスにおける価値規範論としての性格を有する。

このことを示すように、『資本論』には人間性や人間発達という用語がいくつも登場する。

第一部第一三章の「大工業と農業」の節は、資本制生産による物質代謝のかく乱、労働者の健康破壊が、その「物質代謝を社会的生産の規制的法則として、また十分な人間発達に適合する形態で体系的に確立することを強制する」（*MEW*, Bd.23, S.529）ことが明らかにされている。

また、『資本論』の結論部分である第三部第四八章「経済学的三位一体定式」では、物質的生産の領域における自然必然性のうえに成立する自由は、「社会化された人間、結合した生産者たちが……物質代謝を自分たちの人間性にもっともふさわしく、もっとも適合した条件のもとで行うことにある」（*MEW*, Bd.25, S.828）というところがある。

以上のような理解にもとづけば、自由にたいするマルクスの考えはつぎのように整理できる。まず、自由は「自由な意識的な活動」という人間の社会的本性をなしている。それは自然と人間との物質代謝活動の制御という意味と、それぞれの個人的能力を結合し、協同の力を発揮するための社会関係の制御という二つの意味で用いられる。そして、この二つの意味の自由のうえにたって、個人は自分を実現し、その能力をも自由に発達させることができる。「各個人の十分な自由な発達を基本原理とするヨリ高度な社会形態」（*MEW*, Bd.23, S.618）と言うとき、マルクスは人間の本性の実現としての「人格的自由」（*MEW*, Bd.3, S.74）にもっとも大きな価値をみいだしていたのである。先の引用文にある物質的生産の領域における自由にたいして、「これはまだやはりなお必然性の領域である、このかなたで、自己目的として認められる人間の力の発達が、真の自由の領域が、始まる」（*MEW*, Bd.25, S.828）というのも、こうした人格的自由という意味あいにおいてである。(7)

このマルクスの自由論からみたとき、資本制経済における賃金労働者の存在はどのように評価できるだろうか。マルクスは賃金労働者を「自由な労働者」と表現した。彼・彼女らは自分の労働力の売り手としては「自由な人」である。この条件が歴史的な産物であることをマルクスは強調した。また、たとえば出来高賃金の考察では、この賃金形態が労働者の個性を発達させ、その自由感や独立心や自制心を発達させる傾向があるが、他方では労働者間の競争を発展させる（*MEW*, Bd.23, S.578）、と評価している。しかし、資本制大工業のもとでの「労働過程の社会的結合（Kombination）は労働者の個人的な活気や自由や独立を組織的に圧迫するものとして現れる」（Ibid., S.528f）ことを指摘する。賃金労働者の自由とは、矛盾をうちに含む、制限された自由である。資本による搾取のために資本のもとに結合された労働者たちの共同労働は、人間の社会的本性としての意識的な活動性と共同性を著しく高める。しかし、その活動すなわち協働は疎外された形態で現れる。資本制生産は「いっさいの富の源泉である土地をも労働者をも破壊することによってのみ、社会的生産過程の技術と結合（Kombination）とを発展させる」（Ibid., S.530）。しかも、このことをつうじてのみ、「各個人の自由な発達を基本原理とするヨリ高い社会形態の唯一の現実の基礎となりうる物質的生産条件の創造を強制する」（Ibid., S.618）という矛盾を含むものである。

このように、「市民社会の解剖学」であるマルクスの社会経済学（political economy）は、疎外論をベースにした生産関係の物象化論、矛盾論、そして人間発達論の一体性を特徴とする[8]。

マルクスの社会哲学とくに価値規範論は経済理論におけるこうした三位一体性にもとづくことが明確にされなければならない。

(4) 個人的所有の再建とベイシック・インカム

マルクスの社会哲学とくに価値規範論からみたとき、資本制経済を廃棄する過程で所得分配あるいは再分配はどのように変革されるのか、そのことをどのように評価するのか。たとえばベイシック・インカム構想の特徴である（一）すべての個人にたいして（二）無条件に（三）国家が（四）一定の貨幣額を支給するという四つの条件について、マルクスであればどのように評価するかを考えてみよう。

1 『ゴータ綱領批判』（一八七五年）における分配関係の変革論

一八七五年五月、ドイツにおける二つの左派が合同し、ドイツ社会主義労働者党（ドイツ社会民主党一八九〇年の前身）が結成された。その大会で採択された新綱領が、いわゆる「ゴータ綱領」である。マルクスは大会前の綱領草案（一八七五年三月発表）にたいするコメントを求められ、評注（Marx 一八七五）を書き、親しい人びとの回覧に付した（同年五月）。この評注は一八九一年になって公表された。評注を書くまでにマルクスが公刊していた『資本論』は、第一巻初版（一八六七年）、同第二版（一八七三年）、同フランス語版（一八七五年）であるから、第一巻はほぼ現行版に近いものができあがっていた（正確には、マルクスの書き残した変更や追補の書き込みにもとづいて、一八八三年に第一巻ドイツ語第三版がエンゲルスによって出版され、また第二巻、第三巻の多くの草稿はほぼ一八七〇年代前半に書き終えられていた）。したがって、『ゴータ綱領批判』は『資本論』とほぼ同時期の著作として扱うことができる。

本章の課題にとって興味深いのは、合同大会に提案された「ゴータ綱領」草案には、「平等の権利にしたがった、労働の全収益の全社会構成員への帰属」、「総労働の協同組合的規制」、「労働収益の公正な分配」、「自由な国家と社会主義社会」「賃金制度およびあらゆる形態の搾取の廃止」「あらゆる社会的・政治的不平等の除去」をめざす、といった政治哲学的な理念が見られることである。また、「国家の自由な基礎」「国家の精神的および道徳的基礎」「国家の経済的基礎」となる諸要求が掲げられている。したがって、マルクスが、かれの到達した経済理論にもとづいてこの草案にたいして書き残した評注の内容は、マルクスの経済理論だけでなく、かれの社会哲学を検討するうえでも重要な素材である。

ここでは、分配と再分配に絞って、評注の要点を記すことにしよう（以下、*MEW*, Bd.19, S.18ff）。

第一に、ゴータ綱領草案にある「社会の全構成員に」という文句にたいして、マルクスは疑問符（?）を付け、「労働しない者にも？」と続けている。マルクスは、「とにかく『社会の全構成員』とか『平等の権利』とかいうことは、明らかにたんなる慣用句である」としている。

第二に、労働生産物をここでは「社会的総生産物」であると理解し、①消耗した生産手段の補てん分、②拡大再生産用の追加分、③事故や災害のための予備あるいは保険のファンドが経済的に必要であるが、①から③の大きさは「公正（Gerechtigkeit, justice）からは算定されない」とする。こうした控除分の残りの部分は「消費手段」である。ここからは、さらに、④社会のための「直接に生産に属さない一般的な管理費用」、⑤学校、衛生設備などのような、諸欲求を共同でみたすためにあてられる部分、⑥労働不能なものなどのために、要するに、当時のいわゆる公的な貧民救済にあたるためのファンドが差し引かれる。そしてようやく、「協同組合（Genossenschaft）の個々の生産者たちのあいだに分配される消費手段の部分にたどりつく」。そして、「個人の所有になるものはこの個人的な消費手段のほかにはない」と言う。

この場合、個々の生産者は、個人的な労働を社会の総労働の構成部分として提供したという資格要件が求められる。生産者たちは「これこれの量の労働を給付したという証明書を社会から受け取り、この証明書で消費手段の社会的貯えのなかから、等量の労働を要するものを引き出す」。

第三に、マルクスはこの評注の後半で、国家について有名な言葉を書き記した。「資本制社会から共産主義社会とのあいだには革命的転化の時期がある。この時期にまた政治的な過渡期が対応するが、この過渡期の国家はプロレタリアートの革命的ディクタツーラ（Diktatur）以外のなにものでもありえない」。マルクスにとって、民主共和制は「ブルジョア社会最後の国家形態」であるから、普通選挙権や人民の権利といった、よく知られた民主主義的な繰り言では満足できない。革命的綱領の要求は労働者階級が支配する国家への変革でなければならない。しかし、同時に、「自由は、国家を社会の上位の機関から社会に完全に従属した機関に転化することにある」。したがって、先にみたような個人的消費手段の分配、あるいはそこにおけるブルジョア的権利の保障のために、国家が何らかの制度を制定し、機能することは想定しうる。

第四に、では、たとえばそうした過渡期の国家が全国民に一律に最低生活保障金額を支給することは考えられるだろうか。まず、マルクスにおいて、「生産手段の共有を基礎とする協同組合的な社会の内部では、生産者たちは彼らの生産物を交換しない」、したがって生産物は価値という「物象的特性」をもたないと考えられている。商品―貨幣関係のない経済社会における個人的消費手段の分配は、先のように「労働証明書」のやり取りを通じて行われる。つぎに、「資本制社会から生まれたばかりの共産主義社会は、あらゆる点で、経済的にも道徳的にも精神的にも、……旧社会の母斑をつけている」。そこで、生産者個々人が社会に与えた個人的労働量に見合った消費手段を受け取る場合、「内容と形態は変化している」が、「商品等価物の交換のときと同じ原理」すなわち等労働量交換が支配する。「ここでは、平等の権利はあいかわらず原理的にはーブルジョア的権利である」。ただし、等価物交換とはいっても、商品交換のような平均原理ではなく、生産者一人ひとりの労働の長さや強度に応じたものになるので、「原理と実践とはもはや争いあったりしない」。これがマルクスの見解であった。

また、これと関連して、「平等の権利」についてはつぎのように述べている。

「ここでの平等の権利は、等しくない労働にたいしては、不平等の権利である。……この権利は、どんな階級的差異も認めないが、労働者の不平等な個人的天分と、したがってまた不平等な個人的給付能力を、生来の特権として暗黙のうちに承認する。したがって、それは、あらゆる権利と同じく、内容の点で不平等の権利である。権利とは、その本性上、同じ尺度を適用することにおいてのみ成り立つ。ところが、不平等な個人（相異なる個人）を同じ尺度で測定することができるのは、ただ彼らを同じ視点のもとにおき、ある特定の側面からだけとらえるかぎりでのことである。いまの場合であれば、労働者として以外のものはいっさい度外視される」（*MEW*, Bd.19, S.21）。

このように、資本制社会から移行したばかりの共産主義社会では、生産力の程度に対応して、個人的消費手段の分配はもっぱら個人の労働量による貢献に応じたものになる。これについては、いわゆる配給や統制というイメージで語られることがある。しかし、マルクスが想定する過渡期社会の分配原理は、労働の生産力が高まり、協同の富がますます豊かになる過程にある。労働する人びとはその欲求の度合いと範囲とに応じて、消費手段を選択する能力も増大する過程にあるだろう。だからこそ、マルクスは、「共産主義社会のより高い段階」にいたると、「労働が生活の第一の欲求となり、諸個人の全面的な発達に伴って彼らの生産諸力も増大し、協同組合的な富のあらゆる源泉があふれるばかりに湧き出るようになったあとで、そのときはじめて、ブルジョア的権利の狭い限界は完全にのりこえられる」と考えるのである。「各人はその能力に応じて、各人にはその必要に応じて」という有名な標語（カベー『イカリア旅行記』第三版一八四五年の表紙からの引用）はそこにいたって登場する。マルクスにとって、「消費手段の分配は生産諸条件の分配そのものの結果にすぎない」。生産様式の一つの特徴である生産諸条件の分配が労働者自身の協同組合的所有であれば、現在とは異なった消費手段の分配が生じると考える。

したがって、マルクスが到達した理論的見地からすると、たとえばベイシック・インカムはある種の分配における平等の権利を実現する構想である。しかし、生産手段の分配関係を変化させることを前提にしなければ、また、個々人の労働による貢献を条件としない点において、そのままでは首肯できない構想ということになるであろう。

2　『資本論』における分配関係の変革論

マルクスの『ゴータ綱領批判』は「評注」の形で著されたものであるから、何よりその綱領草案自体の内容に制約されている。

そこで、かれの主著である『資本論』における将来社会、あるいはそれへの過渡期における分配論を検討しておかねばならない。これについては二つの箇所がある。

周知のように、『資本論』第一部第一章第四節において、マルクスは、商品社会との対比で「共同的生産手段で労働する自由な人びとの一つの結合体（eine Verein freier Menschen）」をとりあげる。「この結合体」における人びとは自分たちの多数の個人的労働力を自覚的に一つの社会的労働力として支出する。その総生産物は一つの社会的生産物であり、この一部はふたたび生産手段として役立つので、依然として社会的なものである。もう一つの部分は生活手段として、結合体の構成員によって消費される。生活手段の「分配の仕方は、社会的生産有機体それ自体の特殊な種類と、これに照応する生産者たちの歴史的発達程度とに応じて変化するであろう」と述べている。ただ、ここでは「もっぱら商品生産と対比するだけのために」、であるから、「生活手段の分け前は各人の労働時間によって規定されるものと前提しよう」とマルクスは言う。労働時間は、さまざまな欲求に対して社会的計画的に配分されるだけでなく、「共同労働（Gemeinarbeit）にたいする生産者たちの個人的な関与の尺度として役立ち、したがってまた共同生産物のうちの個人的に消費されうる部分にたいする生産者たちの個人的分け前の尺度としても役立つ」。生産と分配における人びとの社会的関連は「透明で単純」である（以上、*MEW*, Bd.23, S.93）。

二つ目は、『資本論』第一部第二三章第七節において表された「個人的所有の再建」である。ここで言われる「自分の労働にもとづく個人的私有」→「資本制的私有」→「協業と、土地の共有および労働そのものによって生産された生産手段の共有を基礎とする個人的所有の再建」における「個人的所有の再建」の対象は消費手段（＝生活手段）である。このことは角田（一九九二）第六章で詳しく論じたので再論はしない。「個人的所有の再建」の内実は、生活手段の資本制的形態とくに可変資本としての形態（第二一章、*MEW*, Bd.23, S.593）の廃棄であると理解すべきであり、先の第一章第四節の「自由な人びとの結合体」における生活手段の個人的配分に対応するものである。

その意味はこうである。「資本制所有の社会的所有への転化」の帰結として、結合した生産者たちにはその一人ひとりに生活の手段が保障される。それは自分たちの自覚的な協同労働の成果の一部として、自分たち一人ひとりが取得する権利を有するものである。資本制経済においては、必要労働部分でさえ、資本家が取得する「労働元本」となり、賃金労働者たちは自分の労働力商品と引き換えに、資本家が取得した生活手段を他人が私有する商品として買わなければならない。この関係がなくなれば、自分たちの共同労働の成果を自分たち一人ひとりが直接に取得できる社会が到来する、とマルクスは考えたのである。

3　個人的所有の再建とベイシック・インカム

マルクスのいう「個人的所有の再建」が生産者＝労働者たちの必要生産物すなわち生活手段の個人的取得の権利を表現するものであるとするなら、その規定は『ゴータ綱領批判』の評注における「労働に応じた分配」と「必要に応じた分配」の両方を貫く規定でなければならない。それは、次節でとりあげるロールズが個人の自立や自尊、道徳的能力の発達と行使にとっての「物質的基礎」「社会的基盤」とした「個人的所有」と同じである（ロールズとマルクスの同一性！）。

またそれは、二〇世紀憲法規定の社会的生存権の物質的基礎をなす経済的規定になりうるだけでなく、日本国憲法第一三条「生命、自由および幸福追求の権利」の経済的根拠規定と受け取ることもできる。さらに、マルクスの時代から一三〇年以上が経過した今日の資本制社会の到達点と高齢者人口したがって非労働力人口の増大を考えると、ベイシック・インカムは、他の面での社会経済的な変革と結びつけば、「自分の労働にもとづく取得」原理を超えた「必要に応じた分配」原理に一歩でも近づくものとして評価できる。

ベイシック・インカムという構想は、国家や商品—貨幣経済を前提とし、共同労働あるいは社会的労働への参加を条件としない点でマルクスの未来社会の構想とは相いれない。しかし、二〇世紀資本制経済の発展と、各国における程度の差はあれ、何らかの福祉国家機能や社会保障制度を前提にして考えたとき、そしてマルクスが及ばなかった歴史の歩みと重みを踏まえるとき、すべての社会構成員に必要最低限の所得保障を行うことは、政治における参政権に対応する経済社会への参加権の保障として理解してもよいのではないだろうか。それは、マルクスの見地からすれば、「労働に応じた分配」から「必要に応じた分配」へ移行する過程のステップとなる可能性がある。ただし、その場合、マルクスが明らかにし、また現代リベラリズムの代表者ロールズも考えたように、何らかの方向での資本制経済の変革がその条件となる。

そこでつぎに、ロールズの現代リベラリズムをとりあげよう。

二　ロールズの現代リベラリズム

（1）ロールズ「公正としての正義」

本節は、「公正としての正義」という用語に示されるロールズの社会哲学的構想の全体にわたるものではないが、ロールズがその晩年により明確にしたとされる政治的構想としてのリベラリズムの立場をとりあげる。

（2）正義の二原理

よく知られているように、ロールズは、政治哲学の構想として「正義の二原理」を提示した。ロールズ晩年の見解を整合的・系統的に説明した著作（Rawls 2001）によって、まずはその要点を整理する。[9]

ロールズによれば、政治哲学の役割に照らして、正義の構想でもっとも基礎的な観念は、社会が世代を超えて維持される「長期の公正な社会的協働システムであるという観念」（二〇〇一、二節、以下、本書については節番号だけを記す）である。この社会は、「正義についての一つの公共的構想によって実効的に規制された社会」すなわち「秩序だった社会（a well-ordered society）」（三節）という対観念をもつ。

そうした「社会の基本構造という観念」（四節）は、諸制度を相互に適合させて社会的協働の一つのシステムとする方法である。それは諸々の基本的な権利と義務を割り当て、利益の分配を規制する方法である。そこには、「独立した司法部をもつ政体、法的に承認された財産形態、経済構造（たとえば、生産手段における私有財産を伴う競争的市場システム）、ならびに何らかの形態の家族」が属している。「公正としての正義」は、これもよく知られている「原初状態（original position）の観念」にもとづいて、「自由で平等とみなされる市民間の公正な協働システム（a fair system of cooperation between citizens）」（一二節）という基礎的観念から開始される。ここからは、その社会において、「基本的な権利および自由を特定するために、また、全生涯にわたる市民の見込みにおける社会的・経済的不平等を制御するために、どのような正義の諸原理がもっとも適切か」という問いが発せられる。そこで展開される修正された「正義の二原理」と「不平等の二条件」とはつぎのものである。

「(a) 各人は、平等な基本的諸自由からなる十分適切な枠組みへの、同一の侵すことのできない請求権をもつ。その枠組みは全員にとっての諸自由からなる同一の枠組みと両立する。〔正義の第一原理〕

(b) 社会的・経済的不平等は、二つの条件を充たさなければならない。すなわち、第一に、社会的・経済的不平等は機会の公正な平等という条件のもとで全員に開かれた職務と地位に伴うものであること、第二に、社会的・経済的不平等が、社会のなかでもっとも不利な状況にある構成員にとって最大の利益になること。〔正義の第二原理〕」(一三節)。

不平等の第二条件は格差原理(the difference principle)とよばれるが、「格差原理は第二原理の一部である」ことに注意しなければならない。簡単にいえば、以上の原理と条件のあいだに、「平等な基本的自由」(第一原理)→「機会の公正な平等」(第二原理の第一条件すなわち「リベラルな平等」)→「格差原理」(第二原理の第二条件)という優先順位がおかれている。この場合、ロールズは、「自由、平等、友愛という伝統的な理念群を、正義の二原理の民主主義的な解釈と関連づける」(一九九九、一七節)。すなわち、自由は第一原理に、平等は第二原理に、友愛は格差原理に対応する。(10)

(3) 格差原理と分配的正義

そこで、「誰がもっとも不利な状況にあるのか」という問いが生じる。「この問いに答えるために基本善(primary goods)という観念を導入する」(一七節)。

この基本善には五つの種類がある。①思想や良心の自由などの基本的な権利と自由、②移動の自由と職業選択の自由、③権威と責任ある職業と地位に伴う諸々の権力と特権、④汎用的手段として普遍的に必要とされる所得と富、⑤自尊の社会的基盤、がその内容である。五種類の基本善は、基本的自由と人びととの良き状態（well-being）などに対応する。

そうしたとき、格差原理は「狭義における分配的正義（distributive justice）として」（一八節）扱われる。ここでは、富の大きさや不平等の度合いがそれ自体として問題なのではない。格差原理によれば、完全な平等から外れた不平等には、基本善においてもっとも不利な状況にある人びとの状況が改善されることが最大に期待できる不平等であることが求められる。これは、どのような社会であっても、不平等あるいは格差が許容できるのはどういう点かを論じるものである[11]。

ロールズは、「格差原理を狭義の分配的正義として探求する場合」、優先順位のより高い原理を「保障する背景的制度のもとでそれが適用されることを想定」する。また、さらにこの場合、商品からなるバンドル（束）を所与とし、その配分を考える「配分的正義（allocative justice）」の観念は拒否される。「配分的正義」では、（1）個人のニーズ・欲求・選好が既知である、（2）個人はそれらの商品を生産するためにいっさい協働したことはない、ことが想定されるからであり、その想定は「公正としての正義を編成する基本的考え方と両立しない」（一四節）。ここでは、ロールズは生産的業務に従事しない市民は分配の権原をもたないと考えている。

格差原理のもう一つの特徴は、最も不利な状況にある人びとの所得と富が、何世代にわたる継続的経済成長によってどこまでも大きくなると期待するものではない、ということである。ロールズはここで、J・S・ミル（一八〇六～一八七三）の『経済学原理』（第四部）における「定常状態」を想起し、「正義に適った定常的均衡状態」の可能性を許容する。そうした状況が想定された場合でも、最も不利な状況にある人びとの期待が最大化することにより、「現在ある不平等が自分たちだけでなく、他の人びとの利益になるという条件が充たされなければならない」という意味で、「格差原理は本質的に互恵性の原理（a principle of reciprocity）である」（一八・三節）。

これは重要な問題提起である。格差原理によれば、資本蓄積が停止状態に至るか、あるいはそれより前に資本制が廃棄されるかによって、経済が定常状態に近づくにつれて、社会経済的な格差や不平等は縮小していかざるをえないのである。

(4) 社会的ミニマムと社会配当

ロールズは、自身の格差原理と対比させて、「適正な社会的ミニマム保障と組み合わされた平均効用原理」(三四節)をとりあげる。平均効用原理は「制限つき効用原理」ともいわれる。ロールズによれば、これは「ほどほどの人間生活にとって不可欠なニーズをカバーするものとしてのミニマムという構想」であって、「資本主義的福祉国家に適した構想ではある」(三八・四節)。しかし、それでは不十分である。「われわれは政治社会の別の構想を実現したいと望む」(同)と言う。それはなぜか。

まず、功利主義は、社会の「全構成員について集計された最大の善を生み出すように組織された社会システム」という社会観の特殊事例であり、最大化主義で、かつ集計主義の原理を表す。この原理によれば、「社会の基本構造に属する諸制度は、構成員の平均厚生を最大化するように編成されるべきである」。これは「社会的協働のための公正なシステム」というロールズの社会観とは相対立する。

こうした「平均効用原理」に対応するものとして先の「制限つき効用原理」がある。しかし、この「制限つき効用原理」もまた、つぎのような困難をかかえている。まず、個人間効用比較という不確実性を含む。つぎに、効用で測った利得の最大化のためにより不利な状況にある人びとにより少ない利得を求めることになる。そして、他の人びととの利益や関心と同一化するわれわれの能力という、ずっと弱い「共感の性向(disposition of sympathy)」に重みをおいているからである。

これにたいして、「公正としての正義」の格差原理は、先のように「基本善」という観念を導入している。そして、たんなる「共感の性向」ではなく、「他の人びとがわれわれになすことにたいして同じように応える」という「互恵性の原理」をあてにする。さらに、「格差原理は、諸々の社会政策と相まって、最も不利な状況にある人びとの人生の見込み（life-prospects）を長期的に最大化するようなミニマムを求める」（三八・四節）。そして、「これは、少なくともほどほどの生活（a decent life）に不可欠な基本的ニーズをカバーするが、おそらくもっと多くのものをカバーする」（同）。

ロールズは、このような検討を行う過程で、「社会配当（social dividend）としてのミニマム」の構想に言及している。社会配当とは、「現代社会を運営するにあたり避けられない不平等を必要なものと見込みながら、社会の生産物の平等な分け前に近似するものとして定義される」。ここでいう社会配当はたとえばベイシック・インカムを含むものと思われるが、ロールズは、効用原理はこの社会配当構想を拒否するだろうが、「公正としての正義」もこの構想を拒否することを明言する。その理由として、ロールズは、想定されるミニマムの内容にもよるが、たんに不可欠なニーズをカバーするだけでは、人びとを自由で平等な社会の公正かつ完全な構成員であるとみなすことにならないことをあげている。

（5）所有の政治的構想

では、ロールズは「社会の基本構造」についてどのような構想を提起するのか。とくに、正義の二原理を正当化する推論（reasoning）は生産手段の私有と個人的所有の問題をどのように考えるのか。これについて、ロールズはつぎのように述べている。

「個人的財産（personal property）を保有し排他的に使用する権利は基本的な権利の一つである」。それは、個人の自立や自尊、道徳的能力の発達と行使にとっての「物質的基礎」であり「社会的基盤」である。しかし、「次の二つのより広い所有権の構想は、基本的なものとはされない。すなわち、（ⅰ）自然資源と生産手段一般における私的所有権（その取得と遺贈を含む）（ⅱ）私的にではなく社会的に所有されるべき生産手段と自然資源の支配に参加する平等な権利を含むような所有権」（三二・六節）がそれである。なぜかといえば、「そうした所有権は、道徳的能力の適切な発達と十分な行使にとって必要なものではなく、したがって、自尊のために必須の社会的基盤でもないからである」（同）。

しかし、ロールズの「公正としての正義は、公共的な政治的構想として、社会主義を含め、さまざまな所有形態に賛成または反対する主義主張を比較考量するための共有された基礎を提供すべきものである。これをするために、公正としての正義は、生産手段における私的所有の問題について、基本的権利にかかわる根本的なレベルでの判断をあらかじめ行うことを避けようと努める」（同）。

このように、ロールズは、「公共的な政治構想」は社会主義を含むさまざまな所有形態について評価する基礎を提供するものであるとして、社会的・歴史的あるいは具体的な条件、所有権の立入った内容規定についての判断を回避する。しかしまた、「正義の第一原理は、私的な個人的所有への権利（a right to private personal property）を含んでいるが、これは生産的資産における私的所有の権利とは異なる」（四二・二節）とも述べている。

（６）財産所有民主制とリベラル（民主的）社会主義

ロールズは、正義の二原理を実現することに適った基本構造の諸制度として財産所有民主制（property-owning democracy）を提案する。しかも、これは「資本主義に代わる選択肢（an alternative）である」（四一・一節）。

その際、ロールズは、五つの種類のレジーム（社会システム）を区別する。その五種類とは、（ａ）自由放任資本主義（ｂ）福祉国家資本主義（ｃ）（一党体制により管理された）指令経済を伴う国家社会主義（ｄ）財産所有民主制（ｅ）リベラル（民主的）社会主義、の五つである。そして、つぎの「四つの問題」からこれらのレジームを評価する。一つ目の問題は正義に適っているかどうか。二つ目はレジームの諸制度を効果的に設計できるかどうか。三つ目はそれを支えるのに必要な目的や利害関心を効果的に促進するかどうか。四つ目は職務や地位に割り当てられた任務がそれを占める人びとにとって難しすぎないかどうか。以上が「四つの問題」であるが、ここでは第一の正義に適うかどうかという問題だけをとりあげ、「他の問題はわきにおいておく」とする。

第一の正義の問題からみると、（a）自由放任資本主義は「形式的平等だけを保障し、平等な政治的諸自由の公正な価値と機会の公正な平等の双方を拒絶する」。（b）福祉国家資本主義もまた「政治的諸自由の公正な価値を拒んでいる」。「機会の平等にはいくらかの配慮を払うものの、その達成に必要な政策が採られていない。福祉国家型資本主義は不動産の所有における非常に大きな不平等を許容するため、経済および政治生活の多くの支配は少数の者の手中にある」。また、「経済的・社会的不平等を規制すべき互恵性原理は認められていない」。（c）指令経済を伴う国家社会主義は平等な基本的諸権利と諸自由とを侵害している。

以上の評価から（d）財産所有民主制、（e）リベラル（民主的）社会主義の二つが残るが、ロールズは「どちらの場合でも……正義の原理が実現されうる」から、「いずれかに決める必要はない」（四二・二節）と言う。

福祉国家資本主義は少数の階層による生産手段の独占を許容する。これにたいして、財産所有民主制の背景的制度は「富と資本の所有を分散させ」、「各期のはじめに、生産用資産と人的資本（教育と訓練された技能）が広くゆきわたって所有されることを確保する」。すなわち、「十分な生産的資産を広く市民の手に握らせなければならない」（四二・四節）。

他方、「（リベラルな）社会主義の下では、生産手段は社会によって所有される」。とはいえ、「政治権力が複数の民主的政党によって共有されるのと同様に、経済権力も諸企業に分散していると想定する」。その企業における管理と経営は、例えばそこで働く労働者たちの手に直接握られていなくても、彼・彼女らによって選出される。また、「企業は、自由で、競争的に働く市場システムのなかでその活動を営む。職業選択の自由も保障されている」（四二・一節）。

ロールズのいう財産所有民主制は生産手段の分散的所有を前提している。この点では、「生産手段の集中と労働の社会化」あるいは協働に社会主義の物質的なあるいは肯定的な潜在的可能性をみいだすマルクスの見解とは異なる。財産所有民主制はむしろ、生産手段の集中を否定し、小経営あるいはより小さな規模の生産にもとづく民主主義をめざしている。財産所有民主制の経済制度についてロールズがやや詳しく述べているところがあるが、その要点は以下のとおりである。

（一）市民やその結社はたいていのことは自身でまかなうことができる。
（二）世代間で適用されるところの「正義に適う貯蓄原理」。ここでは何世代にもわたる持続的経済成長を要求しない、正義に適った定常状態がありうる。
（三）どの世代であれ、先行する世代が従ってきたことを欲するであろうような原理に従う。
（四）課税の種類については、遺贈と相続の制限、累進所得税の適用または比例的所得税（免除水準の上下）そして比例的消費課税が提案される。
（五）格差原理は憲法で規定されるべきではないが、憲法の必須事項となるべきは「基本的ニーズをカバーする社会的ミニマムの確保である」（以上、四九節より）。

（7）ロールズの構想とベイシック・インカム構想

以上、ロールズが政治的構想として描く社会の基本構造をとりあげてきた。このようなロールズの基本構想からみた場合、たとえばベイシック・インカムはどのように評価されるだろうか。繰り返すが、ベイシック・インカムとは（1）性、年齢、社会的地位や収入に関係なく、すべて個人を対象として（2）無条件に（3）社会が、あるいはその社会を代表して国家が（4）一定の最低生活保障金額を一律に貨幣で支給する制度構想、である。

第一に、「すべての個人」という点では、ロールズはすべての個人に平等な基本的自由を賦与する社会を考える。この点でベイシック・インカム構想が想定する社会との違いはない。

第二に、ロールズは、生まれつきの才能も含めて個人が多様であることを認める。また、諸個人が多様であること自体が社会の「一つの共同資産」であるから、才能に恵まれている人びとはその才能をのばし、才能に恵まれない人びとの利益になるようにその才能を使うことが条件であるとされる（二一節）。ロールズが強調する「互恵性の原理」は、ある意味で、一つの制約条件といえる。

第三に、「国家」が配分者となるという点について、ロールズの構想ははじめから政治的なものであるから、国家を前提としている。

第四に、まず「所得」はさまざまな目的を実現する汎用的手段として、かれのいう基本善の一つに含まれている。また、必要不可欠なニーズを充たすため、最低金額の生活保障の必要性は認められている。しかし、ロールズは商品市場を前提としてその配分だけを考える「配分的正義」を拒否している。それだけでは、ある人びとは政治社会の一員であることを自覚できず、その原理が自分にとって意義あるものと認めない可能性がある（「コミットメントの脅威」）。功利主義者はミニマム所得だけで十分だと考えるかもしれないが、それでは社会の構成員のコミットメントは得られない。「互恵性の観念」にもとづいて、最も不利な状況にある人びとの状態が改善される見込みを得られるような「もっと多くのもの」をカバーしなければならない。これがロールズの意見であろう。

さらに、ロールズの構想とベイシック・インカム構想との最大の違いは、分配面だけでなく生産や所有のあり方、したがってまた一定の経済制度をその前提として構想することにある。ロールズは、少数の人びとに所得と富、そしてその源泉が集中していることには異議を唱え、財産所有民主制もしくはリベラル（民主的）社会主義を正義に適った経済体制として構想する。これにたいし、ベイシック・インカム構想は経済の基本的構造あるいは経済制度全体にわたる構想ではない。それだけに、分配面でベイシック・インカムに合意されれば、生産および所有のあり方、そしてそこから生じる財源については何も指示しないし、またできない構想である。ロールズは、最も恵まれない人びとのために、「もっと多くのものをカバーする」社会的ミニマムを求める。しかし、かれは、「すべての基本的自由の公正な価値を広く保証する考え」には反対している。「もしこの保証が、所得と富は平等に分配されるべきだということを意味するなら、それは不合理である。とくに、……また、もしこの（種の）保証（guarantee）が意味するのが、一定のレベルの所得と富が何人にも確保されるべきだということなら、格差原理が与えられている限り、それは余計なことである」（四六・一節）と考えるからである。

（８）労働と余暇時間

ベイシック・インカムにも関わる一つの論点に、労働と余暇時間の問題がある。この問題は、ロールズのいう基本的自由ないし基本善における自由時間＝余暇の問題としても提起されている。これについて、ヴァン・パリース（一九九五）はつぎのように述べている。

「ロールズの立場、とくにその格差原理は、基本的自由と、公正な機会の平等とを尊重することを条件にして、財産の分配、能力の付与、自尊の保持を促進する無条件的なベイシック・インカムの導入を推奨すること、しかもそれを持続可能な最高水準で導入することを推奨することは明らかである」（Van Parijs 1995 邦訳一五五ページ）。

このように、ヴァン・パリースは、ロールズの構想がベイシック・インカムに親和的であると評価したうえであるが、格差原理には根本的な問題があるという。ロールズの格差原理は、労働よりも余暇を選択する人の存在という批判（ヴァン・パリースによれば、この批判は一九七四年にマスグレイブによって提起された）にたいして、その修正を余儀なくされた。その変更とは、「格差原理の適用対象となる社会・経済的利得のリストに余暇を加えることである」。それは、二四時間から標準労働時間を差し引いた時間を余暇としてその基本善指標に含める。そうすると、まったく就労を選択しない個人は最大の余暇時間を基本善として手に入れる代わりに、貨幣所得は与えられないし、もちろん何らかの公的なファンドへの請求をすることもできない。ロールズの議論は結局、ベイシック・インカムをゼロにすることにつながることになる。これがヴァン・パリースの批判（同、一五七ページ）である。

実際、ロールズ（二〇〇一）は、「余暇時間（leisure time）についての手短なコメント」（五三節）と題する箇所を設けて、つぎのように応えている。

公正としての正義の構想においては、すべての市民がその全生涯にわたって十分に協働する社会構成員だと仮定している。この仮定は、「誰もが喜んで働き、社会生活の負担の分担において自分の役割を選んで果たすということを含意している」。しかし、こうした仮定が格差原理にどのように表現されるかというとき、「これまでに論じてきた基本善の指数は労働には言及していない。そして、最も不利な状況にある人びとは最も低い指数をもった人びとである。そうすると、最も不利な状況にある人びとは、生活保護（welfare）で生活し、マリブ海岸で一日中サーフィンをする人びとのことなのだろうか」。

問題をこのように提起したうえで、ロールズは、「この問題は二つの仕方で処理することができる」という。すなわち、「一つは誰もが標準的労働時間働いていると仮定すること、もう一つは例えば標準労働時間が八時間なら一日あたり（残りの）一六時間といったように、一定量の余暇時間を基本善の指数に含めることである。（そうすると）働かない人びとは八時間の余分の余暇時間をもつことになるので、その余分の八時間を、標準労働時間働いている最も不利な状況にある人びとの指数と等価なものとして数えることにする。（この場合には）サーファーたちは何とか自活しなければならない」（五三・二節）。

このように、ロールズの構想では、すべての市民は社会的協働に参加すべきだと考えられている。そのうえでなら余暇時間を基本善の指数に含めることは可能だし、またそれは客観的尺度という点でも容易であるとされる。このこと自体は、余暇を基本的自由と結びつけるという意味で評価することができる。しかし、「サーファーは自活しなければならない」と言われるように、労働義務にもとづく社会参加を前提条件とする点で、ベイシック・インカム構想とロールズの考えるところとは異なるとみなければならない。

三　サンデルの共和主義政治哲学

つぎに、ロールズにたいする批判者であり、また現代コミュニタリアニズムを代表するといわれているM・サンデルに登場してもらおう。ロールズによる反論も含めて両者の考えを比較、検討し、マルクスの見地から両者を評価する。

(1) コミュリタリアニズムとサンデルの共和主義政治哲学

R・ノージック（Robert Nozick, 一九三八〜二〇〇二）は、ロールズ『正義論』にたいし、『アナーキー、国家、ユートピア』（一九七四）を著し、ユートピアとしてコミュニティ（共同体）を軸とする社会を描いた。ノージックのようないわゆるリバタリアニズム（Libertarianism）にたいし、現存の社会における共同体的な価値を基軸におく思想がいわゆるコミュタリアニズム（Communitarianism）である。

現代の社会＝政治哲学においてリベラリズムを代表するのがロールズのそれであることは大方の承認するところであるが、リベラリズムにもさまざまな考え方がある。また、ノージックが代表するリバタリアニズムにしても、資本制市場経済に親和的なものから資本制市場経済に批判的なものまで、幅がある。同じように、社会＝政治哲学の領域でコミュタリアニズムを代表する哲学者はマイケル・サンデル（Michael J. Sandel, 一九五三〜、ハーバード大学政治学教授）とされる。サンデルはただし、コミュタリアニズムとよばれているにすぎない。本稿の目的はコミュニタリアニズムというもの自体や、それに属するとされる諸論者の考え方をとりあげることではない。ここでは、サンデルがロールズにたいしどのような批判を展開したのか、サンデル自身の基本的考えは何かということに課題を限定する。

現代コミュニタリアニズムを代表する著作としてサンデルを有名にしたのは、彼が三〇歳前に書いたロールズ批判の著『自由主義と正義の限界』（一九八二）である。しかし、サンデルは、同書第二版序文（一九九八）では、コミュタリアニズムのラベルが適用されたことにある種の違和感（some unease）を覚えており、このラベルは誤解を招く（misleading）と述べている。最初の著作の後に出されたかれの主著といえる『民主制の不満』（一九九六）においてかれが明確にうちだしているのは共和主義政治哲学である。サンデルの立場は、コミュタリアニズムというよりも共和主義政治哲学がふさわしい。ただし、これは現代アメリカ政治を担う一方の共和党を代表する立場という意味ではない。

サンデルによれば、正義は善と相関的であり、善から独立してはありえない。しかし、これについて、二つの解釈がありうる。一つは、普通に信奉されている価値、あるいは特定のコミュニティか伝統において広く共有されている価値によって正義の原理が効力をもつと考えるものである。これは通常の意味でいわれるコミュニタリアンの考えである。しかし、サンデルはこれでは不十分だという。なぜなら、特定のコミュニティにおける伝統や慣例にもとづく正義は「批判的性格を奪うものである」。これにたいする二つ目の解釈は、「正義と権利に関する議論は価値判断の側面を避けられない」（Sandel 1998, p.xi, 訳viiiページ、Sandel 2005, 訳三七五〜六ページ）とするものである。サンデルが採用するのは二つ目の解釈であるが、これは通常の意味におけるコミュニタリアニズムではない。当該社会の共通善を民主主義にもとづいて見いだす共和主義のリベラリズムといった方がよい。

サンデルの社会哲学はアメリカ社会の現実にたいする危機感から出発している。その一つは、われわれが個人としても集団としても自らの生活を統御する力を失いつつあるということ、もう一つは、家族から近隣関係、国家に至るまで、共同体の道徳的骨組みが解体しつつあるということ。この二つの互いに関連する危機感と、そこから生じる現実政治への不満が新しい「公共哲学を求め」ているとサンデルは考える。ロールズは「原初状態」にあって自由ではあるが抽象的な諸個人を議論の出発点においたが、サンデルは、自然、家族、地域、国民、文化、伝統、民族といったさまざまなアイデンティティを背負った諸個人を議論の出発点におく。サンデルはこういう諸個人を「負荷をおった我々（encumbered selves）」（1996, p.14 訳上一五ページ）と表現する。

ここでいう負荷とは「私たちが一般に承認し、重視さえしている、ある道徳的・政治的責務」のことである。「これらの責務としては、連帯の責務、宗教的責務、そして自分の選択とは無関係の理由によって私たちを拘束するその他の道徳的絆といったものがある」（Ibid., p.13 訳上一四ページ）。サンデル（二〇〇九）によれば、「みずから選んだのではない道徳的絆に縛られ、道徳的行為者としてアイデンティティを形成する物語に関わりと持つ自己」すなわち「位置づけられた自己（situated selves）」（2009, p.235 訳三〇四ページ）である。これにたいして、ロールズが想定する人間は「負荷なき自己」である。ロールズのような考え方は、自由で独立した自己としての人格を想定するカントの議論を受け継いでいるので、サンデルはこれを「カント主義的リベラル」とよぶ。この種のリベラリズムでは、何か特定の善や共通の善を目的としない、したがってまた正（right）と善とが区別され、善に対して正が優先するとされる。そこからは、政治的共同体において、政府は何が善であるか、「善き生」とは何かの価値判断において中立的であるべきだ、という考え方が出てくる。そうすると、「市民たちが共通善について熟議し、政治的共同体の運命を協働して形成すること」、したがってまた、「公共的な事柄についての知識、帰属意識、全体への関心、将来が問題となっている共同体の道徳的絆」（1996, p.5 訳上四ページ）といったものが出てこない。

しかし、「自治に共に参加するためには、市民が、ある人格的特性すなわち公民的徳をもつこと、または会得することが必要である。これは、共和主義的政治が、市民が信奉する価値や目的に対して中立的ではありえないことを意味する」（Ibid.）。

要するに、サンデルの政治哲学の中心には、自己統治（self-government）と共同体という、二つの失われつつあるものを体得した公民的人格と「共通善をめざす政治」がある。この場合、「自由は自己統治の結果として理解される」（Ibid., p.25 訳上三〇ページ）。みずからが属する政治的共同体の構成員として、その決定に参加する限りにおいて、人間は自由であるとされるのである。

確かに人は、自分が生まれ育つ社会・経済的環境を選べないし、その環境に制約されている。その環境のなかには、人びとの社会的諸関係とこれに対応するさまざまな価値規範も含まれる。人はそうした環境がどのようなものであり、世界がなぜこうなっているのかを知りたいと思い、そして考える。その環境に自分が加わるなかで、環境に適応しつつそれを制御し、変えたいと思い、またそのように実践もする。したがって、ある意味で人は確かにある種の負荷をおって生きる現実具体的な諸個人である。しかし、人びとは社会経済的環境にたいして、ただ受動的にのみ対応しているわけではない。自己統治とは自己をとりまく環境の制御と変革の両方の契機を含むものでなければならない。サンデルがいう共同体も、人は既存のさまざまなレベルにおける社会関係のなかにおいて存在するという意味では「社会」という言葉におきかえてよいものであろう。社会的環境は変えられないものでも、変わらないものでもない。サンデルの議論にこうした意味での環境の変化と実践的変革の契機が含まれているのであれば、この意見に同意できる。

では、サンデルの共和主義的政治哲学は現代リベラリズムとどの程度違うものなのか。これについてはサンデルとロールズの違いをより丁寧に検討する必要がある。[12]

(2) サンデルとロールズ

サンデルは、ロールズの正義論を、「アメリカの政治哲学がいまだつくりだしてこなかった、より平等な社会を実現するための説得力のある議論を提示している」（2009, p.166 訳二一六ページ）と高く評価する。しかし、「善に対する正の優位性を主張する」現代リベラリズムの公共哲学は、第二次大戦後、数十年のあいだにアメリカの政治や憲法解釈にもちこまれた。その完全な哲学的主張がロールズ（一九七一）である。個人的価値の優先性、共通善に対する政府の中立性において、ロールズらのリベラリズムはノージック（一九七四）のそれと大差はない、とサンデルは言う。

ところが、リベラリズムは、約束した個人の自由と解放を実現できなかった。人びとはむしろ、不安と無力感の増大におそわれた。それは自己統治と共同体を喪失したことの不満の表れである。人びとの「リベラルな自己のイメージと、現代の社会・経済的生活における現実の組織とは激しく対立している」（1996, p.323、訳下二五二ページ）。現実世界は「非人格的な権力構造（impersonal structures of power）によって支配されている」（Ibid., 同二五三ページ）のである。

ロールズのいう負荷なき個人は、サンデルからみれば、もはや拠るべき共同体を失った近代的個人ということになる。共同体という共通の社会的基盤や共有する価値観を失った諸個人が、あらためて仮想の、最初の状態から出発して互いの社会関係を取り結ぼうとするとき、いったい何をもって社会正義とするか、相互に尊重すべき人びとの権利とは何であるかを定めなければならない。それは新たな共同体といってもよいが、その価値すなわち共通の価値規範について、さまざまな相違や対立があるのは当然である。それを一つの共通する目的や価値観で縛ろうとすること自体は確かにむずかしいし、さまざまな圧迫や弾圧にもつながりかねない。だから、お互いの自由を平等なものとして認めあうことがまず先決で、そのつぎにどうしても生じざるをえない社会経済的不平等についてのみ、それを放任するのではなく、全員に公正な機会を付与することを優先したうえで、もっとも不利な状態におかれる人びとがその状態を改善できる見通しをもつことができるのであれば、現在の格差を容認しよう。これがロールズのいう正義の二原理であった。その場合、有利・不利を判断する基準がロールズの考える「基本善」である。そして、所得と富は、あくまで基本善の一つである。

これにたいして、サンデルの議論では、出発点となる諸個人ははじめから何らかの負荷をおっている。いいかえると、諸個人はさまざまな社会経済的諸条件のもとにおかれていることを前提にしている。そうであれば、人びとは互いの条件についてよく理解し、そのうえで何が必要かを熟議し、集団的に決定すべきこととそうでないことを区別し、前者についても民主主義的な内容と手続きをもって決定する必要がある。これがかれのいう「共和政治」の哲学であり、またそれを担う人間像である。

ロールズとサンデルとでは、主体となる人格、共同体、善の有り様について大きな差異がある。ロールズにおける個人は、共同体に先立って個体化されている自我（self）である。したがって、この「個人主義的な理論的基礎をもった正義の構想によって、制度、共同体、そしてアソシエーティヴな諸活動の内的善を説明したいというのが（『正義論』とくに第三部の―引用者）本質的なアイディアである」（Rawls 1999, p.233, 四一節）。さらに、ロールズは言う。「公正としての正義は共同体の価値の中心的な位置を占める」が、「定義されない共同体の概念に依拠したくはない」。また、「社会とは、その構成員全員が互いの関係を結ぶものとは違った、そのものよりも優れた、一個の生命をもつ有機的全体（an organic whole：社会有機体説）であると仮定したくない。（中略）この構想がどれほど個人主義的であるとみられても、結局はそこから共同体の価値を説明しなければならない。さもないと正義の理論は成功できない。このことを成し遂げるために、われわれは自尊という基本善の説明を必要とする」（Ibid., p.234）。

これにたいして、サンデルは、ロールズにおける個人の統一性（自我）は結局、「人類の社会的本性」をその内に含んでおり、ロールズが人間は「共通の最終目的をもち」、互いをパートナーとして必要とするというように、実際には「間主観的な次元」をもち、これに依存しているものだ、と批判する。サンデルによれば、「共同体であるべき社会にとって、共同体とは、参加者の共有された自己理解を構成し、かれらの制度的な調整において体現されるべきもの」（Sandel 1998, p.173 訳一九八ページ）である。ところが、ロールズの場合、自我を優先して、「公正としての正義はわれわれの共同性（commonality）を真剣にとらえることに失敗し」、共同性は善の一側面に追いやられ、その善をも「たんなる偶然性」に追いやっているのである（Ibid., 一九九ページ）。

このような批判に答える形で、ロールズ（二〇〇一）は次のような反論を展開した。

「もし、政治的共同体の理想というものが、一つの（部分的にか完全にか）包括的な宗教的・哲学的・道徳的教説（doctrine）によって統合された政治社会のことであるなら、公正としての正義（の構想）は確かにこの理想を捨て去っている。そうした社会的統合（social unity）の見方は、理に適った多元性の事実によって排除される。それはもはや、民主的な制度の基礎となる基本的な自由と寛容の原理を受け入れた人びとにとって、政治的に可能なものではない。われわれは社会的統合を別の仕方で、すなわち、正義の政治的構想における重なり合うコンセンサスから生じるものととらえなければならない。そのようなコンセンサスにおいては、この政治的構想は、異なった相争う包括的教説をもつ市民たちによって肯定されるのであり、かれらはそのことを自分たち自身の内部にある別の考えから肯定するのである」（Rawls 2001, 六〇-一節、訳三四九ページ）。

ロールズによれば、すべての市民が、同じ正義の原理を受容し、社会の協働システムが正義の原理を充たしていることを信じ、実効的な正義感覚をもつ、そのような社会的統合がもっとも望ましく、実行可能な統合のあり方である。この社会は私的社会（private society）ではない。なぜなら、市民たちは同じ正義構想という基本的目的を共有しているだけでなく、政治的協働をとおして諸々の目的を共有し実現するからである。この意味でならば、「政治社会は共同体であるという帰結を導く」（Ibid., 六〇-二節、訳三五一ページ）ことができる。市民たちが自由な制度のもとでその道徳的能力を発達させ行使することができるのは、基本善の一つである自尊の社会的基盤に支えられ維持されるからである。こうした社会は善である。したがって、「公正としての正義にもとづく秩序だった社会では、正義と善とが互いに適合している」（Ibid., 六〇-四節、訳三五六ページ）。これがロールズ（二〇〇一）の最終的な答えであった。

以上のように、サンデルはもっぱら、ロールズのいう「原初状態」における人格理論を問題視する。それは社会経済的諸条件やその歴史から切り離されているために、却って自分のものでない環境のなかに溺れ、「共通善」を見出す可能性すら失っているというのである。しかし、サンデルは、ロールズの「正義の二原理」や基本善という観念の内容についてはほとんど検討していない。しばしばとりあげられる格差原理にしても、それが成り立つためには「強い共同体」が必要であるという批判はするけれども、分配的正義そのものについては検討を避けている。ロールズの構想は、出発点に自由で平等な諸個人をおき、持続可能な公正な社会的協働システムを形成するうえで最低限合意する、また合意しなければならない正義の二原理を考え、それに適合する経済体制をも検討している、包括的な社会経済的構想である。これにたいし、サンデルは、共和主義を擁護し、「共通善」を熟議・決定する民主主義的な政治体制について提案するが、これに対応する経済体制の基本的あり方についての提案はしていない。少なくとも、ロールズにはその提案がある。この点における両者の違いは大きい。

(3) サンデルにおける政治経済と所得再分配

サンデルがさまざまな著作でとりあげる討議テーマは、妊娠中絶、宗教的自由、言論の自由と名誉毀損、同性愛行為、家族法、積極的差別撤廃策 (affirmative or positive action)、戦後補償、公民権運動 (civil rights movement) など具体的である。これらの問題をとりあげながら、アメリカ社会でどのようにして、自由で独立した個の優先という価値観が広がってきたか、そしてそのことがどのようにして社会全体の絆と統治機能を弱めることにつながったかを論じることがサンデルの主著（一九九六）の大方の内容である。ただし、かれは保守主義とは異なり、公民性 (citizenship) を前面に押し出し、異なる文化の尊重と相互の対話のうえに立った政治参加による自由を主張する。

サンデル（一九九六、Part II）のいう「公民性の政治経済 (political economy of citizenship)」がとりあげる諸問題は、労資関係、反独占（経済権力）、そして「経済成長と所得再分配」をめぐる問題である。サンデルは、一九～二〇世紀アメリカの政治経済において生じたそれらの問題への対応のなかに、共和主義と公民的正義にもとづく自己統治が衰退していく傾向があることを明らかにする。

労資関係では、たとえば労働時間短縮の問題は、労働者の人格形成をはかる観点で、労働者の自由と独立をいかに擁護し、促進するかという立場で取り組まれた。しかし、それは次第に、労働契約の自由（「自己所有権」）を認めたうえで、いかにして公正な取引条件を確保し、労働者の状態を改善するかという「労働組合主義」の考えにとって代わられた。「契約の自由」を保証する条件だけが問題にされていったのである。

巨大企業の経済力の集中は、二〇世紀初頭に反トラスト運動となって現われた。そこでは、都市の自営業や小農民たち、そして中小資本で働く労働者の利益を代表して、こうした人びとの共和的自治と共同体を守るために、経済力の分権化が重視された。他方で、経済力の少数資本への集中に対抗して、連邦政府に権力を集中し、経済の計画化をすすめる指向が現われた。こうした分権派と計画派との対立は、ニューディール時代には決着を見ることはなかった。そして、戦時経済による財政支出の拡大の経験をつうじて、第二次大戦後は、経済の成長拡大を第一義とし、所得再分配を第二義的な目的とするケインズ主義的な経済政策が主流となる。そのもとでは、労資の対立、反独占をめぐる対立のいずれも、経済成長と消費拡大を優先する考え方のなかに吸収されてしまった。

以上がサンデルのいう「手続き的共和国（procedural republic）」と「主意主義的自由（voluntarist freedom）」の勝利の過程である。その結果、自己統治の条件には目が向けられなくなって、個人の自由と独立だけがいわば一人歩きするようになる。政治は、政治に参加し共通善を促進するための統治能力を意味する公民性をもつ市民を育成することに無関心になり、共通善の判断を避け、中立性を保つという姿勢をとった。そのために却って、公民的自由（civil liberty）を失う結果となった。このことが、レーガン政権以降の保守主義に足元をすくわれる要因になったとサンデルはみるのである。

現代アメリカの福祉国家について、サンデルはつぎのように述べている。

「善に対する正の優先性を主張するリベラリズムは、（中略）ニューディール時代から現在に至るアメリカの福祉国家政策を正当化する理由のなかに、顕著に表れている」。福祉国家の市場経済への介入は、一見すると、政府の中立性とは相容れないように見えるだけではない。「相互に責任を負い、公民性を共有する強い倫理、すなわち連帯と共通目的についての高い見識を必要とするように見えるだろう」（1996, p.280 訳下一九五ページ）。しかし、ルーズベルトの構想以来、アメリカの福祉国家政策は、ある程度の物質的・経済的保障を前提条件にすることによって、個人が自分の目的を自分のために選択する自由を確保できるというリベラリズムの考えにもとづいてつくられてきた。しかも、この考えは「選択の自由」（M・フリードマン）を強調する保守主義の政治家や経済学者たちの考えとも共通しているという。

（4）サンデルにおける所得保証

サンデルは、アメリカにおける福祉国家と社会保障政策をめぐる論争、とくに裁判所の判決などを丹念にとりあげる。そして、さまざまな公的扶助（たとえば児童扶養家庭援助制度）が政府からの施しではなく権利であると主張し、政府による道徳的介入（たとえば受給家庭への強制調査）に反対する福祉改革論者の言説をとりあげる。

サンデルによれば、「善にたいする正の優位を主張するリベラリズムは、一九六〇年から七〇年にかけての福祉に関する一般的な公共的討論において、とりわけ、福祉をすべての市民のための所得保証（a guaranteed income）に置き換えることを支持する議論のなかに、いっそう表現されていた」（1996, p.288 訳下二〇七ページ）。多くのリベラル派は、現金給付の所得保証こそ、価値や目的を自ら選択する貧困層の自由を尊重する最良の方法だとみなした。それは、適格要件にもとづく福祉の選別と道徳的判断を回避できる方法でもある。

議会における主張のなかには、労働を要件とする（最低限所得保証の）受給は労働の強制だとして反対する意見もあり、援助は特定の行動規範を強制してはならないという意見も出されたと紹介している。そして、注では、ミルトン・フリードマンでさえ、再分配政策に反対しながら、貧しい人びとを救うための、もっとも効率的で押し付けがましくない方法としての「負の所得税」を支持した、と書いている。

このように、サンデルがあげる事例とそこでの論調から判断して、サンデルはベイシック・インカム構想には反対すると思われる。その理由は、ベイシック・インカムは所得保証を個人の自由とだけ結びつけるリベラル派の考えによるものと理解できるからである。

サンデルによれば、一九六〇年代に「多くのリベラル派の論者は、……理想的には受給者の生活にたいするいかなる条件も判断も押しつけられることのない、最低限所得保証（a guaranteed minimum income）が望ましいと主張した」。かれらは、ある範囲の経済保障（economic security）を提供することは自由で自立した個人の権利である、と主張する。確かに、「福祉は貧困を緩和するかもしれない。しかし、十全な公民性を共有するに必要な道徳的・市民的能力を人びとに備えはしない」（Ibid., p.302 訳下二二六ページ）。最低限所得保証は、それがどれほど良いものであったとしても、「民主政のもとにある市民にとって本質的な、自己充足、共同体生活への参画の感覚をもたらすものではない」［ロバート・F・ケネディ（一九二五〜一九六八）の発言より[13]］。

（5）分配的正義を超えて

サンデルの構想は、分配的正義を超えた「公民性の政治経済」の再興にある。

アメリカにおける公民的性格の後退にたいして、一九九〇年代に二つの形態の議論がなされた。その一つは右派の「公民的保守主義」である。美徳、人格形成、道徳的判断力を公共政策や政治的論議で考慮すべき課題として復活させるものである。福祉だけでなく、宗教や教育、家族、犯罪などの社会問題をめぐる議論がなされた。サンデルによれば、「公民的保守主義者の多くは、不平等の条件の下では、市場の力が共同体での生活がもつある面を腐食させることを認識していない」。他方で、「多くのリベラル派も、分配的正義に大きな関心を抱くあまり、不平等の拡大がもたらす公民性への影響を見逃している」（Ibid., p.332 訳下二六四ページ）。

これにたいして、左派のなかから自己統治の経済的条件を問題にするものがでてきた。かれらは、所得と資産の格差と経済的不平等の拡大が公民性の衰退をもたらしていることを指摘する。それによれば、富裕層は貧困層への援助を嫌って公共空間から撤退し始めた（ゲート付き住宅地、私立学校やクラブ、民間業者を利用した住環境整備や警備など）。これにより、公民的美徳が侵食され、公共の学校、公園、運動場などの公共サービスの減少がすすんでいる。

そこで、「自由の公民的要素を重視する政治は、生活において金銭がものをいう領域を制限する」必要がある。「人びとが共通の経験のためにともに集まり、公民性の習慣を形成する公共空間を強化」する。「このような政治においては、所得の分配それ自体よりも、所得に関係のない共同体の諸制度を再建し、維持し、強化すること、すなわち市場の力によってもたらされる共同体の崩壊を阻止することがより大きな問題となる。（中略）このような政策は福祉国家支持のリベラル派によっても支持されるかもしれないが、その強調点と正当化の方法が異なる。もっと公民的精神をもったリベラリズムが共同の備えを求めるのは、分配的正義のためではなく、構成員意識を高め、富者と貧者双方の公民的なアイデンティティを育成するためなのである」（Ibid., p.333 訳下二六四～五ページ）。

サンデルは、このような「公民性の政治経済」の表れとして、コミュニティ開発法人（community development corporation）、巨大小売店舗出店反対運動（sprawlbusters）、新しい都市計画運動（new urbanism）、教会を中心とする共同体組織化（community organizing）による政治参加、などの事例をあげている。

しかし、そうした活動にとって重大な障害がある。それは、現代の経済活動があまりに大きくなり、それを統治するための民主的な政治的権威を構築することがきわめて困難なことである。この困難には、グローバルな経済を統治するための政治制度と、それを支える公民的なアイデンティティの涵養と道徳的権威の提供という二つの難題が含まれる。この難題に対するサンデルの答えは、人類という普遍性を優先する単一の世界共同体ではなく、「多重化（multiplicity）」（Ibid., p.345 訳下二八〇ページ）による主権の分散が望ましい、というものである。「異なる政治的アソシエーションは異なる生の領域を統治し、私たちのアイデンティティの多様な側面に関与する。主権を上位と下位の双方に分散させる体制だけが、市民の自省的な忠誠を促すことを望むために公共生活に不可欠な差異化をもたらし、グローバルな経済の力に対抗するのに必要な力を結集させることができる」（Ibid., p.345 訳下二八〇ページ）。

サンデルは、一九六〇年代の公民権運動をとりあげる。この運動は平等の権利のための手段である以上に、「それ自体がエンパワーメントの一つの契機であり、自由の公民的要素の実践例であった」。それは、個人の自由より高次の共和主義的自由、公共的な世界を形成するために集合的に行動する自由を実現した。このような人格形成的な側面をもち、そのための場所である公共空間をもって、「共和主義的公民性の一つのビジョンを提示した」ことを想起する。そして、「多重に負荷をおう市民」が、「原理主義」と「断片化し、物語を欠いた自己」という「二つの堕落の危険性」（Ibid., p.350 訳下二八五〜六ページ）に立ち向かうことを呼びかけて、その主著（一九九六）を結んでいる。

まとめ

リベラリズムを主流とする現代社会哲学からみれば、一九世紀ヨーロッパにおけるマルクスの社会哲学は一見、遠いようにしかみえない。しかし、第一章で明らかにしたように、マルクスの哲学および思想はリベラリズムに発していた。

そのマルクスが早くに見抜いたように、近代社会において人は公民（Staatsbürger, Citoyen）と私人（Privatmensch, Bourgeois）とに分裂せざるをえない。マルクスからみれば、ロールズの社会契約論的リベラリズムあるいは政治的リベラリズムとサンデルの公民的リベラリズムとの対立は、じつはこの公民と私人との現代の対立を社会哲学という意識のうえで反映したものである。現代社会における宗教的あるいは政治的教義の対立は市民社会における対立に根ざしている。サンデルが危惧するように、市民社会における対立が公民的社会の存立を脅かしているとしても、その本質は市民社会における私人間の対立、さらに階級対立に求めなければならない。そして、その市民社会における対立を最小限にとどめようとするのがロールズのリベラリズムにおける「正義の二原理」だということになる。

ロールズの政治的リベラリズムとサンデルの公民的リベラリズムはともに現代の政治的共同体を維持・強化することをめざす政治哲学である。その重要性は理解できる。しかし、市民社会さらに経済的土台におけるさまざまな対立を緩和し、公民的生活の復権によってこの対立を乗り越えようとしても、そこには大きな限界がある。そのため、ロールズの場合は、資本制福祉国家をこえる財産所有民主制とリベラル社会主義の経済体制を構想する。サンデルの場合は、「非人格的な権力構造による支配」という認識はあるが、その支配の内容には立入らないで、あくまで共和主義的政治と公民性の復権によって市民社会における対立を乗り越えようとしているようである。

また、ノージック（一九七四）の場合は、市民社会における私人の自由を絶対化し、アナーキズムに限りなく近い最小国家を主張することで、政治的共同体を後退させる。ノージックが擁護する所有権原論はまさに市民社会の所有権であった。さらに、かれが構想したユートピア社会はコミュニティの連合体であり、それは私的社会を超えたものであるが、ノージックはそれに至る可能性や道筋については何も語っていないし、また語ることができなかったのである。

注

（1）ヘーゲル哲学とくに精神哲学の内容を検討し、その特徴を「理性的自由の哲学」としたこと、そしてマルクスによるヘーゲル法哲学の評注の要点については第二章で検討した。本章はこの評注の続きとなる二論文をとりあげる。

（2）この二論文以降、『聖家族』（一八四四年九～一一月に執筆されたマルクスとエンゲルスの最初の共著、一八四五年二月に発刊）および『ドイツ・イデオロギー』（一八四五年九月～一八四六年執筆）、『経済学批判　序言』（一八五九年）における有名な史的唯物論の公式（「一般的結論」）にいたるまで、マルクスは社会＝政治哲学の価値規範について独自に語ることはなかった。以前の通説では、マルクス初期の二論文はマルクスが「マルクス主義者」になる過渡期の著作とみなされ、革命的民主主義者、ラディカル民主主義といった名称が与えられていたが、マルクスの社会＝政治哲学における思想的・倫理的価値規範論はこの二論文の内容でつきているように思われる。いずれにしろ、マルクスの思想形成の過程は本書の主要な課題ではない。

（3）一八四四年、マルクスが「フォイエルバッハに関するテーゼ」とともにノートに書きつけた国家論に関する構想の覚書がある。これは、一九三二年に、アドラツキーの編集した全集版においてはじめて公表された。覚書は項目だけからなっている。「（一）近代国家の成立史あるいはフランス革命、（中略）（二）人権の宣言と国家の憲法、個人的自由と公的権力、自由、平等および統一、人民主権、（三）国家と市民社会（以下略）」（*MEW*. Bd.3, S.537）。興味深い項目建てであるが、この内容を著わしたものは残されていない。

（4）牧野（二〇〇三）（二〇一〇）を参照。

（5）この点は松井「疎外論と正義論」（二〇一〇）。また、つぎの見解も参照。「マルクスは、経済社会の発展段階に応じて異なる価値規範が支配するという歴史的相対主義の立場をとっていたのであり、あらゆる時代や社会に共通する普遍的な規範理論が存在するという立場とは前提を異にする。マルクスは、特定の経済社会にはその生産力と経済構造に規定された、人々に共通する価値規範が実在するという道徳的実在論の立場をとっていたのであり、この点で彼の学説は一つの整合的な規範理論としての資格を有する」（松井二〇一二、二八五ページ）。

（6）角田（一九九二）第一章をも参照。

（7）「共同（Gemeinschaft）こそが、個人がその素質をあらゆる方向へ伸ばす手段である。したがって、共同においてはじめて人格的自由は可能になる。……（幻想的でない―引用者）現実的な共同体においては、諸個人は彼らの結合（Assoziation）において、またこの結合によって、同時に彼らの自由を手に入れる。（中略）自分たちと、社会の全構成員の存在条件を自分の制御下に置く革命的プロレタリアの共同体（Gemeinschaft）では、諸個人は個人として参加する。それこそは諸個人の自由な発達と運動の諸条件を彼らの制御下に置く諸個人の結合（Vereinigung）にほかならない（もちろん、現在の発展した生産力を前提とする枠内で）」（Marx 1845, *MEW*, Bd.3, S.74-75、渋谷訳一四六、一五二ページ）。

　松井（二〇一二）はマルクスの自由論を「制御的自由」と「人格的自由」とに区分し、「人格的自由」をさらに「発展的自由」と「共同的自由」に分け、価値的順序は「共同的自由」→「発展的自由」→「制御的自由」とする。本稿はこの理解を参考にしたが、用語と整理の仕方はやや異なる。
（8）角田（一九九二）第四章は主に『資本論』に即して、角田（二〇〇五）第七章は『経済学批判要綱』に即して、三つの理論の一体性を検討したものである。
（9）ロールズの主著は『正義論』（初版一九七一、改訂版一九九九）、『政治的リベラリズム』（初版一九九三、ペーパーバック拡充版一九九六）そして『万民の法』（一九九九）であるが、『公正としての正義　再説』（二〇〇一）はこれらをふまえて書かれた生前最後の著作である。同書はハーバードでの講義録をもとに加筆・編集され、各所で前記二書の参照箇所が明記されているので、もっぱらこれにしたがっておく。本書は各節ごとに細かく分かれているので、引用にあたっては節番号のみを記す。
（10）したがって、「格差原理は社会正義の見地からする友愛の基本的意義を表現する」。「友愛は格差原理に対応している」（一九九九、一七節）ので、「格差原理の意味はこの原理をそれだけで考えていては与えられない」（二〇〇一、第四部注三四）とロールズは述べている。この節は「生まれつきの才能の分配」が「一つの共同資産」であることについて述べているところでもある。
（11）「パレート最適」は他の集団の状況を悪化させることなく、ある集団の状況が改善することはもはやないような状態とされるので、「パレート最適」は、ロールズと同様に初期の資源配分を問わないが、相対的に不利な状況にある集団の状態が変わらなければ、相対的に有利な状況にある集団の状況がさらに改善することを許容する議論になる。また、ロールズがベンサム点とよぶものは個人効用の和（sum）が最大になる点である。それは、相対的に不利な状況にある集団の基本善の指数が減少しても、相対的に有利な状況にある集団の基本善が増大することを認めるものである。
（12）サンデル（一九八二）はロールズの『正義論』に対する詳細なコメントの著作であり、サンデルの積極的主張は展開されていない。また、サンデル（一九九六）はアメリカ建国時から現代に至る過程で初期の共和主義政治哲学が衰退し、現代リベラリズム（かれのいう「手続き的共和国」）が勝利したこと、そしてそれがもたらす問題点を丹念に検証したものである。

（13）サンデルは、「当時、活躍した政治家たちのなかで、ロバート・F・ケネディだけが唯一、アメリカの公共的生活を悩ませていた無力感を、公民的実践と公民的理念が衰退した兆候だと診断した」（1996, p.304 訳下二二八ページ）と評価している。問題は、「個人と国家とを媒介する共同体」であるアソシエーションの衰退なのである。

補注：キャロル・グールドの社会的存在論について

本書の内容全体に関連する著作として、一九七八年に刊行されたCarol. C. Gould, Marx's Social Ontology—Individuality and community in Marx's Theory of Social Reality, The MIT Press, 1978（邦訳『『経済学批判要綱』における個人と共同体』平野英一、三階徹訳、合同出版、一九八〇年）がある。同上書は一九四六年USA生まれのグールドがマルクス『経済学批判要綱』を対象にして五つのテーゼを論じたものである。

第一にマルクスはヘーゲルの弁証法を全面的に駆使した。第二にマルクスはヘーゲルの「概念の論理学」を「社会の実在性の理論として、具体的に存在している現実の個々の人間による組成とした。第三にマルクスは「諸個人が自由に自己の本質をその活動をとおして創造し変革していく自由の存在論的概念」を導入した、第四にマルクスにとって「正義は自由な個性の全面的な発展のために要求される」。さらに「自由な個性の価値と共同体の価値は両立する」ことを主張した、第五は『要綱』において初期マルクスの疎外論は政治経済学として基本的に仕上げられている。

検討対象は『要綱』に限られているとはいえ、本書は同上書と基本的に同じ考えに立つものである。学位論文から晩年にまで一貫しているマルクスの自由な個性の発達という思想、社会的存在として現実具体的な人間主体の想定、自由と共同体（コミュニティ）との両立、ヘーゲル弁証法の駆使、『要綱』におけるマルクスの経済学の体系性などがそれである。しかもグールドの著作は社会、労働、自由、正義の四つの社会的意識の存在論の基本的構成要素をつうじてこれらのテーゼを論じた。

一九七〇年代の日本における経済理論に傾斜した『要綱』研究に比べて、USAにおいてはこのような、いわば素直なマルクス社会哲学の解釈が行われていた。これは当時の欧米におけるマルクス研究の水準の高さを示すものである。本書では各篇各章においてグールドの著作に言及しない。それは同書の以上のような特徴によることを先に断っておきたい。

なお、同じように『要綱』を対象とした拙書『『資本』の方法とヘーゲル論理学』（二〇〇五年）や本書の内容が認識の方法論に重点を置いていることから、いわゆる存在論を軽視しているとの印象をもたれる方があるとすれば、それは誤解である。存在論と認識論そして実践論、価値論は統一的に理解されなければならない。

第二篇　社会的意識とイデオロギーの理論——ポスト・マルクス

社会的意識形態が経済過程との関係において積極的に論じられるところに『資本論』第三部の草稿（利潤論）がある。剰余価値はすでに「生産当事者たちの日常の意識」形態である「利潤」に転化し、個別諸資本を代表する個別資本家たちは、相互の意識的行為である競争の場において、前貸し資本分の増加分を表す「利潤率」を高めるための競争行為を展開する。また、資本間の「競争に対応するさまざまな観念」における諸費用の節約、過度労働の強制その他の目的意識性が論じられる。他方、こうした資本家の意識的行為に対応する労働者たちの意識と意識的行為についても、『資本論』はいくつかのことを積極的に論じている。労働者は「労働力と自由な人格の所有者」である。自由な個人としての自覚は労働力の売り手したがって労働力を使われる者としての自覚であり、過度労働の強制に反対する。それは労働者たちのあいだに階級的結集の意識をよびおこし、工場立法という資本制的労働過程にたいする「社会の計画的反作用」を生みだす。さらにまた、「就業者と失業者のあいだの団結」にもとづく「労働需給にたいする意識的介入」の必要性の社会的自覚を経て、「自由な労働者たちによる自覚的なアソシエーション」と経済過程の意識的コントロールへとすすむ（第四章）。

第二篇は、マルクス以後という広義のポスト・マルクス派において、このようなマルクスの社会的意識とイデオロギーの理論がどのように継承され、さらに発展させられたかについて、二〇世紀の代表的な議論をとりあげて、それぞれの成果と問題点を確認する作業をおこなう。とりあげる論者は、F・メーリング、G・プレハーノフ、N・ブハーリン、G・ルカーチ、C・コルシュ、そしてA・グラムシである（第五章、第六章）。

つづいて、わが国におけるポスト・マルクス派として、戦前、戦後を代表する二人の理論家、三木清と丸山眞男における社会的意識とイデオロギーの理論、丸山の思想史研究の方法をとりあげる。二人はいずれもマルクス主義の枠に収まる研究者ではなかった。しかし、マルクスとポスト・マルクス派を代表する議論を通過したうえで、それぞれ国際的に評価しうる独創的な仕事をなしとげた。二人の議論から学ぶべきものは今でも大きく新鮮である（第七章、第八章）。

第四章　経済過程と意識およびイデオロギー

一　問題設定

経済過程における人びとの行為は意識的な行為である。人間が意識をもつ存在である以上、これは自明である。マルクスはその「学位論文」においてエピクロスの哲学を読み込み、「人間の自己意識の絶対性と自由」の立場を鮮明にしたが、同時に、それに対立する現実の「具体的で普遍的なもの」による制限を示唆した（第一章）。この「具体的普遍」とは近代市民社会およびその上にたつ国家である（第二章）。したがって、経済における人びとの意識的行為は、現実具体的な社会のなかで、その意志、予想、目的などとは異なる諸結果を生みだす。その結果、何らかの反省を迫られ、従来の行為を修正ないし破棄せざるをえないこともある。また、人びとの意識的行為は直接には個人的な行為であるが、多くの個人的行為は合成された社会的あるいは集合的行為となる。さらに、経済行為を導く意識にはさまざまなレベルがある。行為する当事者の感情や経験にもとづく日常意識、一定の価値規範、信念や選好、何らかの知識と情報にもとづく意識などがある。そうしたさまざまな意識にもとづく行為は偶発的、断片的になされるのではない。現存する特定の経済関係を行為のうえで実現し、再生産する、いわば関係行為であって、何らかの継続性や規則性があるだけでなく、重層的で多様な経済関係の存在によって制約されてもいる。そうした制約はまた、何らかのルール、制度として人びとによって意識される。このように、意識はなんらかの社会的意識形態として実在しているのであって、その社会的意識形態はかれらの社会的存在に対応し、それによって規定されている。したがって、人びとの意識と存在とを媒介するものが行為である。またそこに、イデオロギーと称される要素が関係してくる。

第四章は、一つの重要な社会哲学上の問題として、経済過程における人びとの存在と意識、関係行為およびイデオロギーのあいだの関係をマルクスはどのようにとらえたかを検討する。

ここではまず、「利潤」という経済事象に対応する当事者の意識形態や行為を分析した『資本論』第三部主要草稿第一〜三章を検討の素材にする。これをふまえて、経済過程における意識形態をより広く社会的意識形態の文脈のなかでとらえる（社会哲学としての社会意識論）。そのつぎに、資本家的意識を超える労働者の自覚的意識の形成について、『資本論』はどのような経済的、社会的契機を明らかにしたかについてもとりあげる。(1)

二　『資本論』第三部における生産関係の物象化と当事者の意識的行為

（1）総過程の姿態

マルクスは『資本論』第三部主要草稿の冒頭の一節において、つぎのような課題を設定した。（1）第三部「総過程の諸姿態」の課題は、全体として考察された資本の過程から生じる、より具体的な形態を見つけだし、叙述することである。（2）諸資本がその具体的な形態において相対する現実の運動においては、直接的生産過程（『資本論』第一部）と流通過程（同第二部）の資本の姿態はそれぞれ「特殊な契機」として現れる。（3）「総過程の諸姿態」は「それらが社会の表面に現れる、生産当事者たち自身の日常の意識に現れる、そして結局はさまざまな資本の相互行為である競争において現れる形態に、一歩一歩近づく」（以上、*MEW*, S.33, *MEGA*, S.7、傍線部―引用者）。(2)

第三部の課題設定に関するこの短い一節にあるように、マルクスは、資本を主体とする生産の総過程について、直接的生産過程という特殊な契機から流通過程という特殊な契機へと分析をすすめ、そのうえで両契機を含む総過程のより現実的で具体的な形態へと考察をすすめる。それは、経済学批判の「資本一般」から「諸資本の競争」へという体系的叙述のプランに沿ったものであった。「総過程の諸姿態」の分析は、「生産当事者たちの日常の意識」に近づき、結局、諸資本の「相互行為である競争」をつうじて現れるさまざまな姿に近づく。それはまだ「諸資本の競争」そのものの研究ではないが、それに接近していくところでもある。すなわち、「競争についての論究」（*MEGA*, S.270）あるいは「競争の現実の運動など」（S. 839, *MEGA*, S.853）は「われわれのプランの外におかれ」、『資本論』の後に展開される予定だとされていた[3]。

（2）利潤という観念にもとづく資本家の行為

「資本一般」の範囲で「総過程の諸姿態」を考察するところで、最初に取り扱われる経済的カテゴリーは利潤である。それは、剰余価値を資本価値にたいしてとらえた現象形態であり、剰余価値が資本家の意識に上る仕方、いわば最初の意識形態である。個別資本家にとって、利潤すなわち資本価値の増加分は資本それ自体から生じるかのように見える。しかもそれは、生産過程と流通過程の全体から、またそこで用いられる資本のすべての部分から、一様に生じるかのように見える。そこで、「資本家は一般に、前貸しする資本のすべての部分にたいし、等しい利潤を期待する（expect, erwarten）」（Th・マルサス『経済学原理』第二版一八三六年、p.168からマルクスが引用、原文のイタリック体による強調はマルクスのもの、S.46, *MEGA*, S.57）。マルクスによれば、「利潤という剰余価値の転化形態を受け取る」のは資本家の観念（あるいは表象 vorstellung）のうえでのことであるから、利潤は資本家の期待という観念の所産となる[4]。

このように、『資本論』第三部の冒頭から、利潤は資本家の観念形態に生じる経済的カテゴリーとして扱われる。利潤は資本の総過程という、それ自体としては客観的な過程に対応する資本家の意識形態にほかならない。

「本来の生産過程」（直接的生産過程）においては、労働の生産力が資本の生産力として現れ、資本価値が資本家として人格化され、労働者が労働力商品として現れる。このことをマルクスは「転倒した関係」だと言う。この転倒した関係からは必然的に、これに「照応する転倒した観念、変形された意識が生じる」。この転倒し、変形された意識は、流通過程を経てこの総過程においていっそう発展させられる（以上、S.55, *MEGA*, S.61）[5]。

剰余価値の本性は、直接的生産過程において「資本家の意識」（S.54, *MEGA*, S.60）にのぼる際には他人労働への「渇望」として現れた。また、流通過程においては、労働にたいする関係とはかかわりのない、資本の所属する運動に由来する観念として現れる。剰余価値を含む価値の実現ではなく、剰余価値の創出が流通過程で行われるかのように見えるからである。

資本家たちは利潤という観念にもとづいて、剰余価値率の上昇のための労働時間の延長その他の行為を追求する。また、「不変資本および労働者の負担による労働条件の節約」に熱狂的に取り組み、「労働者の保護のためのわずかな支出を資本家たちに課す（工場立法の）条項にたいしは熱狂的にたたかう」（*MEW*, Bd.23, S.505）[6]。

マルクスは「（ブルジョアの目に現れるままの）利潤」と題する草稿を残した（エンゲルスはこの草稿を第三部第七章「補遺」として編集）。そこにはつぎのように書かれている。

「（労働の搾取度が同じであれば）信用制度によってもたらされるすべての修正、資本家相互の騙りとペテン、さらに市場のあらゆる有利な選択を度外視すれば、利潤率は、原料が安いかどうか、原料購入の専門的知識が多いか少ないか、また使用される機械設備が生産的、合目的的で安価であるかないかによって、生産過程のさまざまな段階の全体配置（エンゲルス：全体装備）が適切かどうか、浪費が避けられているかどうか、管理（die Administration、エンゲルス：指導と監督）が単純で、有効かどうか、等々によってひじょうに異なったものでありうる。……資本家自身やそのマネージャー（エンゲルス：配下の監督者や事務員）の個人的な営業手腕になお依存する。（中略）こうした事情は、自分の利潤が、労働の搾取のおかげではなく、少なくとも一部は、労働の搾取とは無関係な他の事情、とくにかれの個人的な行為のおかげであると資本家に思い誤らせ、信じこませることになる」（S.147–148, *MEGA*, S.209）。

以上のように、剰余価値の転化形態である利潤に対応する資本家の意識形態がどのようなものか、そこからどのような誤解や錯覚が生まれるかということについて、資本家たちの行為を含めて、マルクスはじつによく分析していた。

（３）資本家の意志行為としての競争に対応する観念

異なる産業部門における資本の有機的構成の相違によって生じる特殊利潤率の相違は、資本の部門間移動により均等化される。こうして平均利潤率が形成されると、商品の価値は費用価格プラス平均利潤にもとづく生産価格に転化する。この結果、利潤の真の本性と起源はすっかり見えなくなる。そのような事態は、そもそも「自分を欺くことに特別な関心をもつ資本家だけでなく、労働者にたいしても」（S.177, *MEGA*, S.244）そうなのだ、とマルクスは言う。

総資本による総労働の搾取が平均利潤となって現れることは、資本家にとっても「完全な神秘」であった。「ブルジョア理論家である経済学者」がその本質を明らかにしなかったためにいっそうの神秘であるとしたうえで、マルクスはそのことが資本家の目に映る仕方について、つぎのように表現している。

「労働を節約し……就業者総数をも節約し、死んだ労働の使用を増加させることは、経済的に正しい操作として現れる……。したがって、生きた労働の抑制（Unterdruckung—doing away with—）が、少なくとも個別資本家にとって（at least for the individual capitalist）は、ある事情のもとで、利潤の増大の最も手近な源泉として現れる……」（S.180, *MEGA*, S.246–247）。

また、『資本論』第一部第一〇章における相対的剰余価値生産の概念把握の際に、マルクスは資本の普遍的な傾向法則と現象形態との関係に言及し、次のように書いている。

「資本の普遍的で必然的な傾向は、その現象形態とは区別されなければならない。／資本制生産の内的法則が諸資本の外的な運動のうちに現われ、競争の強制法則として貫徹し、したがって個別資本家の推進動機としてその意識にのぼる仕方は、ここ（第一部―引用者注）では考察されない。しかし、以下のことだけは最初から明らかである。すなわち、競争の科学的分析は資本の内的本性が把握されるときにのみ可能である。それは、天体の外観上の運動がその現実の、しかし感覚的には知覚できない運動を知っている人にだけ理解できるのと同じである」（*MEW*, Bd.23, S.335、傍線部―引用者）。

科学的あるいは理論的な認識は、物事の現象形態において感覚的に知覚できる事柄からその内的本性を分析し、そうしたうえで、その内的本性が現象する仕方、人びとの目に映じる仕方をも明らかにしなければならない。当然、その事柄の現象形態あるいは外観は人を惑わせ、混乱や錯覚を引き起こす。しかし、経済における人びとの動機や意識はそうした外観あるいは現象形態に対応して形成される。このことをマルクスはしっかりと理解していた。

ここで検討している『資本論』第三部は、まさにそうした資本制生産の現象形態の分析に接近しているところである。これを市場における需給関係においてみれば、次のようになる。

市場における売り手と買い手の総計は、「統一体として、集合力として、互いに作用しあう。ここでは、個々人は、一つの社会的な力の部分としてのみ、集団（マス）の原子（アトム）としてのみ、作用する。競争はこの形態において、生産および消費の社会的性格を顕現させる」（S.203, *MEGA*, S.268）。

市場競争の当事者は、自分たちの集合的行為の結果を受け取め、それにしたがって行動せざるをえない。それはあくまで原子的な行為にとどまる。その合成結果を見通すことはほとんどできない。したがって、個々の当事者が関心を寄せる事態は、短期的な狭い範囲に限定される。たとえば、マルクスは次のように述べている。

「一人の資本家あるいは特定の部面の資本が、直接に自分が働かせる労働者たちの搾取についてもつ特殊な利害関心（das besondre Interesse）は、例外的な過度労働とか、賃金の平均以下への切り下げとか、充用労働の例外的な生産性とかによって、ある特別利得そして平均利潤を超えるものを得ることができるということに限定される」（S.207, *MEGA*, S.271）。

生産価格も市場競争の場では所与である。生産価格は「長期間における特殊な生産部面の商品の供給の、再生産の条件である」。そのため、生産価格と価値との区別を概念的に展開しなかったスミスやリカード、重農学派も、事実上同じものをそれぞれの名称で表現している。労働による価値規定に反対する経済学者でさえ、市場価格の変動の中心としての生産価格について事実上、語っている。その理由は、「生産価格が、商品価値のまったく外面化された、あきらかに没概念的な形態だからである」。それは「競争において現れるとおり」の姿であって、「通俗的な資本家（"hominis capitalis vulrgaris"）の意識の中に存在する、またしたがって通俗的経済学者の意識の中に存在するとおりの形態」（S.208, *MEGA*, S.272）だからである。

資本家たちは、あれこれの生産部門間に資本を移動させ、景気変動の浮き沈みをも経験している。その中で、「やがてこの経験を計算の中に入れることを覚える」（マルクスの原文は英語）。「利潤率の相違は資本家たちの観念の中で生きており、その計算の中に入る」。利潤率の相違が均等化される事態についても、「個々の資本家の意識にのぼる」。「この場合の根本観念は平均利潤そのものであり、同じ大きさの資本は同じ期間内に同じ大きさの利潤をもたらさねばならないという観念である」（S.218–219, *MEGA*, S.279–280）。

このように、資本家たちはその経験からすでに平均利潤という観念を抱いている。普通の経済学者も同じ意識をもっている。しかし、かれらはそれを商品価値の概念から展開して把握することができない。市場競争から生じる経験的観念としての生産価格と、理論的に把握された概念としての生産価格、この両者の関係は近くて遠いといわねばならない。両者の間の関係を概念からの展開として解明したのがマルクスであった。

マルクスは、「競争においては、その当事者たちの意識においては、すべてがまちがって、すなわち逆立ちして現れる」（S.235, *MEGA*, S.300）ことをくり返し述べている。そして、「通俗的経済学者は、競争にとらわれている資本家たちの奇妙な観念（queer notions）を、一つの、見かけ上はさらに理論的で、一般化した言葉（Sprache）に翻訳し、これらの観念の正当性をつくりあげるようにつとめる」（S.240, *MEGA*, S.320）と言う。現象にとらわれた表面的で日常的でさえある観念と、これを「理論的で普遍化した言葉で正当化」することとは異なるが、後者はさまざまな観念の中でもイデオロギー（Ideologie）としての観念と言うべきものである。このイデオロギーについては後述する。

(4) 利潤率の低下

総資本の増大と相対的剰余価値の生産にともない、利潤量は増大する一方で、利潤率は低下せざるをえない。利潤量の増大と利潤率の低下の「二面的法則」は「見かけ上の矛盾」でもあるが、「競争当事者たちの頭の中に、まったく浅薄な観念」（S.235, *MEGA*, S.301）を生みだす。それは商品価格の低下を商品総量の増加で埋め合わせるという競争上の観念（薄利多売）である。ここからはさらに、譲渡利潤（Profit upon alienation）という観念が生じる。この観念自体はまた、商人資本あるいは商業資本の表象から抽象されたものであることをマルクスは指摘した（S.240, *MEGA*, S.320）。

ある新しい生産方法が利潤率を低下させるのであれば、「これを自発的に採用する資本家はいない」。しかし、競争は新しい生産方法を普遍化させ、資本家たちは利潤率の低下という一般的法則に従わされる。「利潤率の低下はまったく資本家の意志に依存しない」（S.275, *MEGA*, S.338）ので、利潤率を上昇させようとする個別資本家の意図と、その結果である利潤率の低下とは区別しなければならない。

第三部主要草稿における第三章の最後のあたりでも、マルクスは、資本という物象（Sache）の権力が資本家という人格化された権力として自立することを強調している。この資本家たちの私的権力と資本が形成する普遍的で社会的な力（Macht）との間の矛盾は激しくなる。この矛盾の展開は「同時に、物質的生産諸条件を普遍的で共同的で社会的な生産諸条件につくりあげること（Herausarbeitung）を含む」ため、その矛盾自体の解消をせまらざるをえない。「この展開（Entwicklung、エンゲルス：つくりあげること）は資本制生産の生産力の発展、そしてその発展の仕方によって与えられている」とマルクスはこの箇所の叙述を結ぶ。しかし、残念ながら、こうした事態が生産当事者たちの意識にどのように現れるのかについて、これ以上は論じられていない。

三　経済過程における意識と社会的意識諸形態

以上に取り上げた『資本論』第三部主要草稿（第一～三章）の内容から、さしあたり資本制にもとづく経済過程における意識について、次のようにまとめることができる。

（1）経済過程において行為する当事者たちの意識は、その行為とともに経済過程のなかに含まれる。

（2）当事者たちの意識は資本制経済の表面に現れる姿や「物象」に対応する感覚や知覚を形成し、「期待」「動機」「意志」などとなって現れる。

（3）当事者たちの意識は資本制経済の内的本性からみれば転倒した姿をとる。理論的思考はそうした現象と当事者たちの意識的行為とを概念的に把握したうえで、概念からそれらの意識と行為を解明し展開しなければならない。したがって、「経済学批判」は資本家的意識とそれにもとづくかれらの行為の批判でもある。

このようにまとめたうえで、問題をマルクスの意識論に広げると、つぎのような問題が提起できる。

第一に、マルクス自身は経済学の方法を「思考する頭脳」の「理論的方法」とよんだ。この方法は「自分にとって唯一可能な仕方で世界を自分のものにする」（「経済学批判への一般的序説」一八五七年、一九〇三年に公表）。

「理論的方法」からすれば、経済過程における意識は「実在する社会」そのものに含まれる。しかし、思考は意識のうえに現れる直観と表象を概念に加工しなければならない。概念把握する思考の生産物は思考の全体として現れる。その場合、「実在的な主体である社会」は頭脳の外で自立性を保って存立しつづける。主体である社会は認識のうえでは前提としていつでも表象に思い浮かべられていなければならない。しかし、この「理論的方法」が世界を自分のものにする仕方は、「芸術精神的、宗教精神的、実践精神的に世界を自分のものにする方法とは異なる」のだとマルクスは言う。

では、「実践精神的に世界を自分のものにする方法」とは何なのか、この「実践的精神」と経済過程における意識とはどのような関係にあるのだろうか。

第二の問題は「『経済学批判』への序言」（一八五九年）における意識の扱いである。

マルクスは、そのなかで、「物質的生活の生産様式が、社会的、政治的および精神的生活過程一般を制約する」と述べ、「人間の社会的存在が彼らの意識を規定する」とした。「生産諸関係の総体が社会の経済的構造をなし、それが実在的土台であり、この土台には社会的意識諸形態が対応する」と述べた。さらに、経済的な生産諸条件における物質的な、自然科学的に正確に確認できる変革と、「人間がこの衝突を意識し、それをたたかいぬく形態である法的、政治的、宗教的、芸術的あるいは哲学的な諸形態、簡単に言えばイデオロギー的な諸形態とはつねに区別しなければならない」とした。そして変革の時期の「意識は物質的生活の諸矛盾から説明しなければならない」（Marx 1859, S.100–101）と言う。

この「序言」の定式における社会的意識形態の扱いと、経済過程における意識形態とはどのような関係にあるのだろうか。さらに、物質的生活過程と精神的生活過程とのあいだの関係、存在による意識の規定性といった問題も浮かびあがる。いずれも大きな問題であるが、先にまとめたことをふまえてさらに考えてみよう。

まず第一に、ここでやはりヘーゲル哲学との関係を指摘しなければならない。

マルクスが「経済学の方法」において、「芸術精神的、宗教精神的、実践精神的に世界を自分のものにする」と書いたのは、ヘーゲル『大論理学』におけるつぎの叙述に対応していると考えられる。ヘーゲルによれば、「芸術と宗教は、絶対理念が自分を把握し、自分に適合した定在を得る仕方である。哲学は芸術と宗教と同じ内容と目的を持つ。しかし、哲学は絶対理念を把握するための最高の形態である」（第三巻概念論第三篇理念、武市訳三五七ページ）。また、「絶対理念は理論的理念と実践的理念との同一性である」（同、三五六ページ）。ヘーゲルにおける「実践的理念」とは「善の理念」のことであり、善を実現しようとする衝動、意志、実践的活動である。「意志の理念」およびその目的の実現は「真の理念」における「認識」によって補完されねばならないものである。

さらに、ヘーゲル『精神哲学』（エンチュクロペディ＝哲学体系第三部）をみると、第一篇「主観的精神」が、Ａ心、Ｂ意識、Ｃ精神と展開される。「Ｃ精神」における「ａ理論的精神」は直観、表象、思考とされ、「ｂ実践的精神すなわち意志」は感情、衝動、幸福とされ、「ｃ自由な精神」に至る。ヘーゲル哲学におけるこのような「実践的精神」の内容から判断して、マルクスが「経済学の方法」で述べた「実践的精神」とは、感情や衝動、関心、活動、恣意、幸福などのさまざまな精神の働きによって世界をつかむこと、あるいはその仕方のことだと考えられる。

これにたいし、マルクスのいう「理論的方法」は、理論的対象として頭脳の外に実在する社会の経済的構造を概念（ヘーゲルでは「理論的理念」）によって把握する方法である。「理論的方法」は感情や意志などによって世界を把握する仕方とは異なる仕方で「世界を自分のものにする」。したがって、「理論的方法」では経済過程で行動する人びとの意識そのものから経済世界を理解してはならない。このことは、実在する経済的世界における人びとの意識やその活動はどうでもよいということを意味しない。資本家の意識やかれらの行為を批判的に理解し、それらの意味や結果を概念的に把握し、これを展開する。これが経済学における「理論的方法」の課題である。

つぎに、「『経済学批判』序言」における社会的意識の諸形態との関係について考えてみよう。この「序言」において「存在が意識を規定する（bestimmen）」と言うとき、マルクスは、この「社会的存在」をすべて経済関係に求めているわけではない。生産関係総体は実在する社会の土台であるが、「法的かつ政治的上部構造」もまた実在するとみるのが素直な理解であろう。そして、この経済的土台に「一定の（bestimmt）社会的意識諸形態」が対応すると言うとき、この社会的意識諸形態は法的、政治的上部構造という存在にも対応するものとみるべきである。法や政治は何らかの社会的意識諸形態と対応するが、それ自体として実在するものだからである。そして、「序言」に言う「精神的生活過程」とは、この社会的意識諸形態を生み出す過程のことを意味すると考えられる[7]。

マルクスは、経済過程における変革と、この衝突を意識し、それをたたかいぬくイデオロギー的形態とを区別しなければならない、と述べた。変革期の意識は物質的生活とそこでの矛盾から説明しなければならないと言うのである。その際、先に『資本論』第三部主要草稿でとりあげた総過程に現れるさまざまな意識はどのように位置づけられるだろうか。

資本制経済において生じるさまざまな意識はそのまま経済過程の当事者の行為となって現れる。「社会的、政治的生活過程」においても同様である。これらの生活過程における、いわば実践的な意識は、「精神的生活過程」をとおして、特定の社会的意識諸形態として独自に体系化され固定化される。それがイデオロギーと言われるものである。マルクスがイデオロギー的形態を「法的、政治的、宗教的、芸術的あるいは哲学的な形態」と言い換えていることから、このことは明白である。イデオロギーは、法や政治、宗教や芸術、そして哲学においても、人びとのあいだの特定の社会関係に対応する。人びとの社会的意識はそれぞれの社会諸関係と対応し、その社会諸関係を表わす行為となって実現する。ここにイデオロギー的な社会諸関係と、それにもとづく意識的行為の特質がある。

経済過程すなわち物質的生活過程が社会の基礎だとすれば、そこにおけるさまざまな経済的意識は実践的意識として経済的行為になるが、それと同時に精神的生活過程をとおして特定のイデオロギーとして独自な形態に形成され加工される。したがって、物質的生活過程と精神的生活過程とは互いに入れ子構造になっている。精神的生活過程で形成されるさまざまな社会的意識諸形態は、社会的、政治的その他の生活過程におけるそれぞれの社会関係に対応する。それぞれの生活過程は人間たちの意識的行為によって成り立っており、意識はそれらの生活過程から離れてあるわけではない。また、マルクスの言う「精神的生活過程」だけが意識を生み出すのではない。それは他の生活過程で生み出されるさまざまな意識を独自に加工し体系化し固定化する場であり、またそれ自身、独自な社会関係をも形成すると考えるべきである。

四 「自由な労働者」の自覚

ここで再び『資本論』に戻る。

先に、『資本論』第三部の利潤に関する章における資本家的意識の形成と、この意識が生み出す行為に関するマルクスの分析をとりあげた。では、そうした資本家的意識を超えて、労働者の自覚的な意識はどこで、どのようにして形成されるのか。労働者の自覚的意識が形成される契機について、マルクスの『資本論』が明らかにしたのはつぎの諸点である。

第一の契機は「自由な労働者」という規定にある。

資本制経済における賃金労働者は、「一人の人間として、生きた人格のうちに存在する肉体的、精神的諸能力の総体」を自分のものとしてもつ。彼・彼女らはその「労働能力と人格の自由な所有者」である。それと同時に、この労働力を実現するために必要な生産手段、生活手段を欠いている。これがマルクスの言う「二重の意味の自由な労働者」（『資本論』第一部第四章）である。近代の賃金労働者はその存在をかけて個人としての自由な人格を維持しなければならない。したがって、このことは「自由な人」としての権利の自覚を生みだす。(8)

彼・彼女らが商品交換の本性にもとづいてみずからの労働力を売るとき、それ自体から労働時間の限界は出てこない。資本家が「買い手の権利」にもとづいて労働時間の延長を要請してくることにたいし、「売り手としての権利」を主張し、買い手による労働力の消費にたいして制限を求めねばならない。マルクスはこれを「商品交換の法則によって保証されている権利対権利」の衝突だとしている。自由な人格性を守るためには、労働力商品の「売り手としての権利」を主張せざるをえないのである。普通の商品交換のように「自由意志によって規定され、自由で法律上対等な人格として契約する」（『資本論』第一部第二章および第四章第三節）だけでは事は済まない。

こうして、「生産関係それ自体から本能的に成長した労働運動」をつうじて、労働者は「階級として結集し、一つの国法、超強力な社会的障害物を強要する」（同上、第八章）。こうして生れる各種の工場立法を、マルクスは、「社会が加える最初の意識的で計画的な反作用」として、その意義を高く評価したことはよく知られている（同、第一三章）。

以上のように、第二の手がかりとなる労働者の意識は、人格的な自由と独立を実現するために階級的・集団的に結集し、工場法（労働立法）を制定し、これを実効あるものにするような階級的意志の結集にある。「労働力の正常な持続と健全な発達」（持続的発達！）のために雇用という社会経済的関係それ自体に意識的に働きかけ、自由な競争と「自由意志的契約」を規制する。標準労働日（時間）をめぐる闘争は一つの階級闘争である。この闘争は人格的自由の意識として、労働力商品の売り手の権利の自覚として、階級的結集の必要性の自覚として、労働者の意識的行為として展開され、たたかいぬかれるものである。

第三は、労働需給にたいする意識的な介入である。

マルクスは労働市場における「サイコロがいかさま」であることを明らかにした。すなわち、資本蓄積に伴う資本の作用は労働の需要を増やすと同時に労働供給をも増やす。「この基礎の上で労働の需給法則の運動は、資本の専制を完成させる」。それゆえ、労働者たちは、この秘密をかぎつけ、発見し、その破壊的結果を克服ないし緩和しようとして、「労働組合などによって就業者と失業者の間の計画的協力を組織する」。「就業者と失業者のあいだの団結」である。これにたいし、資本は、「資本家階級への労働者階級の絶対的従属」のために、時には「強制手段によって需給法則を抑え込もうと」さえする、とマルクスは述べている（同、第二三章第三節）。

第四は、自由な労働者たちが自分たちのアソシエーション（協同）をつうじて経済を意識的にコントロールすることへの自覚である。

資本による無限の価値増殖は、その「無政府的な競争体制」と相まって、一方で節約を強制しながら、他方で生産手段と労働力の無限の浪費と無駄を作り出す。しかし、「個々人の発達の最大の浪費」をつうじて、じつは「人類一般の発達が確保され達成される」のだとマルクスはとらえる。そして、こうした事態が進行する歴史的時期は「人間社会の社会主義的再構成に先行する歴史的時期である（those epochs of history preceding socialist constitution of mankind）」（S.99, *MEGA*, S.125, マルクスの原文は英語、エンゲルス：「人間社会の意識的再構成」と書き換え）。

生産当事者たちが「生産の連関をアソシエート（協同）した知性として（als associirter Verstand）かれらの共同のコントロールに従わせる」。このような「ヨリ高度な生産様式（エンゲルス：生産形態）」（S.267, 269, *MEGA*, S.331, 333）のためには、生産当事者である労働者たちが資本による結合（Kombination）を脱して自覚的にアソシエート（協同）し、その知性的能力を高め、共同の生産者としての条件を準備していく必要がある。こうして、「生産が社会による事前の、現実のコントロールのもとにある場合にのみ、社会は、社会的労働時間の範囲と……社会的欲求の範囲とのあいだの連関をつくりだす」（S.197, *MEGA*, S.262）ことができる。

生産のコントロールとは欲求を制限することではない。マルクスは『資本論』第一部において、資本制生産形態を取り除いた「自由な人びと」のアソシエーション（協同）社会では「労働者の生活条件はもっと豊かになり、生活上の諸要求はもっと大きくなるので」、労働時間のうちの必要労働の範囲は拡大するが、剰余労働の一部は社会の予備と蓄積のファンドに数えられる」「個人の自由な精神的・社会的活動のための時間部分がますます大きくなる」（Bd.23, S.552）と書いた。労働の生産力と生産性の増大は、労働時間それ自体を短縮し、「個人の自由な精神的・社会的活動のための時間部分がますます大きくなる」（Ibid.）。こうしてつくられる「自由に社会化された人間の所産として、物質的生産過程の姿がかれらの意識的で計画的なコントロールのもとにおかれる」。そのためには、「社会の物質的基礎、一連の物質的存在条件が必要であり、この条件それ自体がまた、一つの長い、苦悩に満ちた発展史の自然発生的な所産である」（Ibid., S.94）。これが、自由な労働者たちの自覚的意識が発達することに関するマルクスの展望であった(9)。

まとめにかえて

マルクスが『資本論』において主にたたかったイデオロギーは自由貿易論である。自由貿易論者の見解や概念、とくに資本と賃労働の社会について判断基準は、「商品交換の部面からとられている」ことをマルクスは指摘している。かれらは自由意志にもとづく自由で対等な契約関係が最善のものだとして、市場における需給法則を永遠で不可侵なものとみなす。この「自由貿易のドグマ」は、「各人がその私利を追求することが公益を増進する」というものである。

自由貿易論のイデオロギーはいわば経済学的イデオロギーである。通俗的経済学とは「生産当事者たちの日常的諸観念を教師風に、多少とも教義に翻訳したものであり、こうした観念に一種の合理的な秩序をもたらす」（*MEW*, Bd.25, S.839, *MEGA*, S.852）ものである。したがって、自由貿易論の主張と、通俗的な経済学の定式とは密接な関係がある。

いわゆる通俗的経済学の定式である「資本―利子（利潤）、土地―地代、労働―労賃」という三位一体式は、「支配的階級の所得源泉の自然必然性と（エンゲルス追加：永遠の）権利を宣言し、一つのドグマに高める」（Ibid.）。こうしたドグマ（教義）の体系化こそイデオロギーというべきものであろう。マルクスは、先の序言（一八五九年）で言うイデオロギー的諸形態のなかに経済学的イデオロギーを挙げていない。しかし、いわゆる通俗的経済学は、資本制生産の総過程の表面に現れる姿を当事者である資本家が日常的意識のうえでとらえたものを独自に体系化し固定化したものであるから、経済過程における行為と結びついた意識からは独立した社会的意識諸形態の一つとして理解することができるだろう。(10)

注

（1）経済学では近年、信頼や規範、利得などにもとづく経済行動を実験的方法などによって明らかにする行動経済学の研究（たとえば友野二〇〇六を参照）、人間の本性から集団の利益を増加させる協力行動の進化を扱う研究が行われている（たとえば Bowles 2005, ch.2）。「思考習慣」に着目したTh・ヴェブレン、制度的規範を扱ったコモンズら（旧）制度学派経済学を受け継ぐ進化経済学など、主流派経済学の「経済人」モデルを超える新しい動きもある。本稿は、経済過程における意識や行動に関する経済学の新しい動向を念頭においている。

（2）『資本論』第三部については、一八九四年のF・エンゲルス編集版が不動のテキストとして研究されてきたが、一九九二年に新しいマルクス・エンゲルス全集（以下、MEGA）第二部第四巻第二分冊が刊行され、マルクス自身の『資本論』第三部「主要草稿」が公にされた。「主要草稿」は印刷のために書かれたものではなかったので、エンゲルスは出版にあたって、原稿の順序を入れ替えたり、言葉を補ったりしている（さしあたりエンゲルスの序言における証言を参照）。本稿では、エンゲルス編集版にあたる『マルクス・エンゲルス著作集（MEW）』第二五巻の原書ページ数と、マルクス「主要草稿」のMEGA版原書ページ数という順番で両者を併記し、エンゲルスによる書き換えや挿入、マルクスのオリジナルの原稿の用語や状態などについては適宜、注記する。

（3）「『経済学批判』への序言」（一八五九年）において、マルクスは、自身の「経済学批判」の叙述プランが第一部資本、第二部土地所有、第三部賃労働、第四部国家、第五部外国貿易、第六部世界市場からなることを公にした。そして、この時期の手紙（一八五八年四月エンゲルス宛て）では、「第一部資本」が「a資本一般」「b競争すなわち多数の資本の相互行動」「c信用」「d株式資本」の四篇から構成されると書いている。『資本論』全三部の原稿（印刷用の完成および補正は第一部についてのみ）および草稿（第二部、第三部）はこのプランにおける「資本一般」を拡充したものである。「第一部資本」を構成する四つの篇がそれぞれ特殊な契機だとすれば、「資本一般」はその他の三契機と並ぶ特殊な契機でありながら「第一部資本」全体を包括する主要な契機である。この篇は、方法論上の位置からいえば弁証法的普遍（一般）であって、マルクスはその理論内容をできるだけ豊かなものに仕上げるように終生かけて努力したという意味で、『資本論』は「資本一般」の拡充である。この普遍・特殊に関する方法はマルクスがヘーゲル弁証法から学んで自分の叙述方法に生かしたものである。マルクスはその後、一八五〇年代末にたてた叙述プランを変更あるいは廃棄したとはどこにも明言していない。経済学批判の体系的叙述プランはマルクス自身によって書きつがれず、完成をみなかった。しかし、プランそのものが消滅した、あるいは変更されたとする説は、いずれも『資本論』に適用された方法の無理解にもとづいており、ある意味で『資本論』を完結した、不動のものとして絶対視する解釈につながってきた。角田（二〇〇五）を参照されたい。

(4)「期待」について。社会経済学（political economy）が総需要と総供給とからなるマクロ経済の動態に迫る場合に、「期待利潤（率）」や「期待利潤効果」というタームが必要かつ有効である。角田（二〇一一）第三部第二四章、およびBowles（二〇〇五）pp.269–271を参照。

(5)ここで引用した箇所について。「主要草稿」では「本来の生産過程」となっているところをエンゲルスは「簡単な生産関係」に変更したが、「簡単な生産関係」では意味不明で、マルクスの言うゆがめられた観念、変形された意識が何に照応しているのかが明らかにならない。

(6)マルクスは『資本論』第一部初版（一八六七）の大工業と工場立法に関する箇所（*MEGA*.II-5, S.394）においてすでに、資本家たちが労働者を保護するための工場法の条項に反対したことに「第三部で立ち戻る」と予告した。このことは、『資本論』第一部初版刊行前、第三部の主要草稿がすでにできあがっていたことをうかがわせる。

(7)「序言」の叙述は、『ドイツ・イデオロギー』（一八四五～四六年執筆）における「生きた人間諸個人の存在」と「現実的生活過程」からその「イデオロギー的反映と反響」が生まれ、「生活が意識を規定する」といった記述に対応するが、ここで詳論することはできない。さしあたり角田（一九九二）第二章「生活過程と生活手段」を参照。

(8)労働法研究者の西谷敏氏が提起されている労働者の自己決定権は、賃金労働者の自由で独立した人格性を権利意識に高めるものと評価できる。西谷（二〇〇四）。

（9）資本による「結合」と自由な生産者による自覚的「協同」（あるいは「連合」）との区別と関連について、『資本論』における訳語の混同を早い時期に指摘したものに廣西（一九六六）がある。アソシエーションをめぐるその後の議論については、田畑（一九九四）、大谷（二〇一一）が参照されるべきである。近年の議論については基礎経済科学研究所（二〇一〇）を参照。本稿では自覚的な協同にいたる労働者たちの意識の形成を重要視した。

（10）本章は、二〇〇九年九月一二日に開催された上野俊樹先生没後一〇年記念シンポジウムの際に使用したレジュメを一部利用した。同シンポにおける発表の機会を与えていただいた麻生潤、上瀧真生の両氏に感謝したい。

上野は一九七一年以来、経済学と経済学史研究の重要課題の一つとして科学とイデオロギーの問題にとりくんで、経済学的市民社会論（代表的には内田義彦『資本論の世界』）を「イデオロギー的立場からする解釈学」だと批判した。上野（一九八二）（一九九一）はイデオロギーを実体（抽象的）規定と形態（具体的）規定とに分け、前者をつぎの四つとする（以下、著作集I、ページ数）。

（1）イデオロギーとは社会的意識諸形態のことである（狭義のイデオロギー）。他方、上部構造は法律的・政治的上部構造と社会的意識諸形態とに二分される。第一規定「イデオロギーとは上部構造であり、かつイデオロギー的社会関係である」（1-104）。

（2）社会関係を反映する意識のことであり、社会関係の分化に応じたさまざまな形式をとる。「自然科学を含む科学的認識一般はイデオロギーとしての上部構造には含まれない」（1-93）。

（3）実践的な意識、あるいは社会生活の中の「実践的行為を導く意識である」（1-99）。

（4）みずからの発生根拠を知らないという意味の「虚偽意識」。社会科学的認識（マルクス以後の）は自分の発生根拠を知っているから虚偽ではないが、（2）（3）と同一性をもつので「科学的イデオロギー」である（1-103、120）。

（5）第五規定は階級的イデオロギー（1-103f）。支配階級の虚偽と欺瞞がその主要な面である。

以上であるが、本文で述べたように、本書はヘーゲル＝マルクスの批判的継承関係から判断して上野が理論的意識と実践的意識とに分けたことに賛成である。上野の業績は後者の実践的意識の意義と理論的意識との関係を明らかにしたことにある。ただし、イデオロギーが社会的意識形態そのものだとすれば、意識が形成するイデオロギー的社会関係（これが上部構造）とは区別し、イデオロギーとイデオロギー的社会関係の両方が経済的土台に対応すると本書は考える。また、「科学的認識一般（理論的意識─角田）がイデオロギーとしての上部構造に含まれない」とすることには疑問が残る。

第五章　経済過程と意識およびイデオロギー
――ポスト・マルクス（その一）――

はじめに

第一篇は、人間の自己意識の絶対性と自由という哲学的立場から出発したマルクスが、人間の自由を制限し、これと対立する現実具体的な市民社会と国家（最初の哲学的表現は具体的普遍）との闘いをつうじて、近代市民社会と国家の本質的概念の把握にすすんだことを明らかにした。そして、この社会的存在に対応する社会的意識諸形態、自由、平等、正義、権利といった観念の意味内容を経済的基礎過程との関わりで展開したことを明らかにした。このような社会的意識諸形態はさまざまな実践的意識となり、実践的意識は意識的行為となって社会的存在に作用する。

つづく第四章では、物質的生活過程である資本制経済過程に内在し、そこから派生する意識とイデオロギーをとりあげた。『資本論』第三部主要草稿（第一～三章）その他を検討した結果、（一）経済過程において行為する当事者の意識はその行為とともに経済過程の内に実在する、（二）行為する当事者の実践的意識は資本制経済の表面に現れる姿や「物象」の世界に対応する感覚や知覚を形成し、さまざまな期待・動機・意志などとなって現れる、（三）当事者の実践的意識は資本制経済の内的本性からみれば転倒した姿をとるので、理論的思考はそうした現象と当事者の意識行為を概念的に把握したうえでそれらを概念から展開しなければならない、したがって「経済学批判」は、資本の概念にもとづく資本家的意識形態とその行為の批判的考察でもあるとの結論をえた。

以上の結論をふまえて、ここでは新たな問題を提起したい。「経済学批判への一般的序説」（一八五七年執筆）において、マルクスは自身の経済学の方法を「理論的方法」と名づけたが、同じ「序説」で「理論的方法」とは区別された「実践精神的に世界を自分のものにする方法」をあげている。また、「『経済学批判』序言」（一八五九年公刊）では「精神的生活過程」「社会的意識諸形態」「イデオロギー的諸形態」といった用語が使われている。実践的精神や社会的意識およびイデオロギーと、経済過程に内在する意識との関係はどのように理解すればよいのか。これらのあいだの関係を存在と意識一般、あるいは土台と上部構造の二分法に還元する二元論にしてよいとは思われない。また、これらの用語は、労働者が資本家的意識形態に対抗し、自覚的な階級意識を形成する諸契機を明らかにするうえで重要な意味内容をもってくるのではないか。

このような問題関心から、第五章と第六章では、ポスト・マルクス（マルクス以後の意味）の史的唯物論における代表的な著作あるいは論文において、意識とイデオロギーの問題がどのように扱われてきたかを概括し、検証することにしたい。第五章「その一」では、一八九〇年代のポスト・マルクスの初期を代表するメーリング論文（一八九三年）とプレハーノフ論文（一八九五年）およびプレハーノフの著作（一九〇八年）、ブハーリン『史的唯物論の理論』（一九二一年）をとりあげる。第六章「その二」では、ブハーリンのテキストにたいする批判を意識したルカーチ『歴史と階級意識』（一九二三年）、コルシュ『マルクス主義と哲学』（一九二三年）、そしてグラムシ「獄中ノート」（一九二九〜一九三五年）の議論を検討する。

意識とくにイデオロギーに関するこれまでの議論は、主にマルクス、エンゲルスの共著『ドイツ・イデオロギー』（一八四五〜四六年執筆）をめぐって行われてきた。この著作が公表されたことがイデオロギーという用語を広く哲学や社会科学の世界で問題化する契機となったからである。しかし、本稿でとりあげる論文や著作は『ドイツ・イデオロギー』のリャザノフ版（一九二六年）、アドラツキー版（一九三二年）刊行以前のものがほとんどである。したがって、『ドイツ・イデオロギー』におけるマルクス、エンゲルスのイデオロギー論と直接に比較対照することはここでの課題としない。マルクスとエンゲルスがイデオロギーについてどのように論じたかについては、独自の対象として別の論稿を要するテーマである。

なお、一般に、いわゆるマルクス主義におけるさまざまな議論は、それぞれの時代の社会変革の実践的課題と結びついている。本稿は理論家たちがそれぞれに生きた社会と、その時代において格闘した実践的課題や運動方針、その政策などに立ち入ることはできない。本稿の課題は、マルクスの流れを汲むポスト・マルクスの理論家たちによる意識とイデオロギーに関する理論的系譜とその遺産を再検討することに限定する。(1)

一　メーリング「史的唯物論」における意識論

フランツ・メーリング（Franz Mehring, 一八四六〜一九一九）は一八九〇年頃からドイツ社会民主党の理論家として文筆活動に携わり、「マルクス伝」や「ドイツ社会民主党史」などの著作を残し、文芸批評家、歴史家として活躍した。ここでは、一八九三年に発表された「史的唯物論について」（Mehring 1893）という論文における意識とイデオロギーに関するメーリングの議論を検討する。

この論文は「史的唯物論のもっとも本質的な特質を展開」（Ibid., S.300, 訳二三四ページ）するとともに、広くゆきわたっている史的唯物論の異論にたいする反論を加えたものである。その異論の一つは、史的唯物論は「観念的力を無視して」いるというものである。それによれば、史的唯物論は「人間を機械的な発展にたいして無抵抗に翻弄されるものにしている」（Ibid., S.316, 訳二四八ページ）というのである。この異論にたいして、メーリングは、エンゲルスからの引用を交えつつ、みずからの言葉でつぎのように答える。

「人間は社会的共同体のなかでのみ意識をもち、自覚的に考え、行動することができる。かれがその構成員である社会的集団（der soziale Verband）がその精神的力をよびおこし、それを導く。……史的唯物論は観念の力（die ideelen Machte）を否定しない。むしろ、観念の力をその根拠にさかのぼって研究するだけであり、観念がその力をどこから汲み取るかを必要な程度で明らかにする。人間がその歴史をつくることは確かだ。（中略）人間の精神は、人間社会の歴史的発展を超えるものではなく、このなかにある。それは、物質的生産から、そのうえで、そしてそれとともに成長したのだ」（Ibid., S.317, 訳二四九ページ）。

このように、メーリングは、人間の精神の発達は社会の発展のうちにあることを明確にし、その法則的発展の根本法則は物質的生産あるいは「直接的生活の生産と再生産」にもとめられると答えている。この答えはなるほど「あまりにも素朴なマルクスの唯物論の核心の忠実な堅持」（コルシュ[2]）ではある。しかし、メーリングは社会のなかに精神的構成要素があり、それが社会を動かす力であることを認め、存在と意識との単純な二元論に還元してはいない。このことが重要である。

メーリングがとりあげたもう一つの異論は、「史的唯物論はあらゆる道徳的基準を否定する」というものであった。道徳的基準は歴史的にたえず変化してきた。だから、ある時代の基準を過去の別の時代にあてはめればおかしなことになる。だからといって、「史的唯物論は道徳的基準をけっして否定することはない。むしろ道徳的基準を認識することをはじめて可能にする。……道徳的観念もまた究極的には生産様式の産物である」（Ibid., S.328, 訳二五八ページ）。

メーリングはこの論文で、イデオロギーに関して特別に考察をしてはいない。たとえば、ドイツ（プロシア）における歴史学派のロマン主義と国民経済学の自由主義との対立は「ユンカー（＝領主）階級とブルジョア階級の階級闘争のイデオロギー的反映であった」（Ibid., S.305, 訳二三八ページ）といった記述や、宗教その他による「イデオロギー的歴史記述」や「イデオロギー的ヴェール」といった表現などに、わずかにその考えをうかがわせる程度である。

メーリング「史的唯物論」における意識とイデオロギーの理論内容は以上である。

メーリングのこの論文は単著『レッシング伝説』の付録に収められたものであった。同書を送られたエンゲルスは一八九三年七月一四日付けでメーリングにあてて長い謝礼の手紙を出し、この付録論文に言及している。エンゲルスは「マルクスのものにも私のものにも通常じゅうぶんに強調されていないこと」があると言う。それは、「イデオロギー的観念とこれらの観念によって媒介された行動」の「形式的な面、すなわち、これらの観念等々が成立してくる仕方様式の面」である。このことを「なおざりにしてきた」ことが「論敵に誤解ないし歪曲の絶好の機会を与えた」。イデオロギーを生み出す思想家たちは、その思考過程において、本来の原動力を知らないまま、かれ自身あるいは先行者たちの「純粋な思考」に素材を求める。そのため、思考が自立した歴史をもち、すべての行動を媒介する根拠となっているかのように考える。マルクスやエンゲルスがイデオロギーに自立的な歴史的発展を認めないと批判するのは、原因と結果とを固定的にとらえる非弁証法的な考えにもとづいており、経済とイデオロギーとのあいだの相互作用を見失っている、とエンゲルスは書き送っている（*MEW*, Bd.39, S.96–98）。

メーリングについて補足すると、のちに取りあげるブハーリンやルカーチ、コルシュとの対比では、メーリングが「自然科学的唯物論」にたびたび言及し、これを批判していることに注意を促しておきたい。「自然科学的唯物論」者として挙げられているのは、L・ビュヒナー、E・ヘッケルなどである。「自然科学的唯物論は、人間のなかに意識的に行動する自然の創造物をみるが、人間社会の内部で人間の意識がなにによって規定されるかを検討しない。そこで、自然科学的唯物論は歴史の領域にふみこむと、その正反対に、極端な観念論に転化する」（Ibid., S.310, 訳二四三ページ）。

メーリングはさらに、「史的唯物論は自然科学的唯物論を包含するが、自然科学的唯物論は史的唯物論を含まない」（Ibid.）とも述べている。「史的唯物論はつぎの自然科学的事実から出発する。すなわち、人間はたんなる動物ではなく、社会的な動物であること、人間は社会的な集団（群、氏族、階級）の共同体のなかでのみその意識を獲得し、意識をもった被造物として生きることができること、そこでこれらの集団の物質的基礎がその観念的意識を規定し、この基礎の前進的な発展が人間性の発生的な運動法則を表現するものであることがそれである」（Ibid., S.311, 訳二四四ページ）。

コルシュなどはのちに、メーリングのような旧世代のマルクス主義者が自然科学的唯物論に傾斜しており、そのことは晩年のエンゲルスに責任があると論じたが、上記のようなメーリングの叙述はコルシュのこうした評価が誤りであることを示している。

二　プレハーノフにおける意識とイデオロギーの理論

メーリングによる一八九三年の論文に続く史的唯物論の重要著作は、エンゲルスが亡くなる年（一八九五年）にロシアで著わされたプレハーノフ（Г.В. Плеханов, 一八五六〜一九一八）の『史的一元論』と、そののちに著された『マルクス主義の根本問題』（一九〇八年）である。前著の正確なタイトルは「一元論的歴史観の発展の問題について」というもので、唯物論的な一元論の立場にたってマルクス主義哲学の展開を包括的に扱っている。(3)

（1）プレハーノフの哲学的立場――「実践の哲学」

プレハーノフは、『史的一元論』のなかのある個所で、「弁証法的唯物論」という用語だけがマルクスの哲学を正しく特徴づけることができると書いている。(4) すなわち、それによってマルクスの哲学は、「形而上学的唯物論」（ドルバック、エルヴェシウス）、「弁証法的観念論」（ヘーゲル）、「形而上学的観念論」と区別できるのである（1895, стр.247, 下三五〜三六ページ）。

また、歴史における人間の理性について、「理性は歴史の産物であるから、歴史の創造者になることはできなかった」として、観念論との違いを指摘する。しかし、プレハーノフによれば、弁証法的唯物論は人間の理性の力、理性の権利を制限するものではない。

「理性は、これまでの歴史が遺産として残した現実に服従してはならないし、また自分の本性からして、それに服従することはできない。理性はかならず現実を自分の姿に似せて改造し、現実を合理的なものにしようとつとめる」。理性は「人間の頭脳のなかにある……現実の真の認識のすべて」であるから、「社会的人間の理性の発展を説明するのは社会的生産過程における人間の合法則的な活動すなわち行為である」(там же)。

このことから、プレハーノフは、「弁証法的唯物論の実践哲学のすべては行為に還元される。弁証法的唯物論は行為の哲学である」(стр.248, 下三五ページ)として、マルクスが書き残した「フォイエルバッハにかんするテーゼ」(一八四五年)の第八節を注に掲げている。

「社会生活は本質的に実践的である。理論を神秘主義へとまよわすすべての神秘は、その合理的な解決を人間の実践と、この実践の概念的把握とのうちに見いだす」(マルクス)[5]。

弁証法的唯物論は実践の哲学であるというプレハーノフの指摘は重要である。それは、唯物論一般にたいして、現代の唯物論である弁証法的唯物論の特性を示しているからである。

プレハーノフによれば、唯物論は「心理現象を物質のあれこれの特質によって、人間の肉体あるいは一般に動物の肉体のあれこれの組織によって説明しようとつとめる。物質を一次的な要因とみるすべての哲学者は唯物論の陣営に属している。精神をこのような要因とみなす者はみな観念論者である。これこそが唯物論一般……についていえるすべてである」(стр.65, 上一一二ページ)。

一八世紀の唯物論(ドルバック、エルヴェシウス)は、人間の精神的活動、したがってすべての思想や感情が環境(自然と社会)の産物であるとする。しかし、その一方で、人間の見解(あるいは意見)が環境を創造し世界を支配するとみなす。これは「根本的矛盾」であり、社会の発展を説明できない「形而上学的唯物論」である。フランスの啓蒙主義者（コンドルセたち）もまた、不変の「人間本性」と「知性や理性の発展」という矛盾した考えをもっていた。そして、一九世紀の空想的社会主義者たちは「人間の本性」にふさわしい社会制度を構想したが、やはり、不変の人間性からどのようにして社会の進歩を説明するのか、という問題にぶつかった。

これにたいして、自然と歴史における発展の問題、具体的な生きた現実の複雑で多様な連鎖を理解し説明する課題を引き受けたのは、一九世紀の弁証法的観念論、なかでもとくにヘーゲルである。ヘーゲルはいっさいの生命の原理である運動は弁証法的過程であり、生きた矛盾であるとみなした。プレハーノフは、弁証法的方法が「すべての科学的認識の魂である」というヘーゲルの方法を認め、具体的には対立物への転化、量的変化の質的変化への飛躍などをあげている。もっともかれは、テーゼ、アンチテーゼ、ジンテーゼのいわゆる三段階法をヘーゲルの根本命題とみなして攻撃する者にたいして、「そうではない」と反論している。弁証法的観念論は社会が法則性をもつ必然的な過程であると考えたが、論理的思考を絶対理念として具現し、あらゆる現象の答えを絶対理念に求めて観念論に逆戻りしてしまった。こうしてその次に現れたのが「現代唯物論の代表者」マルクスである。

「人間は外部の自然に働きかけ、それを変化させることによって、自分自身の本性（＝自然）を変化させる」という『資本論』（第一部第五章）の言葉にマルクスの歴史理論全体の本質が含まれているとして、プレハーノフは各所でこの言葉を引用している。そしてここに、プレハーノフが弁証法的唯物論は実践の哲学であるとする根拠が端的に示されているのである。

（2）意識とイデオロギー

マルクスの弁証法的唯物論すなわち実践の哲学にいたる哲学の歩みを簡潔に整理したプレハーノフは、人間の意識とイデオロギーをつぎのようにとらえる。

まず何よりも生産力の発展が基本におかれている。生産力のある発展段階は一定の生産関係をともなう。その生産関係に応じて、法や政治の制度が形成される。そこで、「社会の構造が与えられると、その構造の性格が一般に、人間のあらゆる心理、すべての習慣、風習、感情、見解、志向、理想に反映することを理解することは困難ではない。習慣、風習、見解、志向、理想はかならず人間の生活様式……に順応しなければならない。社会の心理はつねに社会の経済にたいして合目的的であり、つねにそれに適応し、つねにそれによって規定される。（中略）マルクスは、心理が社会の経済に順応することを認めることによって、心理の大きな、何ものにも代えがたい意義を認めたのである」（стр.198～199, 上二二七～二二八ページ）。

このように、プレハーノフは「心理」という用語に代表させて、社会的意識が経済過程に適応することを説明する。この場合、かれは、「社会の心理」と「社会の経済」という言い方で、両者を全社会の構造のなかに位置づけている。

では、「高級な序列のイデオロギーである科学、哲学、芸術等々についてのマルクスの見解はどのように理解すべきか」。まず、もっぱら学問上の仕事をする人びとを層として分化させるためには、社会がある程度経済的に発展していなければならない。「イデオロギーの発展の基礎は経済である」という一つの答えがこれである。そのうえで、プレハーノフは、経済学、公法学や政治理論の発展がいずれも生産関係を基礎としていることを指摘する。さらに、哲学、芸術はその時代の精神状態と風習の状態によって説明されるが、この精神と風習の状態が社会環境を作るといった二律背反に陥らないためには、社会環境の特質がそれぞれの時代の生産力の状態によって規定されることを認めなければならないと言う。ある時代の支配的なイデオロギーや思想、学説を理解するためにはその時代とその前の時代の精神状態を理解する必要がある。そこには「ヘゲモニー」の移り変わりも含まれることを、プレハーノフはさまざまな事例や主張を検討しながら明らかにしている。

こうして、プレハーノフは、本節のはじめに指摘したように、人間の理性とそれにもとづく「実践の哲学」を提示する。それによれば、「人間の理性は、盲目の必然性自体の内的法則を認識し、この必然性をそれ自身の力によって打ちやぶることによってはじめて、この必然性に勝つことができるから、知識の発展、人間の意識の発展は思考する個人の最大の、もっとも崇高な任務である」（стр.248, 下三七ページ）。

マルクスとエンゲルスは「理想の基準となるのは経済的現実である」と述べた。かれらは、「必然性を自由へ、盲目的な力を人間の理性の力に従わせるというひじょうに明確な理想」のもとに「実践的活動の方向を決めた」。その実践的活動とは「生産者たち自身の自覚を発達させることであった」（стр.260, 下五四ページ）。

プレハーノフは、この『史的一元論』の後、一八九七年に「歴史の唯物論的理解について」を書いている。これはイタリアのマルクス主義哲学者ラブリオーラ（Antonio Labriola, 一八四三～一九〇四）の著作について書いたものであるが、そのなかで「社会心理」という節を設け、次のように論じている。

人間の意識形態は、いったん社会的存在の地盤のうえに生じた以上、歴史の一部を構成する。社会心理の重要性は、法律や政治制度の歴史において不可欠であるだけでなく、文学、芸術等々の歴史においても、「社会心理を抜きにしては一歩も進むことができない」ことにある。社会心理の注意深い研究と理解なしに、もろもろのイデオロギーの歴史を唯物論的に説明することは不可能である。唯物論者にとっては、「一定の国および時代の、一定の社会階級における感情および知性の支配的傾向だけが論題になりうることで、このような感情や知性の傾向は社会諸関係の結果である」（Плеханов 1897, стр.250, 訳一一三～一一四ページ）。

このように、プレハーノフは意識あるいは心理を社会の一部とみなしている。そのうえで、同じ社会内の経済的土台および法的政治的上部構造との関係を論じる。一定の道徳、信仰、観念、思考法、美的感覚等々は、社会の生産力の一定の状態によって制約される社会関係の基礎のうえに成立している。ラブリオーラの意見にしたがって、イデオロギーにおいては当該の社会の伝統的観念や自然も間接的に影響するという意味において、イデオロギーにも歴史があるとプレハーノフは論じる。ただし、かれは、ラブリオーラが人種という言葉を用いてこうしたことを論じることには疑問を呈しているが、それは歴史的民族は種々の人種的要素がひじょうに長いあいだ強力に交錯し、混合した結果としてできたものだからである。さまざまな習慣や伝統と結びついた意識や表象、観念は、社会諸関係によって生み出された一定の「観念連合」のなかにある。この意味で、「イデオロギーの歴史は社会的諸力の一定の結合の成立、変化、破壊の影響のもとにおける観念連合の成立、変化、破壊によって説明される」(стр.266-267, 訳一四九〜一五〇ページ)。

以上のように、プレハーノフは、イデオロギーが人びとの頭のなかにおける社会諸関係とその歴史の多様な反映であることを明確にしたということができる。

プレハーノフは続いて一九〇八年に『マルクス主義の根本問題』を出版した。(6) かれは、このなかで、土台と上部構造の関係を簡単な五つの定式にあらわしている。そして、その四と五を心理とイデオロギーにあてて、つぎのように定式化した。

「四．一部は経済によって、一部は経済のうえに発達する社会的・政治的構造によって規定される社会的人間の心理(психика ＝精神)。

五．この心理の特質をみずからのうちに反映するさまざまなイデオロギー」(Плеханов 1908. стр.231, 鷲田訳一〇五ページ)

プレハーノフにおいては、全体として「心理」と「精神」という用語があまり区別されずに使われている。事実、この定式化のすぐ後で、唯物論は「マルクスが歴史のなかに『精神』の力としてのはたらきを見ており、その方向は、どのような特定の時代でも、結局は経済の発展の動きによって規定されるものであることを否定しない」(стр.232, 鷲田訳一〇六ページ)と書いている。しかし、ともかく、ここでのポイントは、「すべてのイデオロギーが所与の時代の心理のなかに、ある共通の根源をもつ」ことをプレハーノフが認めていることである。経済的構造と社会的政治的体制によって規定される人びとの心理と、哲学や政治学、芸術その他において表現されるイデオロギーとを区別しながら、プレハーノフは相互の関連性を認めている。このことが重要である。

三　ブハーリン「史的唯物論」における意識と行為の理論

プレハーノフの著作に続いてロシア（および旧ソ連）に史的唯物論に関する重要著作が現れた。一九二一年、文字通りの「史的唯物論の体系的な解説」書として刊行されたブハーリン（Н.И.Бухарин，一八八八～一九三八）『史的唯物論―マルクス主義社会学の一般的テキスト』（以下、ブハーリン・テキスト）がそれである。[7]

本節はブハーリン・テキストの体系あるいはその内容の全体ではなく、このテキストが社会的意識と行為およびイデオロギーについて明らかにした内容に絞って検討を加える。

(1)　ブハーリンの哲学――弁証法的唯物論

はじめに、ブハーリンが弁証法的唯物論（同上書第Ⅲ章の表題）についてどのように考えていたかを簡潔にまとめておこう。

ブハーリンは、テキストの最初に「意志の自由」の問題をとりあげる。そして「人間の意志は生存の外的条件に規定されている」ので、決定論の観点に立たねばならないと結論づける。そして、この「意志の自由」問題から「精神と物質の問題という哲学の基本問題」に接近する。その答えは「社会科学の分野の問題にたいする答えをも左右する」。ブハーリンの考えはつぎのようなものである。

まず第一に、人間は自然の一部である。第二に、地球のある時期に生物が生まれ、動物から人間が発生した。第三に、精神は人体という物質が特別に、きわめて複雑に組織された特性として現れる。第四に、物質は精神がなくとも存在するが、精神は物質がなければ存在しえない。したがって、「物質は精神から独立して客観的に存在している」。「唯物論は物質を本源的なもの、基本的なものとみなし、観念論は精神をそのようにみなす」のである（以上、Бухарин 1923 стр.52-55, 訳五七～六〇ページ）。

唯物論と観念論の問題は、社会科学では、社会的意識から社会を研究する観念論の観点をとるか、それとも物質的生産の発展から社会的意識（精神的生活あるいは文化）を研究する唯物論の観点をとるかという問題になる。ブハーリンは当然、後者の観点をとる。さらにまた、自然と社会を「動態的」にみるか、それとも「静態的」にみるかという問題がある。あらゆるものが永遠に変化し、流転し、たえず新しい形態を生み出す運動としてとらえる「動態的」観点、これが弁証法である。このように世界がたえざる運動のなかにあるとすれば、すべての現象が相互に関連しあっているとみなければならない。このことは当然ながら、社会を運動と変化、生成と消滅の過程とみる、社会科学における「歴史主義」に導く。

この「歴史主義」から、第一に、それぞれの社会をその特殊性において研究することがでてくる。第二に、「それぞれの社会形態は、その内部的変化の過程において研究されなければならない」（стр.71, 訳七七ページ）。第三に、それぞれの社会形態は生成と消滅において、したがって他の社会形態との関連において考察されなければならない。

さらに、事物の変化や運動はそのものの「内部矛盾」「内部闘争」によって引き起こされる。ブハーリンの理論的特徴はこの矛盾や闘争を「均衡」という用語を使って説明することにある。すなわち、「闘争は均衡の破壊であり」、また再び新しい基礎の上で均衡が確立し、そして再び破壊される。事物は相互に連関する諸要素からなる体系（システム）であるから、この体系の外部環境と体系とのあいだの矛盾と、体系それ自体の内部の矛盾の二つが存在する。ブハーリンによれば、これが弁証法的な運動である。そして、弁証法的方法の最後は事物の「飛躍的変化」であるが、ブハーリンではこれは「量から質への転化」として説明されるにとどまっている（以上、

стр.74-83, 訳八一～八九ページ)。

(2) 因果的法則による社会的決定論

最初に紹介したように、ブハーリンは同上書の第I章で社会における法則性の問題をとりあげ、因果論と目的論を比較検討する。そして、社会現象の因果的連関法則を明らかにすることが科学の役割であるなら、目的論ではなく決定論が正しいと言う。すなわち、「個人の意志、感情や行為には原因がある、それらはつねに制約され、規定されている」。たしかに、あらゆる社会現象は人間の意志と無関係に実現するのではなく、人間の意志を通して実現される。しかし、それらの「社会的結果は個々人の行動を規定する」(стр.34, 訳三六ページ)。「諸現象の説明に必要なのは、目的論ではなく、諸現象の原因の考察、すなわち因果的合法則性の発見である。したがって、この問題のなかには社会科学と自然科学とのどのような違いもない」(стр.325, 訳二四ページ)。

このように、ブハーリンは因果律による決定論が科学一般に妥当する方法だと考えている。「非組織的社会」である商品生産あるいは資本制社会においては、「一.社会現象は個人的な意志、感情、行為、等々の交錯から生ずる。二.社会現象はどのような時点をとっても個人的意志を規定する。三.社会現象は個人的意志を表わさず、通常その意志に反し、それを強制的に支配する」。他方、「組織された社会」である共産主義社会においてはどうか。第一に、「社会現象が個人的意志、感情、行為、等々の交錯から生ずる」のは非組織的社会と同じだが、「過程は自然発生的ではなく、決定的な分野においては組織的に行われる」。第二の「社会現象がどのような時点をとっても個人的意志を規定する」ことも同じである。第三の「社会現象は個人的意志を表わさない」という点では「非組織的社会」と異なり、「組織された社会」における「社会現象は人間(引用注—個人ではない)の意志を表わし、通常その意志に反しない。人間は自分たちの決定を支配し、社会の自然的不可抗力に合理的な組織がとってかわる」(стр.338-40, 訳四〇～四二ページ)と言われる。

これをブハーリンは「社会的決定論」と名づける。そして、人間の意志を決定のなかに位置づけることにより、歴史的発展の要因としての人間の意志を否定する宿命論と、この宿命論にとらわれている社会民主主義者の見方を批判する。

しかし、ブハーリンが決定論というとき、原因のない現象としての偶然は存在せず、偶然と見えるのはわれわれがその原因を知らないからだと言う。ブハーリンは、「社会の歴史的発展には偶然的現象などはまったく存在しない」、あるいは「社会科学から偶然性の概念を追放しなければならない」(стр.44, 訳四六〜四七ページ)などと書いている。すなわち、ブハーリンは偶然と必然の関係を因果性の相関だけから判断し、因果連関に還元しているのである。このあたりから推察すると、ブハーリンはヘーゲル論理学から学んでいない。ヘーゲル論理学では偶然性と必然性は可能性と現実性との関連でとりあげられるカテゴリーであるが、ブハーリンの史的唯物論には可能性と現実性というカテゴリーはない(8)。

このようにみてくると、先にブハーリンが事物の内的矛盾を均衡とその破壊、そして新たな均衡の回復として論じていることの理論的限界が明らかになる。ブハーリンの矛盾論は「現存するものの肯定的理解のうちにその否定、必然的没落の理解を含む」(マルクス)というものではない。すなわち、現存するものの内部矛盾に新たなものが生まれる可能性を示す要素が含まれないのである。現存するものを否定し、新たな可能性が現実性に転化することを制限する要因がそのものの中にあるから物事には限界があり、矛盾がある。このような「生きた矛盾」の論理がブハーリンの矛盾論にはない。

さらに、事物の内部矛盾を明らかにすることは、その解決形態である新たな事物への転化を理論的に予見することができる。その意味では、目的論にも合理的な側面がある。ブハーリンのように機械的な決定論の立場に立ち、目的論をまったく排除してしまうことは正しくない。

このようなブハーリンの機械論はシステムとしての社会の見方につながっている。

（3）社会システム論と労働の技術的過程への還元

ブハーリンによれば、社会とは相互に連関しあいながら社会を構成する諸要素あるいは諸部分のあいだの相互作用からなる「現実的総体」である。この「システムとしての社会」（ブハーリン）と環境との間には不断の連関と相互作用が存在する。この連関のなかでもっとも基礎的なものは労働の連関であって、労働の連関は自然と社会とのもっとも密接な関係を表わしている。ブハーリンは、ここにいたって、「われわれは完全な唯物論的な社会観に到達する」（第Ⅳ章「社会」、стр.95, 訳一〇六ページ）と説明する。

このように、ブハーリンは社会を「現実的総体」あるいは「システム」と表現し、「相互作用」というカテゴリーを多用しているので、すべての社会的関連を先にみたような因果法則に還元しているわけではない。ブハーリンの史的唯物論にたいして、かつてのソ連では均衡論だという批判がなされた（デボーリンほか一九三〇）。ブハーリンの議論の特色は社会システム論にたった力学的動態論として均衡と不均衡を論じるところにある。均衡という力学的用語を用いたシステム論は、環境への適応とその不断の破壊という見方を含め、欧米の社会システム論に近いとさえいえる。しかし、力学的均衡論で矛盾を説明したことや、先の偶然性カテゴリーの否定が批判をも招くことになったのは当然である。そうした批判が政治的な意図をもってなされたものだとしても、その理論的弱点は否定できない。さらに、ブハーリンには、ヘーゲル、マルクスにある普遍―特殊の弁証法によって有機的総体を概念的に把握する論理はまったくみられない。この点は後に検討するルカーチも含め、ブハーリン批判のポイントである。

さらに、ブハーリンの言う労働の連関とは、労働過程における「心理的、精神的連関」あるいは「心的相互作用」ではなく、「物理的物質的関係」である。しかし、これでは、労働過程における精神的要素あるいは側面（ブハーリンの言う「考え、意見を交換し、互いに語る」こと）を事実上排除していることになる。ブハーリンのように労働過程を人の結合や機械の配置などの物理的関係だけに還元することが唯物論ではない。経済過程において

（もちろん労働過程において）精神的要素は本質的に不可欠な要素であり、人間の労働は合目的性をもった意識的活動である。たとえば、石炭の有用な性質やそれを利用するための知識は労働過程に固有の要素である。その精神的要素を取り除いてしまえば、それは人間の労働ではなくなるだろう。ブハーリンは人間の意志の役割を認めながら、他方では、唯物論は精神や人間の意志などを捨象し、物理的あるいは技術的過程に還元するものだという一面的な理解がみられる。

（4）精神的生活と上部構造

では、「心理的あるいは精神的生活の領域」について、ブハーリンはどのように説明しているだろうか。「言語、政治体制、科学、芸術、宗教、哲学、さらに流行、慣習、礼儀作法のきまり等々、といった多くのこまごました事柄――これらのものはすべて社会生活の産物であり、人間の相互作用、人間相互の不断の交渉の結果である。／社会の精神生活もまた個々人の観念や感情のたんなる総和ではなく、かれらの共同生活の一所産である。（中略）それはまさに人間の相互作用から生まれる新しいものである」（crp.102, 訳一一二〜一一三ページ）。

このように、ブハーリンは精神的生活過程の重要な役割を認めながら、そして、それを個々人の意識や感情に還元せず、また単純なその総和（総計）ではないとしながら、経済過程から精神的要素を排除し、精神的生活を人間どうしの相互作用から説明する。ここには、精神的生活における人間相互の社会関係が社会総体のなかでもつ位置についての考察が欠けている。

つぎに、ブハーリンが上部構造とイデオロギーについて言及するのは、テキスト第Ⅵ章「社会の諸要素間の均衡」である。社会の諸要素間の均衡というとき、ブハーリンがまずあげているのは、「物、人間、そして観念の構成が相互に対応していること」である。社会は観念をも生産する。社会において生産され、組み立てられた観念は「全体的観念体系」（стр.148, 訳一六五ページ）をなすとブハーリンは（正しくも）述べている。
「社会の社会的・政治的構造（略）、風俗、法律および道徳（社会規範、すなわち人間行為の準則）、科学と哲学、宗教、芸術、そして最後には人間間の交通手段としての言語。これらすべての現象は、社会の社会的・政治的構造以外は、通常『精神的文化』といわれている。（中略）精神的文化は物質的文化とまったく同様に社会生活の所産であり、社会の一般的生活過程に含まれている」（стр.166, 訳一八三～一八四ページ）。

このなかの社会規範（ノルム）すなわち行為の準則には、慣習、道徳、法律、その他の多種多様な規範（礼儀作法、儀式、団体等の規約など）がある。これらは社会の経済的諸関係に対応し、これを基礎として成長し、変化し、消滅する。私的所有にもとづく生産関係が法律用語では所有関係として表現されるのと同様に、「道徳意識はその物質的存在を反映し、かつ表現する」とブハーリンは言う。

また、ブハーリンは、科学と哲学、宗教がたんに「観念体系」につきるものではなく、それ自身の技術、物的機構、人的機構をもつことを認める。肝要なのは、これらが人間の対自然、および社会内の実践の必要から生まれるということである。これらは結局、社会の経済的および技術的条件あるいは物質的生存条件に規定される。宗教と哲学は世界のもっとも一般的で抽象的な結合原理について何らかの解釈を与えるものである[9]。なかでも、哲学は、「多数の専門に分かれている諸科学を統合し」、「世界に対する全体的な見方（いわゆる世界観）の基礎たろうとする」（стр.205, 訳二二六ページ）。しかし、哲学は技術や経済に直接、無媒介に依存しているのではなく、両者のあいだには多くの中間的な環が存在することにブハーリンは注意を促している。

つぎに、ブハーリンは、「もっとも一般的な二つのイデオロギー的上部構造」を「言語と思考」に求める。言語と思考がその発生、発達において社会と関連していることは明らかである。とくに、生産的活動の進展とともに言語と認識活動は変化し発展する。

そのうえでブハーリンは、社会心理について考える。科学的思考とは正反対の「社会心理とイデオロギーとの差異は、系統化の程度にある」(стр.241, 訳二六六ページ)。社会には支配的な、しかし発展の諸条件によって変化するところの心理がある。それは支配階級の心理に帰着する。「社会心理はイデオロギーにとって一種の貯水池」である。あるいは、「イデオロギーは社会心理を体系化する。それは社会心理の凝結物である」(стр.248-9, 訳二七三〜二七四ページ)。「社会心理とは、所与の社会、階級、集団、職業、等々のなかにあるところの、体系だっていない、あるいはわずかしか体系だっていない感情、思考および気分を意味する」(стр.239, 訳二六四ページ)。

以上をうけて、ブハーリンは社会の上部構造について、つぎのような要約を提示する。「上部構造とは、経済的基盤の上に存在するところの社会現象のあらゆる形態を意味する。たとえば、社会心理、あらゆる物質的部分(たとえば大砲)と人間組織(官吏の位階制度)を伴った社会・政治機構、および言語あるいは思考のような諸現象がこれに属する。したがって上部構造とはもっとも一般的な概念である、社会的イデオロギーとは、思想、感情あるいは行為の準則(規範)の体系を意味する。したがって、科学の内容(中略)、芸術、規範、風俗および道徳の相対などがここに属する」(стр.239, 訳二六四ページ)。

このように、ブハーリンはイデオロギーを上部構造のなかに含める。ブハーリンはたしかに、精神生活を物質的あるいは経済生活とは別の、社会的生活過程の一つとみなし、その所産を詳しく検討した。イデオロギーを精神的生産物ととらえ、イデオロギーを生産する労働を物質的生産労働とは区別された、労働の特殊な種類ととらえている。たとえば、「上部構造的性格の労働」とその基礎をなす物質的労働のあいだの均衡配分などということを述べている。イデオロギーが独自な重要性をもつことや、それ自身の「表象様式」を有することも積極的に論じている。

しかし、生産(経営)管理から芸術、科学、教育、社会心理にいたる、およそ直接的生産以外のあらゆる社会領域の機能をイデオロギー、さらに上部構造に含め、物質的生産の領域と対比するのは、一方で直接的生産過程を狭くとらえ、他方で上部構造をあまりにも広くとらえている。この区分もきわめておおざっぱな区分と言わねばならない。マルクス「序言」（一八五九年）をていねいに読めば、存在と意識、土台と上部構造および社会的意識形態、物質的生産の過程とその他の社会的、政治的および精神的生活過程とが明確に区分して書かれている。こうした区分がブハーリンにあっては単純に土台と上部構造の二分法に還元されてしまっているのである。(10)

（５）意識論の問題点

ブハーリンの場合、このような二分法への還元がどうして生じたのだろうか。

第一に、ブハーリン・テキストには意識一般についての理解や説明がない。ブハーリンは「言語と思考」を「もっとも一般的な二つのイデオロギー」とするが、言語と思考はまずイデオロギーとは区別し、人間の存在にとっての意識の意味や意義をとらえるべきである。そのうえで、かれが重視した社会心理、そして体系化された規範体系や法的、政治的イデオロギーなどを社会意識の独自な層として重層的に論じるべきであった。

第二に、先にみたように、ブハーリンは経済過程から意識を追放してしまった。生産や経営の管理をも上部構造に含めてしまったことはそのことをよく示している。哲学、宗教、科学、社会心理、法的意識や政治的意識などは、マルクスの言う精神的生活過程において形成される社会的意識の諸形態である。意識は、実践的精神としては、経済過程である物質的生活過程における経済行為としてあるだけでなく、社会的、政治的生活過程においてもさまざまな意識的行為として存在する。そうした重層的な社会生活の諸過程と、法的・政治的上部構造それ自体とは区別されねばならない。このことは各種の社会制度についても言えることである。

（６）物神崇拝と「技術的法則」

ブハーリン・テキストによれば、資本制生産様式に対応する支配的なイデオロギー的「表象様式」は商品の物神崇拝（フェティシズム）である。資本制世界では労働と労働との連関は商品の価値として現れ、人と人との関係はモノとモノとの関係として現れる。「モノに不可解な特性を付与する商品の物神崇拝が資本制的『表象様式』の特殊な性質」であり、資本制商品社会のイデオロギーである（crp.278, 訳三〇四～三〇五ページ）。物神崇拝は道徳規範あるいは倫理の世界に非常に鮮やかに現れ、哲学の世界における「定言的命令」（カント）としても表現される。

ブハーリンによれば、プロレタリアートはこの物神崇拝にとらわれてはならない。プロレタリアートにとっての行為規範は「技術的法則」である。それは「椅子を作る家具師にとって」の材料の加工作業のようなものである。そして、共産主義における倫理は「技術的法則」に置き換わるので、「倫理は消滅する」。これがブハーリンの説明であった。ここには、労働者階級にとっての新しい、独自のイデオロギーのあり方においても、いわば技術還元主義を貫くブハーリン特有の考え方がうかがわれる。

ブハーリンは、生産力と生産関係の矛盾を「物質的基礎」とする「革命の過程」を四つの段階ないし局面に整理した。第一段階は「被抑圧階級の心理とイデオロギー」における「思想革命」である。「革命の前提は、新しい階級の意識の革命化、旧社会の墓堀人としての階級のイデオロギー革命である」（crp.300, 訳三三五ページ）。しかし、その「心理とイデオロギーの革命」の内容は、労働者階級がたんに「既存の秩序では生きていけない」と意識するようになることであり、「国内平和の心理とイデオロギー」が解体され、「内乱の心理とイデオロギー」に転換することであるというにすぎない[11]。

実際、『史的唯物論』の最後の章では「階級と階級闘争」を論じ、階級心理と階級イデオロギーが物質的生存条件によって規定されているとしながら、労働者が階級的自覚に至る過程についてはマルクスの『哲学の貧困』（一八四四年）からの長い引用（即自的階級から対自的階級へ）ですませている。マルクスが『資本論』で明らかにした「労働者の自覚」の諸契機となる「自由な人格性」の擁護、「労働日の制限のための階級的結集」、「労働需給法則への意識的介入」、「結合労働からアソシエート（協同）した労働への展開」などについてはまったく言及されていない。[12]

注

（1）本稿は、いわゆるマルクス主義のなかでも社会民主主義を代表する理論家たち（E・ベルンシュタイン、K・カウツキー、R・ヒルファーディング、いわゆるオーストリア・マルクス主義者）における意識とイデオロギーの議論をとりあげていない。それは著者の力が及ばなかったことによるので、これらの理論家たちの考えが無意味だと断定しているからではない。ただ、これらの理論家たちは一九世紀後半から起こった新カント派哲学と方法論に強く影響されていたことだけは指摘しておかねばならない。新カント主義とマルクス主義との関係については、さしあたりリヒトハイム（一九六一）が参考になる。リヒトハイムによれば、「修正主義論争は、もっとも普遍的な哲学上の問題に論究するのでなければ、理解できない」（Lichtheim 1961, p.299, 邦訳二五一ページ）。それにたいし、本稿でとりあげる論者たちの議論の背景にあるのはヘーゲル哲学である。ヘーゲル＝マルクス関係をふまえなければ本稿のテーマの真の意味を理解することは困難である。

（2）Korsch, K.（一九六七）S.194, 訳二九四ページ。

（3）プレハーノフは「ロシア・マルクス主義の父」ともいわれ、革命家、思想家としてはナロードニキとして活動することから出発してマルクス主義の立場に移行し、ナロードニキの主な見解と闘った。一九〇三年以降はメンシェビキ（ロシア社会民主労働党少数派）に属した。『史的一元論』はナロードニキによるマルクス主義批判に答えたもので、「ロシアのあらゆる世代のマルクス主義者を育てた」（レーニン）著作といわれる。エンゲルスは最晩年にこの本を手に入れ、プレハーノフに「ロシア国内でこれが出版できたのは大成功だ」とお礼の手紙を送った（一八九五年二月八日付、*MEW*. Bd.39, S.405）。プレハーノフは文学、芸術、宗教の分野でも多くの業績を残し、リャザノフ編集による著作集全二四巻が一九二三～二七年にロシアで刊行されている。日本では一九二一（大正一〇）年に『マルクス主義の根本問題』の翻訳（恒藤恭訳）が出版されて以降、一九三二年まで多くの著作が邦訳されている。『史的一元論』について、本稿では基本的に一九六三年の川内唯彦訳を用いたが、一九二三年のロシア語著作集第七巻の復刻版を参照し、部分的に川内訳を変更している。プレハーノフの伝記としてはS・バロン（一九六三）の翻訳があり、日本におけるプレハーノフ研究としては田中真晴（一九六七）が代表的なものである。

岩波文庫版『歴史における個人の役割』（一九五九年）の訳者である木原正雄は、プレハーノフについてつぎのように評価している。「彼の著作は、国際的マルクス主義文献のなかでひじょうにすぐれたものであるにもかかわらず、一九〇〇年以降の彼のメンシェビキ的役割が強調されるあまり、正しく評価されなかった面も多い」（同、まえがきより）。「彼の初期の著作、とくに哲学（『史的一元論』その他）や社会発展にかんする著作は、国際的なマルクス主義文献のうちでも、もっともすぐれたものであり、現在においてもその価値を失っていない」（同、解説より）。

（4）バロン（一九六三）は、プレハーノフが弁証法的唯物論という表現を用いた最初の人であるという R.N. Carew-Hunt の説を紹介している。その表現は一八九一年のヘーゲルに関する論文で初めて用いられた。Плеханов, Там Же, Ⅶ, стр.52.

（5）プレハーノフが引用している「フォイエルバッハにかんするテーゼ」は、一八八八年にエンゲルスがマルクスの原文に手を加えて『ノイエ・ツァイト』誌掲載論文「ルートヴィヒ・フォイエルバッハとドイツ古典哲学の終結」の改訂別刷本の付録として公表したものと思われる。川内訳は一九三二年に明らかにされたマルクスの原文にもとづいて訳されているようで、プレハーノフの引用文にはない冒頭の「すべて」が付け加わっている。ここでは服部文男訳（一九九六）にしたがった。

（6）リャザノフ編ロシア語版プレハーノフ著作集第一八巻（一九二五年）所収。これには二種のドイツ語訳があり、一九二九年のリャザノフ編、カール・シュミックレ訳、マルクス主義叢書第二一巻には「自然と歴史における飛躍」（一八八九年）と「弁証法と論理学」（一九〇五年）が付録として加えられている。鷲田訳（一九七四年）はこの一九二九年ドイツ語訳からの邦訳であるが、二つの付録のうち前者が割愛されている代わりに、リャザノフの「まえがき」が訳出されている。なお、戦前に出された邦訳はいずれもドイツ語版からのものである。本稿ではドイツ語版の鷲田訳を手掛かりにしてロシア語版により原文を確かめたので多少異なる訳になっている。引用においてはロシア語版原書ページと鷲田訳ページを併記することにする。

（7）ブハーリンはロシア革命の指導者の一人であり、コミンテルン（第三インターナショナル）の幹部として国際的にも著名な革命家であった。レーニン（一八七〇～一九二四）もかれを「党の最大の理論家」あるいは「寵児」と評価した。そして、レーニンの死後、ネップ（新経済政策）期にあってはスターリン（一八七九～一九五三）を凌ぐ理論的権威をもつ人物であったが、一九二八～二九年のいわゆる「上からの革命」において政治的に敗北し、一九三八年に反革命の罪で銃殺された。ブハーリンの政治的・知的伝記としてはコーエン（一九七三）がある。

『史的唯物論』の章別構成を記しておく。序章 社会科学の実践的意義、第一章 社会科学における原因と目的（因果論と目的論）、第二章 決定論と非決定論（必然性と自由意志）、第三章 弁証法的唯物論、第四章 社会、第五章 社会と自然のあいだの均衡、第六章 社会の諸要素間の均衡、第七章 社会的均衡の破壊と再生、第八章 階級と階級闘争。同書は日本でも第二次大戦前にいくつかの翻訳が出版された（たとえば廣島定吉訳一九二九年など）が、本論文の引用にあたっては、ロシア語版（一九二三年の第二版）の原書ページ数と、佐野・石川訳（一九七四年）のページ数を記す。

（8）角田（二〇〇五）第四章を参照されたい。

（9）宗教の核心に触れたところで、ブハーリンは、「『精神』は、ここでもまた、社会的『物質』の一機能であることがわかる」（стр.203、訳二二三ページ）という興味深い一文を書き留めている。

（10）『史的唯物論』刊行後に書かれたある論文において、ブハーリンは、同書で展開した「新説」の動機を説明している。上部構造とイデオロギーについて、その論文ではつぎのように説明されている。「私は、本書において、まず、イデオロギーと上層建築（上部構造―改訳版、以下同じ）の概念を区別し、上層建築の方をさらに広範な、そしてさらに一般的な概念とみることを提議した。イデオロギーは、思想、感情、形象、規範等の諸体系である。しかるに上層建築は、多くの他のことをも包含している。すなわち、上層建築において、われわれは、次の三つの主要な領域を区別しなければならない。一．一定の上層建築の技術、「労働手段」（略）、二．人と人との関係（略）、三．理念、形象、規範、感情等の体系（イデオロギー）。私はさらに、この分析をもっと先へ進めようと試みた。すなわち、もっと大きな分割と分化（音楽その他の例について）の指標を観察しようと試みたのである。そうすれば、以前にあった幾多の困難はなくなって、史的唯物論的方法はもっと正確に、もっと尖鋭になる」（蔵原惟人訳五五七～五五八ページ、改訳版五八二～五八三ページによる、原文にあたることはできなかったが、一部現代文におきかえた）。

（11）ちなみに、ブハーリンがあげている革命の第二段階は政治革命（権力奪取）、第三段階は経済革命、第四段階は技術革命であり、ここにいたって「新しい社会形態は自らに照応した心理とイデオロギーを作り出す」とされている。

（12）本書第四章第四節を参照。

第六章　経済過程と意識およびイデオロギー
――ポスト・マルクス（その二）――

第六章は、ポスト・マルクスにおける意識とイデオロギー論の足跡をG・ルカーチ、K・コルシュ、A・グラムシの順にたどる。

一　ルカーチ「物化」論における意識とイデオロギー

ハンガリーのマルクス主義哲学者・美学者ルカーチ（Gyorgy（Georg）Lukacs，一八八五～一九七一）は、商品物神性論を独特に理解した「物化論」にもとづく意識とイデオロギーの理論を展開した。ルカーチは第五章（「その二」）の三で紹介したブハーリン・テキストの書評（一九二五年）を書き、ブハーリンが商品の物神崇拝にたいしてプロレタリアートの行為規範は「技術的法則」に従うことであるとしたことを技術還元主義だと批判した。本節はまずこの批判をとりあげる。そのあとでルカーチ『歴史と階級意識』（一九二三年）における意識とイデオロギーの理論について検討する。

(1)　ブハーリン批判

ルカーチは、一九二五年に、ブハーリン『史的唯物論』のドイツ語版（一九二二年）にたいする、短いがまとまった書評を発表した。

ルカーチはまず、このテキストの試みを「共感を込めて歓迎」する。そして、このテキストが「マルクス主義のあらゆる重要問題を大体において統一的・体系的な関連にまとめることに成功し」、教科書として適していることを認める（Lukach 1925による、以下同様）。しかしながら、このテキストは「もろもろの問題そのものをあまりにも単純化する傾向におちいっている」。その例は、経済におけるヒエラルキーおよび支配関係と国家における支配関係の単純化した見方である。

しかし、それ以上に「はるかに重要なこと」として、ルカーチは、ブハーリンが「けっして本質的でなくはない、いくつかの点で史的唯物論の正しい伝統から逸脱している」と言う。ブハーリン・テキストには「ヘーゲル弁証法とマルクスのそれとの相違についての本質的な検討はどこにも出てこない」。また、「フォイエルバッハのヒューマニズムと唯物論的弁証法との関係の問題がまったく説明されていない」。そのため、このテキストの導入部をなす哲学的な諸章において、ブハーリンはむしろ「ブルジョア的な唯物論」に近づいている。「ブルジョア的唯物論」というのはマルクスが「フォイエルバッハにかんするテーゼ（第九）」（一八四五年、エンゲルスが一八八八年に原文に手を加え印刷公表）で「直観的唯物論」と書いたものであるが、『資本論』では「自然科学的唯物論」（*MEW*, Bd.23, S.393）ともよばれているものである。

ルカーチによれば、「ブハーリンの史的唯物論のとらえ方のもっとも本質的な誤り」は、「誤った『客観性』をおびた「物神崇拝的なもの」」になっていることにある。これは「社会発展のなかで果たす技術の役割を論じた」ところにもっともするどく現れている。ブハーリンは社会関係とその発展を技術とその発展の基盤に求める。しかし、技術は「社会的生産力の一部」であり、「社会的・経済的総過程のたんなる一契機をなすものでしかない」。したがって、「技術だけを取り出し、経済構造にたいして自立的な存在を与える」ことはできない。「技術にたいして経済が優位にあること」を否定するようなブハーリンの扱い方は「方法的に重要（な問題）性をもつ」。

また、ブハーリンには「自然科学にかまける傾向」がある。たとえば、数的な事実と社会の発展傾向との質的差異を認識できない「誤った自然主義」がある。そのため、自然科学の方法を「無批判に、非歴史的、非弁証法的に社会の認識に適用する」といったことがあげられる。

ブハーリン・テキストの方法にたいするルカーチの批判は、だいたい以上の内容で尽きている。ブハーリン・テキストには、ヘーゲル哲学とマルクスの関係、フォイエルバッハの唯物論にたいするマルクスの批判がとりあげられていないというのはそのとおりである。しかし、ブハーリンの唯物論は自然科学的唯物論であり、必然的に人間主体から自立した客観的な事物や法則を拝跪する客観主義におちいっており、そのため、労働をめぐる社会関係を技術的過程に還元しているというルカーチの批判についていては、ルカーチがこの批判を独特な物化論に結びつけ、意識とイデオロギーを論じているので、独自に検討する必要がある。その素材はブハーリン批評と同じ時期に出されたルカーチの論文集『歴史と階級意識』（一九二三年）にある。

（2）ルカーチの哲学的立場＝方法——「具体的で歴史的な弁証法」

ルカーチの哲学的立場＝方法は、かれ自身の言葉で「具体的で歴史的な弁証法」という。この方法を基礎づけたのはヘーゲルであるから、ルカーチによれば、「ヘーゲルとマルクスの関係に深く立ち入ることなしに」この問題を扱うことは不可能である（「まえがき」Lukacs 1923, S.165, 訳一一ページ）。

「正統的マルクス主義とは何か」を問う場合、それはもっぱら方法にかかわっているとルカーチは言う。弁証法的方法からは「理論の実践的本質」が展開されなければならない。端的に言って、「理論の実践的本質」とは、「ある階級にとって、その自己認識が同時に社会全体の正しい認識を意味するような場合、したがってまた、このような認識にとって、この階級が認識の主体であると同時に客体でもあることになり、このようにして理論が直接かつ適切に社会の変革過程のなかに組み込まれるような場合、こうした場合にはじめて、理論と実践との統一ということが可能となり、理論が革命的な機能をはたすための前提が可能となる」（S.172-173, 訳二四ページ）

と言うのである。

弁証法的方法はいわば革命的理論の本質である。ところが、弁証法的方法についてエンゲルスが『反デューリング論』（一八七八年）のなかで与えた説明は、「もっとも本質的な相互作用である歴史過程における主体と客体との弁証法的関係」に何ら言及しない、あるいはこれを方法論の中心に置いていない点で、不十分である。また、この意味で、弁証法的方法を「歴史的・社会的な現実に限定することがきわめて重要」であるが、エンゲルスは弁証法的方法を自然の認識にも拡大した。このことがさまざまな誤解を生んだと、エンゲルスを批判する。

ルカーチの言う具体的で歴史的な弁証法とは何か。それは社会の「総体性（Totalität）」を把握する方法のことである。なぜなら、具体的で歴史的なものは個々のバラバラな事実の寄せ集めではなく、「多くの諸規定からなる、多様なものの統一」（マルクス「経済学批判への序説」）だからである。ところが、ベルンシュタイン（Bern-stein, Edward, 一八五〇～一九三二）らドイツ社会民主党の修正主義者の方法論は、与えられた直接的な事実の単純な諸規定にとどまり、「分析を展開せず、具体的な総体への総合を行わない」、あるいはまた、「直接的な諸規定を抽象的に孤立させ、具体的な総体にかかわりをもたない抽象的な合法則性によってそれらを説明する」。ルカーチに言わせれば、これは「通俗的唯物論」の方法に立った「通俗的マルクス主義」（S.180, 訳三六ページ）にほかならない。

社会を具体的で歴史的な「有機的全体」としてとらえる「総体性の現実認識」の立場にたってこそ、労働者階級を主体としてそのなかに含み、労働者階級という主体と客体的世界とのあいだの相互作用をとらえることができる。これがルカーチの強調する主体―客体の弁証法である。

「総体的な現実認識は、プロレタリアートの階級的立場から確実に与えられる。（中略）プロレタリアートは、社会的な現実の総体を認識する認識主体である。しかし、それはけっしてカント的方法の意味における認識主体ではない。プロレタリアートは傍観者ではない。それは、現実の過程全体の行動し、受難する部分であるだけでなく、一方でその認識を高め発展させ、他方で歴史の進展のなかで自分を高め発展させる。このことはまさに同じ現実の過程の二つの面にほかならない」（S.194-195, 訳五八～五九ページ）。

したがって、総体性の認識方法はそれ自体、プロレタリアートの成立と歴史の産物である。労働者階級は「何らかの実現すべき理念をもつのではなく、新しい社会の要素を解放するだけである」。このような社会的立場にもとづく歴史的使命をもった労働者階級が、資本制社会のなかで主体性を喪失し、自分自身を客体と化すこと、したがって、主体と客体とが分離し、理論と実践とが分離し、部分と全体とが分離するという事態におかれること、さらにこうした思考方法そのものに陥ること、これらすべてのことをルカーチは資本制固有の「物化」という事態に求めるのである。

（3）「物化された意識構造」にこめられたさまざまな意味

ルカーチによれば、階級意識とは「生産のなかの一定の類型的状態に基礎づけられ、それに合理的に適合する反応」（S.224, 訳一〇八ページ）である。

ブルジョアジーの階級意識においては、資本家個々人の私的な利害にもとづく意識にたいして、これと対立する社会的なものが「超個人的な自然法則」として現れ、これを制御できないという鋭い対立が意識される。この意識は、「真の制限は資本そのものである」（マルクス）という事態が「ブルジョアジーの階級意識の限界」となって現れたものである。資本の限界が意識されないことは最高の無意識であり、「止揚しえない対立」である。この過程で、ブルジョアジーにも「意識的に組織化する思想」（すなわち「計画経済」思想）が生まれてくる。ルカーチによれば、これはブルジョアジーのイデオロギー的危機を示すものにほかならない。

これにたいして、プロレタリアート（労働者階級）は「社会の思考の主体」（S.212, 訳八九ページ）である。その決定的な武器は「社会の本質を正しく洞察すること」である。しかし、プロレタリアートの意識の内部には、目の前の直接的な利害の追求と、階級としての自分自身を止揚するという究極の目的とのあいだの分裂が生じる。この分裂は「意識的行為」によって克服され、「正しい指向」となる客観的可能性がある。日和見主義の未熟な経験主義と、抽象的なユートピア主義とを克服し、資本制が生み出す「非人間的なもの、物化されたもの」と闘うことによって、労働者の階級意識は形成されるというのである。

「資本主義の危機から脱出する道を示すことができるのは、ただプロレタリアートの意識だけである」(S.251, 訳一五〇ページ)。

このプロレタリアートの階級意識の形成における「物化された意識」について書かれた有名な長い論文が「物化とプロレタリアートの意識」である。これは論文集『歴史と階級意識』のために新たに書きおろしたうえで発表された(ールカーチのまえがきによる)(1)。

この論文のなかで、ルカーチは、「『資本論』(『経済学批判』)が商品の分析からはじめていることをもって、「ブルジョア社会でのあらゆる対象性の形態と、それに対応する主体性との原型」は「商品関係の構造」にある、という独特な理解を示している。すなわち、商品構造の本質は、「人と人との関係が物性(Dinghaftigkeit)という性格をもち、この対象性が自身の根源的な本質である人間関係のすべての痕跡を覆い隠していることにある」(S.257-258, 訳一六一～一六二ページ)というのである。本論文のライトモチーフはこの一文に集約される。

商品関係の構造における客体世界は「物と物との関係の世界」として、「人間にとって制御しがたい力として対立する」。他方、主体世界では、人間独自の活動、労働が「客体化され、疎遠な固有の法則性によって人間を支配するものとして対立させられる」(S.261, 訳一六六～一六七ページ)。

これをもとに、ルカーチは、商品の物神的性格、物化された思考、量的な取り扱いなどを同列に論じる。すなわち、人間労働の抽象化(抽象的人間労働、社会的必要労働時間による価値規定)、「労働過程が計算できるものになること(計算可能性)」にもとづく「労働の合理化と機械化」や「専門化」をも同一の線上で論じる。それはさらに、個人の孤立化やアトム化、人間の特性や能力が「物化」によって個性や活動性を喪失すること、官僚制、法や行政における合理性、専門性の追求、さらに哲学や科学の方法では部分的・形式的体系化のために対象の全体像を喪失しその社会性を把握できないこと、などに及ぶ。

つまり、ルカーチの議論では、理論としての商品生産関係論のなかに「労働力の商品化」すなわち労働者の人格から労働力が商品として分離することがもちこまれる。そのために、商品の物神性論によって資本制の下での労働過程の疎外状況、法的・政治的上部構造、イデオロギーのあり方のすべてが論じられていくことになる。

ルカーチのいう「物化」とは、客観的世界が合法則性、必然性をもってたちあらわれ、主体が「事実に即して」この事態を静観し、観察することである。主体と客体はともにたんなる物（Ding）と化し、数量的に取り扱い可能になる。そして、「物化された意識構造」とは、人間の思考法それ自体もまた主―客に分離され、意識や思考にたいして対象が自立化するものになることである。

「資本制社会の人間は、階級としての自分自身がつくりだした現実に、自分と本質を異にする『自然』として対立するようになり、人間の活動は、個々の法則の不可避的な進行を自分の利己的な利害のために利用するだけのものになる。しかし、このような『活動』のなかにおいて、人間は―事柄の本質上―その出来事（Geschehen）の主体ではなく客体にとどまる」（S.315, 訳二四七ページ）。

ルカーチによれば、「主体（意識または思考）はこの弁証法的過程の産出者であるとともに産物でもある。主体はみずから創造する世界の中で運動すると同時に、この世界は完全な客観性をもって主体に対立する。この場合にはじめて、弁証法の問題、およびそれとともに主体と客体、思考と存在、自由と必然などの対立の止揚が解決されるものと考えられる」（S.324, 訳二六〇ページ）。これはまさにヘーゲル、とくにその『精神現象学』（一八〇七年）における弁証法である。ルカーチは、ヘーゲル流の「意識の経験の学」すなわち主体が自己を自覚する「自己意識」の弁証法を援用して「プロレタリアートの立場」とその意識形成を論じている。(2)

（４）プロレタリアート＝労働者階級の立場

ルカーチにとってプロレタリアートの「自己意識」は同時に社会の本質の客観的認識である。したがって、プロレタリアートは「階級的利害という原動力を使って」みずからの直接的な「物化」に浸透された存在形態をのりこえ、媒介された総体性の認識へと進む必然性がある。その論理はつぎのようである。

労働者が自己を商品として意識すると、自分の労働力を客体化することになり、人格としての主体性とのあいだに分裂が生じる。たとえば、労働時間は、資本のもとで労働過程の一部である客体として物化した「量的関係」として扱われるが、「労働者にとっては、（労働時間は）肉体的、精神的、道徳的など自分の実存全体の決定的な質的カテゴリー」（S.350, 訳三〇〇ページ）である（「時間は人間の発達の場である」マルクス(3)）。

このような「主体の二重化」または「分裂状態」は、労働者が「この状態の直接性を乗り越える」媒介となる契機である。ところが、それとともに「商品構造の物神的形態が崩壊しはじめる」。ルカーチは言う。「労働者は商品のなかで自分自身を認識し、資本と労働者自身の関係を認識する。したがって、労働者が客体としての役割を実践的に克服することが不可能であるかぎり、労働者の意識はすなわち商品の自己意識である。いいかえれば、商品流通にもとづく資本制社会の自己認識であり、自己開示である」（S.351, 訳三〇三ページ）。また、つぎのようにも言う。「労働者の商品としての自己認識は、認識としてすでに実践的である。すなわち、この認識は、この認識の客体に対象的な構造的な変化をもたらす」（S.353, 訳三〇四ページ）。

ルカーチは、以上の論述をもとに『資本論』の方法に言及し、「商品の物神的性格についての章（『資本論』弟一部第一章第四節―引用者注）のなかに、史的唯物論全体が、資本制社会の認識としてのプロレタリアートの自己認識全体がひそんでいる」（S.354, 訳三〇五ページ）のだと言う。

しかし、ルカーチの論理においては、理論と実践と現実の関係が転倒している。

労働者が「自由な人格」として自分の労働力を商品として自覚し、労働力を発揮する労働時間は資本が労働を抽出する労働時間であって自分の時間ではないことを自覚し、さらに階級としての自覚が形成されるのは、マルクスが『資本論』第一部第八章で詳述したように、労働日（日労働時間）の制限をめぐって資本と闘う歴史的な実践の過程をつうじてである。この過程における実践（闘争）の意義を概念的に把握し、労働者の置かれた立場を理論的に自覚することが『資本論』という著作にあらわされた経済学的認識の役割であった。『資本論』の理論展開をそのまま労働者階級の自己意識の展開であるかのように理解し、理論的認識がそのまま実践的意識になると解するのは、理論的認識における独自の方法を否定することにつながる。それはまた「理論信仰」（丸山眞男）につうじるところがある(4)。

ルカーチがあげている「労働時間の問題」の例においても、労働運動の展開を基礎として、長時間労働におかれた女性や子どもの労働にたいする人間的な怒りや同情、男性労働者の立場からの批判、長時間労働を競争の手段とする資本にたいする進んだ生産方法をもつ資本からの規制の要求などが、労働者が参政権をもたない時代の議会をして労働時間の法的規制を生みだした。『資本論』が詳しく展開したのは、ルカーチが言う「理論の実践的本質」ではなく、その逆、「実践の理論的本質」すなわち実践の概念的把握である。

ただ、労働者の階級としての自覚的意識が形成されることは、たしかに経済過程の必然的な結果である。本書第四章第四節ではこのことを概説した。そこでは、意識的で能動的な働きかけが意味をもつ。労働者だけではなく、資本家の意識も含めて、経済過程には経済関係に規定されたさまざまな意識がさまざまな行為とともに実在する。その結果として（たとえば労働時間規制のような）ルール（制度）が形成される。したがって、意識（広義の）のレベルや諸相を具体的に分析し、それぞれに対応する行為（実践）とともに、それらが経済関係に規定されながら、またそれに反作用するところの仕組みや運動を明らかにすることは経済学にとり必要な課題である。また、そうしたことが、マルクスのいう「実践的精神」（感情や衝動その他）、「精神的生活過程」とそれをとおして生み出される社会的意識諸形態、「社会的生活過程」や「政治的生活過程」、そして法的・政治的上部構造と

「物質的生活」過程すなわち経済過程との生きた、ダイナミックな関わりを、重層的で複合的な過程として理解する鍵となる。経済学の理論的精神とその方法が経済過程の総体性を把握するとはそういうことであろう。ルカーチの論理が転倒しているというのは、社会における人間の実践的意識と理論的意識とが区別されず、二つの意識を一緒にして論じられてしまうということである。

（5）ルカーチ総体性論の問題点

以上のように、ルカーチの議論では理論と現実、理論と実践の関係が転倒している。かれの総体性論については、さらに三つの問題点を指摘しなければならない。

第一に、ルカーチは、「総体性というカテゴリーの支配こそが科学における革命的な原理の担い手」である。「これこそマルクスがヘーゲルから受け継ぎ、根本的に作り変えてまったく新しい科学の基礎とした方法の本質にほかならない」（S.199, 訳六七ページ）と強調する。総体性の論理は、ブハーリンやドイツ社会民主党の論者たちが陥った機械的な因果関係に還元する方法を批判し、弁証法の生きた論理を復活させることを意図したものである。しかし、問題はその総体性の内容にある。ルカーチのいう総体性とは、「部分に対する全体の全面的、決定的な支配」、「あらゆる部分現象を全体の契機として考察するという観点」（Ibid.）のことである。[5]

ところが、ルカーチのいう総体性はヘーゲル（そしてマルクス）にみられる普遍―特殊の弁証法による総体把握の論理とは異なる。総体を構成する諸要素のなかに、いわば主要なものと次要なものの区別があって、全体のなかのある特殊な契機が支配的な契機として、他の特殊な契機にたいし、そのあり方を規定し、さらに全体を規定するという関係がルカーチの論理にはみられないのである。そのため、「マルクス主義をブルジョア的な科学から決定的に区別する点は、歴史の説明において経済的動因が支配することを認めるところにあるのではない」（Ibid.）と述べてみたり、分析や抽象の役割を否定するような言辞がルカーチにみられる。これでは何が総体を形作るのかが不明である。全体をまず分析・総合し、それを構成する諸契機のあいだの相互関連を明らかにしてこそ、事物の総体をとらえることができる。ルカーチの場合、理論の対象となる全体を所与とし、これを縦横に分析し総合する方法自体が「物化した意識」にもとづく方法だとされてしまったために、分析と総合の方法そのものが否定される。しかし、マルクスは、古典派経済学の分析的方法を前提として評価し、その限界を指摘し、それを克服するものとしての概念からの展開を理論的で科学的な方法であることを明らかにした。ところが、ルカーチは、全体を所与として縦横に分析し総合する方法自体が物化した意識に固有の方法だとして、分析的方法の意義、役割を否定してしまったのである(6)。

ルカーチは、総体性という認識方法にもとづいて、経済的基礎とイデオロギー的諸形態との相互関連という問題を提起した。しかし、このように経済とイデオロギーとの関連だけを取り出した場合、両者の関連はつぎのように考えられる。

たんに経済が基礎だというだけでなく、経済は社会を構成する一つの特殊な、しかし主要なモメントである。イデオロギーあるいは意識諸形態は社会を構成する一つの特殊なモメントではあるが、全体として経済的土台に規定される次要のモメントである。このことをはっきりさせてこそ、意識のもつ位置を明確にできる。ルカーチは、社会的意識諸形態を社会の総過程のなかに正当に位置づけることを提起しながら、普遍と特殊の弁証法によって社会的意識を位置づけることができなかった。そのため、社会的意識が決定的であるかのように考えられたのである。

つぎに、ルカーチの議論では、マルクスの商品物神性論、労働過程の機械化にともなう労働の一面化、人間の孤立化や分断もが「物化」という用語で一緒に論じられてしまう。『資本論』は、いわゆるブルジョア社会における真の主体が「資本」であることを展開するものであるから、資本の支配のもとで生じる諸現象や諸矛盾を商品経済関係とそこから生じる商品物神に還元してしまうと、資本が生み出すさまざまな発展形態とそのなかの矛盾を総体として展開することができない。

さらに、ルカーチ論文は、賃金労働者が資本から解放される根拠を階級としての意識形成に求めているが、階級としての意識形成の物質的根拠については「労働時間の問題」を例にあげることにとどまっている。「労働日の制限」はたしかに重要な一契機である。しかし、ルカーチの議論から決定的に脱落しているのは結合労働(Kombinierte Arbeit)とその資本制的形態との矛盾である。

資本制生産様式の基本形態は協業(Kooperation)に示される結合労働にある。資本のもとに結合された労働者の協業(と分業)は労働者の個人的制限を超えた類的能力(Gattungsvermögen)を発揮させる。しかし、彼らの集合的生産力は資本の生産力として現れる。労働者たちが労働力の商品化を自覚し、商品の売り手としての権利を主張して資本と闘うのは「商品交換の法則」にもとづく権利の実現をめぐる闘いである。この闘いをひとつの手がかりにして、しかしそこにとどまることなく、自分たちの結合労働をアソシエートした社会形成の物質的条件として自覚することの肯定的な意味を把握しなければならない。ところが、このような階級的自覚を促す物質的基礎である結合労働とその資本制的形態との矛盾関係がルカーチでは少しも明らかになっていないのである。(7)

ルカーチの論文は一九一八～一九年のハンガリー革命に参画した経験をもとに書かれた。そのなかの一つである「組織問題の方法論」をみてみると、「イデオロギー的な変革の過程が、けっして客観的な危機そのものにたいして自動的・『法則的な』平行性をもつものではない」(Ibid. S.487. 訳五〇七ページ)ことを強調している。「存在と意識との統一を弁証法的な過程として、歴史の過程として把握する」(S.499. 訳五二四ページ)というその問題意識は正当だと思われるが、人間の社会的存在と社会的意識を媒介するものはさまざまなレベルの実践である。それぞれの実践にはそれらに対応する意識のレベル(ルカーチのいう物化した意識を含め)がある。したがって、理論的意識の実践的性格は、さまざまなレベルの実践と実践的意識の両者を理論的に把握し、批判的に理解することによってこそ保証されるのである。(8)

二　コルシュの意識＝精神的生活過程の現実性論

ルカーチの『歴史と階級意識』刊行とほぼ同時期にカール・コルシュ（Karl Korsch, 一八八六〜一九六一）の『マルクス主義と哲学』（一九二三年）が出版された。[9]

ルカーチの本が出版されたとき、コルシュは自分のこの著作を執筆中であったようだが、本書初版（一九二三）の「まえがきに代わるあとがき」に次のような文章を書き記した。

「わたしは、これまでに確信できたかぎりで、よろこんで原則的に（ルカーチの叙述に）賛成する。個々の点でわれわれのあいだになお内容上、方法上の意見の相違があるとすれば、その限りにおいて詳しい態度表明を今後のために留保する」（Korsch 1993, Bd.3, S.367. 池田編訳一九七七所収、六八ページ）。

（1）精神的生活過程と社会的意識の現実的存在性

コルシュの著作がルカーチの前掲書よりも明確にした点は、何より精神的生活過程および社会的意識の現実的存在性であった。この点について、コルシュはつぎのように述べている。

「今日なお多数のマルクス主義理論家たちは、マルクスとエンゲルスが厳しく指摘した唯一の、唯物論的な、したがってまた科学的な方法を、社会の現実性総体（Gesamtwirklichkeit）の精神的部分に的確に適用するのではなく、すべてのいわゆる精神的事実の現実性をまったく否定し、抽象的で非弁証法的な意味に理解している。かれらは社会的および政治的生活過程とならんで精神的生活過程を、言葉の広い意味における社会的存在および生成とならんで社会的意識を、さまざまな現象形態において、社会の現実性総体の観念的（あるいは「イデオロギー的」）ではあるが現実的な構成要素として把握していない。その代わり、まったく抽象的な、そして基本的にはまさに形而上学的な二元論的なやり方で、すべての意識を、完全に非自立的であろうが、ただ相対的にだけ自立的であろうが、結局のところは非自立的な、元来それだけが現実的な物質的発展過程の反映であると説明する」(Korsch 1930, S.100-101, 平井・岡崎訳一一三ページ)。

コルシュによれば、唯物史観は法的および政治的上部構造が一つの現実であると力説してきたが、「社会的意識諸形態、精神的生活過程の現実性は、多くの通俗的マルクス主義者によって今日まで抽象的にもけっして認められなかった」(Ibid., S.101, 訳一一四ページ)。精神的現実性を「弁証法的唯物論的な原理」で把握するためには、意識とその対象との関係を「素朴実在論」でとらえてはならない。その場合、マルクスがおこなった「経済学批判」の意味を理解することが重要である。というのは、商品の物神崇拝、価値、およびそれから導出された他の経済的表象は社会的意識諸形態に属するものだが、マルクスはこれらの経済的な基本的イデオロギーを「イデオロギー」と呼んでいない。マルクスは社会的意識とイデオロギーとを同一視するのではなく、イデオロギーとは「逆立ちした意識のことであり、特に社会生活の部分的現象を独立した本質だと考える意識」のことだと考えている。マルクスが経済的意識諸形態に特別の位置を与えたのは、それが物質的生活に根ざし、これと共存する理論的で実践的な意識形態だからである。だからこそ、経済的意識の上に立つブルジョア社会のあらゆるイデオロギーの批判が「経済学批判」によって可能になったのである。

やや難解な叙述であるが、コルシュはこのように説明し、ヘーゲルとマルクスの弁証法の相違点を二つあげる。第一の相違点は、ヘーゲルが「世界を哲学のうちに組み入れる」のにたいし、マルクスは「哲学を世界の中に組み入れる」ことである。第二の相違点は、ブルジョア社会の意識諸形態は、ヘーゲルのように思考のみによっては止揚されず、それが思考や意識において止揚されうるのは「物質的生産諸関係を意識の止揚と同時に実践的、対象的に変革する場合だけである」とマルクスが考えているという点である。

この場合、理論的批判に代わる実践的批判が肝要だというのではない。「人間の実践と、この実践の概念的把握」（「フォイエルバッハにかんするテーゼ第八」）が理論の神秘性を合理的に解決するというマルクスの言葉が示すように、マルクスとエンゲルスの「科学的社会主義の新しい、唯物論的弁証法的方法の原理」は、「理論的批判と実践的変革の両者を不可分に関連しあった行為として把握し、ブルジョア社会の具体的で現実的な変革として把握する」（Ibid., S.115, 訳一二五ページ）ことに表現されているというのである。

（2）意識と存在

以上のように、コルシュの著作は、マルクスの「経済学批判序言」（一八五九年）の用語を用いて、「精神的生活過程」や「社会的意識形態」そしてイデオロギーの実在性を主張している。意識の実在性というとただちに、「意識と存在」の関係、あるいは思考と「実在する社会」との関係が問題となるであろう。

人間の意識にとって、自分自身の身体や他人の存在やその意識、さらにさまざまな社会関係や人びとの行為、そして自然が意識の対象として存在するのは当然である。そのことがたんなる二分法や哲学的二元論にならないためには、両者の関係を統一的に理解することが肝要である。すなわち、意識する人間自身が社会的存在であり、「社会諸関係の所産」であるから、社会的意識のさまざまな形態は社会総体のなかにあって、その一部を構成する。しかも、人間の意識はさまざまな行為となって実現する。その行為はさまざまなレベルの社会的諸関係を表現するものである。

したがって、社会関係―社会的行為―社会的意識という関連で社会の総体をとらえた場合、社会的意識はその社会における人びとの関係や行為に関する意識である。それは現存する関係や行為を超えて、未来を照らしだす意識である場合にもやはりそうである。

以上のことから、ルカーチ、そしてコルシュも、社会を「つねに変化の過程にある有機体 Organismus」（『資本論』第一部初版序文）として、すなわち総体として把握するマルクスの方法をよみがえらせようとした。しかし、かれらの著作においても、マルクスが「序言」で使用した「物質的生活」と「社会的生活過程」「政治的生活過程」「精神的生活過程」との区別と相互の関連がかならずしも社会有機体の総体のなかに位置づけられているとはいえない。

コルシュの著作では、「社会的存在が人間の意識を規定する」というときの「社会的存在」が何を意味するのかも明確ではない。この「社会的存在」と「社会的意識諸形態」および「法的、政治的、宗教的、芸術的あるいは哲学的な（意識）諸形態、簡単に言えばイデオロギー的諸形態」（マルクス）との関係についても、これらのあいだの論理的関係を明らかにすることができなかった。そのために、意識を「総体性」のなかに位置づけることを強調しているだけのように受け取られるおそれがある。

ルカーチの場合は、独自の意味における「物化」が資本制社会の経済的意識として摘出され、この「物化」という経済的意識を基礎に、上部構造や社会的意識、さらには人びとの社会性にいたる特徴が説明された。しかし、それはもっぱら人間主体の側からの特徴づけであって、資本物神や諸階級の収入に示される「経済学的三位一体説」への批判には及ばない。いいかえれば、主体と客体との相互作用を真に説いているとはいえないのである。

こうしたことになる理由は、総体性の論理をなす普遍―特殊の弁証法的な方法が不明確だからである。社会総体のなかの物質的生活および生産諸関係である経済的土台は、社会を構成する特殊な要素でありながら弁証法的普遍としての位置をしめている。その他の生活過程や社会関係および社会的意識諸形態はそれぞれ社会の特殊な構成要素ではあるが、弁証法的な意味での特殊として位置づけられる。したがって、経済的土台における関係―行為―意識が上部構造と社会的意識諸形態のあり方を規定する。ルカーチやコルシュが言うように、意識は実在する。したがって、意識を存在と二分法的に対置させるだけであれば、意識を存在から分離したものとして扱うだけとなり、一方では意識が主であるという見方が、他方では存在を意識から切り離された客体としてだけとらえる見方が生じる。存在が主であり意識は従であるが、両者が密接不可分に相互作用する有機的な関係にあることを明らかにしなければならない。そして、この意識と存在を媒介するのが人びとの実践（行為）である。

そうしたときに、意識はこうした実践的意識と理論的意識とに分けてとらえられる必要がある。これもまた、マルクスが「（経済学批判への）序説」（一八五七年）で使用した「実践精神的に世界を自分のものにする方法」と「理論的方法によって世界を自分のものにする」こととの区別という問題に行き着く。この場合の実践的意識とは、哲学や宗教あるいは芸術、法的、政治的意識形態として、すなわちイデオロギーとして独自に体系化されたものとは区別される日常的な感情や意志、あるいは常識的な意識のことである。別の言い方をすれば、物質的、社会的、政治的生活過程のなかにおける人びとの行為とともにあって、そうした行為を生み出すところの、いわば即自的な意識のことである[10]。

ルカーチとコルシュにおいては、意識のこうした区別がなされていない。意識はもっぱら理論的意識として論じられている。そのため、ルカーチの場合は階級意識という観念あるいは理念が現実を変革するかのような内容になってしまう。また、コルシュの場合は、理論と実践との一致のみが強調され、社会のなかのさまざまなレベルにおける実践とそれに対応する意識がどのようにしてより高度な理論的意識に至るのか、より簡単に言えば、労働者はどのような過程を経て階級的意識を獲得し、深化させるのかが不明である[11]。

ルカーチとコルシュはともに、第二インターナショナル（一八八九〜一九一四）の「正統派＝俗流マルクス主義」を厳しく批判し、これと対峙した。かれらによれば、意識と存在の二元論の結果として理論と実践とが分離された。これにより「科学」の名による実証主義および客観主義＝経済主義への偏向が生じたのである。

他方、一九二三年当時、ブハーリンの著作を含めて生まれつつあったロシア＝ソ連型マルクス主義あるいは後のいわゆるレーニン主義との対決も両者に共通の問題意識であった。とくにコルシュは、いわゆるレーニン主義の哲学が素朴実在論にもとづく反映論であって、意識と存在とのあいだの弁証法的な関係を崩壊させた二元論であると考える。すなわち、前掲書第二版序文（一九三〇）において、レーニン『唯物論と経験批判論』（一九〇九

年）が旧い唯物論に戻り、弁証法の意義を明らかにできなかったことを批判している。(12)

三　グラムシ「実践の哲学」における意識とイデオロギー

アントニオ・グラムシ（Antonio Gramsci, 一八九一～一九三七）は一九二一年のイタリア共産党創設に加わった一人であり、ファシズムの時代、獄中にあって二九冊におよぶ膨大な研究ノートを書き残した。ここではまずグラムシ獄中ノートのなかに書かれたブハーリン『史的唯物論』への批判的覚書をとりあげ、そのうえでグラムシの「実践の哲学」における意識とイデオロギーの理論に焦点をあてて検討する。

(1) ブハーリン・テキスト批判

先にとりあげたように、ルカーチはブハーリン『史的唯物論』について批判的な書評を発表した。グラムシもまた、その獄中ノートのなかで、ブハーリン『史的唯物論』について詳細な批判的覚書を書き残した（ブハーリンの著作はグラムシ・ノートでは「社会学の民衆のための教程」となっているが、本稿ではたんにブハーリン・テキストと称する）。このブハーリン・テキストについては第五章でとりあげたので、グラムシの意識とイデオロギーの理論を検討する前に、グラムシによる批判的覚書の内容を検討しておきたい。

まず、グラムシの考えによれば、「一般的な哲学部分」は「歴史、政治、経済の一般的諸概念が一つの有機的統一において結合する弁証法の学、つまり認識論」である。そして、この一般的哲学のなかで「主要課題を展開した後に、民衆用教程のなかで各契機あるいは各構成部分の一般的基礎知識を、独立した別の科学としても、与えることが有益である」（合Ⅱ一六六）。(13) ところが、ブハーリン・テキストでは、「以上の点が少なくとも示唆されてはいるが、その示唆はたまたま与えられているのであり、一貫しておらず、混とんとし、ぼんやりしている」。「それは、著者（引用注―ブハーリン）が実践の哲学それ自体とはいったい何なのかという、明瞭で正確な考えを欠いているからである」（同）。

このように述べたうえで、グラムシは、ブハーリン・テキストにおいては「弁証法の概説とおぼしきものがない」（合Ⅱ一七〇）ことを指摘する。[14] そして、「弁証法の概説がない」ことには理由があると言う。その一つの理由は、グラムシの言う「実践の哲学」が、社会学として理解される「歴史と政治の理論」と、「哲学的あるいは形而上学的あるいは機械論的な（俗流）唯物論」の二つに分割されていることにある。しかも、前者の「歴史と政治の学説」は「自然科学の方法（卑俗な実証主義の意味で実験的な方法）にしたがって構築され」ている。後者の哲学は「弁証法的唯物論と名づけられ」ているが、じつは「『物質』の形而上学」（合Ⅱ四五）あるいは「実体的な物質を『神格化』する俗流唯物論」（合Ⅱ二一八）になっている。グラムシによれば、「問題がこのように提起されてしまうと、弁証法の重要性と意義とはもはや理解されない」（同一七二）。ブハーリンの哲学が「決定論という形而上学的法則」や機械論的な「因果の一般法則」（合Ⅱ五三）を求めていることも、こうした弁証法的方法の欠如によるものである。

以上のような方法論上の欠陥のために、ブハーリン・テキストは、一般「大衆の自然発生的哲学としての常識」を批判的に分析するということから出発できず、一方では、常識のなかの「現実主義的、唯物論的なもの」にある無批判的要素を是認し、他方では、「物質」の名による「絶対的かつ永遠の真理の教条主義的体系」を押しつける結果になっている、という。

グラムシによれば、「物質」という用語がブハーリン・テキストにおいては正確に定義されていない。自然科学的な意味での「物質」は社会的、歴史的な生産の要素として組織されているとみなければならない。たとえば、機械は、その物的属性の認識ではなく、「機械がある物質的生産力の一つのモメントであり、ある特定の社会勢力の所有の対象であり、その社会関係がある特定の歴史的時機に照応しているかぎりにおいて研究」（合Ⅱ二一ならない」（同）。

三）される。したがって、「自然科学は基本的には一つの歴史的カテゴリー、一つの人間関係とみなさなければ

第五章でも指摘したように、ブハーリン・テキストは社会システムの基礎を「労働の連関」に求めながら、「労働の関連」を「物理的な関係」に還元してしまっている。グラムシはこの点をつぎのように批判する。ブハーリン・テキストにおいては、「科学の進歩は科学的道具の発展にかかっていると主張されている」が、「科学の進歩は物的資料で立証することはできない」。『資本論』やその他において、マルクスが「技術的道具を経済発展の唯一最高の原因にしているようなところは一つもない」。「（ブハーリンのいう―引用注）技術的道具は、学者が実験に使用する道具や楽器にいたる、あらゆる器具や道具を意味するほどに一般的に理解されているが、このような問題の提起の仕方は問題をいたずらにこみいらせることになる」。ブハーリンには、「『物質的』対象を援用すればするほど正統的になるという不細工な確信」がある。グラムシに言わせれば、これは「実践の哲学からの子供じみた逸脱」である（以上、合Ⅱ二〇四～二〇七）。

グラムシによるブハーリン・テキストにたいする批判は的を射たものであると言える。

（2）グラムシ「実践の哲学」の人間観

では、グラムシが名づけた「実践の哲学」とは何か。

グラムシによれば、あらゆる思弁哲学、実証主義、機械論、「実践の哲学」の堕落した形態にたいして、「新しい哲学」が必要である。「新しい哲学」は従来の知識人による伝統的な哲学体系と宗教的世界観に代わる「民衆意識に根ざす新しい文化」である。マルクスはこうした意味の「新しい民衆信仰」の必要性を主張していたのであり、グラムシはこうした「新しい哲学」を「実践の哲学」と名づける[15]。

グラムシの言葉によれば、「実践の哲学」は、「唯物論的一元論でも観念論的一元論でもなく、具体的な歴史的

行為における、つまり、有機化された（歴史化された）『物質』、人間により変容された自然と不可分に結びついた具体的意味での、人間活動（歴史・精神）における対立物の同一性である」（合Ⅰ二九七、鈴木二〇一〇、八三ページの訳による）。

「実践の哲学」という呼称は、初期のノートで使われた（従来の）「史的唯物論」という名称に代えて用いられる。それは、グラムシの考えの根底に、「哲学の第一の、主要な問いは、人間とは何かである」（合Ⅰ二七二）、という考えがあるからだと思われる。

「人間とは何かという問いをたてることは、人間は何になりうるかということである。人間は自分の運命を支配できるのか、『自分自身を作る』ことができるのか、自分の生活を創造することができるのか、ということを意味する。したがって、われわれは、人間とは一つの過程である、正確には、行為の過程であると言っているのである。そう考えれば、人間とは何かという問いは、抽象的な、または『客観的な』問いではない」（合Ⅰ二七二～二七三、上村編訳一二～一三ページ）。

抽象的でなく「客観的」でもないというこの問いは、「生活と人間についての特殊な考察の仕方から生まれる」。人間社会であれ、事物の社会であれ、これらは「個人を超えた有機体」ととらえられ、「機械論的で決定論的な意味が与えられてきた」。しかし、「必要なことは、すべての関係が活動的で運動するものであるという理論をつくりあげ、個人の意識こそがこの活動の場であることを明確にすることである。個人が認識し、意欲し、審美し、創造するのは、まさしく、ほかでもないかれが認識し、意欲し、審美し、創造するかぎりにおいてであるということ、また、かれがけっして孤立した存在ではなく、他の人間たちや事物の社会からもろもろの可能性を豊富に与えられているということ、そして、このことについてかれは一定の認識をもたざるをえないということを明確にする必要がある」（合Ⅰ二七六～二七七、上村編訳一八ページ）。

したがって、「人間とは何かという問題は、つねに、いわゆる『人間の本性』の問題、あるいはまた『人間一般』の問題である」。その場合、何らかの一元的な概念、たとえば生物学的なものや「理性の能力」や「精神」によって統一したり、区別したりすることはできない。結局のところ、「『人間の本性』とは『社会諸関係の総体《アンサンブル》』（マルクス・フォイエルバッハにかんするテーゼ第六における用語―引用注）であるというのが、もっとも満足のできる答えである」。なぜなら、「この答えは、人間は生成する存在であり、社会諸関係の変化に応じてたえず変化していくという観念を含んでいるからであり、『人間一般』なるものを否定しているからである。社会諸関係は相互に相手を前提しあっているさまざまな人間集団によって表現される。その統一性は弁証法的なものであって、形式的なものではない」（合Ⅰ二七九、上村編訳二一ページ）。

以上のようなグラムシの人間観から「実践の哲学」の意味が明確になってくる。グラムシにとって人間の存在しない世界の哲学などはありえない。「われわれは人間との関連においてのみ現実を認識するのであり、人間が歴史的生成であるように、認識や現実もまた一つの生成であり、客観性もまた一つの生成なのである」（合Ⅱ一八七）。したがって、先に「客観的」という用語にグラムシがカギカッコを付していたのも、「客観的というのはつねに『人間的に客観的に』ということ」（合Ⅱ一八六）だったからである。[16]

さらに、グラムシがマルクス・フォイエルバッハテーゼのいう「社会的諸関係の総体」という表現を採る場合にも、社会的諸関係はただ客観的にある静的なものというのではなく、人間の集団的な活動により変化するものと考えられていることに留意しよう。グラムシにおいて、社会的諸関係は、人間の実践、行為、活動として存在し、また実践により変化するものである。

(3) 理論と実践、意識と実在、そしてイデオロギー

イデオロギーは人間の意識の所産である。それは「法的、政治的、宗教的、芸術的あるいは哲学的な諸形態」（マルクス「（経済学批判への）序言」一八五九）をとった社会的意識である。

グラムシはイデオロギーをつぎのように規定している。

「一つの文化的運動、一つの『宗教』、一つの『信仰』となり、実践的活動と意志とを生み出し、その活動と意志のうちに暗黙の理論的『前提』として含まれているあらゆる世界観、あらゆる哲学（イデオロギーという言葉に、まさに、芸術、法、経済活動、個人的および集団的な生活のあらゆる表現において暗黙のうちにあらわれている世界観という意味をあたえるならば、それを『イデオロギー』と呼ぶこともできるであろう）」（合Ⅰ二四二）。

この規定はマルクスのものと同じだと考えてよい（ただし「経済活動」はマルクスにない）。しかし、グラムシのイデオロギー論の重要性は、上記の引用文のなかにあるように、イデオロギーが「実践的活動と意志を生み出す」世界観だということを明確にした点にある。

「人間はイデオロギーを地盤として自分の社会的位置を、したがって自分の課題を意識する」と主張するグラムシにとって、イデオロギーとは、「一定の社会集団が、自分自身の社会的存在、自分自身の力、課題、生成の意識を獲得する地盤である」（合Ⅱ一二四）。したがって、イデオロギーは「革命的実践」（マルクス）の「必然的契機」（グラムシ）となる（同上、鈴木二〇一〇、八九ページを参照）。

このように、グラムシの「実践の哲学」の立場においては、イデオロギーの問題を「土台―上部構造」というマルクス「（経済学批判）序言」定式と関連させて理解することが重要になってくる。もちろん、マルクス「序言」自体に「イデオロギー」という用語が登場するのだが、グラムシによれば、マルクスの「序言」は「認識論的価値をもつ主張とみなすべきである」。

「『経済学批判』の序言に含まれている、人間はイデオロギーを地盤として構造の矛盾を意識するという命題は、認識論的価値をもった主張とみなされるべきであって、たんに心理学的および道徳的なものとみなされてはならない」（合Ⅰ二八九）。

この引用における「構造」とは経済構造もしくは経済的土台の言いかえである。また、「人間はイデオロギーを地盤（伊 terreno, 英 ground—引用注）として構造の矛盾を意識する」というのは、マルクスが「人間はこの衝突を意識し、それをたたかいぬく形態であるイデオロギー諸形態」と書いたところに対応する。ただし、マルクスの原文に「地盤」という用語はない[17]。

このようにイデオロギーを認識論的に評価するのがグラムシ・イデオロギー論の特徴である。そもそも、グラムシには、「実践の哲学にとって、存在を思惟から、人間を自然から、活動を物質から、主観を客観から引き離すことはできない。このような分離をあえてするなら、宗教の一形態か無意味な抽象に転落する」（合Ⅳ二六九）という考えがある。「実践の哲学によれば、『イデオロギー』は上部構造として歴史的に分析されなければならない」（合Ⅰ三〇四）。「したがって、（ある経済構造にとって—引用注）歴史的に必然的なイデオロギーである限り、それは『心理的』有効性としての有効性をもち、人間大衆を『組織』し、人びとが運動したり、自分たちの地位についての意識を獲得したり、闘争したりする地盤を形づくる」（同上）。グラムシは、イデオロギーが「物質的な力」をもって「歴史的ブロック」を構成すると考える。かれはノートの別の箇所で、「一定のイデオロギーによって接合され、統一される全社会的ブロックにおけるイデオロギー的統一を保持するという問題」（合Ⅰ二四二）ということを述べている。

グラムシの有名な定式化に「構造（経済的土台—引用注）と上部構造とは一つの歴史的ブロックを構成する」（合Ⅰ二八九）というものがある。先に見たように、グラムシはイデオロギーを上部構造に含める。そのうえで、ある「全体的イデオロギーの一つの体系だけが、構造（同）の矛盾を合理的に反映し、実践の顛覆のための客観的諸条件の現存を表現する」（同二九〇）と述べる[18]。

「すべてのイデオロギーは土台の表現であり、土台が変わると同時に変わるものである」（合Ⅱ一八二）。

こうして、グラムシにおける意識とイデオロギーの理論は、土台と上部構造の理論だけでなく、社会変革におけるヘゲモニー、人間の能動的、実践的活動、いわゆる知識人の社会的機能の把握につながる。当然のことに、この理論は国家および国家とイデオロギーという問題につながっていく。しかしこれはもはや本稿の範囲を超える課題である。(19)

本節の最後に、グラムシがレーニン（V・イリイチ、一八七〇～一九二四）による「実践の哲学への最大の理論的寄与」として書き残した言葉をあげておこう。

「イリイチは政治の学説および実践を前進させた限りにおいて、哲学そのものを実際に前進させた。新しいイデオロギー的地盤をつくりだし、意識と認識の方法の改革を規定するかぎりにおいて、ヘゲモニー装置の実現は一つの認識の事実であり、一つの哲学的事実である」（合Ⅰ二八九）。

まとめにかえて

以上、二つの章の内容をふまえて、若干のまとめを記しておこう。

マルクス（そしてエンゲルス）以後、幾人かの理論家は、マルクス、エンゲルスの歴史観に沿って社会的意識とイデオロギーの理論を具体化する試みを行った。ただ、本稿でとりあげた理論家たちについては、かれらがこの問題に取り組んだときはまだ、マルクス、エンゲルスによる『ドイツ・イデオロギー』の原文およびマルクスの『経済学・哲学草稿』が公表されていなかった、あるいはそれらの草稿を見る機会がなかったという時代制約を考慮する必要がある。

エンゲルスが「マルクスや自分の著作ではじゅうぶんに強調されていない」と認めた「イデオロギー的観念等々の成立する仕方様式」について、その後の理論家たちは社会とその歴史における「観念の力」や「道徳的基準」（メーリング）の役割をじゅうぶんに認めている。プレハーノフは早い時期に「社会の心理」とそれを基礎とする「イデオロギー」とを区別し、両者の関連を明らかにした。

プレハーノフの後に出版されたブハーリンの大著『史的唯物論』は、精神的生活もまた生産されることや精神的生活の重要性を認めている。しかし、機械的決定論、矛盾論の欠如、粗雑な唯物論理解という方法論上の欠陥のために、経済過程を技術的過程に還元し、その結果、経済から意識の要素を追放してしまった。それによって、上部構造の領域をあまりに広く、おおざっぱにとらえることになって、社会的意識の独自の階層性とその形成過程を明らかにすることができなかった。

このブハーリン・テキストの欠点をするどく指摘し、弁証法的方法の復権によって労働者の階級意識の形成を説いたのがルカーチ、コルシュ、そしてグラムシであった。

ルカーチは社会を「具体的な総体」として把握し、主体と客体、主観と客観との相互関係のなかで、労働者階級の意識や行為もまた発展することを示そうとした。ところが、ルカーチは、もっぱら商品の物神的性格に還元される独特な「物化」論のために、労働者が自身の「物化」（商品化といってもよい）した姿を自己認識する過程が同時に変革の過程になるかのような議論を展開した。ルカーチにおいては労働者の階級意識がいわば理念化され、その理念が現実を変革するものとされてしまったともいえる。しかし、労働者の意識は商品や貨幣にとらわれた日常的意識からさまざまな実践をとおして自分たちの協同労働（集団的で組織的な労働）の置かれた位置と役割、資本制におけるその矛盾を自覚するようになるのだが、こうした意識の展開を理論的に認識するためには「理論的方法」（マルクス）すなわち「分析的方法を基礎とする弁証法」が必要である。

精神的生活過程と社会的意識形態の現実性をルカーチよりも明確にしたのはコルシュであった。かれもまた、社会的意識を社会的存在との関係において社会の総体のなかに正しく位置づけ、理論と実践、思考と存在の関係を弁証法的にとらえることを提起したが、ルカーチのように「物化」された意識から階級意識へという展開をしたわけではない。他方、コルシュのいう社会的存在の内容も明確ではなかった。社会的存在とはマルクスの用語であるが、『資本論』に即してみれば、社会的存在を社会的関係と社会的行為（実践）とに区分し、それらと社会的意識との関係が論じられなければならない。関係―行為―意識は過程としてとらえられ、いわゆる物質的生活過程である経済過程においてだけでなく、社会的生活過程、精神的生活過程、政治的生活過程のなかにも見いだされること、このことを明確にしたうえで、それらのあいだの普遍―特殊という相互関係をとらえることが必要である。そして、社会関係の展開過程に対応する社会的行為の展開と社会的意識形態の展開過程を論じなければならない。

こうして、意識とイデオロギーの問題における一つの焦点は、社会的関係と社会的意識とを媒介する社会的行為すなわち人間の実践に行き着くのであるが、マルクスの社会哲学が「実践の哲学」であることの意義をより明確にしたのはグラムシであった。

グラムシの哲学的基礎は人間論と認識論にあった。人間とは何かを抽象的に問うのではなく、人間の本性を社会的行為による不断の創造過程にあるととらえるグラムシは、人間の実践的活動とその意志のなかに含まれる世界観をイデオロギーと呼んだのである。かれはマルクスの「序言」における定式化を認識論的に理解することを提唱した。すなわち、人間は社会集団として、自分の社会的存在や力、その課題と意識を獲得する。グラムシにとり、人間という存在は社会的であるとともに実践的、活動的なものであり、存在とその意識とは実践というカテゴリーによって切り離しがたく結びついている。そして、イデオロギーは、社会的集団としての人間が自分たちの存在に対する意識と活動の意志を形成する場であった。

注

（1）ルカーチ『歴史と階級意識』の城塚・古田訳で「物象化」となっている原文（ドイツ語）は Verdinglichung（Livingstone の英訳では reification）である。また、城塚・古田訳における「物象性」の原語は Dinghaftigkeit である。マルクスが主に使った Versachlichung（Livingstone の英訳では同じ reification で区別されて訳されていない）には「事物化」という訳語が与えられている。そこで、本稿では、ルカーチが使用した Verdinglichung を「物化」と訳し、Dinghaftigkeit には「物性」という訳語を使用する。マルクスの Versachlichung は通例にしたがって「物象化」としておく。

ルカーチとそれ以後の多くの物象化論がじつはたんなる物化論であり、マルクスのそれとは異なること、これらのいわゆる物象化論が往々にして物象化と物化と物神崇拝とを区別せず、この三者の関連を見逃していることについては角田（一九九二）第四章を、マルクスにおける物象化の意味およびその理論的意義については角田（二〇〇五）第七章を、それぞれ参照されたい。同上書をめぐる国際的論争を収録、紹介した池田編訳（一九七七）が有益である。

（2）ルカーチ自身によるヘーゲル（『精神現象学』）風の表現を一つだけあげておこう。
「意識はそれに対立する対象についての意識ではなく、対象の自己意識であるから、意識化の活動はその客体の対象性形態を変革することである」（S.363, 訳三一八ページ、強調はルカーチ）。

（3）労働時間の問題の箇所で、ルカーチはマルクス『賃金、価格、利潤』のこの一文（*MEW*, Bd.16, S.144, 訳一四五ページ）を本文中に引用している。しかし、彼は、『資本論』が詳述した「労働日の制限をめぐる闘争」や自由時間創出の意義については展開していない。

（4）角田（二〇〇九）（二〇一二）を参照。

（5）ルカーチは、社会民主主義の思考法が物化した意識構造に依ってたつために弁証法を放棄し、主体と客体とを分離したまま扱うと批判している。「静観的な、たんなる認識の態度」ということもその一つである。
「社会民主主義的思考がブルジョア化していることは、弁証法的方法を放棄することにつねに明瞭にあらわれている。ベルンシュタイン論争のなかですでに証明されたように、日和見主義はつねに事実という基盤に立たざるをえない。そのために、そこから発展の傾向に無知であるか、あるいはこれを一つの主観的、倫理的当為へと押し下げざるをえない」（S.368, 訳三二五頁）。

社会民主主義の立場では、経験主義と倫理的ユートピア主義、客観的法則や必然性（＝経済的宿命論）の洞察と、当為、理念としての人間とが並び立つ。これは結局、ブルジョア的思考と直接的定在としてのプロレタリアートへの逆戻りである、とルカーチは言う（vgl. S.383-384, 訳三四六〜三四八頁）。

また、ルカーチが哲学上の「模写」（die Abbilder, reflections）説に反対するのも、この理由による。ルカーチによれば、模写説には克服できない二元論（思考と存在、意識と現実）が理論的に客体化されている。マルクスは哲学を実践的なものへ転化することで、この問題を解決した。現実は生成するものであり、過程からなる複合物であるが、「思考がこの現実の形態または総過程の契機としてあらわれることによってのみ、思考は自己の硬直性を弁証法的に克服し、生成の性格を受け取ることができる」。「現在の中に発展傾向を認識することによって、現在はかれ自身の現在となる。したがって、未来を導き出す使命と意欲をもつ人のみが、現在の具体的真理を見取ることができる」。「思考と存在との同一性は、それらが同一の現実的・歴史的な弁証法的過程の契機であることにもとづいている」（S.392-393. 訳三五九〜三六〇ページ）。

（6）マルクスにおける普遍—特殊の弁証法は、一九〇三年三月にカウツキーによって公刊され、一九〇七年以後の『経済学批判』の諸版に収められた「（経済学批判への）序説」において明確にされている（*MEGA*, II, Bd.1., S.34-35. 訳四七〜四八ページ）。ルカーチは当然、この「序説」を読むことができたはずである。マルクスは、この「序説」において、生産、分配、交換、消費を分析する古典派経済学の限界を超えて、これら相互の関係を弁証法的な総体性において把握し、生産というモメントが他のモメントと全体の関係をも規定する包括的で主要なモメントであることを明らかにしている。

「生産、分配、交換、消費はすべて一つの総体の諸分肢（Glieder einer Totalitat）をなし、一つの統一体の内部の区別をなしている。生産は、生産の対立する諸規定のうちにある自己を包括すると同時に、他の諸モメントをも包括する（ubergreifen）モメントである。（引用者注—これが弁証法的な普遍の意味である）。（中略）したがって、ある一定の生産は、ある一定の消費、分配、交換を規定し、またこれらさまざまな諸モメント相互間の一定の諸関係を規定する。（中略）こうしたことは、どのような有機的な全体の場合にも起こることである」。

この記述に示されるように、普遍—特殊の弁証法こそが「総体性の弁証法」である。そして、叙述の過程は普遍から特殊へとたどることになるが、マルクスはこれを「発生論的叙述」と呼んだ。しかし、この発生論的叙述の前提には分析と総合がなければならない。すなわち、「批判も理解も古典派経済学の分析的方法から始まらなければならない。（中略）分析は発生論的叙述の、すなわち種々の段階における現実の形成過程の理解の、不可欠の前提である」（*MEGA*, II, Bd.3, S.1499、訳四七七ページ）。こうした方法については角田（二〇〇五）第一章二を参照されたい。

（7）本書第四章第四節を参照。平井俊彦（一九六七）はブハーリンとルカーチの関係について論じた先駆的な論文である。このなかで平井は、ルカーチのいう主体と客体の同一性の弁証法そのものの現実的根拠を問わなければならないと述べ、それがじつはブハーリンの提起した結合労働（vereinigte Arbeit）または協働にあることを明らかにしている。本書の第四章は、賃金労働者の自由で独立した人格性、労働時間の制限をめぐる闘争（ルカーチがあげた例）、労働需給への社会的介入を、結合労働からアソシエートした労働への自覚とともにあげた。

（8）ルカーチ「物化」論はその後、一九三二年に公表されたマルクス『経済学・哲学草稿』（一八四四年パリ草稿）における「疎外された労働」論によって、一方ではその主体＝人格と客体の分裂論にさらなる根拠を与えられたが、他方では、「初期マルクス疎外論」対「中期マルクス物象化論」という不毛な議論を生んだ。また、第二次大戦前の日本における福本和夫、三木清、梯明秀などのマルクス主義者に大きな影響を与え、資本主義の「基本矛盾」を労働力商品化の無理に求める議論や疎外論に影響を与えただけでなく、哲学における主体・客体弁証法論者や実践的唯物論者にもその影響が及んでいる。

（9）コルシュは、ドイツにおける労働者評議会（レーテ）運動に積極的にかかわり、ドイツ共産党（KPD）の理論家として活動、イエーナ大学教授、国会議員などを経て、一九三三年に国外亡命、一九六一年にアメリカで亡くなった。コルシュの活動や業績についてはさしあたり野村修編訳（一九八六）の訳者解説を参照。第二次大戦前、福本和夫、杉本栄一らはドイツで直接、コルシュに学び、三木清もルカーチ、コルシュの影響を受けたとされる。戦後のものとして、平井俊彦（一九六六）が先駆的な業績である。一九七〇年代にヨーロッパにおいてコルシュ再評価がすすみ、M. Buckmiller 編集による全集が出版されている（一九九三年）。

『マルクス主義と哲学』の邦訳は一九二六年と一九七五年、一九七七年に出されている。本稿では、原書第二版（一九三〇年）、邦訳は一九七七年の平井・岡崎訳を参照し、引用ではそれぞれのページ数を示す。原書第二版には、「『マルクス主義と哲学』問題の現状―反批判を兼ねて―」と題する序文と三つの付論、「唯物史観の立場」（一九二二年）「マルクスの弁証法」（一九二三年）「唯物弁証法について」（一九二四年）が収められている。

（10）本書第八章は丸山眞男の思想史研究の方法を五つのポイントに整理し、丸山が思想の多次元性を五つの観念形態のレベルでとらえていることを指摘している。丸山眞男は、観念形態を、①高度に抽象化された体系的理論や学説・教義、②包括的世界観、③意見や態度、④生活感情あるいはムードや実感、⑤意識下の問題、という五つのレベルでとらえている。

（11）以上、本書第四章。

（12）「レーニンとかれの同調者は弁証法を一面的に客体や自然や歴史のなかに移し、主観的意識のなかでこの客観的存在をたんに受動的に反映し模写することが認識だと特色づけることによって、事実、存在と意識との弁証法的関係を崩壊させ、その結果、必然的に理論と実践との弁証法的関係をも崩壊させている。こうしてかれらは、……歴史的存在全体と歴史的に存在する意識諸形態との関係の問題を……認識主観と認識客観との関係の問題という、きわめて限られた認識批判または認識形而上学的な問題にすりかえる」（Korsch 1930. S.36-37. 訳三六ページ）。

レーニン『哲学ノート』（とくにヘーゲル弁証法の研究ノート）が公表されたのは一九二九～三〇年の『レーニン遺稿集』であり、一九三〇年のコルシュ序文ではこのノートには言及されていない。

レーニンの唯物論の理解を含むいわゆる「哲学の根本問題」や意識の能動性と反映論の問題については、牧野（一九九九五）第一〜三章、同（一九九八）第一〜三章、同（二〇〇四）第二章など、またレーニン「哲学ノート」の意義については平野（一九七八）を参照されたい。

(13) グラムシの獄中ノートは膨大で、テーマは多岐にわたり、叙述は断片的ですらある。現在なお世界中で研究されているが、完全な邦訳がないので、合同出版社版『グラムシ選集』を利用し、「合Ⅱ」のように巻数を表示、それにページ数を付す。本稿は、グラムシの哲学と方法論に立ち入った先駆的な業績である竹村英輔（一九七五、一九八九）と、この業績をさらに前進させた鈴木富久氏の三部作（二〇〇九、二〇一〇、二〇一一）に依拠しつつ、獄中ノートの哲学に関わる部分をもとに整理する。グラムシの「実践の哲学」がもっている重層的な体系性とその方法論については、鈴木（二〇〇九）、同（二〇一〇）第一五章を参照されたい。本稿作成にあたり、鈴木氏よりいろいろご教示をたまわったことに感謝したい。もとより内容の責任はすべて著者にある。

(14) ブハーリンがヘーゲル論理学から学んでいないことは第五章でも指摘したが、グラムシはブハーリン・テキストに「弁証法の概説がない」ことの第二の根源としてつぎのように書いている。「弁証法的に考えることは……形式論理学という表現をもつ卑俗な常識に反することなので、弁証法はなにか非常に難解で困難なことであるかのように感じる心理的な理由があるようだ」（合Ⅱ一七二）。現在でも弁証法のすぐれた概説が少なく、またいわゆるマルクス経済学において弁証法的方法が常識化していない理由の一つはここにあると思われる。

(15) グラムシが用いた「実践の哲学」という名称については議論のあるところである。第五章で指摘したように、プレハーノフ（一八九五）がすでに弁証法的唯物論は「実践の哲学」「行為の哲学」であると表現していた。グラムシのそれについては、一つは獄中で書かれたノートであるため検閲を考慮した用語法になっているという解釈が成り立つが、獄中ノートでは「史的唯物論」という用語も使われているので、たんなる言い換えとは思えない。もう一つは、グラムシに先行するイタリアの思想家たちがマルクス（主義）の哲学を「実践の哲学」と呼んでいたので、それを踏襲したという解釈が成り立つ。その思想家の一人はラブリオーラ（Antonio Labriola, 一八四三〜一九〇四）で、もう一人はジェンティーレ（Giovanni Gentile, 一八七五〜一九四四）である。

ラブリオーラは、『社会主義と哲学―ジョルジュ・ソレルへの書簡』（一八九七年）の第四書簡のなかで、「史的唯物論に暗黙のうちに含まれる認識論の実践的転倒」が「実践の哲学、つまり史的唯物論の核心点」であると書いている。「史的唯物論ないし実践の哲学は歴史的社会的人間をその全体性において把握する」というラブリオーラ（一八九七、八一〜八三ページ）はグラムシに通じる（竹村一九七五、二〇八ページ）。グラムシ自身、ラブリオーラは「実践の哲学を科学的に構成しようとした唯一の人」（合Ⅱ二〇）であったと評価している。他方、ジェンティーレは一八九九年に『マルクスの哲学』を書き、マルクス「フォイエルバッハに関するテーゼ」における「哲学的構築物のかなめ石は『実践』の概念にある」と述べている（上村忠男二〇一三、一四〇ページ）。しかし、ジェンティーレの「実践」概念について、ロズールド（一九九七、第三章）は、それがマルクスに由来したものではなく、マルクスとはまったく無関係で、観念論的な「能動的行動主義」であるとする。ロズールドはまた、グラムシの「実践の哲学」が「客観的な矛盾」の意識的な表現であることを強調している。いずれにしろ、グラムシがどのような意味をこめて「実践の哲学」と呼んだか、その内容が問題である。

なお、マルクスが「歴史的過程を排除する抽象的・自然科学的唯物論」に言及しているのは『資本論』第一部で機械について述べた箇所である。このなかでマルクスは「唯物論」という用語を使っている。そして、自然科学的唯物論の欠陥は「歴史的過程を排除する」ことにあることを明らかにしている。

「社会的人間の生産的諸器官、すなわち特殊な各社会組織の物質的土台の形成史も注意に値するのではないか。……ヴィーコが言うように、人間の歴史はわれわれがつくったのであるが、自然の歴史はそうではない……。技術学は、人間の自然にたいする能動的態度、人間の生活の直接的生産過程、それとともに人間の社会的生活諸関係およびそれから湧き出る精神的諸表象の直接的生産過程をあらわにする。……そのときどきの現実的生活諸関係からそれらの天国的諸形態を展開すること……が唯一の唯物論的な、それゆえ科学的な方法である。歴史過程を排除する抽象的・自然科学的唯物論の欠陥は、その代弁者が自分の専門外へとび出すやいなや、彼らの抽象的でイデオロギー的な表象からも、すでに見てとれる」（*MEW*, Bd.23, S.392f.）。

（16）グラムシの人間観が、フォイエルバッハに関するテーゼの第一テーゼのなかでマルクスが示した内容に見合うものであることは見やすいところであろう。マルクスはそこで、「対象、現実、感性を、ただ客体または直観という形式のもとでとらえ」ないで、「感覚的・人間的な活動、実践として、主体的にとらえる」ことを「新しい唯物論の立場」として、そこから「旧来の唯物論の立場」を批判した。

ただ、グラムシが「実践の哲学の始祖は、自分の思想を『唯物論』とはけっしてよばず、フランス唯物論について語った際に、これを批判し、批判はもっと徹底的でなければならないと主張している」（合Ⅱ二〇一～二〇二）というのは不正確である。マルクスは『資本論』第一部第二版後記において、「私の方法の唯物論的基礎」という言葉を用いている（合わせて「私の弁証法的方法」という言葉も用いた）。また、『資本論』には、注（15）で紹介した「唯物論」という用語の使用もみられる。なお、「歴史の唯物論的見解」という用語は、エンゲルスがマルクス『経済学批判』（一八五九年）の「書評」のなかで用いた。エンゲルスはそこでも、「われわれの唯物論的テーゼ」や「唯物論的見解」という表現を用いている。総じて、グラムシが「唯物論」という用語を使う場合、旧来の唯物論（形而上学的、俗流）という狭い意味で用いているために、旧来の唯物論との違いを強調する意味から「唯物論」という用語を使用しないのではないかとも思われる。竹村（一九七五、二〇二ページ）も同様の指摘をしている。

グラムシは認識論に力点を置いて哲学を論じる。このことから考えると、哲学の伝統である認識論上の立場である実在論（realism）を問題にしているのではないか。グラムシにとって、人間の外に客観的な世界が実在するという考えは民衆の常識を構成する一つの要素であり、神による世界創造という宗教的世界観と両立するものと考えられた。実在に関する主観主義的見解に反対するためにこうした民衆の常識に依拠してはならない、というのである（合Ⅱ二四、一八〇以下を参照）。また、グラムシの哲学は実践一元論ではないという竹村（一九七五、二〇三ページ）の指摘も注目すべきである。

(17) グラムシが「経済学批判の序言」の問題の個所をどのように訳したかについては、鈴木富久氏のご教示による。「序言」の大月書店版の翻訳者である杉本俊朗氏による当該箇所の訳文も、版によってつぎのように変化している。

「人間がこの衝突を意識するようになり、これとたたかって決着をつけるところの法律的な、政治的な、宗教的な、芸術的または哲学的な諸形態、簡単にいえばイデオロギー諸形態」（『マルクス＝エンゲルス全集』第一三巻、大月書店、一九六四年、七ページ）。

「人間がこの衝突を意識し、それをたたかいぬく場面である法律的な、政治的な、宗教的な、芸術的または哲学的な諸形態、簡単にいえばイデオロギー的諸形態」（『［新訳］経済学批判』国民文庫版、大月書店、一九六六年、一六ページ、傍線は引用者）。

「人間がそのなかでこの衝突を意識し、それをたたかいぬく形態である法的な、政治的な、宗教的な、芸術的あるいは哲学的な諸形態、簡単にいえばイデオロギー的な諸形態」（『マルクス資本論草稿集③』大月書店、一九八四年、二〇五ページ、傍線は引用者）。

(18) この訳文における「実践の顛覆」というイタリア語は、「フォイエルバッハに関するテーゼ」の第三にあったマルクスの「革命的実践」をエンゲルスが「変革的実践」に変更して紹介した同テーゼをグラムシが翻訳した際に使用したものである。この問題については鈴木（二〇一〇）第五章。

(19) グラムシの有名な定式、「国家＝政治社会＋市民社会、すなわち国家とは強制の鎧を着たヘゲモニーである」（合Ⅰ二〇七）に示されたかれの国家と市民社会の概念については、竹村（一九七五）第六章、鈴木（二〇一〇）第六、七章を参照。

「国家とは、指導階級がそれによって自己の支配を正当化し維持するのみならず、被統治者から能動的同意を獲得することができもするところの実践的・理論的活動の全総体である」（合Ⅳ一六、鈴木二〇一〇、一二三ページの訳）ということからみて、意識とイデオロギーの理論はその哲学的基礎理論にあたる。さらに、グラムシによる通俗的マルクス主義と実証主義にたいする方法論批判も重要なテーマになる。「哲学はまさにヘゲモニーの次元において政治と直結する」（竹村一九七五、一七五ページ）。「グラムシにおける哲学は、ヘゲモニー論を介して政治の中心的課題に転ずる」（同、一九五ページ）。

また、形野清貴「イデオロギー論の射程」（松田博編一九八八、所収）は、グラムシのイデオロギーへのアプローチが次の点で新しい側面を切り開いたとする。第一に、イデオロギーを哲学、宗教、常識、フォークロア（民間伝承）の四つのレベル（形態）に区分したこと、第二に、知識人とイデオロギー装置の役割を分析して、イデオロギーの産出と普及のメカニズムを解明したこと、である。これは丸山眞男が観念形態を五つのレベルに分けていることにも対応する（注10を参照）。

第七章　三木清における意識とイデオロギーの哲学

イタリアのファシズムがグラムシを獄中に拘留していた一九二六〜三七年とほぼ同じ時期、日本でも治安維持法等によって多くのマルクス主義者、自由主義者、宗教家などが天皇制政府からきびしい弾圧を受けた。その犠牲者（獄中死亡）のなかに、戦前のマルクス主義哲学を代表する二人の哲学者がいた。三木清（一八九七〜一九四五）と戸坂潤（一九〇〇〜一九四五）である。この二人のうち、三木清は一九三〇年と一九四五年の二度にわたり治安維持法により検挙され、一九四五年九月二六日、敗戦後にもかかわらず釈放されないまま、奥多摩刑務所において疥癬が悪化し獄死した。これより前、同年八月九日、戸坂潤は長野刑務所において獄死している。戦後の日本においてマルクス主義哲学が新たに出発し、創造的に展開するうえで、この二人の哲学者をすでに失っていたことは大きなマイナスからの出発となった。

三木清は、「哲学研究を通じてマルクス主義への積極的通路を開拓した（日本における—引用者注）最初の学者」（『全集』第三巻後記、久野収稿）といわれる。かれは一九二二〜二四年のドイツ、フランス留学中、ハイデガーのもとで現象学を学びながら、ルカーチ、コルシュなど、いわゆるヨーロッパ・マルクス主義の源流をなした理論にも接した。帰国後の三木のマルクス主義研究は、当時、次第に影響を増していたいわゆるスターリン主義哲学（旧ソ連で支配的となった哲学体系）の側からの厳しい批判にさらされている（とくに一九三〇年の検挙、拘留後。章末の資料を参照）。しかし、三木は専門的かつ幅広い哲学研究をふまえて、独創的なマルクス主義哲学を展開した。かれの生涯をみれば三木の哲学研究はたしかにマルクス主義の枠内におさまるものではなかった。しかし、だからといって三木の哲学がたんにマルクス主義から逸脱し離反したのか、それとも文字通りポスト・マルクス時代の哲学を新たに創造したのか、即断することはできない。そこで、本章は、三木によるマルクス主義研究、なかでもとくに意識とイデオロギーに関する議論に課題を絞り、ポスト・マルクスの哲学における三木清の理論的遺産を再確認する。

ここであらかじめ指摘しておきたいことは、第六章の最後にとりあげたグラムシの哲学と三木清のマルクス主義哲学の共通性である。すなわち両者は人間学（論）を哲学の基礎におく「実践の哲学」という点において偶然にも共通の哲学的立場にあった。しかし、ポスト・マルクスの、第二次大戦にいたる同時代に、空間的にかけ離れた場所において、しかも厳しい状況におかれたなかで、両者が共通の哲学的立場にあったことはけっして偶然ではないであろう。

第七章は、「三木がおこなったマルクス主義の哲学的研究を表現する三部作と名づけられてもよいほどの重要性をもっている」（久野）という『唯物史観と現代の意識』（一九二八年）、『社会科学の予備概念』（一九二九年）、『観念形態論』（一九三一年）、そして一九三二年に刊行された『歴史哲学』と『社会科学概論』をひもとき、ここで設定した課題に接近する。

一　基礎経験――ロゴス――イデオロギー

三木清のマルクス主義およびイデオロギー論は、初期の「人間学のマルクス的形態」（一九二七年）という論文によく表れている（以下、三木の著作からの引用に際しては論文名のみ記す、また旧かなづかいを一部あらためた）。

三木によれば、人間の生活における日常経験は言葉によって導かれている。これをロゴス（logos）とすれば、日常経験における言葉＝ロゴスの支配から「独立であるという意味で、ひとつの全く自由なる、根源的なる経験」がある。三木のいう「基礎経験」である。基礎経験はロゴスを指導し、要求し、生産する経験である。それは形而上学的な意味の経験ではない。「私は在る、他の人びとと共に在り、他の事物のなかに在る」といった人間の根源的な存在を意味する。三木によれば、人間はつねに他の存在と関係し、その過程にある「交渉的存在」である。この基礎経験という概念において、三木は、人間の社会的歴史的に限定された客観的存在性と同時にその実践的性格を表現した。それとともに、経験という用語についていえば、経験による客観的存在の内面化を意識してこの用語を使用したと思われる（ヘーゲル『精神現象学』「意識の経験の学」を想起）。

「基礎経験はもとより事実以外のものを意味するのではない。それはとくに或る一定の存在論的決定、したがってまた人間学との関係において形造られた概念である」（『観念形態論』序、一九三一年）(1)。

つぎに、基礎経験にたいするロゴスについては、二つの段階が区別される。

第一次のロゴスが三木のいう人間学（アントロポロギー）である。人間学とは「人間の自己解釈の謂い」である。この人間学もまた抽象的一般的な、永遠の体系といったものではなく、具体的歴史的あるいは社会的に限定されたものである。そして、基礎経験と第一次ロゴスとのあいだの弁証法的な矛盾にともなって「人間学の変革過程」があると考えられる。

第二次のロゴスがイデオロギーである。イデオロギーには「あらゆる種類の精神科学あるいは歴史的社会的科学が属する」。イデオロギーと第一次的ロゴスとの違いは、第一次的ロゴスが基礎経験を直接性において表現するのにたいして、イデオロギーは基礎経験を媒介者を通じて把握するところにある。媒介者となるのは「その時代の学問的意識、哲学的意識」であり、「客観的な公共性」を有する。この意味で、イデオロギーは「人間の自己了解」なのである。

以上のような関連にあって、第一次ロゴスである人間学の構造はイデオロギーの構造を規定するという重要な機能をもつ。それと同時に、いったん成立したイデオロギーは生活に徹底的に干渉する。これによってわれわれの経験が発展するが、それが一定の段階に達すると、イデオロギーは経験の発展形式からそれの桎梏に転化する。ロゴスと経験とあいだのこの弁証法的な関係において、イデオロギーの変革の運動は、時として緩慢に、時としては急速に成就される。既存の概念体系、思想体系が動揺し、その権威を失墜する。これをロゴスの第二次変革過程と呼ぶ(2)。

二　人間学のマルクス的形態としての唯物史観

三木の言う人間学とは、フォイエルバッハの感性的、感覚的人間学とは異なり、フォイエルバッハの人間学を変革し、これをのりこえたマルクスの「一個の独立した、特色ある人間学」を意味する。したがって、唯物史観はマルクスの人間学に上に立つ世界観すなわちイデオロギーである。労働者は「自然と人間との弁証法」による実践を媒介とする歴史的社会的存在であるから、唯物史観は「無産者的基礎経験」の上に立つイデオロギーである。三木清はマルクス、エンゲルス『ドイツ・イデオロギー』の翻訳を出版（一九三〇年、岩波文庫）したが、こうした学問的蓄積の上でマルクスの「フォイエルバッハ・テーゼ」の内容とその意義をよく理解していたと思われる。

「マルクスの人間学においてもっとも重要なのは、一は人間の実践的感性的なる活動あるいは労働の根源性の思想であり、他は存在の原理的なる歴史性の思想である。（中略）これら二つのものこそまさに唯物史観の構造を限定するもっとも根源的な契機である」（「人間学のマルクス的形態」）。

さらに、人間とその意識について、三木はつぎのように書いている。

「人間は、たんに精神ではなくむしろ精神物理的統一であり、たんに思惟する主観ではなくかえって意志、感情、表象のあらゆる方面に自己を表現する統一的主観である。」したがって、精神科学の対象は「具体的なる全体的なる人間の存在そのものである」（「人間学のマルクス的形態」）。

人間と動物との本質的な区別は意識の在り方にある。すなわち、「対象において人間は自己みずからを意識する。対象の意識は人間の自己意識である。」「たんに脳髄が考えたり、感じたりするのではない。意識とは全体的な人間的存在の具体的なる存在の仕方にほかならない」（「マルクス主義と唯物論」）。

三　唯物論と意識、理論と実践

さらに、意識と関連する唯物論と観念論の問題について、三木はつぎのように述べている。
人間の存在は自然との動的相関的統一のうちにあるのだから、基礎経験というとき、何よりも活動的で全体的な、存在的なものを理解すべきであって、意識的なるもの、観念的なものを理解すべきではない。意識的、観念的なものは、一定の構造と組織を有する存在の運動と発展の過程においてはじめて現実的になる。このように理解することで、三木は、哲学上の「素朴実在論」や、「精神から絶対に分離された物質を説く機械的唯物論」から区別されることを強調した。

総じて精神と物質とを絶対的に対立させ、一方を排し、他方を立てる思想は抽象的思惟の産物にすぎない。唯物論と観念論の問題は、物質から意識を「導出し」たり、あるいは思惟から存在を「演繹する」というような、それ自体すでに形而上学的な見地からはなれて、他の地盤に移されねばならない。マルクス主義の唯物論にいうところの「物」とは「人間の自己解釈の概念であって、純粋なる物質そのものを意味すべきではない」。労働こそ具体的な唯物論を構成する根源である。そして、「言葉こそが社会において唯一の現実的なる意識である」（「マルクス主義と唯物論」）。

三木は、一九三二年に刊行した『社会科学概論』において、この考えを「主体の概念」としていっそう追求していった。

社会科学の概念構成を規定する人間は理性とか自我（自己意識）ではなく、現実的で具体的な人間である。その人間は客観的な存在としての人間であると同時に、行為する主体としての人間である。したがって、「実践の概念はつねに主体の概念とむすびついている」。あるいは、「主体と客体とへの分裂があればこそ、人間には優越な意味において実践ということが属する。（中略）また主体と客体とへの弁証法的分裂があればこそ、人間には認識ということが属するのである」。三木の哲学において、「意識は主体と客体とを媒介する」ものである。三木が、「人間は事実と存在との二つの秩序に同時に属する」というのも、このような主体と客体との統一としての人間すなわち「哲学的意味における人間の本質」把握があった。また、これが三木哲学の「行為の立場」である。いわゆる理論と実践の関係についても同様である。「理論と実践ということがたんにそれだけで対立物であったり、統一であったり、弁証法をなしたりするとは考えられない」。「哲学的に見れば、根本的には存在と事実との弁証法的統一があるから」、現実的な実践すなわち主体が客体的存在に結びついた実践にあたって指導的意味をもち、またこの実践をつうじて理論も変化するという相互に規定しあう関係になる（以上、「社会科学の構造」より）。

やや図式的なところもあるが、三木は意識を理論的意識と実践的意識とに分けている。そして、存在をたんなる客観的存在と主体の行為を含む存在（三木のいう「主体的事実」）とに分け、それぞれの関係を考えてみれば、三木が明らかにしようとしたことがより明確になるのではないか。すなわち、三木においては、「実践」と「認識」とは意識において結びつくのである。

四　イデオロギー

以上のような人間観と意識の本質論にもとづいて、イデオロギー論を展開する。「あらゆるイデオロギーは何等かの仕方においてこのものの生産者たちの社会的規定をみずからのうちに反映する。これはひとつの根本命題である。この根本命題を、芸術であれ、科学であれ、すべての種類のイデオロギーの一切において提示し、解明することがわれわれの仕事である」（「自然科学の社会的規定性」）。

三木によれば、経済的土台を扱う経済学といえどもイデオロギーの例外ではない。自然科学もまた、人間の生産物の一つであり、ひとつのイデオロギーである。これを論じるなかで、三木はブハーリンを引き合いに出す。「ブハーリンはオーストリア学派の経済学の理論的特性の根源を追求してそれを金利生活者の社会心理的規定のうちに発見し、かかるものとしてその階級性を暴露」（同上）した。「ブハーリンは社会心理が論理を規定すると言ったが、私（三木）の言うアントロポロジーとはこの社会心理の概念をいっそう哲学的に深めたものとも見られ得る」と述べる。「決定的なのはいつでも社会的存在が社会的意識を規定するということである」。「アントロポロジーの媒介なしに社会的存在はいかなる場合といえどもみずからをイデオロギーのうちに表現することは不可能である」。さらに言えば、「社会的存在はまず直接に明瞭に社会科学のうちに反映され、このイデオロギーの媒介を通じて、また自然科学のうちに自己を反映させるということがきわめて自然に行われる」（「理論の系譜学の見地における社会科学の優位性」、その例として、イギリス・マンチェスターの自由競争からマルサス経済学を媒介してダーウィンの生物学的イデオロギーへ、があげられる(3)）。

他方、三木のイデオロギー論にはルカーチの商品物化論（本書第六章）の強い影響がみられることを指摘しておかねばならない。

三木は、商品の構造のうちに資本制社会におけるあらゆる存在の対象性の形式の原型があると言う。これは初期ルカーチの物化論と同じである。すなわち、商品形態に構造づけられた人間と人間との関係が支配し、社会的存在の凡庸化をもたらす。このような自己疎外において資本制社会の特質は普遍的に完成するとみるのである。「あらゆるロゴスは商品の範疇の普遍的なる、決定的なる支配のもとに、人間から抽象された、したがって現実の存在から遊離された、悪しき意味におけるイデオロギーに移り変わっていき、かくして逆に人間性の発展を抑制し、圧迫する」（「マルクス主義と唯物論」）。

社会的存在の客観的現実性は、その直接的な姿においては、無産者（プロレタリアート）にとっても有産者（ブルジョアジー）にとっても同一である。しかし、マルクスとエンゲルスの共著『聖家族』が言うように、有産者はこの自己疎外に幸福と確実さ、自分の力を感じるのにたいし、無産者はこの疎外において否定と無力と非人間的存在の現実性をみるのである。それゆえ、有産者は商品構造を永遠化するためのイデオロギーをたてて「普遍妥当する理論」を築く。無産者はこのような現実から遊離した悪しきイデオロギーを批判するうえで、まずは現実そのものから出発し、またしなければならない。その根底にあるのは生産行為である。唯物論の第一の課題は「現実の忠実な歴史的哲学的分析」であるが、この唯物論は本質的に実践的である。そして、理論と実践との弁証法的統一のゆえに、マルクス主義は一つのイデオロギーでありながら、けっして悪しき意味におけるイデオロギーではありえない。それゆえ、「ひとはマルクス主義の概念のもとに、固定したドグマを考えるべきではない。つねに発展の過程にある現実的な理論を理解すべきである」（「マルクス主義と唯物論」）。

意識とイデオロギーの理論について、三木は、「私は遠からず階級意識論に関する体系的な著述に着手すべく準備中である」（「唯物論とその現実形態」一九二九年への付記）とした。タイトルをみればそのための体系的な著作と思われた一九三一年出版の『観念形態論』はかならずしも体系的な著作ではなく、その原理的なものも「作業仮説」にすぎないとされた（同書序より）。しかし、これにつづく『歴史哲学』（一九三二年）と『社会科学概論』（一九三二年）において、三木は、基本的にはマルクスに依拠しながら、意識とイデオロギー論をより積極的に展開した。

まず、歴史観を論じる。「歴史叙述はその根柢において史観に規定されることによってイデオロギーとしての性格を担わされることとなる」。そのうえで「イデオロギーという言葉は、ロゴスがたんに客観的なものを模写するにとどまらず、同時に主体的なものを自己のうちに表出し、かつそれがいかに前者を模写するかの仕方そのものがかかる主体的なものによって規定されているということを表している」と言う。三木にとって、「存在」とは、主体的なもの、行為するものとの関係から「事実」との連関において「存在」を理解することを意味する。「意識の特殊性は、主体的な事実をまさに主体的に表出するところにある」。その意味で、意識はたんに存在を意識するという限りのものではないのである（以上、『歴史哲学』「史観の構造」）。

三木がもっともまとまったイデオロギー論を展開しているのは『社会科学概論』におさめられた「社会科学とイデオロギー」である。

それによれば、まず、イデオロギーなる語はもとイデーという語と関係があり、イデーに対立する。したがって、「カール・マンハイム（『イデオロギーとユートピア』一九二九年）のように、イデオロギーをユートピアとを対立させることは理論上整合的でありえず、かつ無意味に終わるであろう」と言う。

三木は、イデー的見方からイデオロギー的見方への推移には五つの基礎的あるいは決定的要素が前提だとして、これを分析している。（1）イデーの内在的な主観化、（2）本質存在から現実存在への移行によるイデーの観念化、（3）意識形態の学の成立、（4）歴史的意識の発達、（5）理性の人間学批判、がそれである。

また、いわゆる「虚偽の意識」についてはこれを「イデオロギーの特殊概念」と呼び、そのうえで『ドイツ・イデオロギー』の一文を引用し、「イデオロギーの一般概念」を三つの点で規定する。

第一に、決定的なものは現実存在の側にあり、イデオロギーは相対的にしかそれ自身の独立な存在および発展をもたない。第二に、すべてのイデオロギーは人間の現実の生活過程によって制約されているのであるから、「純粋な」思惟、感情、等の生産物ではない。第三に、イデオロギーもまた社会的歴史的に制約されており、それぞれの歴史的時代における社会の構成の変化に相応して変化する。

これらの点からいえば、「マルクス主義的イデオロギーも確かにイデオロギーである」。しかし、マルクス主義イデオロギーはいわゆる虚偽の意識ではない。では、マルクス主義が「真なる意識としてのイデオロギー」であり、かえって「科学」と言いうるのはなぜか。

それはプロレタリアートが生産的で実践的な階級であって、「認識の前提条件」と「決定条件」としての実践の主体であり、他の階級のイデオロギーの非生産的で非実践的なイデオロギーを批判できるからである。ここにおいて「認識論と存在論とは構造的に結び合っている」と三木は指摘する（グラムシを想起）。

ただし、相対的真理と絶対的真理との関係からみたとき、ブルジョア・イデオロギーも絶対的真理の一つの契機となりうる相対的真理を含むこと、永遠の絶対的な真理すなわち真理のイデーのみを問題にすることはたんなるイデオロギーに属すること、そして科学がイデオロギーとしての一般的性質をそなえながら科学でありうるためには、自然や社会を支配し変革しようとする実践と結びつかなければならないと、三木は指摘する。この場合、主体と客体とはあくまで区別される。そこで、客体には属さないが観念的なものではない主体の概念には「存在」という概念だけでは対応できないので、三木は《事実》という概念を導入した。これは、「どこまでも『もの』の意味をもつ主体を、『存在』と称せられる客体にたいする区別において、とくに『事実』と呼ぶ」ところの三木独特の概念である（以上「社会科学とイデオロギー」[4]）。

五　普遍と特殊の弁証法と有機体説批判

三木の意識とイデオロギー論を検討していくと、有機体説批判にもとづく普遍と特殊の弁証法（「弁証法的普遍」）がその方法論的基礎にあることがうかびあがってくる。

また、本書第五章でとりあげたブハーリンの機械論的あるいは均衡論的な方法や、ルカーチやコルシュが強調した総体性の弁証法の内容と比較して三木が優れていたのは普遍と特殊の弁証法にかんする正確な理解である。これについては、三木が一九二八年に発表した「有機体説と弁証法」という注目すべき論文がある。

この論文は、最初に有機体説と弁証法の違いを五つの点に整理している。それによれば、（1）有機的発展は連続的であるのにたいして弁証法的発展は転化もしくは飛躍を含む、（2）有機的発展ではその動因となるのは統一的全体の個々の部分のあいだの平衡を得た交互作用であるが、弁証法的発展の動因は全体のうちに内在する矛盾である、（3）有機的発展においてはつねに保存が主となり、弁証法においては保存と同時に破壊あるいは廃棄、肯定とともに否定が重要である、（4）有機的発展における全体の所与性にたいして、弁証法的発展において全体は過渡的なものである、（5）有機的発展における全体は「構造」概念において解明されるが、弁証法的発展における全体はむしろ「層」の概念において解明されるべきである。

ここに示された有機体説と弁証法との差異は、本書第五章で取りあげたブハーリンのシステム論的な構造分析の方法への批判でもある。また、弁証法的発展における成層的発展の指摘は、コルシュが社会総体における社会的、政治的、精神的生活過程の現実性を強調したことにも対応する。とはいえ、コルシュにおいても、かならずしもこの点は明確なものではなかった。

三木は以上のように有機体説と弁証法との差異を分析したうえで、ヘーゲルの弁証法はその汎神論的基礎のために有機体説につよく傾斜していることを批判する（シェリングが源流）。その底に流れているのはドイツの思弁哲学に共通する「具体的普遍」の考え方である。具体的普遍は本書第二章においてすでに取りあげたカテゴリーである。ヘーゲルにおいてはあくまで「具体的普遍の自己意識」だが、ここで言われている「具体的普遍」について、まずは三木の説明を聴いてみよう。

「カントが有機体に結びつけたところの具体的普遍的なるもの、ヘーゲルの言う思弁的なるものは、まことに有機体説の主なる思想内容である。具体的普遍にあっては、一切の特殊が一つの完了した、統一ある全体のなかで一義的な、必然的な位置を保つ。このとき各の部分は全体を要求しかつ部分部分を互いに要求する。それと共に全体はまた部分を要求しかつ各の部分をしてたがいに要求せしめる。いかなる部分も全体によって規定されて、全体の意味を現わさぬものとてはない。カントはかくのごとき構成を有機体において見、ドイツ歴史学派の有機体説はそれを歴史的存在一般のうちに見た。このようにして思弁的なるもの、具体的普遍は弁証法のみに固有なるものではない。（中略）人びとはヘーゲルの論理学をまったくこの意味にこの意味に解釈して怪しまなかった」（「有機体説と弁証法」）。

すなわち、有機体説では具体的なものは直接的なもので、普遍と特殊の個性的な結合であるにとどまる。それがドイツ歴史学派における「理解」の理論としての「解釈学」を生みだした（本書第三篇第一章）。そこには弁証法的な否定の論理はない。弁証法においては、具体的なものは否定の媒介をとおして反対物へ転化する過程にある。矛盾による発展であり、媒介による自己の止揚である。ヘーゲルの体系では、その汎神論的性格のために、真の弁証法的なものは抑制され、否定的なものはいわゆる「理性の狡知」の意味におとしめられるにいたった、と三木はヘーゲル哲学の保守的性格を批判する。

問題は「具体的普遍」というカテゴリー自体にあるというよりも、ヘーゲルがそれを結局は精神あるいは自己意識の展開としてのみ理解することにある。したがって、三木が本論文の最後に五点にまとめて述べているように、（1）弁証法的発展は飛躍と非連続性の契機を積極的に承認する、（2）統一よりも矛盾の方に重心をおく、（3）保存とともに破壊、とくに否定の契機を重んじる、（4）基点となるのは経験的に確かめうる諸事実である、（5）ヘーゲルの体系は閉じられた体系であるのにたいして、マルクスの弁証法は開かれた体系を成す。

そうだとすれば、具体的普遍というカテゴリーを有機体説的に理解するのではなく、弁証法的方法のなかに正しく位置づける必要がある。その際のポイントは矛盾にある。現実的な事物のなかにある個と普遍あるいは普遍と特殊とのあいだの矛盾をとらえることが重要である(5)。

三木は、この後の『歴史哲学』（一九三二年）では「具体的普遍」と「弁証法的普遍」とを明確に区別している。「具体的普遍（という論理的概念―引用注）は有機的な構造を有する普遍である。有機体説においては、具体物は、純粋に連続的なる、いわば無意識からの生成をもち、普遍と特殊との各々の場合において全く個性的な結合としての全体である。しかもかかる全体は何等かの与えられたものとみられている。それは認識されるのではなく、却って理解される」。これにたいして、「根源的には実践―事実としての歴史は行為的なものである―と関連して形作られる全体は、ほかならぬ弁証法的普遍として具体的普遍から明確に区別されなければならない」。

ヘーゲルの言う「具体的普遍」を弁証法的普遍と同一視し、ましてそれを意識のレベルでのみ論じる傾向が今なおあるだけに、三木がすでに早い時期にこの両者を区別していたことを確認することは重要である。

六　三木の警句

以上は、三木のマルクス主義哲学理解の一端を見たに過ぎない。かれの哲学の立場は「行為の立場」あるいは「実践の立場」である。このことはくりかえしみずから語られている。同時代のグラムシの哲学にも通じるこの立場から、三木は先の論文（「有機体説と弁証法」）のなかで、つぎのような注目すべき警句を哲学研究に残した。

「実践的唯物論にとっては何よりも現代そのものの把握と克服とが肝要である」。「唯物論と観念論との対立は、（観念弁証法と唯物弁証法という――引用注）二つの弁証法の理論的構成の全体のなかに反映すべきはずである。いわゆる形式論理学においては、一の同一の思惟法則が、みずからはつねに自己同一にとどまりながら、相異なる種々の対象の上に適用されるとみなされることができる。けれども弁証法にとってはこのことは不可能にされている。それは対象からの思惟であり、対象の内的な自己運動の形式であるからである。それにもかかわらず、この事情は弁証法の叙述者たちによっていまだ明確に意識されていない。ひとびとは唯物論の観念論にたいする哲学的立場の相違を論じはするが、唯物弁証法の理論そのものを説明するにあたっては、絶えずヘーゲルに単純によりかかっている。この方面の権威とみなされているデボーリン（注――旧ソ連時代の哲学者、一八八一～一九六三）のごときもなおこの範囲を出ていない」。

三木清の死後、すなわち第二次大戦後のマルクス主義がこうした三木の警告と理論的遺産にどのように向き合ってきたのか。そのことは哲学分野の専門研究にゆずらざるをえない。(6) しかし、少なくとも戦前の日本で行われた「公式主義者」（三木の表現――直接には服部之総のこと）による抽象的普遍的命題のリフレインによっていたのでは、ポスト・マルクス哲学の創造的展開はのぞめなかったのである。

三木のマルクス主義哲学研究は、こうした公式主義の命題によりかかることなく、幅広い、専門的な哲学研究をふまえたうえで、創造的あるいはそういってよければ独創的な研究を展開した。その意味で、日本におけるポスト・マルクスを代表する研究者の一人であることは疑いない。

注

（1）「各々の哲学が一定の存在概念をとくに優越な意味におけるものとして選び取ってもっているという関係を、私は、すべての哲学はそれぞれの存在論的決定を含んでいる、と言う」。「それぞれの時代はそれ自身の基礎経験を有する、そしてそれに応じて一定の存在論的決定を含んでいる。これらのものに結びつかない哲学は、少なくともその時代においては社会に対して現実的な意味をもち得ないばかりでなく、自分自身として十分に生産的、発展的であり得ない」（いずれも『観念形態論』序より）。

（2）一般にロゴスに対置されるのはパトスである。ロゴスの知性にたいし、パトスは外界からの影響による内面的あるいは心的状態を意味し、感情、情念などをさすものと考えられている。三木が基礎経験という用語でこうした心的状態を意味させたとは、少なくともマルクス主義の理解においては考えられない。三木も基礎経験をパトスにあたるとは説明していない。ただし、意識について論じるところではつぎのような論述がある。

「客観的に限定される限りにおける意識をロゴス的意識と呼ぶならば、主体的に規定される限りにおける意識はパトス的意識と呼ばれることができる。（中略）したがってパトス的意識のうちには主体が自己を根源的に表出するばかりでなくさらに客体の主体にたいする意味が表現される」（「社会的意識の諸形態」『社会科学概論』）。

（3）三木は、当時のマルクス主義内部のある種の傾向についても警告を発していた。

「他方においては、マルクス主義の内部に自然科学をもって確実な基礎となし、自然科学によって唯物史観を基礎づけようとするひとつの著しい傾向が存在する。この傾向こそはしかしながらまさに唯物史観のさきの根本思想に矛盾するものではないであろうか」（「自然科学の社会的規定性」）。

ただし、三木は「自然の弁証法」を認めている。マルクス主義の内部で最初に「社会の弁証法」として解明されたものが「自然の弁証法」に進むのは科学の歴史における進行の秩序であると言う。「今後自然科学は弁証法を指導的原理とすることによってその研究においておそらく今日誰も想像しないような発展を遂げ得るであろう。……それゆえに、もしひとが自然の弁証法の概念を予断的に排撃しようと欲するならば、彼はそのことを科学のためになしているのではなく、かえって一定の階級のためになしているのである」（「自然科学の社会的規定性」）。「現実存在としての自然は弁証法的である」（「形式論理学と弁証法」）。

こうした言明からして、三木のマルクス主義が「唯物史観主義」だというのはレッテル貼りである。

（4）三木清の哲学については近年の吉田傑俊（二〇一一）と平子友長（二〇一三）が参考になる。いずれも戸坂潤と比較した論稿である。本書は戸坂の哲学を扱わなかったので、いずれこの課題をはたさなければならないが、さしあたり三木清の評価についてのみ述べておきたい。

吉田は第二次大戦にいたる過酷な状況にあって、「市民」形成の哲学として、自由主義とヒューマニズムをつらぬこうとしたと三木を評価する。

平子は、「三木はリャザノフ版『ドイツ・イデオロギー』刊行の意義に注目し、そこで展開されている労働概念を基軸とする実践的唯物論の基本的問題構成を日本で最初に定式化した哲学者であった」。それは「ソ連型のマルクス主義哲学とは原理的に相容れなかった」。

いずれの評価にも賛成だが、つぎのことを付記しておこう。

まず、吉田は、三木の『歴史哲学』における存在と事実の関係について、つぎのように述べている。三木はかつてのマルクス主義理解では交渉的な人間の基礎経験を媒介にしつつも、少なくとも人間と自然との動的相関的関係による歴史的世界を提示した。だが、この存在と事実の関係においては、歴史的世界は客体的存在と主体的事実の関係としてより抽象化・観念化された。ここではかつての実践主体たる人間は姿をみせず、ヘーゲル的ロゴス的事実が主体となっている。三木のこうした思想転化は西田哲学への回帰とみなされるべき側面をもった。「三木の主体的なものは……この段階ではマルクス主義から明らかに離反した」と（吉田二〇一一、一〇八～一一三ページ）。

私は一九三二年時点の三木の「行為の立場」あるいは「実践の立場」の哲学はまだなおマルクス主義哲学の創造的展開の枠内とあると考える。その根拠は、存在と事実の区別は最初から三木の人間学にもとづくものであり、また三木が意識とイデオロギー論においては完全にマルクスに依拠していることに示されている。

二〇世紀前半というポスト・マルクスの時代にあって、自由主義とヒューマニズムを貫徹しようとすればマルクスの哲学と思想を創造的に展開する方向（たんなる「接近」や「折衷」ではなく）にむかわざるをえない。このことを三木はみずからの哲学において体現したというべきではないだろうか。

また、平子は、マルクスの哲学の基本原理が歴史的存在論であること、そして「種々の意識形態を存在から分節化し、存在と意識の対立それ自体を存在から基礎付け展開する唯物論」がマルクス主義的唯物論であるとする。「認識論的問題構成（主観と客観、意識と物質の関係）を哲学の根本原理として最初に立てないこと」は首肯できるが、実践を媒介として存在論と認識論とを統一的に理解すべきことを明確にしなければ、グラムシが『経済学批判序言』の『認識論的価値』を評価したことがうかびあがってこないのではないか。

（５）こうした普遍と特殊の弁証法とくに矛盾の理解は、三木の没後、戦前の唯物論研究会以来のヘーゲル研究者、見田石介（一九〇六～一九七五）により、『資本論の方法』（一九六三年）以降の経済学方法論の研究に生かされ、具体化された。さしあたり『見田石介著作集第一巻　ヘーゲル論理学と社会科学』を参照されたい。

なお、島崎隆（一九九七）も同書第七章（注17）においてこの三木論文（「有機体説と弁証法」『全集』第四巻所収）に注目している。

「三木清がヘーゲルの観念論的弁証法を有機体説的にたえず傾くものととらえており、そこからヘーゲル弁証法とマルクス主義の弁証法の差異を説くことはいまでも有益な考えであろう。」

島崎はこのように述べたうえで、ヘーゲル弁証法とマルクス的弁証法の共通性と質的差異を八点にわたり整理している。その際、三木清と見田石介と許萬元の見解を参考にしたとするが、ここに許萬元をあげることは適切でない（その理由は拙著二〇〇五年における許論文への批判を参照していただきたい）。さらに島崎は、「見田氏のヘーゲル批判の論点は多岐にわたっているが、唯物論側からのアプローチとしてその検討は将来の課題とさせていただく」（同、二六二ページ、注18）と留保している。

（6）一つの試みとして島崎隆（一九九七）、平子友長（二〇〇六、山室信一責任編集、所収）をあげておこう。

第七章資料：三木清にたいするプロ科研の批判

一九三〇年、三木清が検挙された。その最中、かれが「かなり重要な地位を占め…、研究所の種々の領域における実践的労作に直接間接に影響を及ぼしていた」プロレタリア科学研究所が三木清に一方的な「判決」を下した。当時の革命政治と学問＝哲学の関係の一端を知るため、一六ページにおよぶ決議の要点を資料として一部紹介する（「三木哲学に対するテーゼ　哲学に対する我々の態度」（『プロレアリア科学』第二巻八号所収、一九三〇年七月二〇日付、同書記局）。

「三木哲学は現実の危機や客観的状勢の問題解決に役立たないばかりか、観想的同伴者的見地にたつ、プロレタリア現実の運動に積極的に参加することが不可能な」哲学である。なぜなら、三木哲学は実践の過程における試練を経ておらず、「プロレタリアの組織より思想的実践的影響を受けない教養あるインテリゲンチャの哲学」だからである。また、「他方、理論的思惟の点において社会民主主義の諸学説の間に無抵抗に増長している。「実践を除外して、またマルクス主義の諸前提を除外して、いかにしてマルクス主義の深化・基礎づけが可能であるか」。「却って別個のブルジョア哲学（たとえばハイデッカー）に依拠してマルクス主義を基礎づけるという課題を自ら課することがいかに笑うべき自己矛盾であるかを我々は知っている」。

「哲学臭い言葉による唯物史観の基礎づけ」は、「ただ骨抜きにされ、革命性を虚脱せしめられた一面的なマルクス主義である」。それは「ブルジョア観念論の抽象的概念をマルクス主義のなかへ密輸入する常套手段である。したがって、「無産者的、現実、存在という一見、具体的に見える概念」は「無内容な基礎の上に立つアントロポロジー」であり、「実を結ばない観念論的空花である」。

人間の実践的感性的活動はたしかにマルクス主義哲学の優越性を構成する。しかし、三木哲学の活動は階級人としての活動ではない。かれが強調する「存在の歴史性の概念もまた抽象的観念的である」。したがって、三木はたんに「教養ある哲学者」にすぎない。

なお、三木哲学の批判者たち（服部之総、加藤正その他）もまた「三木哲学批判の、最後の一線に到達しえないでいる。その欠陥は、一言にしていえば哲学に対する政治的態度の欠如である。」以下、省略。

第八章　丸山眞男のラディカル・デモクラシーと思想史研究の方法

丸山眞男（一九一四〜一九九六）は日本が生んだ世界的な政治学者である。そして、リベラルな思想家であった。その仕事は広く内外に知られているが、丸山の思想的立場、これと関連する思想史研究の方法論は、かれがおりにふれて述べたマルクス主義にたいする批判とおおいに関連している。したがって、丸山の科学と思想および思想史研究の方法論を理解することなしに、丸山によるマルクス主義批判の本当の意味やその限界を知ることはできない。丸山はみずからを「post-Marxist（マルクス以後派）ではあっても、マルクス無視派にはなれない」と述べた。第八章はこのことを念頭におき、丸山をポスト・マルクスを代表する一人としてとり扱う。すなわち、丸山の基本的立場であるラディカル・デモクラシー、思想史研究の方法、そのうえに立ったマルクス主義（とくにスターリン主義的思考法）批判を検討し、戦前日本の三木清と並ぶ、ポスト・マルクス派の意識とイデオロギー論の代表者として丸山を評価する。[1]

一　丸山眞男という人

丸山眞男の名前は戦後世代にはなつかしく響くが、一九六〇年代以降に生まれた人にはあまり知られていない。丸山は一九一四年三月、大阪に生まれ、一九三七年東京帝国大学法学部を卒業、一九四〇年東大助教授になり、一九五〇年に教授となった（こういう経歴を「四行教授」というらしい）。一九七一年に病気を主な理由に、定年前に退官した。

丸山は、一九三三年、一高生時代、戦前の唯物論研究会が主催する講演会に一聴衆として参加したために検挙・拘留され、以後、思想犯被疑者として特高（特別高等警察）の来訪や憲兵隊からの召喚を受ける。さらに、一九四四年には旧陸軍二等兵として徴兵され、平壌で兵役につく。この扱いは帝国大学助教授としては異例中の異例である。病気のためいったん送還されるが、一九四五年に再び応召、一等兵として広島で被爆する。現在からは想像もできない厳しい体験をした政治学者であった。

戦後、丸山の業績は海外で高い評価をうける。しかし、アメリカ合衆国政府は丸山になかなかヴィザを発給しなかった。それでも、一九六一～六二年ハーバード大学特別客員教授、一九六二～六三年オックスフォード・セント・アントニーズ・カレッジ客員教授、一九七五～七六年プリンストン高等学術研究所員、一九七六年と一九八三年の二度にわたるカリフォルニア大学バークレー校（ＵＣＢ）特別客員教授、という海外での経歴をもち、一九九六年八月一五日に没した。

丸山の専門領域は政治学、日本政治思想史研究を専門にしたが、その文筆活動は幅広く、社会的活動にも積極的で、第二次大戦後の日本における代表的ないわゆる知識人あるいは文化人の一人とされる。

この意味で、丸山眞男は二〇〇八年一二月に亡くなった加藤周一（一九一九～二〇〇八）と並ぶ。この二人には『翻訳と日本の近代』（岩波新書、一九九八年）という興味深い問答記録が残されている。

丸山が一九四〇年から一九四二年にかけて発表した研究は、のちに『日本政治思想史研究』（著作集第一・二巻所収）としてまとめられた。この最初の著作は、「近世儒教の発展における〈荻生〉徂徠学の特質並びにその国学との関連」と「近世日本政治思想における『自然』と『作為』」とからなる。前者は、「儒教思想の自己分解過程を通じての近代意識の成長を、思惟方法の変容という観点から見」たもので、徳川時代における朱子学から徂徠学を経て国学へいたる、一見すると非合理主義へ傾斜する中に、近代的な合理主義を見出そうとしたものである。後者は、徂徠学が導入した主体的作為の思想が封建社会において、その変革の武器になりうること、封建的社会関係およびその観念体系から実質的根拠を奪ってこれを形骸化することを論じたものである。

筆者は丸山の初期のこうした研究内容について専門家として批評することはできない。また、丸山自身もこの論文についてはいろいろと反省すべき点を述べている。しかし、少なくとも思想史研究の方法論として読めば、丸山の特徴がよく出ているものであろう。

また、丸山の晩年の研究として、『「文明論之概略」を読む』(岩波新書、上・中・下、一九八六年、著作集第一三、一四巻所収)をあげるむきもある。これは、丸山が若い頃から親しんだ福沢諭吉のテキストの読解を活字にしたものである(これ以外の福沢諭吉についての丸山の論稿は丸山眞男著『福沢諭吉の哲学　他六篇』岩波文庫、二〇〇一年として刊行されている)。ここでも、丸山は、さまざまな福沢評価がある中で、一貫して福沢諭吉における、ものの見方・考え方(「自由の弁証法」)を思想史研究の対象としてとりあげている。丸山眞男の福沢論自体が一つの思想史研究の方法を示しているのである。ちなみに、二〇〇八年一一月に亡くなったジャーナリスト筑紫哲也が好んだ「多事争論」は、この福沢の『概略』にある「自由の気風はただ多事争論の間に在る」という一節を丸山眞男から学んで使った言葉である。

二　丸山眞男研究の一端

丸山の著作は生前、『丸山眞男集』(全一六巻)にまとめられ(完成は没後)、多くの対談や鼎談その他が『丸山眞男座談』(全九巻)として刊行されている。また、自分のために書いた三冊のノートが『自己内対話』というタイトルで刊行され、ほかにも『講義録』『書簡集』『回顧談』『話文集』『話文集続』などが相次いで刊行されている。したがって、今日では丸山の多面的で多様な仕事の全容を知ることができる。丸山の学問上の弟子あるいは孫弟子もたいへん多い。かれの死後、「丸山眞男に関する本は、すでに汗牛充棟の有様である」（石田雄二〇〇五、あとがき）とさえいわれている。

丸山の蔵書および関連資料は東京女子大学に寄贈され、比較文化研究所附置「丸山眞男記念比較思想研究センター」が設立された（一九九九～）[2]。海外では、カリフォルニア州立大学バークレー校日本研究センターが毎年「丸山眞男セミナー」を開催している（一九九九～）。この日本研究センターの所長を長くつとめた歴史学者アンドリュー・バーシェイ教授は二〇〇四年に『近代日本の社会科学』を刊行しているが、その邦訳が二〇〇七年三月に出版された。「日本語版への序文」によれば、同書は「各章がつながって構造化されて」いる。山田盛太郎の経済中心の議論、宇野弘蔵と宇野学派による思想なき理論、平田清明の「市民社会」論における思想に傾斜した議論の検討という順序をふまえて、最終第七章に丸山眞男論が配置されている（Barshay 2004, pp.197–239）。丸山眞男が「倫理と政治の問題」に関心を寄せたことはグラムシ（『獄中ノート』）と同じ知的運動であった、とバーシェイは書いている。つまり、「政治思想家としての丸山眞男」は「戦後日本における民主主義の構想」を提起したのである。

バーシェイによれば、丸山はユートピアとイデオロギーの両面をもつ民主主義についての戦後日本における優れた構想者であった。丸山眞男は戦後日本において「近代主義」とよばれる社会科学の潮流を代表する一人とされている。しかし、「近代主義」はマルクス主義に多くを負っていると同時に、マルクス主義と対決して具体化されたわけではない。戦前の日本では「共同体」（ゲマインシャフト）というドイツ的思考が支配したが、その「専制」にたいし、「内面性」あるいは「主体性」という規範にもとづき、「諸個人の自由で拘束されないアソシエーションによって規範が設定され、政治が創造的空間になるような近代社会」をめざしたのが「近代主義」である。

丸山にとって、「市民社会」は、「他者と違っていて同時に同じであり、他者のあいだで生き、また自分自身が他者であるというジレンマ」をかかえる社会である。だから、「大衆社会」となり、ファシズムを生みだす可能性を内包している。また、「市民社会」という用語があまりにも西欧を理想化している節もあるので、丸山の語彙においてこの用語は重要な位置を占めなかった。丸山にとって、「市民社会」は勤労大衆を主体とする民主主義の永久革命を支えるものになる必要があった。以上がバーシェイによる丸山評価（その一端）である[3]。

以下、本章では、『丸山眞男集』『座談』および『自己内対話』にもとづいて、丸山の思想と思想史研究の方法論、そしてこれにもとづくかれのマルクス主義批判を検討する。

三　思想的立場――ラディカル・デモクラシー

丸山の思想的立場をもっとも明確に表すのは次の一文である。

「現代日本の知的世界に切実に不足し、もっとも要求されるのは、ラディカル（根底的）な精神的貴族主義がラディカルな民主主義と内面的に結びつくことではないか」（「『である』ことと『する』こと」一九五九年、『日本の思想』岩波新書、一九六一年所収、一七九ページ、『丸山眞男集』第八巻四四ページ、以下、『集』⑧四四というように略記する[4]）。

この一文は、たとえば、日本国憲法（一九四七年～）第一二条にある「国民に保障する自由及び権利」が、たんに制度や状態として「ある」ものではなく、まさに「不断の努力によって」、いいかえると、たえず「する」ことによって「保持」されねばならないものであることを強調する文脈の中で語られた。「『である』ことと『する』こと」という二つの図式によって、「ある面でははなはだしく非近代的でありながら、他の面ではまたおそろしく過近代的でもある現代日本の問題を反省する手がかり」にする。これがその際の丸山の論法であった。

丸山は、①日本の近代化過程を批判し、②近代の民主主義を「永久革命」として位置づけ、さらに、③社会主義はあくまで「第一義的に資本主義に対する概念」であり、「社会主義と民主主義の結合がいちばん望ましい」（一九六五年、『座談』⑤一三四〜一三五）と考えていた。したがって、丸山の思想と方法を理解するキイポイントは「永久革命としての民主主義」にある。

丸山が自由な個人の精神的独立性を強調したのはその通りである。かれが重視したのは「普通の人びと」つまり労働者や農民が近代知と近代精神を自分のものにすることであった。「知性の機能とは、つまるところ他者をあくまで他者としながら、しかも他者をその他者において理解することをおいてはありえない」（一九六一年、『集』⑨四四）。自由な個人は他者と切り離されてあるのでも、他者との共通性や共同性に安住するのでもなく、社会の担い手、主体として成長し発達する。

第二次大戦直後、日本は「明治維新が果たすべくして果たしえなかった民主主義革命の完遂という課題」に直面し、いま一度「自由の問題への対決を迫られている」と丸山は述べた。しかし、かれのいう自由の「担い手はもはやロック以後の自由主義者が考えたごとき『市民』ではなく、当然に労働者農民を中核とする広汎な勤労大衆でなければならぬ。しかしその際においても問題は……新しき規範意識をいかに大衆が獲得するかということにかかっている」（一九四七年、『集』③一六一）。その過程は、当該社会の近代化の過程がもつダイナミックな不断の運動を抜きにしてはありえない。

丸山によれば、近代社会の形成には二つの過程がある。その一つは、人格的な関係が非人格化（『資本論』の邦訳による影響か、哲学・思想の分野において「物象化」という難解な用語で表現されることが多い）すること、もう一つは、そのうえで人びとが意識的にルールや組織をつくることである。近代社会のルールや制度や組織は本来「フィクション」として形成されるという性格をもつ。その面では「逆に非人格的関係の人格化」だと丸山は言う。ところが同時に、このフィクションはたえず「実体」と化し、人びとを圧迫する。したがって、社会の近代化過程の矛盾は「個人の自立化」と「フィクション」の「実体化」とのあいだにある。近代化はアンビヴァレント（両義的）な可能性を含むものであるから、民主主義もまた人びとの自由を抑圧する「多数者の独裁」（ファシズム、マッカーシズムその他）を生み出す可能性がある。そこから、不断に「すること」によって「あること」を相対化し突き破る、という丸山の論法が出てくるのである。

再度『日本の思想』につくと、丸山は、「民主主義というものは、人民が本来制度の自己目的化―物神化―を不断に警戒し、制度の現実の働き方を絶えず監視し批判する姿勢によって、はじめて生きたものとなり得る」と述べている。とくに、「自発的な集団形成と自主的なコミュニケーションの発達」が妨げられ、「会議と討論の社会的基礎が成熟しないときに」、近代的な組織や制度といえども、それぞれが閉鎖的な「うち」を形成し、「そと」にたいして立ち向かうことになるという（『日本の思想』岩波新書一五六、一七五ページ、『集』⑧二五、四二）。

このように、諸個人の自由とその意識形成は、民主主義の担い手の問題であるという意味で関連すると同時に、自由と民主主義とは互いに次元を異にするものである。民主主義は、家族から国家さらに世界にいたる、人間集団的な決定を要する事柄を、人びとの参加と自覚にもとづいて行うという一つのルールなのである。

自由と民主主義とが次元を異にするとすれば、社会主義は本来、資本主義の対立概念である。したがって、自由主義、民主主義、社会主義という三つの思想はお互いに次元を異にするものであり、それぞれが、国家主義や専制、少数者の独裁、資本制経済と対決することによって成り立つ。それとともに、この三つは互いに連結する関係にもなりうる。逆に言えば、「自由民主主義的資本主義」も「国家主義的で少数者が独裁する社会主義」も成り立つ（もっとも丸山がそう言ったわけではない）。

こうした意味から、次の丸山のアフォリズム（箴言）が熟読されるべきであろう。

「社会主義について永久革命を語ることは意味をなさぬ。永久革命はただ民主主義についてのみ語りうる。なぜなら民主主義とは人民の支配―多数者の支配という永遠の逆説を内にふくんだ概念だからだ。……民主主義は制度としてでなく、プロセスとして永遠の運動としてのみ現実的なのである。「人民の支配」という観念の逆説性が忘れられたとき、「人民」はたちまち「党」「国家」「指導者」「天皇」等々と同一化され、デモクラシーは空語と化す」（一九六〇年八月、『自己内対話』五六、強調は丸山、以下同じ。同趣旨は『集』⑨一七三〜四にもみられる）。

四　丸山における思想史研究の方法
――その全体像を理解するための五つのポイント

丸山の本来の研究領域は一貫して日本の政治思想史における連続性と変化にあった。丸山自身の説明によれば、「この仕事は三つの部分に分かれる。第一の部分は歴史意識に関する」もの、「第二の部分は日本史を通じてみられる倫理意識にあてられる。そして研究計画の第三の部分は、まつりごと（政事）の構造を分析することにより、政治意識の問題を扱う」（一九七六年、『別集』③二〇〇、丸山の英文原稿より翻訳され、最近公表された）。

一九五九年以来、大学での講義の構想も大幅に変更し、一九六三年から「『外来』思想を『日本化』させ、修正させる契機として繰り返し作用する思考のパターン」を扱うようになった（一九七八年、『集』⑩三四二ページ）。この思考パターンは「記紀」（『古事記』七一二年『日本書紀』七二〇年）などに表わされている内容で、日本思想の「古層」（一九七二年、『集』⑩）あるいは「執拗低音」（一九八四年、『集』⑫）をなし、仏教、儒教、キリスト教、さらにはマルクス主義にいたる外来の、そして日本において支配的となった思想をいわば変容・修正させるものとされる（一九六四年、『講』④そのほか）。

丸山は自分の思想史研究の方法論について次のように語っていた。

「私は……思想史の方法論というものについて何か特別な方法論を持っているわけではありません。（中略）対象という点から見ましても、いろんな種類の思想史がプルーラルに成立しえますし、またそれでいい。……方法も必然的に多様になってくる」（一九六一年、『集』⑨四五〜四七）。

とはいえ、筆者が理解した限りでは、丸山の思想史研究の方法には五つのポイントがある。

(1)思想史の中に自由主義と民主主義の形成と、両者のあいだの緊張関係を求める。

(2)思想の内在的で自律的な展開を全社会体系の変動のモメントとしてとらえる。すなわち、「思想の内在的な自己運動自体を具体的普遍たる全社会体系の変動の契機＝モメントとして積極的にとらえる努力を試みない限り、思想史的研究と社会史的研究とはいたずらにあい交わらない平行線を描く」(一九五二年、『集』⑤二八八、傍線は引用者)。思想は社会的存在によって拘束されていると同時に、歴史的対象を再構成する。ここに思想史の課題があると丸山は考える。

(3)そこから思想のダイナミズム、その受容と変容の過程を明らかにすることが必要になる。丸山は、「時代に関する問題意識」「思想の内部変革」「それが実生活に及ぼした影響」という三つのモメントから思想のダイナミズムをとらえている。だから、外国の思想の歪曲とか変質とかいうことではなく、ある状況への主体的対応の中で思想が自覚的に取り入れられてきたことを重視する。「伝統から近代へ」という縦の歴史的変貌の問題と、「西欧と日本」という横の文化接触の問題が不可分に絡み合うところに「日本の近代の顕著な特質」がある(一九六一年、『集』⑨八三〜八四)。

(4)思想の多次元性を五つの「観念形態のレベル」でとらえる。その五つの次元とは、①高度に抽象化された体系的理論や学説・教義、②包括的な世界観、③意見や態度、④生活感情あるいはムードや実感、⑤意識下の問題、であるが、これについては、「思想史の考え方について—類型・範囲・対象—」(一九六一年、『集』⑨四五以下)が詳しい。

以上の方法＝観点から、丸山は「日本の歴史意識」における重層性に着目した。そのもっとも底辺にあるもの、「時代を超えて働き続ける成層性」を音楽の「執拗に繰り返される低音」という意味の「バッソ・オスティナート」という用語で表現し、日本の場合、「なる」「つぎつぎ」そして「いきおい」という三つを析出した（「つぎつぎに・なりゆく・いきおい」）。ただし、これは「歴史意識」の問題であって、あとの二つの「倫理意識」「政治意識」とは区別される。

（5）思想の強い「惰性」の中にある多様な可能性を明らかにする。すなわち、「思想や観念には制度や機構よりはるかに強い惰性がある。新しい観念がスムーズに内面化されるために、しばしば古い観念の衣をまとわねばならぬ必要はここから起きる」（一九四九年、『集』④一九）。たとえば、幕末の攘夷論の「視座構造」をなしていた「華夷観念の転回過程」。したがって、思想の「初発点、孕まれてくる時点におけるアンビヴァレントなものにいつも着目することが必要」で、「そこに含まれているいろいろな要素、それがもっている、どの方向にも行きうる可能性に着目すること」が重要だという（一九六一年、『集』⑨七六〜七七）。

ここで注意したいのは丸山の「観念形態の成層」論（一九六一年、『集』⑨六四）あるいは「思想の重畳的成層性」（一九六四年、『講』④二〇以下、一九六六年、『講』⑥二五）である。先ほど整理したように、一般に観念形態あるいは思想にはつぎのような諸層（レヴェル）がある。すなわち、高度に抽象化され体系化された理論や学説、もう少し包括的な世界観、意見や態度、生活感情などの実感、さらにその下の意識下の次元がそれである。いわゆる「古層」としての思考様式は、歴史意識における最上層の「高度に抽象化され体系化された理論や学説」ではない。いわばその下のレヴェルに下降し、「深層に沈殿」しながら、より上層の観念（「支配的な主旋律」）に作用するものだと考えられている（一九六六年、『講』⑥二四、一九六七年、『講』⑦三一、四九）。このいわゆる「古層」は日本における部族共同体的な思考のなごりと考えられる。

したがって、丸山が後年、この「古層」論の析出に力をそそいだとはいえ、丸山「古層」論が明らかにした内容はあくまで思想の成層論のなかに位置づけたうえで評価しなければならない。それは、日本の思想や文化の特殊性をなすものとはいえ、思想の成層のなかに位置づけると、それほど違和感のある内容のものではない。ときに表に噴出する思考パターンであるとはいえ、この古い層を過大評価し、個人の自由を核とする民主主義と対抗するものとまではもはや言えないものであろう。

ここでもう一つ問題になるのは、思想における普遍主義と特殊主義というとらえ方である。普遍と特殊の関係は、形式論理においては、普遍は特殊を離れてある実体（共通性）として理解される。しかし、普遍と特殊の関係は、弁証法の論理では、普遍はさまざまな特殊なモメントからなる総体のなかの一つのモメントとして実在し、他の特殊を全体として規定し包括する。ヘーゲルのいう生きた具体的普遍（「普遍と特殊の同一性」「主要なモメントしての普遍」）、正確には（三木清が明らかにしたように）矛盾を孕む弁証法的普遍というべきものである。[5]

丸山が弁証法における普遍と特殊の関係をどこまで意識して思想史研究の方法としたのかはかならずしも明確ではない。丸山が考えた普遍的価値としての自由と民主主義は、西ヨーロッパという特殊な世界で形成されたものではある。しかし、数百年という歴史の経過のなかで、資本制経済のグローバル化を土台として、世界の思想を規定し、あるいは包括する思想として展開してきた。それは、西欧自身の自由貿易主義や帝国主義、国家主義、ファシズム、全体主義あるいは狭いナショナリズムという「特殊」思想といわば「同時的＝多層的に存在」（丸山）し、せめぎあいながら展開してきた。したがって、特殊な思想が普遍性をそのうちに含み、他の特殊な思想とせめぎあい、まざりあって、次第に普遍的意義を獲得することがあるのではないか。その意味で、日本的特殊性をなす「古層」はしだいにその影響を減じるというよりも、その特殊性を貫いて普遍的価値が具体化するということになるように思われる。[6]

丸山は思想史の研究のうえで、思想や観念の粘着性、可塑性、あるいはそれがもつアンビヴァレンス（両義性）を非常に重視した（たとえば「思想史の考え方について─類型・範囲・対象─」一九六一年、『集』⑨所収）。これは前述の思想の成層論とつなげてうけとめることが必要である。丸山の方法は存在（被拘束性）─視座構造─カテゴリーの三層構造からなるが、これも「存在と意識」あるいは「土台と上部構造」と同じで、機械論的にとらえるのではなく、思想の多層性と可塑性の強調と合わせてうけとめねばならない。この意味で、丸山がマルクス主義における思想史研究や、イデオロギーや意識の理論に不満をもったのは十分に理解できることである。

五　ポスト・マルクス派としての丸山眞男

丸山は、一九七八年、自分の研究への批判者でもあった守本順一郎（名古屋大学）追悼論集への寄稿文の最後を次のような文章で結んだ。

「まともにマルクス主義をかいくぐった者は、マルクス以後派（post-marxist）ではあっても、マルクス無視派にはなれません。それは思想史という学問領域でも同じことです」（「思想史の方法を模索して――一つの回想――」一九七八年、『集』⑩三四四）。

また、丸山は、一九八四〜八五年に行われたある対談において、つぎのように語っている。「学生のとき読んだ官許マルクス主義というのはお粗末でした。……ただし、社会科学としては、やっぱりなんといってもマルクス主義は大したものだということでした」（丸山二〇〇五、九八〜九九ページ）。この官許マルクス主義の例としてあがっているのが、ミーチンの哲学、ラピドスとオストロチャノフの経済学など、一九三〇年代から四〇年代の旧ソ連において支配的となり、日本にも輸入されたマルクス主義、そして三木清にたいする公式主義的批判のもとになったものである。

マルクスについて、丸山はさらに続けて、つぎのように述べている。「マルクスくらい、総合的にね、人間関係、社会関係の問題についての基礎理論というものを構築した人はいない。ウェーバーは、ぼくは偉いと思うけれども、やっぱり、断片的でしょ。ただし、マルクスほど体系的じゃないにしても、マックス・ウェーバーというのは最後の社会科学者だと思う」（同一〇四ページ）。「歴史と社会科学の領域では、マルクス、ウェーバーを凌駕する者は出ていない。彼らに時代的制約があったというだけで、あんなものは時代遅れだとか言ったって、なん《》ら新しいものはありません。マルクスがそれを考えた問題意識というものに、立ち返らなければいけません」（同一〇六ページ）。

この発言に表れているように、丸山はマルクスを高く評価する一方で、旧ソ連型マルクス主義（「マルクス・レーニン主義」）にたいする批判は大変厳しいものがあった。

このことは、現在のわれわれが丸山のマルクス主義や社会主義への批判を読むとき、後付けといわれようともやはり、丸山のマルクス主義批判が妥当であったのかどうかを現在の時点から判断して丸山のマルクス主義批判を評価しなければならないことを意味する。

他方で、丸山は、先述の「文化接触と文化変容という観点」を思想史に導入したことで、「マルクス主義的な歴史認識論との距離をさらに大きくした」（『集』⑩三四三）とも述べている。

丸山にとって、マルクス主義は思想史研究の対象でもあったと思われる。丸山は、「思想史という領域においてマルクス主義の方法が与えた衝撃は、日本ではきわめて興味深い両義性 ambivalence を示した」（『日本政治思想史研究』英語版への序文、一九八三年、『集』⑫八五）という。両義性の一つは、マルクス主義によれば、思想の歴史は経済的土台の反映あるいは制約を受ける副次的なものであるとされたことである。しかし、他方で、マルクス主義はそれまでの日本思想にはなかった総合的体系的知識あるいは諸科学を統合する世界観という点で知識人に絶大な影響を与えた。しかし、そのために、マルクス主義は以下のような問題点をもつようになった。

第一に、思想の多次元性という点において、マルクス主義が体系的学説であり世界観であるために、「日本的感性」からの理論や概念あるいは抽象的なものにたいする抵抗と反発を一手に引き受けることになった。他方では、理論ないし思想の物神崇拝の傾向がマルクス主義に特に強く現れた。ちょうど近代日本が制度やメカニズムを既製品として受け取り、自由な主体が対象を概念的に整序し再構成してゆく精神と切り離して、現実から抽象された結果だけを重視したように、理論や概念がフィクションとしての意味を失い、かえって一個の現実に転化してしまった。このような理論信仰は「制度の物神化」と官僚的思考とに対応する、と丸山は指摘している（『日本の思想』五八ページ、『集』⑦二三八）。

第二に、理論信仰は「理論と現実の安易な予定調和の信仰」を生んだ。理論は本来、理論家が「一定の価値基準に照らして」現実の一部を切り取り、方法的に整序したものであるが、理論が現実をトータルに把握するというマルクス主義の立場からは、無限の現実に対する無限の理論的責任と理論的無責任の両方が生じる。これに、先のいわば実感信仰が、外観上、対立することになる、と丸山はいう（「政治と文学の対立」）。

第三は普遍と特殊の分裂である。マルクス主義は、普遍史的な発展段階論にたっているために、各国あるいは各時代の特殊性を視野におさめる方法において問題を残した。ある者は西欧世界ないし何らかのモデルを普遍性とみて日本の特殊性を強調する。他の者は日本も普遍性の現われであることを強調する。そのいずれも、普遍性は特殊性をとおしてのみ現れることを理解しなかった。この点で、丸山はつねに普遍性と特殊性とのあいだの媒介をとらえる方法を模索した。

第四は、スターリン批判（一九五六年）を再批判した論文「『スターリン批判』における政治の論理」（一九五七年改稿『集』⑥所収）における「政治の認識論」である。これは、マルクス主義の中に、先の理論信仰の結果として、いわば本質顕現主義あるいは基底還元主義という思考と行動の様式があることを指摘したものである。丸山は、マルクス主義の世界観を「いったん括弧に入れ」たうえで、「政治の論理」をそれ自体として突き放して認識することをマルクス主義に求める。

とくに、本質顕現主義的な思考様式では、主体と客体との弁証法的関係、人間の下意識や非合理な面がとらえられない。また、歴史の見方における単線主義が進歩のイデオロギーと結びつくと、おのずから、「同時的＝多層的に存在して相互に規定しあっている問題が本質規定にもとづく歴史的段階に従って配列され、後の段階に帰属するイデオロギーは本来的に前の段階のそれを吸収し通過していると考える傾向」が胚胎する（『集』⑥二三八）。

丸山は、この論文で保留した、いわゆる「自由化」の実質的な課題についても、その「追記」において、もっとも困難で核心的な問題はイデオロギーの面にあることを指摘した。「マルクス＝レーニン主義」という世界観からの自由と、社会主義からの自由とは明確に区別すべきであり、「真理の独裁」や強制から脱却すれば、マルクス主義の真理性と歴史的意義は、「思想史の一定の段階のなかにそれにふさわしい座を占めるようになる」（『集』⑦二八）というのが丸山の結論であった。

このように、丸山によるマルクス主義批判は、かれの思想史研究の方法論を基礎にしたものである。先に指摘した五つのポイントから丸山によるマルクス主義批判の要点を整理すれば、以下のような内容になる。

第一に、マルクス主義は自由と民主主義を「吸収し通過したもの」としてみるのではなく、両者との緊張関係のうえで「社会主義」を位置づける必要がある。第二に、マルクス主義は思想を経済的土台の反映といった副次的なものではなく、その内在的で自立的な発展を社会全体の発展の一モメントとして認めるべきである。第三に、マルクス主義自体が、思想のダイナミズム、その受容と変容の過程の中に位置づけられる必要がある。第四に、マルクス主義のもつ、ある意味で合理主義的な理論体系の限界を自覚し、思想の多次元性や非合理性を認めなければならない。第五に、思想がもつさまざまな可能性を認める。マルクス主義を含む近代の知性や思想は新しい経験に向かってつねに「開かれて」いなければならない。

丸山は「反共主義」と対峙し、「共産主義のイデオロギーの中にある人道主義、民主主義といった普遍的価値の側面」（『日本の思想』一六八ページ、『集』⑧三三二）を認めた。「人間を歴史的運命の道具とみなさずに、社会の自由な創造者とみること」が、かれのいう「本当のラディカリズム」（同一二二ページ、『集』⑧一五七、傍線はいずれも引用者）であり、ラディカル民主主義の思想であった。丸山によるマルクス主義への批判の精神もまた、こうした思想に由来することをけっして忘れてはならない。

六　近代主義、民主主義、社会主義

以上にみたように、丸山眞男の思想と科学を理解するポイントは三つである。第一はかれの思想である自由と民主主義、第二は専門領域である政治思想史研究の方法論、第三はマルクスおよびマルクス主義にたいする立場である。この三点は丸山にあって互いに関連しあい、一つにつながり、一貫している。すなわち、丸山は、自由と民主主義の思想によって政治思想史の研究を支え、かつこれを貫き、またこの二つの点からマルクスを評価し、同時に戦前、戦後の正統派（旧ソ連のスターリン主義の影響を受けた）マルクス主義を批判したのである。

丸山の思想史研究の方法論とマルクス主義批判について、述べるべきことはまだまだ多くある。

丸山は、みずからの方法論を模索する過程で、ヘーゲル、マルクス、新カント派、マンハイム（知識社会学）、ウェーバーなどを「栄養素」として吸収した。したがって、これらを吟味してみなければ、かれの認識論、理論と実践の考え方、主体性と客体の関係、あるいは政治と科学の関係などについても丸山が論じた範囲の深さをつきとめることはできない。かつてマルクス主義の側からなされた丸山眞男にたいする批判（「近代主義」や「市民的民主主義」）についても、こうしたことをふまえて再検討する必要がある。

丸山の思想は「近代主義」といわれたことがある。また、主体性論者あるいは市民主義という評価もあった。しかし、丸山本人は自分の思想が近代主義であることを否定したし、そもそもかれの問題意識は日本の近代化さらには現代化の質を問うことにあったので、丸山の思想を近代主義と特徴づけることはできない。ましていわゆる近代化論者ではない。丸山の思想を「近代」と「近代の超克」との対抗図式の中におしこめることはできない。

そこで、多くの論者が言及する日高六郎編『近代主義』論集の解説「戦後の『近代主義』」（一九六四年）に立ち戻ってみよう。日高氏はつぎのように書いていた。

「近代主義とは外部から与えられた名称である。この巻に近代主義の名のもとに収録された人々は、けっしてみずから進んで近代主義者を名のらない。……近代主義に思想的一貫性があるとは思われない。／近代主義は、『近代主義』的傾向なるものを批判しようとする人々によって外部から付けられた他称である。……（他称―引用注）近代主義者たちに共通のものは、日本の近代化とその性格そのものにたいする強い関心である。同時に制度的変革としての近代化だけではなく、その変革をになう主体としての、いわゆる近代的人間確立の問題にたいする強い関心である」（日高一九六四、七～八ページ）。（いわゆる）正統派マルクス主義者の「人々は自分を近代主義者とはっきり区別している。彼らは、第一には、近代化は要するに資本主義化にほかならないと考える点で近代化の概念そのものを不正確と考えていたし、第二には近代的人間確立が個人主義的方向で理解されやすいことを懸念していた」（同九ページ）。「近代主義の思想を検討するとき、近代化と近代的人間の問題をその中心にすえて考えるのが適切である。そしてそれとからんで、あるいはそれとならんで、さらに二つの問題が近代主義をめぐって提起されている。その第一は、近代化と西欧化との関係である。……」（同九～一一ページ）。

日高氏のこの言説は、同氏が編集した論集のタイトル「近代主義」と矛盾しているようにも思われるが、引用個所の内容は少なくとも丸山については妥当する（論集には座談会を含め、丸山のものが最も多く収められている）。

丸山はまた、社会主義と民主主義との関係について、つぎのような発言をしていることを指摘しておきたい。「社会主義という概念と民主主義という概念とは、少なくとも歴史的にいって相蔽うものじゃない。社会主義というのは第一義的に資本主義に対する概念であって、一定の生産様式―生産手段の公有―によって区別される。……思想史的にいえば、社会主義は資本主義の枠内における民主主義の限界を突破しようとしたところに生まれた思想だから、民主主義と必然的な関係をもっているけれど、逆に社会主義の土台の上に自動的に政治的民主主義がもたらされるとはいえない。／社会主義と民主主義を一応レヴェルのちがったものとして考えると、社会主義と民主主義の結合がいちばん望ましい」（一九六五年、『座談』⑤一三五）。

丸山のいう民主主義とは「市民的自由を中核観念とする民主主義」（同上一一五）である。制度や運動であるとともに何よりも理念である。そして、丸山の「永久革命としての民主主義」論は、資本主義から社会主義への経済的土台の移行を志向することを含む、あるいはそれを見通すものである。おおざっぱな言い方だが、丸山は、「ブルジョア社会の胎内に成長した民主的諸制度の原理を生産関係や経営形態にまで及ぼしてゆくのが社会主義だ」（一九六六年、『座談』⑥一五六）とも語っている（同様のことは一九五七年、『集』⑥三五六）。民主主義という社会の原理を経済的土台において徹底させることが社会主義だという意味において、丸山の思想は「真性社会主義」であったと言えるし、「自由民主主義的社会主義」とも言いうる。同様に、社会主義について、つぎのように語っている。

「ぼくは、社会主義というのは、第一義的には経済体制だと思う。つまり、生産手段の私有にもとづく商品生産を廃するというのが、社会主義の定義であって、それを政治的にどう表現するかというときに、初めて社会主義の政治というのが出てくる」（丸山二〇〇五、一六五ページ）。

この丸山の社会主義の定義についての意見は、一・で論じた自由主義、民主主義と社会主義との関係の問題につながる。同じ対談のなかで、丸山は「革命による独裁」について触れて、つぎのように語っている。

「ルソーの『一般意思』から、バブーフに行って、ロベスピエールもそうですけれども、それからマルクスに行くっていう系列があるわけです。『全体主義的民主主義』、つまり、リベラリズムがないデモクラシー一辺倒。デモクラシーを徹底すると、そうなるわけですよ」（同一四〇ページ）。

この「全体主義的民主主義」という用語は一九六四年の『増補版　現代政治に思想と行動』第三部追記にも登場する（『集』⑨一七四）。また、「リベラリズムのないデモクラシー」という言葉は、丸山が民主主義について語る際につねに念頭においていたものである。「民主主義の理念が含むパラドックス」（一九五九年、『集』⑧八九）

とも言われるもので、簡単に言えば、多数者支配が個人の自由を中核とする自由主義と緊張関係に立つという意味が含まれている。したがって、自由と民主主義、その経済的土台としての社会主義が（強いて言えば）「丸山イズム」ということになる。

丸山自身はマルクス主義者ではないことを終生、公言していた。スターリン主義的な「政治の認識論」やマルクス主義の日本における役割については、有名な「『スターリン批判』における政治の論理」（一九五六年、改稿一九五七年、『集』⑥）や『日本の思想』（一九六一年）にあって、ここで再論はしない。しかし、マルクス主義者ではないという言明と、マルクスにたいする高い評価とは別である。丸山はマルクス主義が丸山自身を含め、日本の社会科学に与えた絶大な影響を否定しない。さらに指摘しておけば、丸山は自身を「戦中派アカデミシャン」と言うが、かれがマルクス主義に接した時代（高等学校一九三一年四月～一九三四年三月、一九三四年四月東大法学部、一九三七年四月助手）はコミンテルン「三二年テーゼ」や唯物論研究会（一九三二～三八年）と重なる。日本共産党（一九二二年～）はすでに彼の周りにはなかったが、国家による弾圧が強まるとともに、旧ソ連型マルクス主義の影響が強まり、三木清にたいして公式主義からの批判がなされた時期にもあたる。

丸山の前後の世代から見ればその稀有な経験から、丸山のマルクスとマルクス主義にたいする姿勢には（かれが好んで使用する表現を使えば）アンビヴァレンス（両義性）があるといえる。

マルクス主義革命運動の破たんと悲劇は歴史的事実である。しかし、最後に、ソ連崩壊後の一九九二年に丸山が語った言葉を紹介しておきたい。

「社会主義といわれると、広い意味では賛成でしたね。それはいまでもそうです。だから、このごろ腹が立ってしょうがない、社会主義崩壊とかいわれると。／『どこが資本主義万万歳なのか』ってね。日本というのはひどいね、極端で。二重三重のおかしさですね。第一にソ連的共産主義だけが社会主義じゃないということ。第二にマルクス・レーニン主義は社会主義思想のうちの一つだということ、……。ソ連や東欧の現実が崩壊したことが、即、マルクス・レーニン主義全部がダメになったということ、それから今度はそれとも違う社会主義まで全部ダメになったことっていう短絡ぶり、ひどいな。日本だけですよ、こんなの」（『集』⑮一六六～一六七）。

七　丸山が残したもの

丸山眞男は思想的にも学問的にも巨大な人であった。かれの思想と科学の全容は現在ではさまざまの形で公にされている。私たちが丸山について研究し、かれの思想と科学を相対化する方法は何か。

その一つは丸山が依拠した哲学や思想、たとえばヘーゲルとマルクスはもちろん、新カント派リッケルトほか、ヴェーバー、カール・マンハイム、ボルケナウなどに立ち戻り、丸山がそれらの哲学や思想の何を学び、どのように継承し、独自の立場と思想を形成しえたのかを検証する必要がある。もう一つは、丸山より前の世代に属す日本のマルクス主義者、コルシュやルカーチの影響を受けた福本和夫（一八九四～一九八三）や三木清（一八九七～一九四五）の社会的意識形態論と戸坂潤（一九〇〇～一九四五）のイデオロギー論との比較。さらにもう一つ、ヨーロッパにおいて同じく第二次世界大戦を生き抜いた思想家との比較研究がある。ハンナ・アーレント（一九〇六～一九七五）の全体主義論（ソ連社会主義批判を含む）、カール・ポランニー（一八八六～一九六四）のファシズム論、A・グラムシ（一八九一～一九三七）の国家とイデオロギーの理論との比較などがそれである。いずれにしても、丸山が後の世代に残した遺産は膨大であり、そのなかから何をくみ取り、二一世紀に生かしていくか。これからも考え続けたい。

注

(1) 本章は二〇〇九年三月一五日、阪南大学（大阪府松原市）で開催された基礎経済科学研究所二〇〇九年春季研究交流集会、共通セッション2、において発表したものがもとになっている。また、二〇一四年九月六日、丸山眞男生誕一〇〇年を記念したシンポジウム（京都、龍谷大学）において司会をつとめ、同シンポジウム後に『季論21』（第二六号、本の泉社）に一文を発表する機会をえたので、これを合わせてまとめたものである。同シンポジウムの企画立案ならびに報告に尽力された竹内真澄、報告者の吉田傑俊、清眞人の諸氏と有益な議論ができたことに感謝する。同シンポジウムにおける各報告者の論稿は『季論21』に掲載されている。

(2) 東京女子大学比較文化研究所附置『丸山眞男記念比較思想研究センター報告』は、筆者の知る限り、二〇一五年三月の第一〇号まで刊行されている。二〇一三年度までに一五回の記念講演会が開催された。講師は、隅谷三喜男、福田歓一、武田清子、鶴見俊輔、入江昭、アンドリュー・バーシェイ、小田実、ヴォルフガング・ザイフェルト、緒方貞子、孫歌、區建英、三谷太一郎、アンドルー・ゴードン、加藤節の各氏である。講師名については同センター事務局の方のご協力を得た。

(3) バーシェイ教授は何度か訪日され、"The Heritage We Renounce? Maruyama Masao and the Problem of Self-Definition on the Japanese Left"（二〇〇五年七月、東大社会科学研究所シンポジウム「九〇年代への思想的状況」）、"The protestant Imagination: Maruyama Masao, Robert Bellah, and the Problem of Social (-Self) Transformation"（二〇〇六年七月、国際政治学会、福岡）などの報告がある（教授の好意によって著者が知りえたもの）。

(4) ちなみに、丸山眞男著『日本の思想』（一九六一年）は、創刊七〇年を迎えた岩波新書が、作家や学者、ジャーナリストなどに「私のすすめる岩波新書」のアンケートを実施したところ、二二八人の回答のなかから一位に選ばれている（『朝日新聞』二〇〇八年一〇月三〇日付）。

(5) 「弁証法的全体主義」について、丸山は、三木清「有機体論と弁証法」（一九二八年、『三木清全集　第三巻』所収、本書第七章参照）を読んで「非常に感激した」と語っているところがある（「生きてきた道　一九六五年一〇月」『話文集　続1』二二三ページ）。

最近明らかになった「日本における倫理意識の執拗低音」（一九七六年）では、冒頭、丸山は、「特殊性に関する私の見解をいくつか述べる」としたうえで、日本の神話、説話、伝説などは世界のそれらと比較すれば神話一般に解消もできるだろうが、「私の関心は、あれこれの部分がいかに相互に関係して一つの全体構造を形成しているかにある。そうした構造の点から種々の伝説をみれば、日本神話を特徴づけている形象についてなんらかの形で語ることができる」（『別集』③一九九ページ）と述べている。ここでいわれている「一つの全体構造」は弁証法的な全体を意味すると思われる。

（6）一九八九年に開かれた懇談会の記録において、丸山はつぎのような考えを披露している。これは筆者（角田）が本文で述べた考えに近い。

「発生論と本質論とは違うんで、人権は発生は西欧だし、キリスト教とも関係あるだろうけれど、それが普遍的な理念であれば、何も西欧に限定されることじゃない。だからこそ、第三世界は全部人権の理念によって西欧帝国主義に叛逆しているわけです。思想というのはそういう意味をもつわけです。どこに生まれようとそれが武器になるわけ。…」（『丸山眞男話文集　続4』八七ページ）。

この発言は『丸山眞男手帖』にも未収録であったもので、二〇一五年五月に刊行された『話文集　続4』（みすず書房）で「初めて公表された」記録によるものである。

第三篇　経済学批判の方法

社会経済学の方法は社会科学の方法と一体である。

はじめに、マルクス『経済学批判要綱』とヘーゲル論理学に徹底的に内在した拙著『「資本」の方法とヘーゲル論理学』（二〇〇五年）をふまえて、ヘーゲル、マルクス、そして見田石介における分析的方法と弁証法的方法との関係について再考する（第九章）。

社会科学の方法については、三木清が「社会科学の方法論の自覚史の重要な一章をなす」（三木清「社会科学の構造」）と評価したC・メンガー対G・シュモラーの有名な論争がある。この論争は、社会科学と経済学における論理的なものと歴史的なもの、個別的なものと普遍的なもの、普遍的なものと特殊的なもの、理論と政策、有機体論と原子論、といった方法論上の基礎的な問題を網羅的に問いかけたものである。これらの問題はすべてマルクスの「理論的方法」に関わっている。

そこで、この論争の当事者である新古典派経済学（広義）の源流の一人メンガーの方法とマルクスの方法とを対比する（第一〇章）。そして、メンガーがその批判の対象としたドイツ歴史学派の代表者シュモラーによる反批判、そして二〇世紀最大の社会科学者M・ヴェーバーの社会科学と経済学の方法をヘーゲル＝マルクスの方法から比較検討し、ヘーゲル＝マルクスの方法論上の優位性を明らかにするだけでなく、現代の社会科学の課題として関係・行為・制度・意識の相互関連を解明するという課題を提起する（第一一章）。

資本制経済の発生史をとらえる論理について、第二次大戦後に公になったマルクス『経済学批判要綱』の「資本制生産に先行する諸形態」が戦後の歴史学に大きなインパクトをもたらした。第一二章は、わが国を代表する経済史家、大塚久雄の共同体論が「先行する諸形態」の一種の誤解ないし読み込みにもとづくことを明らかにする。これはもちろん、「諸形態」をその一部とする『要綱』の論理と方法をより明確にすることと一体の問題であり、その意味で先の拙著を補足する意味合いをもつものである。

第九章　分析的方法を基礎とする弁証法的方法
――ヘーゲル、マルクス、見田石介――

はじめに

第三篇は、現代の経済学批判を主題に、社会経済学そして広くは社会科学の方法の諸問題をとりあげる。

筆者は先に拙著『『資本』の方法とヘーゲル論理学』（大月書店、二〇〇五年八月、以下「拙著」とする）を刊行した。これにたいして、吉田浩氏（社会学）による書評が『唯物論と現代』第三八号（二〇〇六年一一月、関西唯物論研究会）に掲載された。(1)「論文」の内容はすべて拙著にたいする批判であり、積極的な評価は何も示されていない。それによれば、拙著の方向は「以前の混沌とした学的状況に連れ戻す」（吉田、六七）もので、見田石介の方法論の「到達点からはるかに遠ざかって…『ヘーゲルぶり』を発揮して、神秘的主張を行って」（同、八二）いる。これが批判の基調であった。

幸い、同上誌「編集後記」は、「同じ見田石介氏の弁証法の継承・発展の立場に立ちながら、基本的な意見の対立が示されて」いる「重要な問題であり前向きかつ実りある討論となることを期待」すると表明していただいた。そこで、同じヘーゲル、マルクス、見田石介を学んできた者として、吉田氏の考えと拙著の基本的対立点はどこにあるのかを鮮明にし、「分析的方法を基礎とする弁証法的方法とは何か」について、この機会にあらためてヘーゲル、マルクス、見田石介にたちかえって検討したい。本章の表題は、吉田氏の拙著への批判も結局、この問題に帰着するというだけでなく、現代の経済学批判という第三篇全体にかかわる意味合いがある。(2)

一　拙著『「資本」の方法とヘーゲル論理学』の要旨と立場

吉田氏はまず、通常の書評にみられるような著書全体の要旨をまったく紹介されなかった。そこで、読者のために、拙著の要旨と立場を明らかにしておく。

拙著は、ヘーゲルーマルクス関係について、主としてヘーゲル論理学とマルクス『経済学批判要綱』（一八五七〜五八年に書かれた草稿）を研究の素材に検討した第一部、第二部と、その成果のうえにたって「現代経済学としてのマルクス」の理論的可能性を論じた第三部とからなっている。

（一）マルクスは、『資本論』草稿の執筆に先だって、一八五七〜五八年に「経済学批判」と題する草稿を執筆した。この草稿は一九三九年にはじめて公刊された。現在は「Karl Marx Friedrich Engels GESAMTAUSGABE（MEGA）第二部　資本論と関連草稿　第一巻　一八五七／一八五八年経済学草稿」として刊行されている（一九七六、一九八一年）。邦訳は『マルクス資本論草稿集1、2』（同翻訳委員会、大月書店、一九八一、一九九三年）にある。一般に『経済学批判要綱』（以下、『要綱』）とよばれているこの草稿の主題は後の『資本論』草稿と同じである。このことは本草稿中に書かれているマルクスの執筆プラン、および草稿それ自体に照らして明らかである。そして、本草稿の執筆と編集の方法（「経済学の方法」）において、マルクスはヘーゲル論理学からきわめて多くのものを摂取したことが認められる。したがって、『要綱』において採用された方法とヘーゲル論理学との関係を研究することは、『資本論』さらには経済学の方法を理解するうえで不可欠な作業となる。

拙著は、この『要綱』においてマルクスが採用した方法を簡単に「『資本』の方法」とよび、この方法とヘーゲル論理学の内容とを全面的かつ具体的に比較・対照したものである。

（二）「経済学の方法」に関してマルクスが自分の考えを唯一まとまった形で記述したものとして、『要綱』の一部に「（経済学批判への）序説」（一八五七年）と題するノートがある。ここには、マルクスがヘーゲル論理学から学んだものと、ヘーゲルの方法への批判の両方が含まれている。それを整理すると、①ヘーゲルは概念が実在化すると考えたのにたいして、マルクスにおいては実在〈対象〉を概念化することが理論的認識である、②理論的認識には分析と総合の二つの方法があるが、ヘーゲルは概念的思考にとって分析と総合は不十分だと考えたのにたいし、マルクスは分析的方法を駆使しながら総合していく方法が理論的認識にとって唯一の正しい方法だと考えた、③概念的思考とは事物の概念によって有機的な全体（総体）を説明（展開）することであるが、ヘーゲルはこれを概念の自己運動と考えたのにたいし、マルクスにおいては直観と表象を概念に仕上げていく認識行為である、④ヘーゲルでは結局、理念が「自由な人格」として現われるが、マルクスでは社会的存在である現実的・具体的な諸個人が生産の主体である。マルクスは、具体的な諸個人が生産する社会が資本を主体とするものに転倒している関係を批判的にとらえ、この関係の否定（革命）によって自由な諸個人にもとづく新しい社会の実現が可能になることを明らかにした。

(三)『要綱』は貨幣に関する章と資本に関する章の二つからなっている。そして、『要綱』の叙述は、貨幣概念の資本概念への移行による「資本概念の生成」と、生成した資本概念からの展開とに分かれる。マルクスは『要綱』の全体にわたりヘーゲル論理学の方法を駆使したので、ヘーゲル論理学の篇別構成に即してその「合理的核心」（マルクス）の内容を理解し、そのうえで、これを『要綱』で用いられた方法と具体的かつ詳細に比較対照する必要がある。

第一に、ヘーゲル論理学第一巻有論、とくに第一篇「規定性または質」は、「生成」の概念、「制限」と「当為」の「矛盾」による「有限者」の自己否定、さらに「向自有」という自己関係の弁証法を明らかにしている。これを『要綱』と対比すると、資本概念の「生成」、貨幣の資本への「移行」、資本における「制限」とこれを突破しようとする本性との矛盾、自己関係として自立し「生成した資本」などが明らかにされる。これらはヘーゲル論理学から採られた用語でもあるが、もちろんこれに尽きるものではない。

第二に、ヘーゲル論理学第二巻本質論の第一篇「本質」は、ものごとの内部にある反省関係の論理を扱っている。「本質」からみた「有」の「仮象」性、「同一性」「区別」「対立」「矛盾」といった具体的な反省の諸規定、「根拠」となる「質料」や「内容」、「形態」、根拠関係、「根拠」と「条件」、「物象」などのカテゴリーの意味内容がそれである。マルクスは『要綱』でこれらのカテゴリーを全面的に用いて貨幣と資本の概念を構成する本質的な諸規定を縦横に分析している。

第三に、ヘーゲル論理学第二巻本質論の第二篇「現象」は、「現存在」、「物」とその性質、「質料」、「現象」とその法則、「全体と部分」「力と発現」「外的なものと内的なもの」という三つの「本質的相関」、などの論理的カテゴリーを明らかにしたものである。さらに、第三篇「現実性」は、「可能性と現実性」、「偶然性と必然性」、「実体と偶有性との相関」、「因果性の相関」そして「相互作用」という三つの「絶対的相関」、などの論理的カテゴリーの意味を明らかにしている。

これにたいし、『要綱』は、貨幣を「現存在」として把握し、他のカテゴリーも積極的に用いてまずは貨幣の概念を明らかにする。そして資本の「現象」と「現存在」あるいは、資本内部の諸規定の「相関」関係をさまざまに分析している。

第四に、ヘーゲル論理学第三巻概念論は、第一篇「主観性」において、概念そのものと、判断、推理という論理形式とを扱っている。これは、一般に、ものごとの有機的で統一的な総体性の論理を明らかにするところである。これにたいし、『要綱』は、概念の弁証法を構成する普遍—特殊—個別の方法にしたがって、資本概念の生成と生成した資本概念からの展開として編制されている。しかも、全体のこうした概念把握の編制のなかで、先の有論、本質論にみられるカテゴリーにもとづいて貨幣と資本の諸規定が縦横に分析される(3)。

第五に、『要綱』は資本「一般」の概念を明らかにしたものである。個別「諸資本の競争」や「信用」は特殊研究として計画され、叙述の範囲外におかれた。これをヘーゲル論理学にそくしてみると、有論「質」の最後は「一者」と「多者」であり、本質論の最後は「相互作用」、概念論「主観性」の最後は「個別」である。このことは、資本「一般」の概念のなかに、多数の個別資本とそれらのあいだの相互作用を展開する契機が含まれていることを意味する。

（四）以上の成果を経済学と社会科学全体の研究方法に敷衍すると、つぎのことが明らかになる。

マルクスが資本の概念を明らかにし、資本概念の展開によって経済社会の総体を把握しようとした理由は、資本が近代ブルジョア社会の基礎であり、資本が近代的土地所有と賃労働を生みだし、それらのあり方を規定する基本的な概念だからである。近代の経済学の基礎概念は「資本」であるということに、マルクスの社会経済学（Political Economy）とその他の経済学（Economics）とを区別する最大の相違点がある。

「経済学批判」体系を弁証法的な概念把握の体系として構成し、その根幹に「資本」論を置き、経験科学である経済学に「ヘーゲルの方法を批判的に適用した」（一八七〇年、クーゲルマンへの手紙）ことは、その後の経済学と社会科学にたいして、つぎのような問題を提起した。

ヘーゲル哲学の最高の到達点は「絶対理念」であった。自然、精神〈社会〉、宗教、芸術もこの「絶対理念」の様式である。論理学は「絶対理念」の思考上の様式とされ、しかも「絶対理念」は理論的理念と実践的理念との統一であった。そこで、ヘーゲルの「絶対理念」とマルクスの「資本」概念とははたして同じものかという問題が生じる。

まず、この二つを同一視することから、つぎの二つの傾向が生じる。

その一つは、マルクスの資本概念が、ヘーゲルの理念と同様に、自己運動するもの、自分であらゆるものを産出するものと理解し、その結果、実在の対象と認識の対象とを同一視し、いわば概念の構成や弁証法だけが問題であるかのようにみなす傾向である。

もう一つの傾向は、マルクスの概念展開はあくまで理論的方法による理論的理念の展開であるにもかかわらず、このなかに何らかの実践精神的理念を見ようとするものである。その代表例がハンガリーのマルクス主義哲学者ルカーチの『歴史と階級意識』（一九二三年）であった。かれは『資本論』の論理のなかにプロレタリアートの階級意識の形成を読み取ろうとしたが、日本の社会科学者のなかにはブルジョア的意識あるいは市民的意識の形成を見ようとするものもある。

以上のような二つの傾向を方法論的ヘーゲル主義と理念論的ヘーゲル主義とよんでおこう。

マルクスは、ヘーゲル論理学を経験科学である経済学の方法に適用することによって、古典派経済学にみられた経験科学の分析的方法の限界をのりこえることができた。それと同時に、古典派経済学が徹底させることのできなかった分析的方法を徹底することによって、ヘーゲル哲学風の概念弁証法や概念構成主義、あるいは理念主義をのりこえた。ヘーゲル弁証法の「合理的核心」を発見するためにはそれを「ひっくり返さなければならない」としたマルクスの意味するところはここにある。分析的方法は認識における唯物論的方法である。マルクスは「批判や理解は分析的方法からはじめられねばならない」し、「分析は発生的叙述の必然的前提である」（「剰余価値に関するノート」）ことを明言している（後述）。

ヘーゲル論理学とマルクス「資本」の方法とのあいだの関係をこのように理解することは、マルクスの経済学の基本性格が「生産関係の物象化」「資本制生産の諸矛盾」「人間発達」の三つを総合したものと理解することにつうじる。それらはまた、現代経済学批判の方法的な立脚点を定めることにつながる。一九世紀後半に発する現代経済学（modern economics）の方法は経験論哲学と実証主義にもとづいている。経済理論としてはマルクスが『資本論』の最後の篇で批判した「三位一体定式（trinity formula）」の延長線上にある。これにたいし、マルクス以後のマルクス経済学には、かれの経済学の基本性格をおさえないで、マルクスが獲得した理論的概念とマルクス以後の経済の現実とその歩みを乱暴に（無媒介に）一致させようとする傾向があった。経験科学の悟性的方法にもとづいて新しい現実を徹底的に分析し、概念にまで高めることなく、古典の叙述に依拠する傾向もあった。その結果として資本の概念をさらに発展させることができなかった。二〇世紀から二一世紀の新しい世界経済の現実を徹底的に分析することをつうじて資本の概念をいっそう豊富なものに展開する。この困難な作業を再開するためには、いま一度、ヘーゲルとマルクスの方法を正確に理解することに立ち戻る必要がある。

以上が拙著の要旨であり、またその立場あるいは到達点である。

つぎに、吉田氏が拙著への批判のなかで示された見解とその問題点を検討し、ヘーゲル、マルクス、見田石介のそれぞれが分析的方法と弁証法的方法との関連をどのように考えたかを明らかにしよう。

二 ヘーゲル論理学における分析的方法と弁証法的方法

拙著は第一章で、「ヘーゲルの哲学および論理学」の核心をつぎの六点にまとめた。①哲学とは概念的思考の様式である、②哲学の方法は論理学に属する、③理性的あるいは弁証法的思考は悟性的思考を前提とする、④弁証法の核心は否定性にある、⑤哲学は経験科学を前提する、⑥理念の体系は総体性としてある、の六点がそれである。

吉田氏は、拙著がまとめた「ヘーゲルの哲学と論理学」の核心について、「全体としてヘーゲルの弁証法とマルクスのそれとは同一なのか否か、異なるとすれば、どこがいかに異なるのかは判らない」（吉田、七六）と批判し、「弁証法の特徴を列挙するだけでは無意味である」と言う。しかし、拙著の第一章は、ヘーゲル自身の言明にそって「ヘーゲルにおける哲学と論理学」の特徴を六点に整理したものであって、「弁証法の諸特徴」をあげたというのは吉田氏の曲解である。また、この特徴点の多さにおいて、「許萬元氏と対比して、自己の優位性を主張している」（同）などということは、いいがかりに等しい。

さらに、吉田氏は、この六点のうち、「哲学とは概念的思考の様式である」という第一点と、「哲学的思考には悟性的と理性的とがある」という第三点は「相互に矛盾している」（同、七七）と言われる。しかし、この第三点は正確な引用ではなく、吉田氏が恣意的に言いかえている。拙著があげた第三点は「理性的（思弁的あるいは弁証法的）思考は悟性的思考を前提する」というものであった。これはヘーゲルが論理的思考の三側面は「あらゆる概念あるいは真理のモメントである」（『小論理学』第七九節）としたことを受けたものである。吉田氏がこのような恣意的な取り扱いをしたのは、「ヘーゲルでは思考はただ一つ、概念的把握しかない」（同、七七）とする吉田氏の一面的な思い込みによるものと推察される。しかし、ヘーゲルにとって概念的思考は哲学という最高の思考様式であったが、ヘーゲルは悟性的思考の意義を否定したり、拒否したりはしていない。拙著ではそのことをヘーゲル自身の言明によって詳しく紹介した。「概念的思考しかない」のはヘーゲル自身ではなく、弁証法主義的なヘーゲル理解である。

吉田氏は、ヘーゲルの方法である「絶対的方法」は「弁証法教条主義」であって、「ヘーゲルが方法として分析的方法を前提していたのではない」（七六）と断言されている。しかし、ヘーゲルの論理学と方法はそのような単純なものではない。このような決めつけがヘーゲルの一面的な理解に導くものであることは、ヘーゲルの論述をみれば明らかである。関連して、吉田氏によれば、拙著はヘーゲルを「方法論的二元論」だと特徴づけており、これは「事実に反しており誤謬である」（七四〜七六）と言われる。しかし、拙著はヘーゲルの方法を「二元論」だと特徴づけたことはない。

ここであらためて、ヘーゲル論理学における分析的方法と弁証法との関係をとりあげよう。

ヘーゲルによれば、哲学は他の諸科学のように対象を表象によって与えられたものとして前提しない。また、哲学は認識の方法ですら前提としない。「普通の意識」は表象や直観（その他に、感情、欲求、意志）における意識で、人びとはこれに慣れているが、哲学は一般にこの直観や表象を思考やカテゴリーに、正確にいえば概念に変える思考である。ヘーゲルは、一方で、「意識は対象の表象の方を先に作るもので」あることを認め、「思考する精神は、表象作用をつうじ、また表象作用に頼ってのみ、思考する認識および概念把握へと進むものである」（『エンチュクロペディーへの序論』第一節）としながら、他方で、「哲学には哲学特有の認識方法が必要である」（同、第四節）といって、「普通の意識」と哲学的思考とを区別している。(4)

ヘーゲルによれば、（経験）科学が見いだす普遍的なものは類や法則である。しかし、（経験）科学の方法は二つの点で不十分である。「その一つは、（経験）科学が含んでいる普遍、類、等々は、それだけとってみると無規定で、特殊との連関をもたず、普遍的なものと特殊的なものとは互いに外的であり、偶然的であるということであり、また結合されている諸特殊もそれ自体としては互いに外的で偶然的であるということである」。「もう一つは、経験科学はつねに直接的なもの、与えられたもの、前提されたものからはじめるということである」。そして、「この二つの点からいって、（経験）科学の方法は必然性の形式を満足させない」。これにたいし、「こうした要求を満足させようとする思考が、本来の哲学的思考すなわち思弁的思考である」（同、第九節）。

ここで重要なことは、ヘーゲルが、「思弁的思考」あるいは「概念的認識」も「思考の一つの独自の様式」であり、直観や表象のような、いわば「普通の意識」と同一で、共通なものをもつことを認めながら、前者は「独自な形式」をもつと述べていることである。「この独自な諸形式の普遍的な形式がすなわち［ヘーゲルが考える真の──引用注］概念である」（同上）。

この限りで、「思弁的学問［すなわち哲学──引用注］の他の諸科学にたいする関係は、つぎのようになる。思弁的学問は諸科学の経験的内容を承認し、かつ使用する。思弁的学問はこれらの諸科学のうちに見出される普遍的なもの、法則、類、等々を承認し、それらを自分の内容のために役立てる。……この限りで、両者の異なる点はカテゴリーの変化にあるにすぎない」（同上）。

ヘーゲルはこのように述べたうえで、論理学についてつぎのように言う。

「たとえば、思弁的論理学は、以前の論理学および形而上学を含み、同じ思考形式、法則および対象を保存するものである。しかし同時に、より進んだ諸カテゴリーをもってこれらのカテゴリーを発展させ、作り変える」。したがって、「思弁的な意味での概念と、普通に概念とよばれているものとは、区別されなければならない」（同上）。

以上は『エンチュクロペディーへの序論』の最初の範囲での叙述である。ここまでをみても、ヘーゲルの考えが集約的に表現されている。

第一に、経験諸科学が採用する方法は、類や法則を見出す分析的方法であり、これらのカテゴリーを普遍ともいい、普通の意味で概念ともいう。

第二に、哲学はこれらのカテゴリーを前提し、これを使用もするが、これらのカテゴリーをさらに進めて作り変える。

第三に、哲学の独自な思考法は、直接的で与えられた前提から出発せず、諸カテゴリー間の必然的な形式を満たすもの、したがって、普遍と特殊の必然的な関連と、各特殊間の必然的な連関を明らかにするものである。これは思弁的な意味における概念である。

たしかに、よくみると、ヘーゲル論理学の中身は分析的方法のカテゴリーに満ち満ちている。質と量、本質と現象、実体と形態、原因と結果、根拠と根拠づけられるもの、条件と条件づけられるもの、類と種差、概念、普遍、特殊、個別、判断や推理の形式、定義や分類などは、一般に分析的方法によって得られる認識の諸形式であり、論理的カテゴリーである。

これらのカテゴリーは、分析的方法においては、たとえば、質は質、量は量として分離され、認識上、固定される。したがって、それらを総合したときに明らかになる相関関係には目が向けられず、それらの相関関係の持つ論理的制限も明らかにされず、この論理的カテゴリーはこういうもの、あのカテゴリーはこういうもの、というように別々に考察される。ヘーゲルの論理学は、こうした諸カテゴリーの意味と制限性を順次明らかにしながら、事物と思考の概念把握をすすめる。そこから、概念、普遍と特殊、矛盾などの諸カテゴリーが新たな弁証法的意味内容をもってくるのである。

したがって、弁証法的方法では、分析的方法や形式論理学において用いられるものと、用語上は同じであっても、意味内容は異なってくる。弁証法的方法は、分析的方法において使用される論理的諸カテゴリーを使わない、したがってまた分析的方法を用いないのではない。これらの意味と同時にその制限性を明らかにしながら、事物や思考における真の概念把握における意味内容を明らかし、それら諸概念の、内的で、必然的な関連性を一歩ずつたどって抽象から具体へと展開するのである。

抽象的概念から具体的概念への展開からいえば、分析的方法における抽象から具体への上昇には必然性がない。だから、ヘーゲル論理学の叙述は諸概念の弁証法的で必然的な展開にこだわるあまりに、分析的方法における論理的諸カテゴリーの意味を分析し、その制限性を明らかにして概念展開することを表面上、否定している。そのために、とくに諸概念の移行においては、普通の理解力と具体的表象にとらわれた意識にとって理解不可能なこじつけがなされている(5)。

このように、ヘーゲル論理学はじつは分析的方法とそれが用いる諸カテゴリーを前提し、これらの制限性を明らかにしながら弁証法的方法とそれが用いる諸カテゴリーの意味を展開したものである。この意味で、分析的方法を前提にしながら、これを他面で否定するという二面性をもつ。

それでは、ヘーゲルは分析と総合そのものをどのように評価しているのだろうか。

ヘーゲルは、『大論理学』第三巻概念論、第三篇理念、第二章認識の理念、A真の理念、において、「a分析的認識」と「b総合的認識」をとりあげている。後者の「b総合的認識」では「定義」「分類」「定理」といった、分析的方法における論理的カテゴリーが扱われる。

ヘーゲルによれば、分析的認識は、ある前提された対象、個別的、具体的対象から出発する。この認識は没概念的で非弁証法的な認識である。これによってえられる「最高のもの」は「抽象的な本質」「抽象的普遍性あるいは単純な同一性の形式」である。それはまた、全体から部分へ、原因から結果へというように他の規定に移行するが、これは相関関係である。この相関関係も分析的認識にとっては所与であるにすぎない。

これにたいして、総合的認識は概念的把握へとむかう。それは諸規定を統一において把握し、抽象的同一性から相関関係へむかうからである。この認識は、客観世界を概念に転化するが、それはそれぞれの概念諸規定にしたがって客観世界に形式を与えるだけである。同様に、命題や法則を見出してそれらの必然性を証明するが、この必然性を概念から証明するのではない。いわば、現象から現象の根拠を認識するものである。

このような制約をもつ総合的認識には三つの契機がある。

最初の「定義」は、普遍に特殊を加えて対象である個別を定義するものである。この場合の普遍と特殊は弁証法的意味のものではない。「定義は分析的方法によって生じる」。「定義された対象の内容には必然性がない。……［したがって―引用注］総合的方法は分析的方法におとらず哲学には適さないものである」（『小論理学』第二二九節補遺）。

つぎの「分類」は、「定義」でえられた抽象的普遍＝原理＝共通性を前提に特殊性をとらえるものである。この進行は総合的・体系的認識の基礎（Grundlage）である。しかし、このような意味の普遍は際限なくより高次の普遍へと進んでいかざるをえない、不十分なものにとどまる。第三の「定理」は今で言う命題や法則のことである。たとえば、「三角形の内角の和は一八〇度である」というように、定義と分類から、普遍、特殊、個別の三規定を用いて対象（個別）を認識することである。ヘーゲルによれば、これはまだ「探求の域をでない認識」で、概念と実在性との統一が真の概念から明らかにされない(6)。

『大論理学』第三巻では、「第二章　認識の理念」の「A　真なるものの理念」で分析と総合の制限性を考察し、そのあとすぐに「B　善の理念」すなわち「実践的理念」に移行する。そうしたうえで、「第三章　絶対理念」に入って方法、体系、弁証法について論じ、「学の円環」を閉じるようになっている。ヘーゲルは、最後の弁証法について説明するなかでふたたび分析と総合について触れているが、その中には、絶対的認識の方法は物に内在し、その普遍的規定のなかにさらに進んだ普遍的規定を見出すという限りで分析的であり、総合的であると述べているところがある。しかし、ヘーゲルによれば、これはもはや「有限的認識の場合に総合といわれたものではない」（『大論理学』武市訳、下巻、三六六ページ）のである。

『小論理学』でも、「哲学的方法は、分析的でもあればまた総合的でもある」と述べているところがある（第二三八節補遺）。しかし、「それは、有限な認識［分析的方法のこと―引用注］のこの二つの方法をたんに並置するとか、交互に用いるとかいうような意味でそうなのではなく、両者を止揚されたものとしてその内に含むのであり、したがって哲学的方法は、その運動のあらゆる点において、分析的であると同時に総合的である」（同上）。

注意しなければならないのは、これは理念としての概念がみずから分析し、総合しながら認識が発展するということを述べたものである。したがって、これをもってヘーゲルの方法を「二元論」とはいえない。しかし、その反対に単純な分析、総合の方法、あるいはヘーゲルのいう「悟性的な規定された概念」をまったく否定し、弁証法的な分析・総合といえばよいというのでは、逆にヘーゲル論理学の豊かな内容あるいは合理的な面を学ばない一面的な理解に陥る(7)。ヘーゲルは、単純な分析、総合という二つの方法は「それらが本来用いられるべき領域では本質的な意義をもち、また輝かしい成果を収めている」（『小論理学』第二三一節）ことを認めている。しかし、それは「有限な認識」であって「哲学的認識には使用できない」と言いつつ、そのじつ、これを乗り越えねばならないと言っているのである。

論理学は一般に思考の法則を扱うものであるが、ヘーゲルの論理学は以上のように分析的方法にもとづく論理的思考の諸カテゴリーをふんだんに取り入れ、その制限性を明らかにしつつ、弁証法的思考方法の優位性を説いていくものである。われわれはそこに合理的な内容をみいだすのであって、ヘーゲルの方法は概念的把握しかない弁証法主義であるという吉田氏のヘーゲル理解は一面的である。

以上、ヘーゲル論理学における分析的方法と弁証法的方法との区別と連関を検討し、吉田氏の拙著への批判において示されたヘーゲル理解が一面的なものであることを明らかにした。

つぎに、マルクスの概念把握の方法における分析的方法の位置をみてみよう。

三　マルクスの概念的把握の方法における分析的方法の位置づけ

吉田氏は、拙著への批判のなかで、「分析的方法を基礎とする弁証法的方法」を「方法論的二元論」と断定し、これをマルクスのものだとする。はたして、マルクスは方法論的二元論にたっていたのだろうか。

マルクスが経済学の方法としての分析的方法と弁証法的方法との関連について明確に述べた箇所はつぎのものである。拙著では直接検討しなかったので、ほぼ全文を引用する。

「古典派経済学の分析的方法からは、いろいろな（収入）形態の源泉の同一性を、しばしば直接に、中間項なしに、還元を企てようと試みることが必然的に生じるが、批判も概念把握もこの方法から始まらなければならない。古典派経済学は、いろいろな形態を発生的に展開することに関心をもたず、これらの形態を分析によってそれらの統一体に還元しようとする。……だが、分析は発生的叙述、すなわち種々の段階における現実の形成過程の概念的把握の、必然的な前提である」（「経済学批判一八六一～一八六三年草稿」いわゆる剰余価値学説史の一節、*MEGA*, II, Bd.3, Teil4 S.1498-1499. 邦訳『資本論草稿集7』大月書店、一九八二年、四七七ページ、傍線は引用者）。

この箇所は、見田石介によって『資本論の方法』（一九六三年）の結びや同『著作集』第一巻（二五一～二五二ページ）にもほぼ全文が引用され、見田による「分析的方法を基礎とする弁証法的方法」理解の導きともなった

マルクスの叙述である。このマルクスの叙述を整理すると、

（1）分析的方法は古典派経済学が採った方法であるが、与えられたものをそのままに前提し、ここではさまざまな形態を同一性に還元するものであること。

（2）これにたいし、さまざまな形態を発生的に展開することは、現実の形成過程を異なった諸段階において概念的に把握するものであること。

以上の二つはヘーゲルにおいても同じであり、むしろマルクスがヘーゲル論理学から学び、受容したものであることは明らかである。

（3）分析的方法は概念把握の方法の必然的な前提であり、批判も概念把握も分析的方法からはじまらなければならない。マルクスは本引用文直後に、古典派経済学は「資本の基本形態を社会的生産の歴史的形態としてではなく自然形態として把握する」点で誤っており欠陥をもっているが、分析的方法によってこうした把握を取り除くための道を開いたと、分析的方法を高く評価している。

このように、マルクスにおいて、分析的方法が弁証法的方法の「必然的前提」であるというのは、前者は後者にとってあってもなくてもいいというものではなく、避けられないものである。あるものがその前提なしにはありえないという意味において、分析的方法は弁証法的方法の「基礎」である。

この三点目において、マルクスとヘーゲルは異なっている。ヘーゲルは、分析的方法が有限な認識であり、哲学的認識では使用できないとした。また、分析や総合といっても概念が自分で分析し総合するのだという神秘的で不合理な主張がなされている。したがって、マルクスのように弁証法的方法の「必然的な前提」だという位置づけはない。しかし、そのヘーゲルも、じつは論理的諸カテゴリーの表象を分析し、その制限性をふまえるからこそ、表立っては「概念の自己展開」であるかのような、難解で不合理な叙述が必要かつ可能になったのである。ヘーゲル論理学における表面と真相の二面性を見分けなければ、これを学ぶ意味はない。

また、マルクスは、『要綱』を執筆するにあたって「(経済学批判への)序説」(一八五七年)で「経済学の方法」について書いたが、そのなかでのべられた、具体から抽象へ(分析)、抽象から具体へ(総合)、そして「直観と表象を概念に仕上げていく行為」と「概念的に把握する行為」との関係を理解するうえで、この叙述はきわめて重要な示唆を与えてくれる(これについては拙著二三一〜三二一ページ、一六八〜一六九ページを参照願い、再論は避ける)。

拙著で詳述したように、マルクスが『要綱』の執筆にあたってヘーゲル論理学の諸カテゴリーを駆使したということは、それぞれのカテゴリーを用いて分析的方法を徹底させたということと、それらのカテゴリーの制限性についてヘーゲルに学んでこれをよく理解していたがゆえに、弁証法的なカテゴリーを使って資本制生産を構成する諸概念を体系的に展開することができたということになる。

いまこれを「貨幣の資本への転化」の論理についてみておこう。

『要綱』における「貨幣の資本への転化」論は基本的に『資本論』と同じ論理だとわたしは考える。ここで、マルクスは、「資本としての貨幣」を縦横に分析し、その形態と実体、質料、内容(具体的には、価値、生産用具など)とを分析している。しかし、そこで与えられた表象は混沌とした表象ではない。すでに叙述の過程でそれ以前に獲得された認識である貨幣概念を前提にして、たんなる貨幣と資本としての貨幣との違いを分析する。そこからは、たんなる貨幣の概念とは矛盾する資本独自の形態規定(価値の自己増殖)が明らかになるが、その論理的困難を解決する鍵は「資本となるべき貨幣」が購入する労働力商品の特殊性にあることはいうまでもない。全体をつうじて、貨幣概念とは異なる資本の概念の形態規定を明らかにするこの認識プロセスは、それまでに獲得された貨幣概念に照らして、貨幣概念と資本としての貨幣という「定在(定有)」とが不一致であることを認識上の矛盾とし、この認識上の矛盾を動力にして、貨幣概念から資本の最初の概念に「移行」するものである。

これを資本概念の「生成」と呼ぼうと「確定」と呼ぼうと同じであるが、『要綱』ではマルクス自身が生成(「生成しつつある資本」から「生成した資本」へ)という用語を使っている。これはじつは資本概念の生成のことであり、先のマルクスの表現によれば、資本に成るべき貨幣が資本に成っていく「現実の形成過程を概念的に把握する」ものである。その認識過程でヘーゲル論理学の有論や本質論の諸カテゴリーが駆使されるが、ヘーゲル論理学においても、有や本質の諸規定は「概念の生成の契機」であった（拙著、一二二ページ）。資本概念の「生成」は『要綱』で使われた用語の特徴でもあり、従来の『要綱』研究ではこの用語の弁証法的、発生論的意味が理解されないために、何か『資本論』とは異なる方法が採用されているかのように理解されているところである(8)。

四　見田石介における分析的方法を基礎とする弁証法的方法

拙著は、ヘーゲル－マルクスの方法論的関連、正確に言えばマルクスがヘーゲル弁証法の合理的核心と読んだ内容を明らかにし、その継承関係をベースにして現代経済学としてのマルクスの可能性を明らかにした。そして、そのために、見田石介のすぐれた方法論研究に立脚する必要があると考え、これを参考にしたものである。したがって、多くの箇所で見田の業績を参照するようにうながしたが、見田の業績内容を詳細に検討したものではない。見田石介の方法論を解釈し、見田の立場を擁護することが拙著の主要な目的であるわけでもない。見田の仕事については、拙著の内容に関連する限りで拙著第一章三二～三四ページに要約している。見田と同時にとりあげた武市健人や許萬元のヘーゲル論理学解釈、内田弘による『要綱』とヘーゲル論理学の関連に関する従来の研究と対比すれば、見田石介の方法論研究の優位は明白であると考える。

吉田氏は、拙著が見田の到達点からの後退であり逸脱であるとの批判を本旨とするようだが、見田石介の方法論研究の評価はそれとして独自に論じなければならない。拙著も本章における反論も、見田に忠実であるかどうかを争うものではないことをことわっておく(9)。

ヘーゲルからマルクスへ、その方法論上の批判的継承関係をうけて、見田石介は、マルクスの方法の基本的性格を「分析的方法を基礎とする弁証法的方法」という簡明な言葉で特徴づけた。見田が生前最後の年（一九七五年）に書いた「ヘーゲルの弁証法がさかだちしているということについて」もそうであるが、「分析的方法とヘーゲルおよびマルクスの弁証法的方法」（同年）には、見田の「思索の最終成果が……これ以上にはとうていだれにもやれないと掛け値なしにうけあえるほどみごとに、整然とまた懇切にわかりやすく書きしるされている」（秋間実）[10]。したがって、その内容を要約すること自体、本来は不可能で、不必要なことではあるが、必要な限りの整理はしておかねばならない。

分析的方法とは、類、実体、要素、法則、原因、力などを分析的にとりだす方法である。それによってえられたものは抽象的普遍といわれ、それ自身の種差や形態あるいは事物や現象の必然性を含まないものである（『見田石介著作集　第一巻』二三〇～二三七ページ）。したがって、「分析的方法が具体的なものを説明するやり方は、類に外的に種差を加え、法則に外的に初期条件を挿入し、構成諸要素に外的にそれらの結合条件を加え、部分原因を外的に綜合して、具体的な事物に到達するというしかたで……必然的なところがない」（同、二四五ページ）。ヘーゲルは弁証法的な世界観に立って、分析的方法ではとらえられない、事物の必然的な内部連関と発展関係を明らかにした。しかし、その観念論のために、思考過程を自立化し、実在する世界を概念の先験的な自己展開の産物だとした。ヘーゲルは「分析的方法は科学の真の方法としての弁証法的方法とは相容れない方法として、これを全面的に否定」し「排除する」（同、二四五ページ）。ところが、こうした「表向きの形式」と違って、「実際上」あるいは「実質的に分析的方法をその方法のうちにとりこんで」（同、二〇七ページ）、いたるところで「表向きの主張を自分で裏切」って、「論理的諸概念をその要素に分析し総合し……論理的概念の発生的展開」を行う（同、二四九～二五一ページ）。

以上をふまえて、マルクスの弁証法的方法についてみるなら、それは「分析的方法の基礎のうえに立たねばならぬ」もので、「分析的方法の一つの種別」ともいえるが、「古典的な分析的方法と区別して、弁証法的な分析的方法と呼んでもよいだろう」(同、二五一ページ)。ここで見田石介がいう弁証法的分析方法は、ヘーゲルのいうような概念が自分で分析し総合するという意味でないことは明らかである。

以上、見田石介の方法論研究の到達点をごく簡潔に要約した[11]。

これにたいして、吉田氏は、見田石介の「分析的方法を基礎とする弁証法的方法」は方法(論)的二元論であり、これはマルクスと同じであると断定する(吉田、六七および七四)。しかし、わたしは、ヘーゲルだけでなく、マルクス、見田の方法を「二元論」だと考えたことも、そのように書いたこともない。見田石介自身もそのようなことは言っていない。

見田石介の方法論を「二元論」だと断定し、その「混乱」を批判したのは許萬元「弁証法的方法の諸問題―見田石介氏の方法論的混乱―」(『唯物論』第六号、一九七六年五月、汐文社、一六二、一六九ページ)であった。これには、鰺坂真「弁証法的方法の諸問題(上)」(『科学と人間』日本科学者会議大阪支部哲学研究会、第四号、一九七六年一一月、(下)は第五号、一九七七年六月)の批判がある。鰺坂は、見田『資本論の方法』(一九六三年)を「弁証法が分析的方法を不可欠の契機として含んでいるかを論証した著作」(上、三三一〜三三三ページ)だと評価し、その旨をのべた見田の文章を引用(『見田石介著作集　第六巻』二一七〜八ページに収録)している。また、見田による同じ表現は『著作集』第一巻二五八ページにもある。

また、見田が分析的方法といえば、「それをもっぱら単純な分析・総合の意味にとられ、それとは区別される弁証法的方法について語ると、こんどはそれをもっぱら先験的演繹の方法の意味にとられている」(鈴木茂「見田氏の弁証法的方法について」『科学と人間』第四号、一九七六年一一月、二二ページ、『鈴木茂論文集2　唯物論と弁証法』一五一〜一五二ページ所収)向きもあった。このような理解をする者が見田石介の見解に方法論的二元論というレッテルを貼ったのである。

したがって、吉田氏はいまになって、何を根拠に、マルクスさらに見田石介の方法を二元論だとされるのか。

そのことを明確にすべきである。

二元論とは、「ある問題、事象の領域について二つの相互に独立な根本原理を認める考え方」（粟田賢三・古在由重編『岩波哲学小辞典』一九七九年、一七三ページ）である。マルクスおよび見田石介は、分析的方法が独自な、しかし制限をもつ原理であることを認めるが、弁証法的方法は分析的方法を「不可欠の基礎」とし、これを土台にしなければ、さかだちしたもので、「不可能になる」（見田石介、同上書、二四六ページ）といわれるのであるから、これを方法論的二元論だとするのは間違っている。

五　概念規定と形態規定の問題点

吉田氏は、拙著にたいする批判のなかでさかんに概念規定にこだわっている。最後にこのことに関わる三つの論点について反論し、疑問を提示したい。
（一）吉田氏は、分析的方法とは対象の「基体と形態規定性とを分析すること」だが、拙著のいう分析的方法は普遍と特殊の分析である。普遍と特殊の分析は弁証法的分析あるいは「より高次な分析」であるにもかかわらず、拙著はこの両方の分析（単純な分析・総合と弁証法的分析・総合）を同一視する「初歩的誤り」を犯している。これは単純な分析・総合の意義の把握が欠落しているからである、と批判する（吉田、六八〜六九）。
そして、積極的には、「質料的要素に歴史的な形態規定を付与して、対象の概念を確定するのが、マルクスの分析的方法の特徴である」（八一）とされている。

第一に、拙著は分析的方法を普遍と特殊の分析に限定したことはない。また、そうである場合にも、分析的方法における普遍と特殊は類と種差の関係にあるものだから、弁証法的な普遍と特殊の関係と違うことを明確にしている。弁証法における普遍と特殊の意味がもつ意義を強調していることは拙著を読んでいただければ明らかである。分析的方法における普遍と特殊と、弁証法的方法におけるそれを同一視するなどということは、筆者としてはありえないことである。

第二に、対象の概念を明らかにするうえで、分析的方法における素材と形態への分析と両者の総合がいかに重要な認識方法であるかということについては、拙著の第七章一九一〜一九三ページ、第九章二五五〜二五六ページでも詳しく述べたことである。この問題は、筆者にとっては、可変資本（という資本制の特殊歴史的）形態規定にたいする素材としての生活手段の問題として、学位論文である『生活様式の経済学』第四章（青木書店、一九九二年）以来重視してきた問題である。

第三に、吉田氏のように、「概念の確定」なるものを「質料的要素に形態規定を加える」ことに限定することは正しいかどうか、疑問である。概念に関わる論理的諸規定はもっと豊かなものであるはずである。

第四に、吉田氏は「概念の確定」をどこでどのようにおこなうのかについて、ヘーゲルもマルクスも明らかにしていないことがたいへん不満であるらしい。しかし、この不満は、弁証法的な意味での概念とはどういうものか、氏自身がわかっていないのではないかという疑問につながる。「ヘーゲルのいう概念とは、あらゆる事物の本性をなす有機性と発展性、いわばそのものの生命をさします。また、それをあらわすかぎりでの思考の様式です」（鈴木茂ほか編『ヘーゲル論理学入門』第七章冒頭、鈴木稿）。

概念はいったんどこかで「確定」されればそれを振りかざして何でも説明できるというものではない。概念は展開できるし、展開することで概念たりえるし、また展開しなければそれは概念ではない、これが概念の特徴である。したがって、どこで、どのようにして概念を確定するのかという、吉田氏の問い自体が的外れではないのか？　概念はどこにおいても「確定」されないものであり、動くものであり、開かれたものである。しかも、概念はけっして一つではない。だから「生成」と「展開」という用語が概念にはふさわしいとわたしは考えている。

（二）吉田氏によれば、概念の「確定」には弁証法的方法に先立って分析的方法が不可欠である。ところが、拙著は、事物の概念をいかにして「確定」するかという問題をどこでも考察していない。これはヘーゲルも同じであるが、ヘーゲルの場合はその概念が空中にある観念的なそれだからである。これが吉田氏の主張である。

しかし、概念の「確定」のためには「分析的方法は弁証法的方法に先行する」（六九）必要があるといえるだろうか。そこでいわれる分析的方法は単純な分析・総合であろうが、そうであればそこでえられた概念は抽象的普遍概念でしかない。真の概念は、吉田氏が強調する形態規定において規定される必要がある。したがって、概念把握は分析的方法を不可欠な前提として含まねばならず、分析的方法を前提にするというのは、両者を切り離し、分析的方法が先行するということではないと考えるが、いかがであろうか。

（三）以上のことに関連して、吉田氏は、形態規定性と概念的規定性とは同じではないにもかかわらず、拙著は両者を混同していると批判される（吉田、七三～）。氏の主張によれば、形態規定性は分析的方法によるものであるから、ある形態規定性と他の形態規定性とのあいだの必然的関係はない。これにたいして、概念的規定性は普遍、特殊、個別の相互浸透、相互含蓄関係である。

まず第一に、吉田氏は、この批判にあたって、『見田石介ヘーゲル大論理学研究②』二一二ページの参照を指示している。ところが見田講義録のこの箇所に「概念的規定性」の説明はない。量的規定、質的規定、形態規定の三規定についてだけである。見田石介があたかも形態規定性とは別に概念規定性があるかのように述べているとするのは、吉田氏の恣意的引用である。

第二に、経済学は経済的形態規定性を問題とするもので、内容を捨象した純粋な経済的形態、すなわち社会関係だけを取り出して考察するのが経済学の内容である。マルクスはこれを「形態内容」であるとした。これは、見田石介が先の解説の「形式と内容」において明確にしたことである（同上書、二一八ページ）。このように、経済学上の概念（たとえば商品の価値）は特定の社会関係をあらわすものであって、この場合、商品の価値は使用価値の経済的形態規定性である。したがって、形態規定性を展開することが概念を展開することである（その例が価値形態論)。そして、形態規定性の展開にともなってその形態内容もまた豊かなものになっていく。この点も『要綱』の読解においてかなり示したつもりであるが、吉田氏には理解していただけなかったようである。マルクスが『資本論』第一巻第二版後記において、「研究は、素材のいろいろな発展形態を分析し、これらの発展形態の内的な紐帯をさぐりださねばならない。これをすませてから、はじめて現実の運動をそれに応じて叙述することができる」と書いたことも、現実の形成過程に応じた概念の発生論的展開における形態規定性の意味を述べたものである。

以上、ヘーゲル、マルクス、見田石介の理解において、吉田氏と拙著のあいだの対立点はかなり明確になったものと思う。望まれるのは、吉田氏が、ヘーゲル、マルクスの関係について自説を展開し、氏が「長年にわたる強い念願」だとされる見田石介批判(!)をみずから実行されることである。

注

(1) 吉田浩「論文　角田修一著『「資本」の方法とヘーゲル論理学』について」(関西唯物論研究会『唯物論と現代』三八号、二〇〇六年一一月)。関連論文として、吉田浩「見田石介氏における分析的方法の変化について」(『唯物論と現代』二五号、二〇〇〇年七月)。関連報告に、吉田浩「『科学論』から『資本論の方法』への見田石介氏の理論的発展に関して—『資本論の方法』の意義を再確認するために—」二〇〇六年一一月、関西唯研シンポジウム報告。以下、「吉田」としてページ数を示したものはすべて同誌三八号のものである。

(2) 拙著にたいしては、吉田氏のほかにつぎの書評がある。あわせて参考にしていただきたい。平野喜一郎(『経済』二〇〇六年三月号)、牧野広義(『唯物論と現代』第三七号、二〇〇六年六月)、山本広太郎(『経済科学通信』基礎経済科学研究所、第一一〇号、二〇〇六年六月)、大石雄爾(『経済理論』経済理論学会、第四三巻第二号、二〇〇六年七月)。このうち、大石氏の書評はおもにヘーゲル論理学の「有論」に関わるもので、これにたいするリプライは『経済理論』(第四四巻第一号、二〇〇七年四月)に掲載された。

また、牧野氏からは積極的な問題提起が三点なされた。『要綱』と『資本論』との方法論的関連、第七章「物象化・矛盾・

人間発達」に関わる諸カテゴリーとヘーゲル論理学との関連、矛盾の論理の再検討の三点である。一部については前著『生活様式の経済学』（青木書店、一九九二年）第一章で述べたことがあるが、本書の第一篇において一部、その問題提起に応えられたかもしれない。

（3）『要綱』の方法とヘーゲル論理学とを比較する研究は、日本では内田弘の研究が先駆的なものであるが、ある種の問題点をもつ（拙著、第一章、三四～三七ページ）。海外において最近著された次の研究も興味深いものだが、ヘーゲル論理学の有論を『要綱』の貨幣章、本質論と概念論を『要綱』資本章と対応させるという問題点をもつものである。Mark E. Meaney, *Capital as Organic Unity, The Role of Hegel's Science of Logic in Marx's Grundrisse*, Kluwer Academic Publishers, The Netherlands, 2002.

（4）ヘーゲル『小論理学』（エンチュクロペディー第一部）の訳は松村一人（岩波文庫版）、『大論理学』は武市健人訳（岩波書店）に概ねしたがったが、一部、ズーアカンプ版によって変えたところがある。

（5）「普通の理解力と具体的な表象」という表現は、ヘーゲルが『エンチュクロペディー』第二版序文において、同書の注釈では「抽象的な概念をこれに近づけるように努力」したといったときに使われた表現である。この「普通の理解力と具体的な表象」から抽象し分析する方法を否定し、「哲学特有の認識方法」をこれとはまったく別のものとする弁証法主義、これにたいして、あくまで「普通の理解力と具体的な表象」にとどまり、経験的認識あるいは「本質と現象、根拠と帰結、原因と結果、等々のような普通の思考諸規定を用いて、あれこれの有限な関係をたどる」悟性主義がある。そして、ヘーゲル論理学を弁証法主義と悟性主義の二つの傾向から「解釈」する向きが後を絶たない。

（6）分析的方法の二つの形態、それらの特徴と制限性、ヘーゲルによる定義、分類、定理の説明については『見田石介著作集第一巻』（大月書店）一二六～一三二ページの叙述が参考になる。なお、本稿に関連して、角田修一「書評『見田石介著作集第一巻　ヘーゲル論理学と社会科学』」『立命館経済学』第二六巻第二号、一九七七年六月、を参照されたい。

（7）この点の指摘は、鈴木茂「見田氏の弁証法的方法について」『鈴木茂論文集2　唯物論と弁証法』（文理閣、一九八九年）一三六ページ、原論文は日本科学者会議大阪支部哲学研究会『科学と人間』第四号、一九七六年一一月。また、向井俊彦「分析的方法を基礎とする弁証法的方法とはどういうものか」『唯物論とヘーゲル研究』文理閣、一九七九年、所収、両角英郎「『資本論』の方法と『法哲学』の方法」『哲学の探求・一九七五年度版』（第三回全国若手哲学研究者ゼミナール論文集）所収、同「方法としての弁証法について」『科学論研究会誌』第二号、日本科学者会議沖縄支部科学論研究会、一九七九年二月所収、も参考になる。

（8）『要綱』における最初の資本概念の規定において分析的方法とそれに関わる論理的カテゴリーがさまざまに駆使されていることは、拙著五二、七三～八一、一一一～一一九、一四一～一四八ページで詳しく整理、紹介したところである。
吉田氏は「生成」という拙著の訳語についてまで、根拠も示さず、また自身の訳も示さずに疑問を提起している（吉田、八二）。しかし、『マルクス資本論草稿集』も「生成」であるが、粟田賢三・古在由重編『岩波哲学小辞典』（一九七九年、一二九ページ）においても、ヘラクレイトス、ヘーゲルに関わるWerden, becomingの訳語は「生成」である。

（9）吉田氏は、拙著を批判的に検討する「主旨」は、それが「見田氏とは全く乖離した見解を主張しているからではない。見田氏を批判したいのは、私の長年にわたる強い念願でもある」（六七）とも言われる。そうであれば、ヘーゲル―マルクスの継承、発展関係に関する自説を積極的に展開し、そのなかで正面から見田石介の業績を批判し、拙著への批判もなされるべきであろう。

（10）『見田石介著作集　第一巻』二九九ページ解説より。二つの論文は二〇〇～二五八ページ所収。

（11）筆者はある英文雑誌に論文（査読付き）を投稿し、見田石介と宇野弘藏の方法論の違いと対立点を著した。参考にしていただければ幸いである。
KAKUTA, Shuichi, Methodological Differences Between Two Marxian Economists in Japan : Kozo Uno and Sekisuke Mita, "*Research in Political Economy*", edited by Paul Zarembka, Emerald, UK, Volume 25, 277-299, 2009. (with anonymous reviewers)

第一〇章　メンガーとマルクスにおける方法の差異
——二人のカール——

はじめに

本書第三篇の以降の諸章は、二一世紀における社会科学と経済学の方法論を考えるうえで人間の社会関係と制度そして人びとの社会的意識と行為、これらのあいだの相互関連を明らかにする必要があるというひとつの課題意識をもっている。

第九章は、この課題に接近するための一つの理論素材として、カール・メンガー（Carl Menger, 一八四〇～一九二一）による経済学の方法論に関する問題提起をとりあげる。そして、カール・マルクス（Karl Marx, 一八一八～一八八三）がもしこの問題提起を受けとめることができたならば、どのように解答しただろうかという、仮想の議論を設定する。

最初に断っておかねばならないのは、メンガーによる方法論の問題提起は一八八三年に出された「社会科学、とくに政治（＝社会）経済学の方法についての研究」（Menger［1883］）によることである。この年、マルクスはロンドンで亡くなっている。したがって、マルクス自身はこれについて論評することはなかった。しかも、メンガーの論考は、アカデミズムの世界におけるドイツ歴史学派およびスミス以来のイギリス古典派経済学にたいして論争を挑んだものであり、マルクスを対象にしたものではない。しかし、メンガーが提起した問題は、論理と歴史、個別と普遍、理論と実践といった社会科学の主要な方法論上の問題をほぼ網羅している。したがって、これらの問題にマルクスであればどのように応えたか、とくに二〇世紀に入ってから発見ないし公表されたマルクスのいくつかの論稿にもとづいて、そのことを再考してみる意味がある。

もう一つ断っておかねばならないのは、マックス・ヴェーバー（Max Weber, 一八六四〜一九二〇）についてである。ヴェーバーはマルクスと並び立つ二〇世紀社会科学の二つの源流であるだけでなく、ドイツ「歴史学派の子」であることを自覚した人であった。ヴェーバーは、メンガーの批判に応え、ドイツ歴史学派の方法論を自己批判する位置に立った。したがって、本来ならば、メンガー、マルクス、ヴェーバーという、いわば世代を異にする三者を絡ませ、議論を組み立てたうえで、上記の課題意識にそって答えを出す必要がある。第一〇章ではまず前の二者に登場してもらい、そのうえで、ヴェーバーについては、ドイツ歴史学派を代表するグスタフ・シュモラーとあわせて次章で扱うことにする。

一　メンガーが提起した社会科学の方法問題

メンガーは一八七八年から一九〇三年までウィーン大学経済学教授職にあり、新古典派経済学の源流の一つであるオーストリー学派の創始者となった人である。メンガーの主著『国民経済学原理』（一八七一年）にたいしてドイツ歴史学派は黙殺的態度をとったため、歴史学派の方法論を批判する論文を発表したとされる。メンガーの詳細な論述と理論的な態度に比して、当時、歴史学派の指導的位置にあったグスタフ・シュモラーは批評（一八八三年）という形でこれを軽くとり扱う態度に終始した。(1)

メンガーが提起した問題は多岐にわたる。ここでは四つの問題に整理する。

第一は、論理的なものと歴史的なもの、あるいはそれを扱う方法の問題である。メンガーは経済科学を、①個別具体的な歴史的科学、②一般的理論的科学、③経済政策や財政学のような実践的科学の三つに分ける。後の二つを「政治（＝社会）経済学」と呼び、①の歴史科学的研究と峻別した（第一編）。メンガーによれば、理論的なものは歴史的なものではなく、歴史的なものは論理的なものではない。この二種類を区別せず、混同しているのがドイツ歴史学派の経済学だというのである。

第二は、個別的なものと普遍的なものとの区別である。メンガーによれば、同じ理論経済学においても、「経験的・現実主義的」な認識と「精密的法則」を研究するものは異なる方針をもつ。どちらも自然科学の方法とは異なるけれども、「質的に厳密に典型的な現象形態に到達する理論的研究の成果」は「現象の法則」である。これは「精密的法則（exacte Gesetze）とよぶのが正しい」（Menger, S.38f, 訳四七〜四九ページ）。このような「法則」は、例外のないことが保証されている現象間の規則性であり、「完全な経験的現実性に照らして吟味するわけにはいかない」（Ibid., S.41, 訳四九ページ）ものである。

このような精密法則の理論的研究にたいして、「経験的・実在論的観点」が到達できる成果は「現実類型（Realtypen）」と「経験的法則」（S.36, 訳四五ページ）の二種類だけである。この二種類の研究成果はあくまで経験に照らしてその真理性を判断されるものであるが、例外なしに通用する保証はない。「現実類型」と「経験的法則」は「ある種の規則性」であって、自然科学が扱うような「自然法則」の厳密性をもたない。前者の「現実類型」には特殊性のための多少の余地があり、後者の「経験的法則」には例外がある（以上、Menger［1883］第一編第四〜五章による）。

メンガーは、経験的現実を個別的あるいは具体的なものとみなしている。「ある社会的現象の個別的な生成過程を研究し、それが生成してきた、しかも現在あるがままに、その特殊性をもって生成してきた具体的関係を意識することによって、その現象を特殊的に歴史的なやり方で理解する」（Ibid., S.14, 訳二八ページ）。このような研究は理論的研究ではない。これにたいして、一般（普遍）的なものは、「場所や時間の状況にかかわらない国民経済の法則」である。すなわち、「交換、価格、地代、需給の一般的本質、またはこれらの現象間の典型的関係、たとえば需給の増減の価格に及ぼす作用、人口増加の地代に及ぼす影響などを確立することによって、われわれは理論経済学の完成につとめる」(Ibid., S.12f. 訳二七ページ)のだという。

第三の問題は、理論的科学と実践的科学との峻別である。理論的科学と実践的科学はともに政治(＝社会)経済学に属している。しかし、理論経済学は国民経済の一般的本質と法則を研究するのにたいして、経済政策学は国民経済の促進のための施策を研究する。国民経済のある一定の発展段階において、理論経済学は「現象の法則」を問題にするのにたいして、実践経済学は「規範法則(国家または慣習によって確立された行為に関する規則)」(Ibid., S.95. 訳九五ページ)を問題にするので、この二つを混同してはならないとする(以上、前掲書第二編による)。

以上の三つの問題は、経済学における理論と政策と歴史の三者は峻別しなければならないということに帰着する。

第四の問題は、国民経済を有機体とみる見方と原子論的にみる見方の区別である(前掲書第三篇)。すなわち、精密科学としての経済学は、人間生活の「もっとも重要な経済的側面の理解だけを与える」もので、「経済人」の「財貨欲求の充足をめざす努力の中での利己の発現を追求する理論」(Ibid., S.78. 訳八二ページ)である。しかし、「私利の自由な作用という観点から研究しているからといって、人間は事実上ただ利己だけに左右されるとか、または無過失であり、全知であるとかを主張するものではない」(Ibid., S.80. 訳八三ページ)と言う。

理論経済学にたいして、当時すでに「原子論(アトミズム)」という非難がなされていた。これにたいして、メンガーは、「国民そのものは経済の主体ではない」(Ibid., S.86. 訳八八ページ)と応じている。国民経済の現象は、無数の個別的経済努力の合成結果としてあるものなので、「国民経済を一つの有機的に統一された全体」(Ibid., S.85. 訳八七ページ)としてとらえることは「一つのフィクション」である。歴史学派経済学者の「集合主義(Collectivismus)」(Ibid., S.87. 訳八九ページ)の方法は、この意味においても精密科学には不適当だとメンガーはいうのである。メンガーにおいては、貨幣や法あるいは国家のような社会「制度」でさえも、個人的利益のための努力の「無反省」な、あるいは「意図されなかった」合成結果なのである。

以上のように、理論と歴史は異なるもので、理論的なものは繰り返し現れる定型的あるいは典型的な現象の法則を研究するものであるとするメンガーの考え方においては、マルクスのいう歴史的傾向法則といったものは妥当する余地がない。また、理論的認識と実践的認識とは一緒にしてはならないというのであるから、資本制経済の理論的認識と、仮にどのような社会主義あるいは共産主義であろうとそれをめざす実践的認識課題とは明確に区別されなければならない。

メンガーが提起した問題は、その後、二〇世紀を経て一〇〇年以上にわたる経済学および社会科学における方法論上のほとんどの主要問題につながっているように思われる(2)。

メンガーの批判はマルクスの経済学とその方法にたいするものではなく、ドイツ歴史学派に向けられたものであった。しかし、かれが提起した問題のほとんどは、マルクスの方法の内容とも関連する。マルクスであればこれらの問題にどのように応えただろうか。

さらに、メンガーの批判にたいして歴史学派の中から彼の問題提起を受けとめ、これに積極的に応えようとした者が現れた。二〇世紀最大の社会科学者マックス・ヴェーバーである。ヴェーバーはこれらの問題にどのように答えたかは次章にゆずり、ここではマルクスに聞いてみよう。

二　資本論の方法——ヘーゲルからマルクスへ

マルクスは、『経済学批判要綱』(一八五七〜五八年経済学草稿)から『資本論』において、ヘーゲル論理学の諸カテゴリーを駆使し、主に「資本一般」の概念を展開し、資本制生産の総体を概念的に把握しようとした。マルクスが自身の「経済学の方法」についてまとまった形で示したのは、『資本論』の原型となった一八五七～五八年の「経済学批判」の草稿（いわゆる『経済学批判要綱』の執筆にあたって書かれたノート、「経済学批判への序説」Marx [1857]）のみである。このノートは一九〇二年になって発見され、一九〇三年の「ノイエ・ツァイト」誌に公表されたもので、エンゲルスにも知られていなかった。このこと自体は残念なことであるが、そのノートのなかで、マルクスは、自らの方法を「理論的方法」とよんだ。その特徴を再度、整理してみよう。

（一）理論の出発点は「社会のうちで生産する諸個人」にある。そこから、「諸個人の社会的に規定された生産」が問題とされる。その理論的考察の結果として、「社会的諸関連のなかにある人間」が明らかになる。これがマルクスの社会科学の出発点であり、そして終結点であった。

このことは、ヘーゲルが絶対精神という理念を主体とし、事実上は、近代市民社会における抽象的に自由な人格を出発点にしていたこととはまったく異なる。それとともに、社会を構成する諸個人の個別的行為の合成結果は、ある種の社会的関連として、諸個人からは独立した客観的法則性や必然性となって現れる。この考え方はヘーゲルとマルクスに共通であるが、メンガーのように、そのことに目をつぶり、個人の私的な行為だけから経済社会の全体を推し測ることは、諸個人の行為に対する社会関係の規定性を捨象してしまうことになる。

（二）マルクスは、生産という人間の生命活動、あるいはその物質的生活における実践的行為すなわち労働を基礎にして、社会を一個の総体性すなわち有機的全体として把握する。社会における生産をめぐる人びとの関係は、分配、交換、消費と並ぶ特殊な契機である。しかしこの特殊な契機は他の三つを包括する普遍的契機である。これはヘーゲル哲学の普遍―特殊―個別の弁証法にもとづく総体性の把握である。この点は、市場における交換から その他の契機の内容を類推できるとするメンガーの方法にたいする、マルクスの方法の優位性を示すところである（本書第四篇第一四章）。

（三）社会という実在する具体的なもの、すなわち「生きた全体」から出発し、これを抽象的諸規定に分析し、そのうえでそれらをふたたび総合して具体的な諸規定に「上向」するのが正しい方法である。分析的方法をふまえた総合的方法が概念による展開の前提である。マルクス自身は、「経済学批判」の一八六一～一八六三年草稿（いわゆる剰余価値学説史）の一節に次のように書いた。

「古典派経済学の分析的方法……批判も理解もこの方法から始まらなければならない。しかし、古典派経済学はいろいろな形態を発生論的に展開することに関心をもたず、これらの形態を分析によってそれらの統一体に還元しようとする。……しかし、分析は発生論的叙述の、すなわち種々な段階における現実の形成過程の概念的把握の、必然的な前提である」（*MEGA*, II, Bd.3, Teil 4, S.1498-1499.『資本論草稿集7』訳四七七ページ）。

この一節は、ヘーゲルが分析的方法と総合的方法を概念の自己展開より低いものと扱ったこととは異なり、マルクスの方法をよく示すものである。マルクスの経済学においては、分析的方法をふまえた総合的方法のなかで概念の把握とその発生論的展開がなされる。したがって、それを分析的あるいは悟性的にだけ理解することは、弁証法的にのみ理解しようとすることと同じように、マルクスの誤読あるいは自分勝手な修正につながる。このことを明確にしたのが見田石介の大きな業績である。(3)

（四）「思考すなわち概念的把握」によって世界を自分のものにする唯一可能な方法は「直観と表象を概念へ加工する」ことである。マルクスにあっては、主観的なものと客観的なもの、および概念と実在性は明確に区別される。したがって、客観的世界はあくまで思考の外にある。ヘーゲルのように、思考過程と現実の過程を同じものとみて、「概念の弁証法」による自己展開運動の形をとる観念論的な叙述方法は訂正されねばならない。これは、概念と実在の一致を、思考が世界を自分のものにする過程だととらえ、「思考過程が現実的なものの創造者である」（マルクス）と考えたヘーゲルにたいするマルクスの批判である。マルクスの場合、理論的概念は実在するものを認識する過程の所産である。認識の過程では確かに両者は区別されねばならない。しかし、認識は、実在するものの表象をたえず概念に変えながら、概念をより豊富なものにしあげていく。それは実在するものに、一歩ずつ、しかし無限に接近していく運動である。したがって、理論的概念と個別具体的な現実とをあくまで峻別し、概念はいつでも、どこでも妥当するものだが、現実はそれによってはとらえられないものとするメンガーの方法では、一方では概念は現実と切り離された主観の側にとどまり、他方では実在するものはいつまでもとらえられないものになる。

（五）思考と現実あるいは意識と存在とを媒介するのは人間の実践である。人間のさまざまなレベルでの実践には、思考による現実把握とは異なる精神的活動が伴う。しかし、理論的方法は理論的概念を把握する方法であり、実践的理念による世界の把握の仕方とは区別されねばならない。ところが、ヘーゲルは、概念の自己運動によって理論的理念（理論的概念すなわち「真」）と実践的理念（「善」あるいは「意志」）との統一（一体性）にいたる。これが「絶対的理念」である。『論理学』最終章「絶対的理念」の最初に、ヘーゲルがつぎのように述べているところがある。

「絶対的理念こそが哲学の唯一の対象であり、内容である。それはその中にすべての規定性を含むもので、その本質は自己規定あるいは特殊化を通じて自分に帰ることにあるから、絶対的理念は異なる諸形態をもつ。そして哲学の任務はこれらの形態において理念を認識することにある。……芸術と宗教は、絶対的理念が自分を把握し、自分に適合した定有を得るための異なる仕方である。哲学も同じ内容と目的をもつが、しかし哲学は絶対的理念を把握する最高の仕方である」（Hegel［1816］S.549, 武市訳、下巻、三五七ページ）。

ヘーゲルのこの一文を念頭において書かれたと考えられるマルクスの叙述がある。それは先の「序説」における「経済学の方法」の一節である。

「思考する頭脳は自分に唯一可能な仕方で世界を自分のものにするが、この仕方は、世界を芸術精神的、宗教精神的、実践精神的に自分のものとするのとは異なった仕方である」（*MEGA*, II, Bd.1, Teil 1, S.37. 邦訳『資本論草稿集 一』五一ページ、傍線は引用者）。

人間の精神が世界をとらえる仕方にはさまざまな仕方がある。理論的精神すなわち思考は概念的把握によって世界をとらえる。したがって、経済学批判および『資本論』における方法は対象の理論的精神すなわち概念を把握し展開するものであって、何らかの「実践精神的」理念を展開したものではない。このことは、実践的理念、具体的には価値規範や価値理念の問題はどうでもよいということを意味するものではない(4)。

(六)単純なカテゴリーがより複雑なカテゴリーよりも前に歴史的に存在するかどうかは「時と場合による」。マルクスはヘーゲル「法の哲学」をその例にあげている。ヘーゲルの法哲学は「抽象的権利ないし法」(占有—契約)—「道徳性」—「倫理」(家族—市民社会—国家)からなる(本書第一篇第二章)。マルクスは、ヘーゲルが主体のもっとも単純な法的関連としての占有から始めだているのは正しいと評価した。

この場合、「一般に、どのような歴史科学、社会科学をとってもそうであるように、……つねに次のことが堅持されなければならない」とマルクスは言う。「現実性においてと同様に、頭脳においても、主体が、ここでは近代ブルジョア社会が与えられたものであること、したがって、諸カテゴリーは、この一定の社会の、したがってこの主体の定在諸形態、実存諸規定を表現しているものであること、しばしばその一定の社会の個々の側面だけを表現しているだけである」。

このように、マルクスも、特定の経済社会における諸カテゴリーがその対象である実在のある一面を表現するだけだということをよく承知している。だからこそ、これらのカテゴリーを個々バラバラにではなく、当該経済社会の編制、マルクスの場合は近代市民(ブルジョア)社会内部での編制を、したがってまた経済学的諸カテゴリーの論理的関係を分析し、資本がすべてを支配する経済力であることを明らかにしたのである。マルクスは、弁証法的な学の体系である普遍—特殊—個別の弁証法による「経済学批判」の体系を構想したが、この体系はヘーゲルのように閉じた体系ではなく、開かれた体系であった。

マルクスはその後さらに、『経済学批判』「序言」(Marx〔1859〕)において、「物質的生活の生産様式が社会的

(social)、政治的および精神的生活過程一般を条件づける」と書いた。そして、「市民(ブルジョア)社会」と呼ばれてきた「ブルジョア経済の体制(das System)を、資本・土地所有・賃労働、そして国家・外国貿易・世界市場という順序で考察する」とした。これがかれの「理論的方法」にもとづく構想であった(5)。

さらに、『資本論』第一部初版(Marx〔1867〕)の序文では、その研究対象を「資本制生産様式と、これに照応する生産諸関係および交易諸関係である」とした。これは、経済学の対象が人びとの物質的生活における実践の様式である生産様式と、そこにおける人びとの生産関係であること、「近代社会の経済的運動法則」はこれを支配する「資本」から概念的に把握されねばならないことを意味する。しかも、「理論的展開」はたえず現実的素材による例証を必要とする。「その主要な例証として役立つのはイギリスである」ことをマルクスは明言した。

さらに経済的運動法則は「自然法則」であると言う。それは「経済的社会構成体の発展を一つの自然史的過程と考える私(＝マルクス)の立場は、個々人に諸関係の責任を負わせることはできない」からである。したがって、経済学において「人格が問題になるのは、彼らが経済的諸カテゴリーの人格化であり、特定の階級諸関係や利害の担い手である限りにおいてである。……個人は主観的には諸関係をどんなに超越しようとも、社会的には依然として諸関係の被造物である」。これは、社会を構成する諸個人は互いにさまざまな社会関係を取り結び行為するが、その社会関係は特殊なカテゴリーを担う人格として現れるという意味である。

マルクスは『資本論』初版の出版後、これにたいするさまざまな批評を借りる形で、「経済学の問題にはまだ適用されたことのない分析の方法」(フランス語版への序文一八七二年)を説明した。

一八七三年一月ドイツ語第二版への「あとがき」によれば、当時すでに「形而上学だとの批判」が実証主義者からなされたし、ドイツの批評家からは「ヘーゲル的詭弁」だとの非難がなされた。これにたいして、マルクスは、キエフ大学ジーベル教授の著書からの引用にもとづいて、自分の方法が「イギリス学派全体の演繹法である」こと、またM・ブロックが「その方法は分析的である」と述べていること、カウフマン論文からは「研究方法は厳密に実在論的であるが、叙述方法はドイツ的弁証法的である」との一節を引用する。一見するとバラバラにも見えるこうした「演繹的」「分析的」「実在論的」「弁証法的」といった用法は、マルクスにおいては相矛盾するものでも、また二元論でもない。「分析的方法を基礎とする弁証法的方法」（見田石介）にもとづくものであった。

しかし、研究の仕方は叙述の仕方と形式としては区別しなければならない。「研究は素材を詳細に自分のものにし、素材のさまざまの発展形態を分析し、それらの発展形態の内的紐帯をさぐりださなければならない。この仕事を仕上げてのちに、はじめて、現実の運動をそれにふさわしく叙述することができる。これが成功して、素材の生命が観念的に反映されると、まるである先験的な構成とかかわりあっているように思われるかもしれない」。このよく知られたマルクスの一文の意味内容も、必ずしも正確に理解されてきたとはいえないが、これは概念把握の方法における分析と叙述方法について述べたものである。概念の展開は現実の運動をそのままの形で叙述の上に「観念的に反映」させたものではない。また、対象の主体（その概念をここで「生命」と表現している）はあくまで思考する頭脳とは独立に実在する、とマルクスは述べているのである。

以上のように、マルクスの「理論的方法」はヘーゲルのいう「理論的理念」を把握する方法に対応するものであった。そして、研究対象の素材を縦横に分析、総合しながら対象の理論的概念を把握し、展開する方法であって、ヘーゲルのように「理念」によって逆立ちさせられた方法とは異なる実在論的なものである。分析的方法が弁証法（「発生論」）的展開方法の「必然的な前提」（マルクス）だというとき、分析的方法で用いられる論理的諸カテゴリー（たとえば因果性や法則性などの抽象的普遍）は事実上、ヘーゲル論理学の中に総括され、カテゴリーそれぞれの限界がヘーゲルによって明らかにされている。したがって、「分析的方法にもとづく弁証法的方法」（見田石介）はヘーゲルおよびマルクスの読み方についてはもちろんだが、マルクス経済学、現代経済学、現代社会科学の批判的再構成にとっても重要な方法である。(6)

以下、主として論理と歴史の関係と、理論と実践の問題に焦点をあて、もう少し詳しく論じよう。

三　論理と歴史——経済学批判体系のゆくえとその現代的課題

マルクスにおける社会科学と経済学の方法が分析的方法にもとづく弁証法的な概念的把握にあるとすれば、個別具体的な事物とその歴史は、概念によってすべてとらえきれるものなのだろうか。

この疑問については、『資本論』第三部（草稿）の中に興味深い叙述がある。それは地代論の「労働地代」を扱うところにある。そこでマルクスはつぎのように述べている。

「同じ経済的基礎は、無数のさまざまな経験的事情、自然条件や種族関係、外部から作用する歴史的影響等々により、現象において無限の変異や色合いを示すことがありうる」。そして、「これらはただ、経験的に与えられた事情の分析によってのみ概念的に理解されうる」（*MEW*, Bd.25, S.799–800, *MEGA* II, Bd.4, Teil 2, S.732. 邦訳『資本論』第三部一〇一五ページ）。

この記述にあるように、マルクスは、個別具体的な事物には無数の事情が作用すること、それらは経験的分析によってのみ理解されることを認める。経験科学である経済学においては、分析的方法にもとづいて、ある範囲まで実証的に事物を研究することが必要である。そのうえでのみ事柄を概念的に把握しうるというのである。したがって、『資本論』における概念展開の叙述が随所で多様な現実にその素材を求めていることも、何か不純なもの、あるいは余計なものとみてはならない。主としてイギリスを素材として多様な現実を経験的に分析したもの、それと理論との対応関係を概念展開の叙述の歩みに即して、一つひとつ示しているのである。

しかし、そうだとすれば、現実の多様で複雑な、そして政治的、精神的さらに社会的な、といったさまざまなレベルにおけるさまざまな人間の実践と、こうした実践によって形づくられる歴史やその歩みはどのように把握されるのだろうか。

（一）マルクスは、経験科学である経済学に、分析的方法を基礎とする概念把握の方法を適用した。そのことによって、人間生活の物質的代謝過程における実践的活動である労働を基礎にして、人びとの社会関係を変化、発展させる原動力を把握した。この物質的土台における人間の実践の意味を理解することを基礎としてはじめて、社会的、政治的、精神的その他の生活実践の意味するところが正確に理解できるとするのが、マルクスのいわば仮説であった。

（二）その際、「現在の社会は決して固定した結晶ではなく、変化が可能な、そして絶えず変化の過程にある有機体なのだという予感が支配階級の間にさえ目覚め始めている」と言う。これは『資本論』第一部初版序文のなかのマルクスの言葉である。マルクスはここで、社会を一個の有機体として把握する見方を示した。有機体というのは、この場合、たんなる多くの諸個人の集合あるいは全体ではない。人びとのさまざまな社会関係の総体である。そして、それ自体として自立して運動し変化する。諸個人はそうした社会諸関係を表現し、それらの担い手として行動する。だから、人びとはその精神において自分たちの世界をさまざまな形でとらえようとするのである。ここに社会科学の存在根拠があるともいえよう。

（三）変化する有機体という見方にもとづいて、マルクスは資本制経済の再生産、変化、発展および矛盾を明らかにした。マルクスはダーウィン「種の起源」（一八五九年）を高く評価したが、マルクス自身は、社会の発展が経済の発展によって大きく規定され制約されるという一定の仮説にもとづいて、経済発展を経済過程の矛盾、すなわち根本的には生産力（人間対自然）と生産関係（人間対人間）とのあいだの矛盾によって理解した。マルクスは、ヴェラ・ザスーリチ宛の手紙（一八八一年、ただしこの手紙とその草稿は一九二四年に公表された）に示されているように、『資本論』の対象が西ヨーロッパにおける資本制経済の成立と発展に限定されていることを自覚していた。しかし、その分析と概念展開によって、労働が人間と自然との間の一過程であり、人間は自然との物質代謝を自身の行為で媒介し規制し制御すること、したがって、人間もまた一つの自然力であるが、自分自身の本性を変化させ、自然の潜勢力を発達させ、それらを統御すること、その場合の機械と大工業の役割、それによる物質代謝の攪乱と再建、土地と労働者の破壊をつうじて技術と結合を発展させる資本制経済の歴史的役割などを明らかにした。

このような内容からいえば、メンガーのいうような現象の法則あるいは抽象的普遍概念は、ただたんにくりかえすもの、あらゆる時代や場所において妥当するものとされるために、かえって現実から遠く離れたものにすぎない。したがって、到底、事物の生成と変化あるいは発展を説明できるものではない。

(四) しかし、マルクスを継承したはずの二〇世紀マルクス経済学は、方法論上は実証主義と理念主義、後者はまた概念構成主義と実践的理念主義の二つに分化した。そして、実践的には客観主義と主観主義、あるいは経済主義と政治主義とに分裂した。その結果、先の仮説は十分に展開されず、経済学においては、マルクス以後のいわば現代「経済学批判」いいかえれば「生産関係の現象学」すなわち批判的市場分析および制度分析がおろそかにされた。その一方で『資本論』はそのままの形で「資本主義の一般理論」あるいは「原理論」として概念構成主義的に固定化され、それと表裏一体の形で、資本制経済の歴史的発展は無概念的にとりあげられる結果になった。また、価値規範の問題は「社会主義」あるいは「共産主義」という実践的理念あるいは思想という形だけで語られ、自由、平等、連帯、公正、民主主義、共同性あるいは人間の本性やその発展といった規範理論の研究はおろそかにされてしまった。

(五) 論理と歴史の関連の問題では、『資本論』は、はたして「資本主義の一般理論」として完成していたのか、という問いが発せられている。マルクス自身は最初のプランを考えて以降、一八六〇年代あるいはそれ以後も「経済学批判体系」の六項目プランを変更したとは語っていない。

マルクスの時代、資本制経済は、はじめからいくつかの国民国家からなる世界的なものとして存在し、運動していたが、それを構成する諸契機を一挙に把握することはできない。マルクスの最重要課題は資本概念をできるだけ豊富なものにすることにあった。この資本概念によって資本主義経済の総体を構成する諸契機を展開し把握することを意図した。これが彼の「経済学批判」体系であった。したがって、「経済学批判」は最初から「資本」論であった。

『資本論』は、生前に刊行された第一部だけでなく、第二部、第三部として残されたかれの草稿においても、普遍（＝一般）―特殊―個別の弁証法の意味における「資本一般（＝普遍）」の内容を可能な限り拡充したものである。この意味で、「特殊」理論研究はあくまでマルクスの計画外の仕事として残された。そして、拡充された「一般（＝普遍）」のなかには、その弁証法的な意味において「特殊」理論へ展開するモメントが含まれている。しかし、注意しなければならないのは、特殊理論の対象（＝理論的表象）の独自な研究すなわち帰納的な分析と演繹的な総合がなければ、「一般理論」の展開はできないのである。普遍・特殊・個別の弁証法にもとづく理論展開とはそうしたものである。

その意味では、レーニン「帝国主義論」（一九一七年）が二〇世紀初頭の世界市場における資本制経済の特殊な段階のいくつかの特徴を分析し、一般理論を豊富にした例を除けば、『資本論』を越えて「資本の一般理論」を具体化し豊富化し、「特殊理論」にまで展開するような理論的成果は二〇世紀においてほとんど現われなかったといえる。

したがって、現代経済学批判と社会経済学の再構築あるいは再配置（コンフィギュレーション）の課題は、経験科学（実証主義にもとづく悟性的分析）としての二〇世紀経済学の成果を批判的に総括・徹底し、資本の概念をさらにいっそう展開することにある。

（六）マルクスは、抽象から具体へという上向法において概念の重層的な展開すなわち資本一般↓競争↓信用↓株式資本⇓土地所有⇓賃労働⇓国家⇓対外関係⇓世界市場という軸を設定した。この体系はマルクス自身によって修正されたことはない。ポスト・マルクスの時代にあっても修正する必要はない。必要なことは、一九世紀以来、二〇世紀を経た歴史的＝時間的展開軸との交差において、さまざまな現象をその体系に位置づけて概念を豊富なものにすることである。

この場合、マルクスによる（現代）経済学批判の方法（論）的立脚点は、①「資本一般」の到達点である「経済学的三位一体定式」（資本―利子、労働―賃金、土地―地代）と、②生産の総体的把握にあることを強調しておかねばならない。

（七）それでは、マルクスは、その時代の経済政策に対してどのような態度をとったか。それを示す有力な素材として、マルクスみずからが「経済学批判」序言（一八五九年）であげている「自由貿易問題についての演説」（一八四八年）その他の関連資料（一八四七年）が相応しいであろう。

マルクスは（そしてエンゲルスも）そこで、保護貿易論者には二種類あると指摘している。保護貿易論者の一つはドイツのフリードリッヒ・リスト（まさにドイツ歴史学派の祖）とその学派である。彼らは小工業や手工業や小農民を保護しようとするのではなく、大産業資本家の支配の拡大のために保護貿易を主張する。この保護貿易は結局、ある国民を世界市場に依存させるための手段にすぎない。これにたいして、保護貿易をとなえるもう一つの学派は、輸入品の制限だけでなく、国内の工業的発展にも歯止めをかけようとする。保護貿易論者は、結局、国内工業を発展させようとすれば手工業や小農民を犠牲にせざるをえず、後者を保護しようとすれば工業の進歩を犠牲にせざるをえないというジレンマに立たされる。これにたいして、自由貿易論者は自由貿易が労働者階級の利益になると宣伝し、労働者を味方につけようとするが、古典派経済学者が明らかにした諸法則は自由な貿易を妨げるものがない状態で実現するものである。したがって、自由貿易は何より資本にとっての自由であり、ある種の産業による世界市場の支配につながる。一国が他国の犠牲において富むことは、その一国において一階級が他の階級を犠牲にして富むことと同じ事態である。資本の増大は労働者間の競争を激化させ、生産力の発展は労働者を安くし、二つの階級の対立をより鮮明にする。保護貿易制度は保守的だが、自由貿易制度は破壊的であるから社会革命を促進する。自由貿易によってあらゆる経済法則はその矛盾を、より大規模に、地球全体の地域にわたって作用させる。「この意義においてのみ、私は自由貿易に賛成する」。これがマルクスの結論であった。そして、この演説の中で、マルクスは、「自由という抽象的言葉にだまされてはならない」、あるいは「普遍的友愛」は「全世界的な状態での搾取」の名称である、とさえ述べている。

このように、マルクスは、たとえば自由や友愛という実践的精神の理念に訴えるのではなく、資本制経済の諸法則を労働者が認識し、諸法則の全面的な実現にともなう諸矛盾の展開を通じて社会変革の条件とくに労働者階級の社会的意識を含む発達が促されると考えたのである。これを筆者は、マルクスの経済学における「物象化」と「矛盾」と「人間発達」の三位一体とよんでいる（角田一九九二および二〇〇五）。

四　むすびにかえて

本章は、メンガーによる経済学の方法をめぐる問題提起と批判をもとに、そのメンガーより以前に主要著作や草稿（いくつか重要なものは二〇世紀に公表された）を残したマルクスの方法上の立場を検討してきた。

マルクスは「ヘーゲルの弟子」を自認しつつ、「実践精神的な」世界の把握とは区別して、思考する頭脳に固有な「理論的方法」によって、人間が実在する実践的世界を概念的に把握しようとした。これにもとづいて、さまざまな実践精神的な世界の理解の基礎を明らかにし、社会＝共産主義思想の科学的基礎を築こうとしたといえる。人びとの社会的、経済的行為はその社会関係を表わすものであり、人びとはその社会関係の担い手とみなされる。この考えはすでに有名な「フォイエルバッハに関するテーゼ」（一八四五年）にみられる。それによれば、対象的現実は何よりも「実践として、主体的にとらえられ」なければならず、「環境の変革と、人間的活動または自己変革との合致は、変革する実践としてだけつかむことができ、また合理的に理解することができる」。「社会生活は本質的に実践的である」。したがって、理論を惑わす「あらゆる神秘はその合理的解決を人間の実践と、この実践の概念的把握（Begreifen）のうちに見いだす」（以上、マルクス「フォイエルバッハに関するテーゼ」原文より）。社会的行為の概念的把握は社会諸関係の総和（アンサンブル）を表現するものでなければならない。これがマルクスの「理論的方法」である。

＊本稿は二〇〇六年一一月一一日、大阪で開催された「見田石介先生生誕一〇〇年（没後三一年）・関西唯物論研究会二〇周年記念シンポジウム」での報告をもとに作成したものである。

注

（1）ドイツ歴史学派については近年、その再評価がすすんでいる。シュモラーとメンガーの間の論争、およびにヴェーバーも含む近年の研究動向については、住谷一彦・八木（一九九八）、八木（二〇〇六）が参考になる。メンガーの価値論を新古典派のその他の源流であるジェヴォンズ、ワルラス、アメリカ制度学派のコモンズらと対比し、マルクス価値論の内容とその理論的優位性を明らかにしたのが本書第四篇第一四章である。あわせて参照していただきたい。

（2）関連して、メンガーは、経済の現象を全体社会と関連させて取り扱うべきだとする見解を批判し、経済現象をその他の非経済的現象と分離して研究することは、現実世界からある一面を抽象する理論的科学の当然の方法であるとする（本書第四編第一四章を参照）。また、「人間は経済活動においてもっぱら個人的利益だけを追求する」という「利己のドグマ」や「無過失性」と「全知」のドグマという批判についても反論し、経済行為は当然、利己心以外の動機（公共心、正義感、人類愛、誤謬）によっても左右されるが、精密科学としての経済学の課題は個人の利己的行為に限定されるとする。メンガーの反論は、経済学は結局、市場経済の現象だけに対応する利己的諸個人の行為のみを扱うものだと独善的に宣言しているだけで、同語反復にすぎない。

（3）先の一節は、見田石介『資本論の方法』（一九六三年）「結び」の中心箇所で引用されている。

（4）価値規範の問題については、さしあたって松井暁（二〇一二）を参照されたい。

（5）いわゆるプラン問題については、さしあたり大谷・平野（一九七四）を参照されたい。
（6）分析的方法と弁証法的方法について、ヘーゲル論理学とマルクスの方法に即して検討したものが、角田（二〇〇五）および本書第三篇第九章である。

第一一章　シュモラーとヴェーバーにおける社会科学と経済学の方法
――ヘーゲルとマルクスからみた両者の差異――

はじめに

二一世紀における社会科学と経済学の課題は、人間の社会経済関係と社会経済制度、社会経済的行為と社会経済的意識、これら四つのあいだの相互関連を明らかにすることにある。その際、社会科学と経済学の方法における主要な論点である論理と歴史、個別・特殊・普遍、概念と実在、理論と実践的理念、社会の有機体論的把握と原子論的把握、といった方法の諸問題について、何らかの立場を明確にする必要がある。

第一〇章「マルクスとメンガーにおける方法の差異」は、オーストリア学派の創始者であるメンガー（Carl Menger, 一八四〇～一九二一）のドイツ歴史学派に対する方法論批判を主要な四つの点に絞り、マルクス（Karl Marx, 一八一八～一八八三）がこれを受けとめることができたとすれば、どのようにこれに応えたであろうかという課題を設定した。そして、二〇世紀に入って発見、公表された草稿を含めて、マルクスの社会科学と経済学の方法を明らかにした。

本章はその続編として、メンガーによって批判の対象とされたドイツ（新）歴史学派の中心人物シュモラー（Gustav von Schmoller, 一八三八～一九一七）の経済学方法論を検討する。そして、メンガーによる批判と問題提起を積極的に受けとめ、シュモラーに代表されるドイツ（新）歴史学派の方法論を内部から批判したヴェーバー（Max Weber, 一八六四～一九二〇）の社会科学と経済学の方法論を検討する。これによって、マルクス、メンガー、シュモラー、ヴェーバーという、いわばヘーゲル以後の、世代を異にする四者の社会科学・経済学方法論を比較方法論的にとりあげることにする。また、二〇世紀社会科学（および経済学）における最大の源流であるマルクスとヴェーバーに遡って、社会科学と経済学の方法の主要な課題を明らかにすることにもつながる。これが本章の課題である。(1)

一　シュモラーにおける経済学の方法

メンガーの挑戦的な批判論文「社会科学、とくに政治（＝社会）経済学の方法についての研究」（Menger［1883］）は、あくまで理論的な態度に徹し、詳細な論述を特徴とするものであった。これにたいして、当時、ドイツ（新）歴史学派およびドイツ社会政策学会の指導的位置にあったシュモラーは、メンガーの論文をディルタイの著作と並べて批評（一八八三年）し、いわばこの批判を軽くいなした形になった。

しかし、シュモラーは、その一〇年後の一八九三年に、『国家科学辞典』初版第六巻において、経済学の方法に関する論稿を発表している。この大規模な辞典に書かれた長文の論稿は、「国民経済の概念と国民経済学の方法論の諸問題を結びつけ、この観点から、国民経済の現象と理論の本質をいっそう精密に究明しようとする」（初版の冒頭の一節より）ものであった。その後、同論文は大幅に加筆され、同辞典第三版第八巻（一九一一年）に収録された。「国民経済、国民経済学および方法」（Schmoller［1911］）がそれである。(2)

ドイツ歴史学派およびシュモラーそれ自体の研究については、わが国の経済学史あるいは経済思想史研究の成果を参照することができる。(3)本章では、メンガーとマルクスにおける経済学の方法論にたいし、ドイツ（新）歴史学派の代表者であるシュモラーがどのような方法を提示し、また「歴史学派を出自とする子」（一九〇四年）を自認するマックス・ヴェーバーがどのようにこれらを受けとめたかということに課題を限定する。

このような経済学方法論における理論的系譜と配置関係の見取り図をあらかじめ提示すれば、およそつぎのようになる。

ドイツ歴史学派の経済学には、国民経済を民族精神の文化的所産と考え、そこに先進国イギリスとは異なるドイツ国民経済の特殊歴史性を見出そうとする傾向がある。この傾向は明らかにドイツ観念論哲学の流れを汲んだものである。ドイツ観念論哲学は、カント哲学を批判的に継承し、弁証法を集大成したヘーゲルの哲学において一つの完成をみたが、ヘーゲル哲学がその究極において到達した点は、「絶対理念」が世界を生みだすというものであった。この「絶対理念」は「理論的理念」すなわち「真の理念」と、「実践的理念」すなわち「善の理念」、この両者の統一であった。マルクスは、ヘーゲルの絶対理念には組みせず、これは世界を逆立ちさせたものとみたが、経済学の方法としてはヘーゲルの「理論的理念」すなわち概念把握の方法を継承し、分析的方法を基礎あるいは前提するものに立て直した自分自身の方法を「理論的方法」と称した。

これにたいし、ドイツ歴史学派の方法論は主としてカントに由来する。カントが歴史科学を否定したのにたいし、新カント派の文化科学あるいは精神科学の哲学に依拠している。これはヘーゲル哲学において実践的精神（「意志」）が客観的世界を創造する（「法の哲学」）とされた側面を継承したものといえる。こうしたヘーゲルの流れを汲む方法に真っ向から反対し、個別具体的なものと抽象的普遍的なものとを峻別し、歴史と論理とを区別し、理論的科学と歴史的科学そして政策科学とを分離したのがメンガーであり、かれを創立者とするオーストリア学派の経済学であった。そして、これを受けた形で、ヴェーバーはドイツ歴史学派の経済学の伝統が実践的観点からする価値判断を主たる目的とする倫理的科学であり、それを基礎とする実証的・統計的科学であるために、ヘーゲル哲学が提起した概念と実在の関係を明確にできなかったと、みずからの学派を批判した（「ロッシャーとクニース」一九〇三〜一九〇六年）。ヘーゲル流にいえば実践的理念と理論的理念、この二つのあいだに実践的理念の側から橋を架けるための理論的手段として考案されたものがヴェーバーの「理想型」なのである。

一八八三年のメンガーによる歴史学派への方法論批判に応えた論文が、シュモラーの一八九三年の最初の論稿である。そして、これにたいするヴェーバーの答えが「客観性」論文（一九〇四年）であるとすれば、再度、これに答える形で大幅に改訂されたシュモラーの論稿が一九一一年の論文であった。これは社会政策学会（一八七二年結成）における「価値判断論争」（一九〇九年〜）をふまえて書かれたものである。そして、ヴェーバーによる「社会学と経済学の『価値自由』の意味」と題する、これまた有名な論文は、方法論としての内容は一九〇四年の「客観性」論文と基本的な違いはないが、シュモラーの一九一一年の論文に対する学会内部の討議のために一九一三年に書かれたものであり、一九一七／一八年という激動期に公表されている。

以上が、ドイツ（オーストリア）における社会科学と経済学の方法をめぐる一九世紀末から二〇世紀初頭にかけての経緯と理論的系譜そしてその配置である。

最初に、シュモラーの経済学方法論を検討する。

(1) 観念的なものとしての国民経済

シュモラーの経済学における「国民経済」はまず何よりも「観念」によって成り立つものである。「観念」は、その他の文化目的や、国家、教会、社会領域、道徳・慣習・法の担い手と同じ心的「力」による。また、国民経済をその他の社会領域と分離しているのもこの「観念」である（[1911] S.222, 訳一二ページ）。したがって、まず「国民」それ自体が一つの観念的存在である。国民経済の現象は、「同一の、または類似の心的力に支配されている」（S.225, 訳一五ページ）。その力とは、国民のもとで「意志の統一を作り出す大きな精神的領域である」（S.220, 訳一〇ページ）。

したがって、国民という言葉は、「構成員を統合する観念の総体」として、また、「人間のあらゆる種類の内面的な、心的・道徳的な結合（innere psychische-moralische Verbindung）を示す代表者として用いられる」（S.219,

訳九ページ）。

このように、シュモラーは、経済学の対象が人間の意識や観念から独立した実在であることを否定するところから出発している。この方法的立場は、ヘーゲル＝マルクスの理論的方法から見れば、これとまったく異なる主観的観念論に立っている。

シュモラーは、経済を、多数の人間が、労働、交換によってつくりだす諸活動や諸関係の全体（der Inbegriff）あるいはまとまった領域（geschlossener Kreis）であると定義する（S.218, 訳七ページ）。「国民経済」の定義は、「国家の中に存在し、互いに並存したり、上下関係にあったり、依存関係にある個別経済および団体経済（Koporationswirtschaft）の一つの統一的全体（ein einheitliche Inbegriff）」（S.221, 訳一一ページ）ということになる。「国民経済は、人間による自然形成の一部であると同時に、感情を持ち、思考し、行動する組織された社会による文化形成（Kulturgestaltung）の一部でもある」（S.225-6, 訳一六ページ）。あるいは、「経済的文化の世界……が成立するのは、何よりもまず人間の精神的力によってであり、その力は、最初は感情や衝動、観念や目的として、次に行動および意志の習慣的方向として、最後には人間的・社会的・国家的制度（Institutionen）として現われる」（S.311, 訳一二一ページ）。

これがシュモラーによる国民経済のとらえ方である。ここにもドイツ観念論、それも主観的観念論の影響がはっきりとみてとれる。シュモラーは、自然科学と精神科学・文化科学とは方法が異なるとするディルタイ（一八三三～一九一一、生の哲学の代表者）、ヴィンデルバント（一八四八～一九一五、新カント派、ドイツ西南学派の創始者）、リッカート（一八六三～一九三六、新カント派、ヴィンデルバンドを継承）らの主張に大筋において依拠する。これらは、ある意味で、ヘーゲル「精神哲学」における客観的世界（法、道徳性、人倫＝家族・市民社会・国家）の内容を主観的精神世界に引き戻したものである。したがって、ヘーゲルの社会哲学がもっていた客観的実在性すなわち必然性の内容（それがマルクスの市民社会批判に継承された）を消し去る。これは明らかに、ヘーゲルの

「理性的自由の哲学」(本書第二章を参照)からみるとカントへの後退であり、共同体あるいはそれを貫く必然性としての普遍性や実在性を否定するものである[4]。

シュモラーは、国民経済を有機体とよぶかどうかは副次的な問題であって、それはいわば人体の比ゆであり、直感的な理解にとどまるとする(S.223, 訳一二～一三ページ)。

さらに付言しておくと、シュモラーは、エコノミックスという概念は国家と切り離された経済を社会経済というのと同様に、「経済をたんなる財のプロセスとして描くことにより、行為する人間、社会、経済過程の社会的側面をいわば排除しようとするもの」であり、「それはリカードへの復帰である」(S.222, 訳一二ページ)と述べている。これはシュモラーによる新古典派経済学批判であるが、後に紹介するように、シュモラーの真意はその心理学的根拠が不十分であると指摘することにあった。

(2) 国民経済学(die Volkswirtschaftslehre)の定義と体系および価値判断について

シュモラーのいう国民経済学は、国民経済が正しく定義されるという前提のうえで、「国民経済的現象を記述、定義し、原因から説明し、相互連関を持った全体として把握しようとする科学」(S.224-225, 訳一五ページ)という。「この科学の中心にあるのは、分業、労働組織、取引、所得分配、社会的な経済制度(die Einrichtungen)といった、今日の文化民族のなかで繰り返し生起する類型的現象である」(S.225, 訳一五ページ)。

シュモラーによれば、「国民経済学は、最初から、倫理的・歴史的価値判断による理想の設定(vermoge sittlich-historischer Werturteile zur Aufstellung von Idealen)を行い、この点にこそ活動の主要な目的があるとみなしてきたし、この実践的機能をある程度まで保持してきた。国民経済学は理論とともにつねに生(生活 Leben)のための実践的教説を提出してきたのである」(S.225, 訳一五ページ)。したがって、ドイツでは「歴史学派が国民経済学の倫理的性格を強調し」(S.311, 訳一二一ページ)、あらゆる人間生活において「倫理的価値判断(sittliche

Werturteile）が重要な役割を果たし、あらゆる原因のかなりの部分を占めている」（S.311, 訳一一二ページ）ことを明らかにした。

ところで、国民経済学は自然科学と精神科学（心理学、倫理学、国家学、法学、社会学など）との中間（S.225, 訳一六ページ）にある。経済学の体系としては、ラウ（Rau, Karl Heinrich）が官房学を財政学、行政学、国民経済学（抽象的純粋経済理論、実践的応用科学としての経済学）の三部門に分けたとされている（『岩波経済学辞典第三版』「カメラリズム」木村元一稿、一九九二年、一七五ページ）。これにたいして、シュモラーの考えは、国民経済学の体系を「一般国民経済学と特殊国民経済学」とに区分する。

シュモラーによれば、「一般国民経済学は抽象的・平均的な国民経済を描写したり、国民経済的知識を理論的に基礎づけて総括するのにたいして、特殊国民経済学は特定の時代を叙述したり、あるいはむしろ特定の国民、諸国民の集団をその経済的側面から具体的・個別的に論述する」（S.226, 訳一七ページ）。ここにみられるように、シュモラーにおける普遍と特殊の区別は、論理的方法としてみれば、あくまで類と種差との区別、すなわち抽象的普遍と、それとは別の、そしてまたそれには尽くされない性格をもつもの、とのあいだの関係になっている。

さらに、「一般国民経済学は哲学的・社会学的性格をもっている。それは、社会の本質と経済生活・経済行為の一般的原因から出発し、類型的な機関・運動やもっとも重要な活動を静態的・動態的に叙述する。それは……一つの全体を体系的・原理的につくりあげようとする」ものである。それは一般から特殊へと進むけれども、その場合の「特殊なものは真理の例証として利用されるにすぎない」。一般国民経済学は、「もっぱら抽象的・理論的な仕方で価値・所得の問題に課題を限定するにつれて、……閉鎖的な形態をとることになる」が、「それが総体としての国民経済的現象を究極的な社会的原因とかかわらせて提示しようとすれば、倫理的・歴史哲学的研究に近づく」（S.227, 訳一七ページ）というのである。

これにたいして、「特殊国民経済学は歴史的であり、実践的・行政法的である」。それは個別国家の発展を時代順に、あるいは個別部門ごとに説明する。「それは具体的なもの、個別的なものから出発し、原因と制度（Einrichtung）の詳細を論議する」。基本的に記述的で、あらゆる隣接領域や副次的帰結をも対象としなければならない。それは一般的真理に依拠して、原因からの説明と、過去の経緯から未来を推論するが、「最終的結論には、主導的動機として、倫理的・文化的価値観念と人間の歴史過程および当該の国家の運命にかんする目的論的世界像が入り込む」（S.227, 訳一八ページ）ものである。

このように一般的国民経済学と特殊国民経済学は相互補完的なものでなければならない。

ここでシュモラーは「特殊」という用語を使用しているが、その意味するところは「個別」であり、一つひとつの国民経済という方が正しいであろう。しかも、ここでかれは、経済学には倫理的価値観念と目的論的世界像が入りこむことを明言している。(5)

(3) 方法一般の本質

シュモラーによれば、個々の科学の方法は、第一に「根本において統一的であるほかはない、その時代の認識理論と方法論によって規定される」。第二に、研究対象の特殊な性質によって規定される。第三に、方法はその科学の完成度に依存する。したがって、あるときは観察と記述、あるときは分類、またあるときは因果的説明が中心になる、という。

そのうえで、かれは、国民経済学は一連の精神科学と類似あるいは同じ方法を使用する、という。その理由は、同一あるいは類似の材料を利用し、同じ原因から説明しなければならないからである。自然科学的・数学的方法は多くの国民経済的問題に必要な補助手段であり、心理学的方法はすべての精神科学に不可欠である。しかし、あらゆる科学とその方法を習得することは不可能なので、独自の科学にとっての特有の方法に精通することが必要だという。このように、また最初の国民経済に関する定義からみてもわかるように、シュモラーは経済を精神

的所産としてとらえているので、経済学の方法は精神科学の方法と共通なのである。(6)

(4) 因果連関の方法と主観的概念構成

シュモラーは、経済学の具体的な個別の方法を詳細に論じている。

まず、われわれの経験は認識の二つの源泉に由来する。一つは動機の知覚とその帰結に関する推論、もう一つは事実の経過と作用を確認し把握することである。これらはいずれも観察とよばれる。自然現象と異なり、精神科学においては、抽象による孤立化的観察は困難である。無限の複雑性や、多数の協働する原因と人間が存在するという条件のもとでは、自然科学のような観察の正確性を望むことは困難である。したがって、多数の観察を総括し、分類し、同一性や相似性、共存性や連続性、結合関係を推論し、確認する。これが記述であって、経済学において記述は独立した固有の地位を獲得するのである。

つぎに、経済学の補助科学として、統計と歴史（学）がある。統計は「体系的な大量観察の方法」である。あいまいな直感に代わって、明確な大きさの観念をもたらし、漠然とした大量現象を確固とした観察のもとに置き、数字による確実な特徴づけを行うことを可能にする。統計結果は時間と空間にしたがって一覧表にされ、作用原因の段階的区分を明らかにする。統計は記述的経済学の主要な道具である。

これにたいして、「歴史（学）と歴史的方法」は、人間の発展において伝承されたものを批判、整理し、それを利用して全体の連関を理解可能な全体にする。歴史的研究が提供する経験的材料を基礎としてはじめて経済学は前進することができる。さらにまた、国民経済の制度（die Institutionen）とよばれるあらゆる定型的形態と部分的秩序がある。これらは慣習と法によって一定の刻印をうけつつ、永続的に、何百年にわたって同一の仕方で経済生活の経過を支配する（S.291, 訳九七ページ）ものである。

そして「概念構成」がある。シュモラーによれば、「同一のもの、あるいは類似のものから、共通の属性あるいは結論が述語となる集団を形成することによって、すべての概念は現象の著しく大きな外的・内的多様性を単純化する。すべての概念構成（Begriffsbildung）は、同一のものあるいは類似のものの総括によって、現象を分類しようとする試みである」（S.296, 訳一〇三ページ）。この概念には集合概念、目的概念、関係概念がある。さらに、言葉と名称を概念に転化することが定義である。定義は言葉の意味についての学問的根拠をもつ判断である。そして、どのような概念構成も分類を含んでいる。さらに、分類には分析的分類と発生的分類がある。

ここまでみる限り、シュモラーは普通のことを述べているように思われるかもしれない。しかし、シュモラーのいう概念構成はあくまで主観的なものにすぎない。シュモラーによれば、「概念は、われわれの観念とその秩序づけ（Ordnung）の結果であり、実在するものではないし、独自の自立した本質（Wesen）ではない」。この立場が「今日ではすべての厳密な科学の出発点」をなしている。このように、シュモラーは明確に、科学の対象に内在する概念を否定する。概念はあくまで主観の側にあって、主観によって構成されるものだというのである。

ところで、国民経済学では、先の三つの概念のうち、「主として集合概念・集団概念によって研究が行なわれる」（S.300, 訳一〇八ページ）。たとえば、「都市経済」などの概念は、このような意味で、「歴史的にまったく本質的なものを把握しようとする」ものである。

しかし、シュモラーによれば、以上に紹介したような観察、記述、定義、分類は、まだ準備活動である。それによって達成すべきものは、現象の相互関連の認識である。われわれは「現象の必然性を洞察したい」。それは「あらゆる因果的生起の体系を完全に洞察しようと願う」（S.304, 訳一一三ページ）。とはいえ、この洞察が完成することはありえない。なぜなら、存在するものは複雑に関連しており、説明不可能なものが残存する。繰り返しいたるところで把握することはできないもの・非合理的なものがある。すべての個性的なものは原因から残りなく説明することはできないからである。しかしなお、「認識の理想（Ideal）はわれわれにとっては原因からの説明である」（Ibid.）。

条件や原因は一つの総計（eine Summe）として特定の結果をもたらす。確かに、実質的には結果の中に原因が含まれる。しかし、論理的にはそうではなく、「われわれが原因とよぶものは、特定の結果をつくりだすことに無条件で作用する先行状態、一つの現象、一つの出来事だけである」（S.305, 訳一一四ページ）。

具体的あるいは個別的な方法に関するシュモラーの説明によれば、経済学の方法には二つの特徴がある。第一に、あくまで類、力、法則、因果性という形式的あるいは悟性的認識（抽象的普遍）にとどまる。第二に、そうしたものですら、混沌とした現象を主観の側で秩序づけた結果であって、対象に内在する本質ではない。したがって、認識する主観から自立した対象の実在性は否定され、対象の本質を系統立て体系づけるような概念的把握ははじめから拒否される。

(5) メンガーの方法論について

こうした方法論上の立場にたって、シュモラーは、C・メンガーとその後継者たちオーストリア学派の方法を批評する。

シュモラーによれば、「オーストリア学派は……旧古典派経済学がなかば無意識のうちに説明対象とした安定的な経済状態と日常のわずかな振動とを、体系的・意識的に把握し、純粋理論の唯一の対象とした。これによって、かれらは……経済心理学の形成と価値論の多くの部分の発展に貢献した。しかしまた、かれらは理論的国民経済学の対象を著しく狭いものにし、もっとも重要な問題、たとえばあらゆる発展の問題を無視してしまったのである。かれらは、教育に際しても若干の聡明な学生を論理的な訓練によって助けたが、多くの学生からその意欲を奪ってしまった」（S.263, 訳六三～六四ページ）[(7)]。

「限界効用理論は、その抽象的公式化によって、数学的訓練を受け、言葉よりも数学的な公式やグラフのほうが説明しやすい国民経済学者にとって新しい根拠地となった」。リカード以降、少数の原因が引き起こす作用に研究を限定する傾向が強まった。「現在でも、経済的利己主義とその結果からのみ出発する市場理論・所得理論が相変わらず追求されているが、しかし、そこではこうした若干の原因からの研究は、人間の同一性、無制限の営業・取引の自由、人口・資本量・技術の絶対的安定性というユートピア的仮定と結びついている。現在の北アメリカの抽象的国民経済学は相変わらずそのような方向に向かっている」、とシュモラーは言う。

このような方法と類似しているのは、原因ではなく、公理・前提・究極的要素、命題から推論するやり方である。メンガーは先験的公理から用語を使って、欲望とその完全な満足への努力をあげる。しかし、これらはいずれも「因果的判断ではない」。因果的判断だけが唯一、現実の事物にかかわる学問の土台を形成することができるとするのがシュモラーの考えである。

最後に、「数学的な国民経済学をつくりだそうとする、ゴッセン、ワルラス、ラウンハルト、ジェヴォンズによる試み」は、公式やグラフを使って単純な前提から数学的形式によって結論を引き出すものである。しかし、「この方法全体は注目に値する新しい成果や真理を提供することはなかった。……作図と公式はすべて現実のなかで決定できない要素・計測できない要素を利用しており、心的原因と計測不可能な市場関係に擬制的な大きさを代入することによって、実際には存在しない精密製の見せかけを引き起こす」(S.319f, 訳一三一～二ページ)。

経済学の心理学的基礎を与える試みはいろいろある。オーストリア学派の主観価値論における命題も、限界効用理論全体も高く評価できるけれども、それらは「国民経済学の十分な心理学的基礎ではない。同じように、利己主義とともに公共心・正義感、あるいは(コントの命名による)利他主義を並べてみても、心理学的基礎を創出したことにはならない」(S.311-312, 訳一二一ページ)と、シュモラーは言う。[8]

(6) マルクスの方法と社会主義の「科学」

つぎに、シュモラーが、マルクスおよび当時の社会主義たちによる「科学」的方法を批評している内容についてみよう。

シュモラーによれば、近代の社会主義者たちの著作には三つの本質的な構成要素がある。(一) 心理学 (二) 歴史哲学 (三) 現存経済秩序の弊害の批判がそれである。このうち (一) は、マルクスの場合では「形而上学的・歴史的構造を示している」。それはほとんど素人の域をでないし、「生の真実と幅広い学問的円熟に達していない」。(二) の歴史哲学はより高いレベルにある。マルクス (だけではないが、かれら) の歴史構成は「才気あふれる試みであり、国家学や歴史学にも本質的な影響を与えた」。「かれらは発展のもっとも重要な因果系列を効果的に抉り出し、政治的、経済的事象を大きな広がりの中で明らかにした。しかしそれは、主観的なものや一面的なものを含み、最終的には……大仕掛けな半空想的構成にほかならない。……そこには事実の十分な歴史的・現実的認識が欠けている。たとえばマルクスの歴史構成は、将来のばくぜんとした理想像から描かれているにもかかわらず、絶対確実な自然科学的必然性のうえに築かれていると自称している」(S.253, 訳五一～五二ページ)。

社会主義者たちは近代企業に目を向け、「関連する現象の総体を資本主義という概念に総括し、これにたいして改善される未来が社会主義として対置される」。私的所有と自由競争の批判の「かなりの部分は正当である」。そして、「発展の思想が権利を獲得した」。経済過程にとっての法や国家の意義は部分的にのみ認識されたにすぎないが、選挙制度の民主化をつうじた労働者による政権獲得、労働者生産協同組合にたいする国家の助成といった改革は考慮の余地のあるものである。したがって、「社会主義の存在の正当性を否定はできないし、部分的には好ましい影響があることも否定できない。社会的貧困の哲学としての社会主義は、労働者の利益に適合的な学問の方向を代表する」。かれらが「科学的社会主義という名称」をつけたことはたんなるうぬぼれではない。マルクスに「科学的業績が欠けているわけではない。マルクスは社会主義の統一的・唯物論的体系を創出したのであり、そこでは経済発展が自然的・機械的原因の自然必然的帰結として把握され、財の生産・分配の経済的・技術的過程がすべての精神的・政治的活動を説明するとされた」(S.254-255, 訳五三ページ)。

しかし、とシュモラーは言う。「もし、マルクスとともに、すべての高度な精神文化、すべての政治的・宗教的活動を経済的・技術的な生産過程の状態から……説明しようとするならば、……これはさまざまな生の領域の間の連関と相互作用を否定することではないとしても、こうした現象の遺漏のない因果的説明の可能性を否定することになる。このような粗雑な唯物論的思想傾向は、すでにJ・S・ミルの『論理学』の中で決定的な根拠付けを持って克服された」（S.319, 訳一三一ページ）。

この引用文に示されるように、シュモラーは、自分自身の認識方法として因果系列の論理しかもちあわせていないので、その枠組みにあわせてマルクスを解釈し、マルクスがあたかも経済、それも自然的・機械的「原因」や技術的要因からすべてを因果的に説明しているかのように曲解しているのである。機械論的方法というべきはシュモラーの方である。(9)

(7) ヴェーバーの方法と価値判断の問題

ここでシュモラーによるヴェーバー批判をとりあげよう。

まず、シュモラーは、いまやディルタイによって、精神科学の方法的・統一的基礎づけが遂行され、すべての精神科学にとって新しい段階がはじまった、とする。そして、自分の主著である『一般国民経済学要綱』（一九〇〇〜一九〇四）の要点を説明する。それによれば、経済行為と経済制度は、「心理学的諸力、さまざまな感情・衝動、倫理的な観念から導きだされるものであり、経済行為は道徳・慣習・法の枠組みの中で心理学的に把握されるものである」（S.261, 訳六一ページ）。(10)

また、「すべての精神科学において現実を把握することは、同時に価値判断が把握され、それが規定的となることであり、あらゆる行為のなかで最も重要な要因であるこの価値判断がすべての人間生活を支配し、それぞれの共同体およびそれぞれの研究者のなかで、統一的な世界観にまでまとめあげられるということを、著者は自覚している」(Ibid.)、と述べている[11]。

このような価値概念に結びついたものが、ヴェーバーが提起した「理想型」概念である。しかし、「理想型的概念の本質的機能は、著しく重要な個性的・一回的な現象の測定と、体系的な特徴づけであって、それは類的事象の総括から個別的なものの文化意義を明らかにすべき概念をつくろうとするときに成立する、という（ヴェーバーの）主張には、疑問がないとはいえない」。

シュモラーはヴェーバーをつぎのように批判する。

「ヴェーバーは……集合概念の著しく多様な事例を『理想型』という一つの帽子の中にいれてしまい、概念と理想概念とをいっしょくたにしてしまった、と私は主張したい」(S.301, 訳一〇九ページ)。たとえば、シュモラーとビュッヒャーは「都市経済」という概念をつくった。この概念は中世都市経済的現象の「一般的なものと典型的なものとを把握しようとした」ものである。もしヴェーバーがこうした概念はすべて「ユートピア」だというのであれば、「国民経済」も「たんなるユートピア的概念であるべきなのだろうか」と疑問を呈する。そして、「ヴェーバー自身も、かれの理想型と類概念が、定式化や利用の仕方、あるいは解釈の仕方に応じて相互に移行しあうことを認めている」ではないか、というのである。

シュモラーは、概念が思考の秩序づけのための補助手段であり、現実の完全な模写ではないという点で、まったくヴェーバーに同意する。「歴史的な普遍概念も完全な模写ではないのであり、概念すべてがそもそも模写ではありえない」(S.301, 訳一〇九ページ)、というのがその理由である。また、概念の分析が科学の第一の主要な課題ではない。科学の対象は現象であるが、その模写や概念ではないとするメンガーの主張は正当である。科学の対象が複雑になるほど概念は一般的・抽象的になるが、経済学の具体的な概念論議と分類的概念構成は今でも依然として重要であるとも述べている。

このように述べたうえで、シュモラーは、「結論」というサブタイトルのついた最後の章において、目的論的考察と倫理的価値判断は経済学の中でどのような位置を占めるべきか、それとも完全に排除されるべきかに言及する。

シュモラーは言う。たしかに、あらゆる認識の最終目標は実践的なものであり、認識それ自体の進歩も意志の行為であるという事実は承認できるが、厳密な科学は、存在（さらには生成）の（一）正しい観察、（二）定義と分類、（三）原因からの説明、という課題に可能な限り限定することが正しい。近年、あらゆる世界観、あらゆる倫理的判断、あらゆる政治的理想を国民経済学から追放しなければならないという極端な方法の旗手が現れた。それは主にヴェーバーとゾンバルトである。(12) そのヴェーバーにたいして強調しておきたいと、シュモラーはつぎのように言う。

「価値判断はたしかに主観的なものでありうるが、しかし、主観的価値判断とならんで客観的価値判断も存在する。そこには、個々の人間や研究者だけでなく、大きな共同体、国民、時代、さらに全文化世界が関与する」(S.353, 訳一七五ページ) のである。

まず、倫理的価値判断は価値判断の一種であり、後者は価値感情というあらゆる精神活動の事象にむすびついたものから成立する。人間の価値感情にもとづく価値判断はより高次なものになっており、秩序だったものになっている。この全体を文化価値とよぶことができる。その中心にあるのは倫理的価値である。したがって、「経済的価値は経済的目的のために追求すべき事物を評価・比較しつつ、正しく等級づける。だが、すべての経済的手段と目的は、より高次の個人的・社会的目的に奉仕し、それを実現する存在でもある。こうして経済以外の領域での生の価値判断が、経済的価値・価格の判断の中に反映される」。「倫理的価値判断は、ある行為が善であると言明する。倫理的なものがもつ規範は、社会の中で成立し、規則として把握された善である」(S.354, 訳一七六ページ)。

「善」は国民の発展に応じてそれぞれ異なるのは当然である。それぞれの時代にそれぞれの倫理的な善・目的がある。国民階層によっても、また個々人によっても違う。しかし、それは国民・国家・人類をも視野に入れた行為としての「善」である。倫理的価値判断は認識の深化をつうじて歴史的に発展し、成長する。その成熟こそがあらゆる個人的・社会的生活の最高の内実をなしている。だから、時代と国民、宗教や気質が違っても、基本線においては一致しており、若干の単純な命題を説教するようになる。これがシュモラーの考えであった。

国民の教養が高まるに連れて、倫理的価値判断は互いに接近することが可能である。また、倫理的価値判断の歴史的変化においては、偉大な指導者が互いの価値判断を争い、大衆を同意させることによって変革が起こるのであるから、「あらゆる価値判断を排除することは、盲目的な偶然に身をゆだねることを意味する。したがって、価値判断は、生において支配するように、科学においても、改革の議論においても役割をはたさなければならない」（S.356-357, 訳一七九ページ）のである。

倫理学はますます経験科学に接近し、倫理的判断は経験的知識と同等である。経済学は、人間の行為とその原因（すなわち社会的・倫理的目的）を、そして経済生活の社会的・倫理的・法的秩序を問題としなければならない。倫理的な目的と原因を除去しようとしても、正義という問題を考えても、それは入り込んでくる。国民経済のあらゆる問題は倫理的な問題に関係する。

以上のことから出てくる結論は、必要なのはあらゆる理想の排除ではなく、それを扱う際の配慮・客観性・抑制ということである。われわれの専門学科は、たんに技術的・経済的なものだけでなく、経済的な社会制度や、倫理的・法的な問題とも取り組まねばならない。ヴェーバー自身、経済的なものと倫理的なものの密接な関連をうけとめたから、プロテスタンティズムの倫理と資本主義（の精神）に関するすばらしい論文を書いたのではないか、というのがシュモラーによるヴェーバー批判の結びの言葉である。

二　行為の理論とポスト・マルクスとしてのヴェーバーの方法

マルクスの死後現われた二〇世紀最大の社会科学者マックス・ヴェーバーは、一八九五年の教授就任演説において、みずからを「ブルジョアジーの一員」と位置づけた。そして、当時次第に影響力を増したマルクス主義と対峙しながら、ドイツ国民を代表するブルジョア階級の一員として、方法論争においてはドイツ歴史学派にたいするメンガーの批判に応えようとした。

ヴェーバーは、一九一七／一八年に公表された「価値自由」論文において、前節でとりあげたシュモラーの「主観的価値判断とならんで客観的価値判断も存在する」という言説に激しく反対する。ヴェーバーによれば、そうした言説は実行できない。しかし、自分はここで、経験科学が諸個人の主観的評価を客体として取り扱えないと主張しているのではない、と反論している。ヴェーバーは、メンガーによる批判を受け入れながら、ドイツ歴史学派の立場を擁護する。どのようにしてそれが可能か。それとも不可能か。それを評価するには、ヴェーバーの方法論そのものを検討しなければならない。ヴェーバーによる社会科学方法論の特徴を簡単に整理することはこの小論でできるものではないが、課題に関連する限りでまとめてみよう。

（1）個人主義的方法

ヴェーバーにおいては、社会や集団は個人を超えた実体ではない。個人の行為だけが理解可能な現実的なものである。ヴェーバーがその「基礎概念」で述べているところを聞いてみよう。

まず、「われわれにとっては、諸個人だけが、意味ある方向を含む行為の理解可能な主体である」。これがヴェーバーの大前提にある方法論上の考えである。「社会学にとっては、もともと、行為する集合的人格（Kollektivpersönlichkeit）なるものは存在しない」のである。「社会学が、国家、国民、株式会社、家族、軍隊といった類の『構成体（Gebilden）』を問題にする場合は、むしろ、諸個人の現実の社会的行為や、それを行う可能性があるとして観念的に構成された諸個人の社会的行為の特定の経過のことをいっているにすぎない」。「社会組織（soziale Gebilde 国家、協同組合、株式会社、財団）は、諸個人の営む特殊な行為の経過と関連にほかならない」（Weber［1922a］S.10, 訳二二〜二三ページ）。

ヴェーバーによれば、個人は、たとえば権利および義務の主体として、また法律上の重要な行為の実行者として扱われるが、国家などは、現実の人間や専門的思考によって存在し効力をもつものとされる「集合概念（Kollectivbegriff）」または「観念あるいは表象（Vorstellungen）」である。人びとはその観念に従って自分たちの行為を従わせているだけであって、そのおかげで「人間の特殊な共同行為のコンプレックスとして存在している」（Ibid. S.10, 訳二四ページ）のである。

ヴェーバーによれば、これは確かに「個人主義的方法」である。しかし、これを「個人主義的評価などと考えるのはとんでもない誤解」（Ibid. S.13, 訳二九ページ）である。いわゆる有機体的社会学（たとえば、としてシェフレの名があげられているが、おそらくシュモラーを念頭においている）は「国民経済」という全体から出発して社会的共同行為を説明し、それからこの全体の内部で個人およびその行動を解釈しようとするが、ヴェーバーは、このような機能的な表現方法あるいは概念構成は、誤った概念実在論に陥らなければ、諸個人の動機に基づく解釈のための予備作業としての意味を認める。このように、ヴェーバーは、シュモラーのいう集合現象と集合観念を認めながら、シュモラーには有機体論の残滓があることを見いだした。それゆえに、個人主義的な観念によるアプローチを徹底させる。これがシュモラーとヴェーバーの共通点と相違点である。

(2) 理解社会学

社会を「単一の個人とその行為」へ還元し、そのうえでその行為の主観的「意味(Sinn)」を理解する。これがヴェーバーのいう「理解社会学」である。社会学とは、「社会的行為を解釈によって理解するという方法で、社会的行為の経過および結果を因果的に説明しようとする科学を指す」(Ibid., S.3, 訳八ページ)。あるいは、社会学は、歴史学などと同じに、行為を研究する経験科学である。ここでいう「行為」とは、「行為者が主観的な意味を含ませている限りの人間行動を指す」。「社会的という場合は、行為者の考えている意味が他の人びとの行動と関係づけられ、その経過が他人の行動に方向づけられているような行為を指す」(Ibid., S.4, 訳九ページ)。

(3) 類型と理想型概念

ここでいわれるような「意味」はむろん無数にあるだろう。そこで、ヴェーバーは、概念的に構成された純粋類型において、「類型(Typus, Typen)として考えられた単数または複数の行為者が主観的に考えている意味」(Ibid.)としてこれを理解しようとする。したがって、行為の意味は規範科学がいう意味とは異なる。

そうした社会的行為の類型には四種類が認められる。目的合理的、価値合理的、感情的そして伝統的がそれであるが、その中でも目的合理的行為に特殊な重要性を求めることはよく知られている。合理的方向をもつ目的的行為はもっとも明確に主観的意味連関を理解できる行為だからである。この純粋な目的合理的行為を観念的に構成し、「理想型」とすることで、現実の非合理的すなわち神秘的、預言者的、宗教的、感情的行為の理解に近づくことができる。ヴェーバーは、「近代経済学(オーストリア学派—引用者注)における価格理論のことを知り、純粋な目的合理的行為とは、市場に登場する諸個人の行動を一般化したものと考えるようになった」(岩波文庫版、訳者・清水幾太郎の言葉、一〇一~一〇二ページ)[13]。

「社会学は類型概念を構成し、現象の一般的規則を求める」(Ibid., S.14, 訳三一ページ)。「類型的行為すなわち理解可能な行為類型の正しい因果的解釈というのは、類型的と思われる経過が、ある程度まで意味適合的に見えると同時に、ある程度まで因果適合的と認めうる場合である」(Ibid., S.8, 訳二〇ページ)。「純粋目的合理的行為」は一つの理想型である。これにたいするものは非合理的な感情や錯誤にもとづく行為である。「社会学は非合理的(すなわち神秘的、預言者的、宗教的、感情的)諸現象も、理論的な概念すなわち意味適合的な概念によって把握しようとする」(Ibid., S.14, 訳三二ページ)という表現は、ヴェーバーの考えをよく表しているように思われる。

先にみたように、シュモラーもまた、このような類型概念をもちだす。しかし、ヴェーバーとの違いは何かといえば、第一に、シュモラーはいわば価値合理性に主に比重を置くのにたいして、ヴェーバーは目的合理性に力点をおいている。第二に、シュモラーの類型論は集合的あるいは集団的観念にもとづくもので、ヴェーバーの個人主義的方法と相容れない。この二点である。

(4)分析と総合

こうして、ヴェーバーにおける社会科学の方法は、おのずから定義と分類という分析＝総合的方法にとどまらざるをえない。

分析的方法と総合的方法については、ヘーゲルがその「論理学」において、これを悟性的認識あるいは悟性的概念と呼んだ。ヘーゲルによれば、これは「有限な認識作用」である。それは素材にたいして外から概念諸規定をもちこみ、そのなかへ素材あるいは対象を取り入れる。その概念の諸規定はあくまで「単に目印の役割をするにすぎない、主観的な認識に役立つためにあるにすぎない(14)」。

ヴェーバーは、このような悟性的認識方法あるいは分析と総合の方法にもとづいて、経済行為については「財の処分力の平和的行使を主観的かつ第一次的に指向している行為」と定義し、それにもとづいてさまざまに分類を行う。「経済行為の社会学的基礎範疇」と題された論文の内容は、主要な経済行為の諸概念の分類と相互の関係づけである。したがって、たとえば法則についてみれば、「悪貨が良貨を駆逐する」といったグレシャムの法則のような「法則というものは、ある状況において期待される社会的行為の過程の類型的可能性が観察により立証されたものであり、この可能性は、同時に、行為者の類型的な動機および類型的な主観的意味から理解することができるものである」(Ibid. S.13. 訳三〇ページ)ということで、あくまで行為の客観的可能性を主観的意味合いに置いて「理解する」にすぎないものになる。

ヴェーバーは、形式的・抽象的普遍あるいは類と種差という思考法の限界をよく自覚していた。しかし、ヴェーバーとしては、ヘーゲル＝マルクスのような弁証法的な普遍概念を採用することは考えられない。そこで考えられたのが「類型概念」である。しかし、この「類型概念」も、やはりヘーゲルの指摘した方法論上の限界や問題点を免れない。分析と総合は、「それらが本来用いられるべき領域では、本質的な意義をもち、また輝かしい成果を収めている。しかし、それらは哲学的認識に使用できない。……というのは、ここで認識がとる態度は、悟性の態度、形式的同一性に沿って進む態度だからである」(『小論理学』二三一節)とヘーゲルは述べている。これは幾何学における定理と証明について述べられた箇所の記述であるが、いわゆる「概念の構成」についても、ヘーゲルはつぎのように述べている。「人びとが概念の構成とよんでいるものは、概念を避けて、知覚から拾い上げてきた感覚的諸規定の提示と、それに加えるに、哲学や科学の対象を前提された図式にしたがって図表的に……分類する形式主義とに過ぎない」。さらに、ヘーゲルはつぎのように付け加える。「その際、その背後には、概念と客観性との統一としての理念に関するおぼろげな表象、および理念は具体的なものであるというおぼろげな表象がひそんでいる」、と。

ヴェーバーが提起した理想型については再度、後述するが、その個人主義的で主観的な性格もさることながら、ここで紹介したような意味においてヘーゲルが言う悟性的認識にとどまる、という問題点をもっている。

（5）社会関係

このように、主観的意味をもった行為にもとづいて成り立つ一種の社会的関連性がヴェーバーのいう社会関係であった。「基礎概念」論文では、その第三節において「社会関係（Soziale Beziehung）」が扱われている。それによれば、社会関係とは、「その意味内容が相互に相手に向かい、それによって方向づけられているような多数者の行動のことを指す。ひとえに、意味の明らかな方法で社会的行為が行われる可能性ということだけであって、この可能性が何にもとづくかはさしあたっては問題ではない」（Ibid., S.19, 訳四二ページ）。ここでもまた「可能性」であるが、ヴェーバーが「関係」という場合でも、関係は行為に解消される。あるいは、社会関係を客観的に分析し、その概念を実在するものとして把握するというのではなく、行為の背後にある主観的意味から社会関係を類推するにとどまる。(15)

以上のようにみてくると、結局、ヴェーバーにおいては、意味、動機、類型、法則、合理性などといっても、すべて同じこと、すなわち個人レベルの主観性を指示しているのではないかという疑問がわいてくる。結局のところは、観察者によって考えだされた、さまざまな類型としての個人がもつであろう意味観念、目的、動機から、因果連関的にその行為の合理性あるいは非合理性を理解すること、これがヴェーバーにおいては事柄を「説明する」ということにほかならない。

周知のように、ヴェーバーはこうした方法論にもとづいて、さまざまな秩序の正当性（そうした観念や慣例、法、その効力）、社会団体（国家や経営体など）、闘争（相手の抵抗を排し、自分の意志を貫徹しようという意図に行為が向けられているような社会関係）、権力（抵抗を排してでも自分の意志を貫徹するすべての可能性）、支配（ある内容の命令を下した場合に特定の人びとの服従が得られる可能性）、階級（主として同じ階級状況にある人びとの市場に現われる限りでの経済的区分）、身分（生活様式における人びとの区分）といったカテゴリーを明らかにした。これらの内容は一定のリアリティをもっている。マルクスとの比較においては、両者に一定のつながりを認めることもできる。

たとえば、階級概念については、渡辺（二〇〇四）がそのようなつながりを明らかにしている。ヴェーバー自身も階級を論じる論考において、マルクスの『資本論』の結論が階級で中断されていると書いている（Weber［1922c］S.225, 濱島訳一二一ページ）。

ヴェーバーは近代資本主義を自由な労働と資本計算にもとづく合理的な大規模経営ととらえた。そして、それは西欧においてのみみられるものとした。さらに、この資本主義経済における人間関係の「物化」あるいは「非人格的性格」の増大を認め、そこに合理性の必然的な貫徹をみると同時に、近代資本主義における最初の「天職」観念にもとづく合理的で節欲的な労働・生活態度（「資本主義の精神」）が失われてしまったことを明らかにした。

そして、あらゆる社会秩序を転換する原動力は、ヴェーバーの場合、カエサル（＝シーザー）的存在である「カリスマ」にもとめられる。しかし、そのカリスマ的なものもまた日常化していくとされる。そのほかにも、宗教や歴史の研究において、多くの実証主義的な研究成果を残したことはよく知られているが、これらの内容に立ち入ることは本章の課題ではない。

（6）市民概念

ヘーゲルとマルクスとの対比において、最後にどうしても、ヴェーバーの市民概念と、価値理念あるいは価値判断そしてそれにもとづく経済政策の問題に触れざるをえない。

ヴェーバーには資本主義あるいは近代資本主義という概念はあるが、市民社会という概念はない。ヴェーバーは、「市民 Bürger（civis Romanus,citoyen, bourgeois）」という概念は西洋においてのみあると、一九一九〜一九二〇年にかけて行った講義録において述べている。それによれば、市民（Bürgertum）には都市と結びついた三つの異なった概念内容がある。一つは、特殊な性質をもつ、ある経済的利害状況の下に置かれている場合、市民は階級という特定のカテゴリーにおいて把握されることがありうる。これは経済的意味における市民概念である。しかし、この意味において市民（ブルジョア）的階級は統一的なものではない。企業家も手工業者も、大市民も小市民もみな同じに数えられる。二つ目は政治的意味における市民であって、特定の政治的権利の担い手としての属性を有するすべての国家市民（Staatbürger）を包括するものである。第三の市民は身分的意味であって、官僚とか、プロレタリアートとか、外部から「所有と教養をもつ人びと」とみなされる社会層（Schichten）の意味である。このように、ヴェーバーは市民という言葉で何か統一的な内容を意味しているわけではない。ただ、かれは、西洋資本主義においては自由に移動する資本が民族国家と結合して「言葉の近代的意味におけるブルジョアジー」としての「国家的市民層 nationale Bürgerstand」が生まれ出たと述べている。ここにはかれの価値理念をみいだすことができる（以上、Weber［1923］S.270–289、邦訳、下巻、一七三〜二一三ページによる）。

（7）価値理念と理想型

つぎに、この価値理念についてみよう。

これについては、先に取り上げた論文のほかに、有名な「社会科学と社会政策にかかわる認識の『客観性』」（Weber［1904］）がある。この論文の要旨は簡単に検討できるようなものではない。これまでの議論との関係で価値理念と政策科学との関係に絞って、簡潔に整理する。

ヴェーバーは、この論文において、社会科学は人間のゲマインシャフト生活とその歴史的形態の社会経済構造がもつ文化的意義を研究するものであり、もっとも広義の「社会政策が解決しようとする同じ問題を歴史的、理論的に扱うのだと述べている（Weber［1904］S.165, 訳六二〜六三ページ）。

このような文化現象としての社会現象は、「意味のない、無限の世界の事象」に「人間の立場から意味と意義を与えられた有限の一片」（Ibid. S.180, 訳九二ページ）である。その意味と意義はその時代と研究者の「価値理念

（Wertideen）」によって決定される。したがって、文化科学的認識もまた主観によって制約されている。その主観を規定しているものもまた「価値理念」である。その「価値理念」の妥当性を経験にもとづいて証明することはできない。

さらに、歴史的なものは個体的で、無限に変転する。したがって、ある「価値理念」から現実を見るにすぎない「科学」の認識は、「思考によって秩序づけられたさまざまな概念と判断」ではあるが、「経験的現実性を模写するもの」（Ibid., S.213, 訳一五八ページ）ではない。「現実性を何らかの意味で最終的に編入し、総括するような、一つの完結した概念の体系を構築し、そのうえでそこから現実性をふたたび演繹する」（Ibid., S.184, 訳一〇〇ページ）考え方には意味がないとヴェーバーは断言している。

そこで、一方の側にある何らかの「価値理念」と、他方の側にある混沌とした多様で、しかも転変する現実性とをつなぐ認識手段が理想型（Idealtypus）としての理論的概念である。資本主義、市場、都市経済、個人主義、帝国主義、封建制、重商主義、伝統主義、キリスト教などの概念構成はすべてそうした理想型としての概念である。こうした理想型概念は、現実にたいする価値判断を導くような「価値理念」（したがって何らかの「理想」）とは、関連はするけれども、両者は「まったく別物」（Ibid., S.196–197, 訳一二五ページ）である。両者は区別しなければならないにもかかわらず、しばしばこの二つが混同されるとヴェーバーは注意を促している（Ibid., S.199–200, 訳一三一～一三三ページ）[16]。

しかし、理想型概念は経験的現実性の中に見いだせるものではない。「理想型は思考上の一構成物（ein Gedankenbild）である。歴史上の現実性でもないし、本来の現実性であるわけでもない。あるいは現実を見本として自分の中に組み込む図式でもない」（Ibid., S.194, 訳一一九ページ）。

この点について、ヴェーバーはメンガーが提起した個別と普遍との関係をつぎのようにとらえている。

共通性としての類あるいは普遍概念は認識における不可欠の手段ではあるが、「類と種差という図式による定義は役立たない」(ヴェーバー)。その理由は、文化現象を扱うのは文化概念であり、それらは価値理念と関係があるからで、このような歴史的個体を「発生的概念」において把握するためには、理想型概念による方法しかない。端的にいって、「類的なもの」と「類型的なもの」とは違うのである(以上、Ibid., S.175-176, 178-190, 194, 201, 訳八二~八五、八九~九一、一二〇、一三四ページを参照)。ヴェーバーはこのように述べて、共通性としての抽象的普遍と個別特殊性との関係における方法上の困難性を「理想型」という方法概念により回避するのである。

これについて、見田石介は「マルクス経済学」の宇野弘藏が「理想型としての純粋資本主義の理論すなわち(いわゆる)原理論」は「具体的なものの認識の基準となる」といわれていることに触れて、ヴェーバーの理想型には論理的矛盾があることを指摘する。

「基準となる理想型は、それと同種のあらゆる形態の共通性としての一般的なものではなく、その諸形態の一つを、その特殊性にもとづいて理想化したものだといわれる以上、比較される二つのもののあいだには、どんな共通性もない」(見田石介一九六八、九五ページ)。

つまり、純粋なものを基準にすれば、不純なものが純粋でないことを知るだけで、それ以上、その不純なもの自身について何も教えてくれない。それはただそのものの消極的な知識を与えるだけである。

しかし、「理想型が、もしある一つの形態についてなんらかの知識を与えるというなら、すでにその形態が理想型と共通性をもち、同じ類に属しているという前提のもとで、はじめて可能のことである。比較は、とくにドイツ語の場合にははっきりしているように、同種化である。したがって理想型が、同種の形態のなんらかの認識に役立つというかぎりにおいては、そこにすでにそれらのあいだの共通性の抽出がなされ、一般化がおこなわれているのであって、これは共通性を抽出するような一般化はしてはならないという理想型の概念に矛盾し、理想型の自己否定となるだろう。しかしもしあくまで一般化、同等化を否定して、理想型をまったく独自なものだとするなら、それは、(純粋を基準にして不純性を発見するというような―引用者)無意味なものとなる。そこでもし純粋を基準にするのは諸段階や諸現象にたいしてその純不粋をいうのだ、というなら、それはすでに理想型の概念を否定し、類概念を想定して、諸段階や諸現象をこの概念のものと包摂しているのである。理想型はそうした矛盾をはらんでいる」（同上、九六ページ）。

見田石介の批判はヴェーバーの「理想型」およびその方法上の類似性が指摘される宇野弘藏の「純粋資本主義論」あるいは「原理論」への方法論の批判として有効である。

ヴェーバーの場合、「理想型」の問題からいわゆる価値自由、あるいは価値判断の科学的取り扱い、さらにいえば価値規範の問題が導かれる。

すなわち、経済学が特定の経済的世界観から価値判断を下さなければならないというのは「不分明な見方」（ヴェーバー）である。われわれを拘束している「規範や理想」を突きとめ、そこから実践のための処方箋を導き出すことは経験科学の課題ではない。しかし、だからといって、価値判断が科学的討論から排除されねばならないという帰結はでてこない。「問題は、理想や価値判断に関する科学的批判とは何を意味し、何を目的とするのかということ」（Ibid., S.149, 訳二九〜三〇ページ）である。科学ができることは、個々人の意欲や評価、選択、そして行為の意義やそれらの価値規準に関する知識であり、それにもとづいてかれらを反省させることであるが、判断を下すのは各人である、というのがヴェーバーの考え方である。したがって、かれは端的に、社会科学は事実を思考によって秩序づけるものだが、社会政策は「理想の提示」（Ibid., S.157, 訳四七ページ）であると述べている。われわれを動かす理想はいつの時代でも他の理想との闘争をとおして実現されるほかはないが、それらの理想は互いに同等であることを知らねばならない。これが本論文に託したヴェーバーのメッセージであった。

（8）ヴェーバーによる自然主義的一元論批判

ヴェーバーは、経済学に自然主義的一元論があるために、理論と歴史の混同が生じているとする。かれのいう自然主義的一元論とは、具体的には二つある。一つは、「変わることのない同一の自然法則が経済事象を支配しているという見解」、もう一つは、「一義的な発展法則が経済事象を支配するという見解」である。前の見解はメンガーにおいて、後の見解はシュモラーにおいて代表されることは明らかである。

前者の見解によれば、「抽象的–理論的方法」は、普遍的な抽象と、法則的連関に照らして経験的なものを分析していけば、あらゆる価値から自由な、という意味で「純粋に客観的な、そしてあらゆる個々の偶然性から解放されているという意味で合理的な」認識に到達できる。経済学の概念のうちにも、何か自然科学に似たようなものがつくられるはずだという偏見がそこにあるとヴェーバーはいう。

これにたいして、後者の見解では、歴史的現実の本来の内容や本質を理論的概念構成の中に固定したと信じられている。概念は実体化され、現象や歴史において実現される。したがって、何か「発展に関する理想型的な概念構成」がなされ、さまざまな類型の系列が法則的必然性をもって発展していくという歴史的順列と一緒にされる。これによって現実の歴史が裁断される。そして、ここには「ヘーゲル流の汎論理主義」の影響があり、ドイツ歴史学派はこの自然主義的観点を克服していない、とヴェーバーは言うのである（以上、［1904］S.148, 185ff. 195, 204, 訳二八、一〇三～一〇六、一二二、一三九～一四〇ページ）。

ヴェーバーにとって、歴史的個体を発生的概念においてとらえるのは「理想型」という思想像によるしかない。いいかえると、理論と歴史の関係を「正しく解決」する方法はこれしかない。マルクス主義に特有な、法則や発展構成でさえも理想型の性格を備えている（Ibid. S.204, 訳一四一ページ）、というのがヴェーバーの考えるところであった。

ヴェーバーは、マルクスを「偉大な思想家」とよび、「社会経済的科学」の創始者の一人としてその名をあげているところもある。しかし、物質的利害や経済的原因による歴史の説明はやはり「一元論的傾向」であるとしてマルクス（主義）を批判する（Ibid. S.163, 166f. 204, 訳五九、六五～七二ページ）。

少なくとも、マルクス自身にたいする批判としては、シュモラーのマルクス批判の際に述べたようなある種の曲解があるが、シュモラーよりは批判の度合いは小さいように思われる。

⑼　ヘーゲル、マルクスそしてヴェーバー

以上、社会科学の方法問題に関するヴェーバーの考えをまとめてみた。

ヘーゲル、そしてマルクスとの関係においてみると、ヴェーバーの方法についてつぎのようなことが言えるであろう。

ヘーゲルが世界の究極にあるとした「絶対理念」では理論的理念と実践的理念が一体化されていた。そのうち、マルクスは前者の理論的理念すなわち理論的概念把握の方法をヘーゲルからうけついで『資本論』（とその草稿）を書いたのにたいし、ヴェーバーは人びとの実践的理念がこの世界を作り出しているという考えの方をうけついだ。ヴェーバーは、この理念のために、「現実にも、そして想像上でも、闘いがなされてきたし、現になされている」と言う。「理念の歴史的力は社会生活の発展にとってきわめて強大であったし、いまなお強大である」(Ibid., S.150–151, 訳三三～三四ページ)。この点では、かれはやはりシュモラーと共通の立場に立っている。しかし、このような社会哲学的課題を避けるのではなく、そうした理念＝理想を批判的に評価することが経験科学のなすべきこと、あるいはなしうることであるというのがヴェーバーである。

シュモラーは、「必要なのはあらゆる理想の排除ではなく、それを扱う際の配慮・客観性・抑制である」としたが、ヴェーバーはそのような程度では学問的態度を貫くことはできないと考えた。その場合、客観的あるいは経験的実在をその概念によって理解する方法として、ヴェーバーは、ヘーゲルではなくカント（Kant, I. 一七二四～一八〇四）の立場にたつことを鮮明にする。

「カントにさかのぼる現代認識論の根本思想」は、「概念というものはむしろ、経験的に与えられたものを精神

的に支配する目的のための思想上の手段であり、それ以外ではありえないという考え」（Ibid., S.208, 訳一四九ページ）にある。これを突き詰めて考えた結果、ヴェーバーは「厳密な発生的概念は必然的に理想型である」（Ibid.）という結論に達した。理想型は思想上の因果連関をとらえるための「理想的な思想上の構成物としての性格」をもつものである。これを現実の歴史ととりちがえてはならない。また、経済学を倫理的科学としてはならない。これがヴェーバーによる歴史学派に対する批判（あるいはその学派から生まれたと自負する者の自己批判）であった。

　以上のことをふまえ、これからの社会科学と経済学の課題にひきつけて、マルクスとヴェーバーの関係をより積極的に考えてみたいと思う。

三　二一世紀社会科学の課題――関係・制度・行為そして意識の相互関連性

　第三篇第一〇章と第一一章は、メンガーによる経済学の方法をめぐる問題提起と批判を起点に、メンガーより以前に主要著作や草稿を残したマルクスと、メンガーによる批判の対象となったシュモラー、そして、メンガーの問題をうけとめる立場にたったヴェーバーのそれぞれの方法論を比較検討してきた。このことをつうじて、最初に言えることは、その思想的、理論的根源はやはりヘーゲル（あるいはさらにカント）にあるということである。つぎに言えることは、マルクスとヴェーバーの接点は人間の社会的行為にある。しかし、両者の分岐点となるのもまたその行為のとらえ方にある、ということである。

　マルクスは「ヘーゲルの弟子」を自認しつつ、「実践精神的な」世界の把握とは区別して、思考する頭脳に固有な「理論的方法」によって、実在する人間世界である資本制経済を概念的に把握しようとした。あるいは、これにもとづいて、さまざまな実践精神的な世界の理解の基礎を明らかにし、社会主義・共産主義思想の科学的基礎を築こうとしたと言える。人びとの社会的、経済的行為はその社会関係を表現する。人びとはその社会関係の担い手とみなされる。したがって、対象的現実は何よりも「実践として、主体的にとらえられ」なければならない。「環境の変革と、人間的活動または自己変革との合致は、変革する実践としてだけつかむことができ、また合理的に理解することができる」。「社会生活は本質的に実践的である」。したがって、理論を惑わす「あらゆる神秘はその合理的解決を人間の実践と、この実践の概念的把握（Begreifen）のうちに見いだす」（以上、マルクス「フォイエルバッハに関するテーゼ」一八四三年の原文より）。社会的行為の概念的把握は社会諸関係の総和（アンサンブル）を表現するものでなければならない。これがマルクスの理論的方法である。

これにたいし、ヴェーバーは、人びとの社会的行為がもっている主観的意味から因果連関的に社会現象の意義を「客観的」に明らかにしようとした。したがって、マルクスとの理論的接点は人間の行為にある。しかし、マルクスにおいて、人間の行為は社会関係の表現である。社会的行為の意味あるいは意義は社会関係の概念的把握のうちに求められる。これにたいして、ヴェーバーの場合は、行為の「客観的」意義はあくまで実践的理念との関連のうちに求められる。その意味での「価値関係」を表す概念が「理想型」であった。したがって、理想型概念は理論的理念に近づくものではあるが、あくまで実践的理念によって導かれたものである。そのため、概念の実在性は否定される。結局のところ、観察者の主観によってどのようにも構成されうるものになり、実在の現実やその歴史はいわば「物自体」となって、認識不可能なものになってくる。

ただ、ヴェーバーは、社会経済的諸問題の文化的意義を扱ううえで、（一）狭義の経済的事象、（二）経済を制約する経済的に重要な事象、（三）経済に制約された事象、という三つの内部区分が可能だとした。とくに、第一の狭義の経済事象については、取引所や銀行業務のような「規範や制度」をあげ、これらは「意識的に経済的目的のために創設され、利用される制度」（Weber［1904］S.162, 訳五七ページ）であるとしている。そうすると、人びとの社会関係というよりもその文化的意味にもとづく行為は、より具体的には、さまざまな規範や制度となって現れていることを認めている。じっさい、ここでは、「『物質的』利害の圧力のもとにある社会関係、制度、集団形成の間接的影響はあらゆる文化領域に広がる」（Ibid. S.163. 訳五九ページ）と述べている。

また、シュモラーは、主として集合概念による研究によって、国民経済の制度とよばれているさまざまな定型的形態と部分的秩序が経済生活を支配することを明らかにするとしている。

このようにして、われわれは、マルクスとヴェーバーから（そして一部はシュモラーからも）、社会関係―社会的・集団的行為―制度―社会意識、という関連性を導き出すことができる。

二〇世紀の社会科学と経済学は、ヴェーバー以後、アドルノ（一九〇三〜一九六九）とポパー（一九〇二〜一九九四）による「ドイツ社会科学論争」（一九六一年）にみられるようなヘーゲル主義的「理念主義」と「実証主義」とに分かれた（この論争については拙著［二〇〇五］第八章を参照）。マルクス主義においては、ルカーチ（一八八五〜一九七一）がプロレタリアートにおける「階級意識」の形成を問題にし、グラムシ(一八九一～一九三七)は「国家になる階級」を問題にした。これらはいずれも人びとの実践的意識の形成に焦点をあてている。他方、実証主義的な流れに属すアメリカのT・パーソンズ（一九〇二〜一九七九、ヴェーバーの著作の英訳者でもある）は、たとえばスメルサーとの共著『経済と社会』（一九五六年）において、経済は社会システムあるいは行為の一般理論の一特殊ケースであり、自身の境界を通じてinputとoutputを交換するものである。経済はつねに非経済的要因により条件づけられ、経済における制度変動の問題は経済理論以外の図式による方法でしか明らかにできない、とした。

さらに、ドイツのルーマン（一九二七〜一九九八）は、ヘーゲル以来の伝統的な政治経済学と社会学は経済から全体社会を把握してきたことを批判し、コミュニケーション・システムから構成されている全体社会がいくつかの機能システムに分化する、その一部分が経済システムであって、いわゆるオート・ポイエティック（自己産出的）システムとしては、「貨幣支払い」（これが経済の「それ以上分解できない要素」である）というコミュニケーション行為により体系づけられた特別の機能システムが社会システムにおける「経済」行為である、と論じた

（労働から物象へ）。経済システムは「家計と企業」という「参加システム」により市場という（経済）内的「環境」と自己を区分する。もはや資本と労働という図式は、時代遅れの儀礼的表現だが、これに代わるものはないとする（『社会の経済』一九八八年より）。

そして、このルーマンとのあいだでシステム論争（一九七一年）を展開したJ・ハーバマス（一九二九〜）は、有名な「コミュニケーション的行為の理論」（一九八一年）の課題をヴェーバーの目的論的な合理的行為から、相互了解志向的行為における合理性への転換におき、生活世界という「前提とされている共通の背景知」の解明と、システム理論と行為理論との統合をめざしてきた。

本章は、このような二〇世紀社会科学の諸潮流を総括することを課題とするものではない。マルクスとヴェーバーの方法についても、これを全面的に検討したとも言えない。メンガーの問題提起と批判に、マルクスであればどのように答えただろうか、また、ヴェーバーは実際にどのように答えたか、そしてメンガーとヴェーバーの両方から批判の対象とされたシュモラーの方法はどのようなものであったかを検討したにすぎない。また、マルクスとヴェーバーとの関係について、これまでどのような議論がなされてきたのかの検討もできていないが、日本における両者の受容とその変容を考えることは社会科学と経済学にとり不可欠な課題であると考える。

しかし、少なくとも、経済学（社会経済学）の範囲において、つぎのことは言えるのではないかと考える。

まず、マルクスの生産関係論を出発点にすることができる。かれの『資本論』は、（一）生産関係の物象化論（人びとの生産関係が非人格的な経済事象ないし事柄として現れることを概念として把握したもの）（二）矛盾論（生産力と生産関係の発展によって生じる経済的諸矛盾の概念的展開）（三）人間発達論（すなわち人間の本性はその発達を疎外＝阻害するものを通じて発達するという理念を客観的に基礎づける理論）の三つを、資本概念の生成と展開という方法にそって三位一体的に叙述したものである。しかし、競争（＝すなわち市場および市場外での人びとの相互行為、したがって対立や闘争を含む）は諸法則の実現の世界として捨象され、『資本論』の範囲外とされた。また、諸制度は前提されており、貨幣制度、工場法、信用制度等が『資本論』では扱われているが、生産関係が制度化する論理はかならずしも理論的に明確ではない（本書第一三章はこの論理を解明する手がかりとして「集合行為」と「費用節約」をあげる）。

マルクス以後の経済学という意味でポスト・マルクス経済学という用語を使えば、二〇世紀前半、アメリカでは制度派経済学（ヴェブレン、コモンズなど）の制度主義が新古典派経済学の個人的・利己的行為を批判し、集合行為におけるルール（思考、習慣、規範その他）の制度化を探求した。ドイツ歴史学派と呼応する制度主義の流れとその意味合いからすると、制度の生成論には生産関係を軸とする社会関係からの理論展開が必要である。そして、現在、アメリカ・ラディカル派経済学はマルクスと制度学派そしてケインズ経済学を受け継ぎ、資本蓄積が行われる制度的環境を社会的蓄積構造（SSA）と名づけ、一九九〇年代以降を「トランスナショナル資本主義」段階として、三次元社会経済学とその理論進化（深化）の方向を示している。その際、かれらは、社会経済学における価値（評価基準）を効率・公正・民主主義におくべきだとする（Bowles, et al. [2005]）。また、積極的な資産再配分と効率的市場のための新たなルールづくりを提起している（Wright[ed.] [1998]）。[17]

さらに、J・M・ケインズは一九三六年に『雇用、利子および貨幣の一般理論』を著した。伊東光晴著『現代に生きるケインズ―モラルサイエンスとしての経済理論』（岩波新書、二〇〇六年五月）によれば、『一般理論』をそれ以前の新古典派経済学と分かつ五つの前提がある。（1）多元的理論、（2）統計的検証可能な理論、（3）不確実性の前提、（4）合成の誤謬の発見、（5）方法論的個人主義の否定、がそれである。これらは、（1）の多元性をどのように理解するかを別にすれば、マルクスを継承するポスト・マルクスの社会経済学においても受け入れ可能な前提であろう。

現代経済学の源流がマルクス、新古典派、制度学派（ドイツ歴史学派と近い）、そしてケインズの四つにあるという仮説にもとづけば、ポスト・マルクス経済学はヴェーバーや新古典派経済学の個人主義的な行為アプローチを批判しながらも、特殊歴史的な社会関係と社会制度によって制約された社会的・集団的、そして個人的な経済行為とその経済的意識を解明する理論をさらに発展させる必要がある。これが二一世紀の社会科学および経済学が前世紀から引き継ぐべき、そして前世紀から課せられている課題ではないだろうか(18)。

注

(1) 本稿は通常の経済学史あるいは経済(政策)思想史研究とは異なって、いわば世代を異にするが、それぞれの学派を代表する人物の著作をもとに、それぞれの社会科学と経済学の方法論を比較してみようというものである。したがって、それぞれに存在した、さまざまな事情、関係、そして四者の経済理論あるいは社会学の内容についてはここではとりあげない。

(2) Schmoller [1911]。なお、同辞典の第四版一九二八年(A・ヴェーバー、F・ヴィーザー、L・エルスター編集、第五巻)では、本項目にあたる"Volkswirtschaft und Volkswirtschaftslehre"は別の著者(A.Voigt)になっている。

(3) 田村信一[一九九三](とくに終章)、住谷・八木編[一九九八]、八木編[二〇〇六]および、シュモラー後掲書の訳者(田村)「解題」などを参照。

(4) シュモラーによるヘーゲル評価はまとまった形で書かれていない。たとえば、「ヘーゲル弁証法は、ベーコンが要求した経験的観察の適用がほぼすべての科学に影響を及ぼしたのと同様に、国家科学および国民経済学にまで広がっている」(S.229, 訳二〇ページ)という記述がみられる。また、ドイツ歴史学派が影響を受けたもののなかの一つとして、「自然法と自由主義にたいする(ハラー、アダム・ミュラー、ヘーゲルの)ロマン主義的・哲学的反動」(S.258, 訳五七ページ)として、ヘーゲルの名をあげている箇所がある。さらに、一九世紀前半の精神科学とくに歴史叙述は、フンボルトとヘーゲルの影響にあって、超越的観念論という形態の理想主義的形而上学の支配下にあったが、一九世紀後半になって、絶対的な価値や規範といった観点からの把握は拒否された、とも述べられている(S.346, 訳一六八ページ)。

(5) シュモラー[一九一一]第五章「道徳体系」によれば、人びとは世界を目的と価値判断から理解し、原因から説明する指図を求めるようになる。その結果として、道徳体系は「社会的人間にかんする科学の本来の最初の試みである」として、経済学の生成における道徳科学の役割をのべている。シュモラーによれば、良き意志である当為が動く方向についての観念あるいは究極の理想が理念である。しかし、これらは抽象的な目標であって、一つだけに注目すればかならず濫用や誇張をもたらす。自由、平等、正義などを厳密な論理で正しい行為をそこから導くことができるような最高原理だと考える人びとは、こうした倫理的命題の本性を見誤っているのだと批判する。

(6) シュモラーはこの後で、「国民経済学の成立と現在の姿」を論じている（［一九一一］第六章以下第一一章）。現在の時点からみても、自然法思想、重商主義、古典派経済学、英米系の経済学に対する評価は非常に興味深い内容であるが、本稿の課題のためには省略せざるをえない。シュモラーは「経済科学の領域において主導権をとったのはドイツ歴史学派である」ことを自負すると同時に、リカードが経済学を「価値・価格・所得分配の理論に圧縮し」、「一つの演繹科学をつくりだし」てしまい、それを受け継ぐ経済学者たちがじつは「自分たちの理論が一面的な階級支配のための学問になってしまったことに気づかなかった」と指摘していることを付記しておこう。

(7) シュモラーはこれに続けて、「才気あふれた繊細な青年シュムペーター」の『理論経済学の本質と主要内容』（一九〇八年）について触れて、つぎのように述べている。

「かれ（シュムペーター）が研究しようとしたのは、人間とその行為ではなく、財の価値関係である。だが、財と財の世界は、人間とその行為・その価値判断をつうじてのみ関係づけられることを、彼は見過ごしている」。「彼は特定の狭い領域に対するこの方法の部分的妥当性と同時に、こうした方法の弱点をも提示した、と私は言いたい」(S.264, 訳六五ページ)。シュムペーターが後になってシュモラーを高く評価したことと重ね合わせると、この批評はたいへん興味深い。

この点では、シュムペーターの方法論的道具主義にもとづくシュモラー評価と、シュモラーの歴史的・倫理的接近の現代的意義、およびその進化論的経済学について論じた塩野谷祐一［一九八八］［一九九〇］は興味深い論稿である。

(8) オーストリア学派の狭さを指摘しながら、シュモラーはマーシャルを高く評価する。マーシャルは限界効用理論の有益な部分を受容したが、それに没頭することなく、社会主義や歴史研究にも通じている。シュモラーに言わせれば、マーシャルは倫理的な感情に満たされているので、利己心からのみ出発することを理解できない。一八九〇年の『原理』第一巻の後半部分は「近年の科学の成果のうちで最良のものであると私は考えている」(S.267, 訳六九ページ)。

(9) シュモラーのマルクス理解にはかなり曲解がある。たとえば、シュモラーは、マルクスが人間の行為を脳の機能とダーウィン思想から説明することで経済的・社会的秩序を把握したと考えた、と述べているし、「経済の中心としてのリカードの価値思想から人類の社会史を展開したいという希望は、ダーウィンにならって種の分化の中に剰余価値の自然的土台を認識するに至った」とか述べているが、マルクスのどこを読めばそのような評価がでてくるのだろうか。

(10) シュモラーは、心理学的分析のさまざまな手がかりを通じて、将来は大きく展開するだろう、という見通しを述べている。その手がかりとして、営利衝動とその他の衝動の研究、社会における心的事象、感情や観念や行為目的の一致の形成、「精神的集合力」を出現させる手段の影響などの研究から、社会の集合現象の理解をもたらし、さまざまな制度が出現する、と述べている。したがって、研究が個別（人）から出発するのか、集合（団）現象から出発するのかという問題の設定そのものが誤ったものである。シュモラーによれば、人間は合成された全体である（Der Mensch ist ein zusammengesetzes Ganzes）。個別事例は人間の集団の現われであるし、無限に分割可能な個別事例を分離し、思考のプロセスをつうじて一つの全体としてみなしたものが個別事例である。このように、集合概念を認め、そこに経済制度を位置づける方法はアメリカ制度学派と共通するところがある。シュモラーは道徳、慣習、法などのノルムは文化の基礎条件とみなしたが、このような方法がヴェーバーによる批判（というより）拒否を招いたと言えるだろう。

(11) シュモラーの主著『一般国民経済学要綱』については田村［一九九三］第七章が詳しい。

(12) ここでシュモラーはヴェーバーを価値判断排除論者に仕立てている。邦訳書一七四ページ（ナウ編の論文集S.352）におけるヴェーバーの「客観性」論文からの引用は、ヴェーバーの本来の主張とは逆の意味になっている、と訳者解題で述べられているところである（田村訳二七〇ページ）。

(13) ヴェーバーにおけるメンガー理論の受容については、八木［一九八八］第一章「マックス・ヴェーバーにとってのメンガー」においてとりあげられている。

(14) ヘーゲル『小論理学』二二六〜二三〇節、同『大論理学』概念論第三篇第二章A、を参照。

ついでにいえば、ヴェーバーは、「ロッシャーの歴史的方法」という論文（一九〇三〜一九〇六年にかけて書かれた一連の論文の最初のもの）において、ヘーゲルは個別的事象や事物を形而上学的実在としての普遍概念の実現として包括し、そこから流出させるとして、これを「流出論的把握」とよんでいる。他方、ロッシャーについては、ヘーゲルの弁証法的普遍概念と類としての普遍概念とを区別できなかったし、マルクス『資本論』が代表しているようなヘーゲル弁証法についての批判を試みようともしなかった、そして本質的には概念と概念把握されるものとのあいだの関係という論理的問題の方法的意義をヘーゲルほどには認識しなかった、と厳しくこれを批判している。

(15) Weber［1913］によれば、ゲマインシャフト的行為すなわち「その主観において意味をもって他の人びとの行動と関係づけられている行為」が第一次的なものである。これにたいして、ゲマインシャフト的行為が、ある秩序にもとづく期待をもってなされ、その秩序の制定が純粋に目的合理的に行われ、意味をもつ方向づけが主観において目的合理的になされる限りにおいて、これをゲゼルシャフト的行為という。この点はかならずしもWeber［1922］においては明確ではなく、「社会関係」という用語が使われているが、ゲゼルシャフト的行為とはある種の制度化された関係行為のことであると思われる。

（16）Idealtypusには現在、「理念型」という訳語が多く使われている。この訳語では「価値理念Idee」との関係が強く出すぎるきらいがある。ヴェーバーは、両者はまったく別物だということも強調しているので、「理想型」と訳した。この場合の「理想」は何らかの「価値理念」にとっての理想ではなく、思考の概念構成にとって理想的だ、という意味である。

（17）牧野広義氏は、唯物論の立場から、価値を積極的に次のように規定し、価値意識の諸形態および人権、普遍的・共同的価値を論じている。「価値とは、人間の生存や生活の充足や人間の自己実現にとっての、自然や社会の事物の必要性、有用性であり、また人間の行為の目的や手段としての意味をもち、さらに人間の行為の規範や理想となるもの、である」（牧野［一九九八］一九七ページ）。さらに、本稿に関連するものとして、ハーバーマスについての興味深い議論がなされている（牧野［二〇〇七］第五章）。

（18）三木清『社会科学概論』（一九三二年）「第三　社会科学の構造」（『全集』第六巻所収）は、本章でとりあげたメンガー対シュモラー論争について詳細に論じた必見の論文である。簡単にまとめることはできないが、このなかで三木は、メンガーの思想は自然主義で方法は形式主義、シュモラーは歴史主義でその方法は心理主義であると指摘したうえで、ヴェーバーの「理想型」はたしかに「現実の一定の要素を思想において高めた（Steigerung）」ものだが、三木が考える存在論的性質をもつマルクスの「歴史的範疇」にまで発展しなければならないと論じている。

第一二章　大塚久雄共同体論の歴史と論理

――前資本制生産様式における人格的依存関係と共同体――

まえがき

大塚久雄（一九〇七～一九九六）はわが国の代表的な経済史学者である。西欧とくにイギリス経済史の研究に大きな足跡を残したことはいうまでもない。大塚は資本制生産様式の概念やその歴史的生成についてはマルクスから多くを学びながら、マックス・ヴェーバーから強い影響を受け、西洋経済史の研究にとどまらず、社会科学の方法においても独特な位置を占めたことはよく知られている。かれは、マルクスが書き残したノート（「資本制生産に先行する諸形態」、一八五七～五八年ノート『経済学批判要綱』の一部、以下「諸形態」と略記）に強く刺激され、資本制以前の生産様式における共同体の位置と内容について『共同体の基礎理論』（一九五五年）という有名な著作を残した。

第一二章は、大塚の共同体論のなかで展開された一つの見解、すなわち、いわゆる資本の本源的蓄積過程が共同体を構成する生産者層の分解という経済過程を基礎とする共同体それ自体の最終的解体過程である、という大塚の見解に絞ってその問題点を明らかにする。前資本制生産様式における富の基本形態は共同体だとする大塚の見解は、『要綱』「諸形態」の叙述の範囲、「諸形態」における資本制の発生史の分析と叙述の方法の理解に関わる問題である。この方法からみて、大塚の共同体論は大きな誤解のうえに成り立っている。

以下、前資本制から資本制への歴史的移行を理論化した大塚の見解の是非を、マルクス「諸形態」の内容と方法にもとづいて再検討する[1]。
なお、今日なお第一級の歴史理論の書ともいえる『資本論』について、本稿では最小限の言及にとどめる。

一　前資本制生産様式の富の基本形態は共同体か？

（1）共同体の土地所有関係が前資本制生産の基礎

大塚は、ヨーロッパの近代史を特徴づけているのは「資本主義の発達」であるとして、「資本主義」という基礎的概念については、次のように説明している。

『資本論』において「資本主義」という用語自体は使用されていない。しかし、資本主義は歴史の一定の段階に照応した生産と消費の社会的組み立てという意味で、近代に独自な生産様式である。資本主義の根本的特徴は、（1）商品生産が経済生活の一般的な土台を形成しており、（2）資本家が賃金労働者たちを雇用して生産労働に従事させる、したがって労働者たちがその労働力を商品として資本家に売って、資本家のために生産労働に従事する、この二つの根本的事実にある。資本主義は、商品生産という基礎的生産関係と、その土台のうえに築き上げられている資本家―賃金労働者という階級的関係を基本とする。

「資本主義」の用語法については、たんなる営利目的のための活動一般という、広く受け入れられ、またヴェーバーも使用している用語法がある。しかし、大塚はこの用語法をとらない。大塚によれば、資本主義社会の形成は何よりも産業資本というものを基軸にして理解しなければならない（以上、主に一九五六著4―六～九、一八～一九）。

このように、産業資本の形成を中心に資本制経済の生成を理解することは、大塚のいわばマルクス的見地を示すものと言うことができる[2]。そして、この理解は、前期的商人資本や高利貸資本が生産者を支配して産業資本に成長することを中心に資本の形成を理解する、もう一つの広く受け入れられている見方に対置される。

ところで、経済学は、「資本主義社会との対比において資本主義以前の諸社会の基本構成をも照らし出す」。大塚は、経済学（＝『資本論』）の成果のうち主要なものはつぎの二点であるという。

第一、『資本論』では、その冒頭の商品分析との「対比において」、「資本主義以前の諸社会においては社会の『富』がそれと原理的にまったく異なった形態規定のもとにあること、そしてそれを支える生産関係が『共同体』に他ならぬことが指摘されている」（一九五五著7—一〇）[3]。

第二、『資本論』では、とくにその第三部において、資本主義的地代の分析との「対比において」、「資本主義以前の諸社会にあっては『土地』あるいは『土地所有』がなお生産の主要条件として、他の動産所有に圧倒的に優越するものとして現れている事実が指摘され」、さらにまた、「それに照応して」、「土地は……富の包括的な基盤—あるいは原基形態といってもさしつかえなかろう—として現れている」（同7—一一）ことが指摘されている。

大塚が理解する経済学（＝『資本論』）の成果の二点を合わせると、つぎのようになる。

すなわち、「共同体成立の主要な物質的基盤となる」のは「土地」および「土地の占取」である。共同体は「基礎的社会関係」であり、「生産関係としてみれば土地占取関係」である（一九六二著7—一〇七）。したがって、前資本制生産様式において経済生活の一般的土台をなすのは商品生産ではなくて「共同体 Gemeinde」であり、その基礎のうえにそれぞれ特有な階級的関係（奴隷制や農奴制その他）が築き上げられていると大塚は理解する（以上、一九五六著4—九～一〇）。

（2）階級関係に展開する共同体

以上のことから、大塚の理解では、封建的生産様式の崩壊と資本制生産様式の展開という、「いわゆる資本の原始的蓄積の基礎過程」は、「そのなかに他ならぬ『共同体』の終局的崩壊という事実を重要な一環として含んでいる」（一九五五著7―七）。しかし、それだけではない。

この「共同体」の用語法を広くとった場合、アジア的、古典古代的、ゲルマン的な「共同体はどれも、論理的に、またある程度まで現実的にも、初発における無階級状態を想定させる。しかし、やがて自己の内的必然性によって階級分化をひきおこすとともに、そのあとはかえってそれ自身そうした階級関係を支える土台あるいは骨組に転化し、そしてそれぞれの生産様式の崩壊にまで及ぶ」。「具体的な歴史過程においては、共同体の解体は、……そうした共同体の土台の上に築かれている階級関係を含めての、全生産様式の崩壊過程の一部としておこなわれる」（一九六二著7―一〇九）。

大塚は、「こうした意味における共同体が資本主義以前の生産諸様式においてもつ地位は、論理的には、資本主義的生産様式において商品生産および流通という基礎規定がもつ地位に対比することができ」（一九五五著7―八）るという。

このように、共同体はそれ自身の内部に階級分解ならびに崩壊の要素を含むものであるから、共同体はそれぞれの歴史的に独自な生産様式の基礎や土台をなすだけでなく、それぞれの生産様式の解体の基礎的な動力にもなっている。こうした共同体論との対比において、大塚は、『資本論』第一部第一篇で明らかにされた商品・貨幣関係が、論理的にも歴史的にも、資本―賃労働という階級関係に展開していくものと理解するのである。

(3) 中産的生産者層の両極分解が封建制から資本制への移行に関する「正しい立場」

大塚は、一九六〇年、自身も編著者として加わって刊行が開始された『西洋経済史講座』（全五巻、岩波書店）の「緒言」を執筆し、西欧における封建制から資本主義への移行過程を鳥瞰的に描き出すことが同『講座』の目標であるとする。そして、これに続く「資本主義の発達・総説」では、「生産様式としての資本主義（したがって産業資本）の発達史に関する正しい立場」（一九六〇著4―一一一）はつぎのようなものであると説明している。

この「正しい立場」とは、「封建制の解体のうちに形成されてくる中産的生産者層―小ブルジョア的商品生産者としての職人および農民―とその両極分解の進行という事実のなかに、資本主義発達の基本線とその起動力を求めようとするもの」（同、二〇五～二〇六）である。これと同じ立場にレーニン（『いわゆる市場問題』一八九三年）がある。「『資本論』におけるマルクスもある意味ではすでにそうである」。そして、ドイツ歴史学派の批判的継承者ヴェーバーもそうであると大塚は言う。

「中産的生産者層」とは、独立自営農民層（ないし分割地農民）と独立自営職人層を一括した総称である（同、一九二）。かれらは、封建制に連なる利害と資本制に連なる利害の両方を一身に担っているために、「両者の比重や形態は客観的条件の如何によってさまざまに変化し、その担い手たちの社会的性格の移行をさえ惹き起こす」（同、一九三）。たとえば、商品生産にもとづく貨幣余剰をマニュ経営＝生産に投じたり、近代的商人に成長したりすることもあれば、前期的商人や高利貸に転成することもあるし、前期的商業や高利貸でえられた利潤をマニュ経営に投じることもある。また、土地を購入し、地主に上昇するということもある。半封建的地主への上昇・転化もみいだされる（同、一九四～一九五）。

イギリスの産業資本が孵化しはじめるのは、旧来からの商業と商業資本家をも衰退に陥れつつ、「自己の深部の力によって盛り上ってきた」中産的生産者層とそれが営む農村毛織物工業の中からである。初期の産業資本つまりマニュの萌芽は、職人が都市から農村に流出することで膨れ上がる農村工業の基盤の上で、「比較的裕福な中産的生産者層たちが貧窮化した同輩を雇い入れるという形で現れ始める（両極分解）」（同、二一〇）。

したがって、「資本主義の発達が自生的で順調であるばあい」、これを図式化すると、小ブルジョア的手工業→マニュファクチャー→工場制工業（同、二一一）となる。

農民的貨幣経済の発達の「基底にあってそれを推進する深部の力」は、「局地的市場圏の形成と民富の蓄積」（同、二一六）である。局地的市場圏が産業資本の「培養基」となりえたのは、生産物の価値どおりの交換が普遍化し、余剰と損失による両極分化が生じるからである。「この資本生誕の論理は、ヴェーバーが分析したように、そうした中産的生産者層の意識形態たるプロテスタンティズムの経済倫理のうちに明確に読み取ることができる」（同、二一九）。このようにして、大塚はマルクスとヴェーバーのあいだに新しい橋を架けるのである。

（4）資本の原始的蓄積の核心は両極分解の経済過程

資本の原始的蓄積の中心問題は、資本となるべき貨幣の蓄積と、賃金労働者たるべき貧民の存在、この二つの基礎的条件がどのようにして作り出され、結びつけられたかということにある（一九六〇著4―二四四）。大塚は、この過程の「核心」あるいは進行の「基軸」となったものは先の中産的生産者層の両極分解であるとする。

しかし、「このような原始的蓄積の核心をなす経済的過程は、歴史具体的にはその周辺に、さまざまな形の経済外的な、しばしば暴力的な過程を伴ってあらわれた」。「とくに、土地その他の生産手段から遊離された貧民の創出がそれによって著しく推進された」（同、二四六）。

そして、いわゆる資本の原始的蓄積の経済「外」的局面の代表的なものについて、『資本論』第一部第二四章を参照しながら、さまざまな事実を挙げている。とくに、絶対王政を廃棄した市民革命によって成立した初期ブルジョア国家は「正確な意味で原始蓄積国家である」（同、二五〇）。「いわゆる後期重商主義」は「原始蓄積政策の体系化」にほかならず、これは中産的生産者層の「ことにその上層の経済的利害を社会的推進力として」（同、二五〇）展開されたとする。

ここまでの大塚による前資本制生産様式および資本制への移行論を整理しよう。（1）まず前資本制経済の基礎ないし原基形態として「共同体」的土地所有がある、（2）この「共同体」はそれ自身で階級分化を引き起こす、（3）封建制から資本制への移行においては「共同体」の分解とそのうえにたつ封建制の解体のなかから「中産的生産者層」が姿をあらわし、「局地的市場圏と民富」を形成しつつ「両極分解」をとげる、（4）この

「両極分解」が共同体を終局的な解体に導く資本の原始的蓄積過程の核心となる経済過程であって、さまざまな暴力や国家の政策は経済「外」的な過程である。

そこで、以上に整理した大塚の見解にたいして、つぎの疑問を提起する。

第一に、資本制以前の社会における共同体は資本制における商品・貨幣関係と同じ意味で基礎あるいは原基形態であるといえるか。第二に、歴史的な共同体はそれ自体で階級社会に分化すると考えられるか。第三に、小ブルジョア的な商品生産者の市場競争による両極分解が産業資本を形成する自生的な道なのか。第四に、資本の原始的蓄積過程はこうした経済過程と経済「外」的過程とに分けられるのか。最後の点は、国家や経済権力（者）の暴力を経済過程の一環としてとらえるかどうかにかかわっている。

以上の疑問はそのまま、マルクス『資本論』の準備草稿である『要綱』の一部である「諸形態」の理解に結びついてくる。それは、大塚がこの四つの論点すべてにおいてマルクスを援用しているからである。そこで、『資本論』ではなく、『要綱』とその一部である「諸形態」におけるマルクスの記述を大塚の理解と比較してみなければならない。ただし、その結果、大塚の理解とマルクスのノートにおける記述とのあいだに相違が認められたからといって、大塚の説が誤りであると断定しようというのではない。本章の目的は、大塚の独自な見解がじつはマルクスのそれと違ったものであることを示すことにある。したがって、マルクスのノートにおける記述が歴史資料に照らして誤りであったり、不十分であったりする可能性を排除するものではもちろんない（小谷一九七九、一九八二）。

二　マルクス『要綱』「諸形態」における共同体の位置

（1）『要綱』における「諸形態」の出発点──「第一の前提条件」

「諸形態」（資本制生産に先行する諸形態）は、一八五七～五八年に書かれた「経済学批判」の草稿（いわゆる『要綱Grundrisse』以下このように略す）の一部であり、より正確にいえば「資本の本源的蓄積」に関する草稿の一部である。したがって、「諸形態」の課題や位置、そしてその内容がもつ意義は、当然、『要綱』自体の固有の論理と、そこでの「資本の本源的蓄積」の内容にしたがって判断される必要がある。(4)

「諸形態」についての従来の研究では、『要綱』および新MEGAの編集者によって「諸形態」の表題が付された箇所から「諸形態」の叙述がはじまるとされてきた。『要綱』から「諸形態」だけを訳出した従来の邦訳書もこの範囲に限定されてきた。(5)

しかし、中村哲（一九九八）が明らかにしたように、『要綱』における「資本制生産に先行する諸形態」したがって「前ブルジョア的生産体制」の研究は、「資本の本源的蓄積」に関する記述の一部である。それは、これまで「諸形態」の範囲とされてきた範囲よりももう少し前の箇所において、つぎの叙述によって始められている。(6)「この関係が最初に現れる諸条件、あるいはその生成が歴史的前提として現れる諸条件は、ひと目で見て、ある二面的性格を示している。すなわち、一面では生きた労働の、より低級な形態の解体、他面では生きた労働の、より恵まれた関係の解体である」（S.372, Ⅲ四〇〇）。

まず、この書き出しから、従来「諸形態」の始まりとされてきた箇所までの範囲の内容をみてみよう。そうすると、この範囲の内容は、先の引用文でいわれている最初の「一面」すなわちブルジョア的（あるいは賃労働）の形態よりも「低級な形態」である「奴隷制または農奴制の関係の止揚」についても書かれていることがわかる。

「なによりもまず、第一の前提は、奴隷制または農奴制の関係が止揚されていることである」(S.372, Ⅲ四〇〇。この箇所は従来、「諸形態」だけを邦訳した書には収められていない)。

ここでは、生きた労働能力の所持者が「自由な労働者」として自分の力の発現を自由に処分する平等な関係を結ぶことが、まず「第一の前提」として示されている。このことは、『資本論』では、第一章ではなく第四章の「労働力の売買」で解明されている「二重の意味で自由な労働者」に対応する事柄である。

ところが、『要綱』は、このあとの箇所で、「対象化された労働と生きた労働との交換」だけでは資本・賃労働関係にはならないとして、サービス労働の売買(用役給付関係すなわち使用価値の取得を目的とする生きた労働と対象化された労働との交換)について述べ、さらに「結合労働」をめぐる資本—賃労働関係を取得法則として表すという問題を論じている。そのため、議論の本来の筋道が見えにくくなってしまっている。

(2)「もう一つ別の前提」条件

つぎに、かつて「諸形態」の叙述が始まると理解されてきた箇所をみよう。ここではじめて、先の「第一の前提」とは別の一面、すなわち「もう一つ別の前提」に関する叙述が登場する。

「自由な労働と、この自由な労働を貨幣と交換することが賃労働の前提であり、資本の歴史的条件の一つであるが、自由な労働を労働の実現の客体的諸条件から分離することは、それとはもう一つ別の前提である。この別の前提とは、何よりもまず、労働者をかれの自然の仕事場としての大地から切りはなすこと—それゆえ、東洋的共同体(Commune)にもとづく共同的土地所有の解体ならびに自由な小土地所有の解体である」(S.378. Ⅲ四〇七)。

以上のように、資本—賃労働関係が生成する第一の前提は、労働者が「土地の付属物」であったり「他人に属する事物」であったりする関係が解体されることであった。そして、第二の前提は、「労働者が自分の労働の客体的条件にたいして、自分の所有として関係する」ことが解体されることである。後者の場合、その前提が「共同組織（Gemeinwesen）に由来するものか、それとも共同体（Gemeinde）を構成する個々の家族に由来するか」によって、違った形態をとる。その違った形態が、マルクスによって、第一（アジア的または東洋的）、第二（ローマ的あるいは古典古代的）、第三（ゲルマン的）として比較、検討されていることはよく知られており、この内容が先の大塚（『共同体の基礎理論』）によって大いに利用されたところであり、その後の研究にも大きな影響を与えたところである（たとえば芝原一九七二）。

このように、マルクスは、「資本の本源的蓄積」の前提条件が二つの面をもつとしており、その一面は「奴隷制、農奴制の解体」であり、もう一面は何らかの形態で「労働者が労働条件を所有する関係の解体」であった。では、マルクスは「先行する諸形態」について、なぜ、このような二つの前提条件の解体という形で述べたのだろうか。それは『要綱』そのものの論理に由来する。

(3)『要綱』の論理

『要綱』は「貨幣に関する章」からはじまり、「貨幣の資本への転化」から「資本に関する章」が開始される。「資本の概念を展開するためには、労働からではなく、価値、しかもすでに流通の運動において展開されている交換価値〔貨幣―引用注〕から出発することが必要である」（S.183. Ⅱ一七九）。

この叙述の直後に「資本の最初の規定」＝「流通のなかで自分を維持する交換価値」が登場する。しかし、資本が論理的に、また歴史的にも貨幣から始まることは確かだとしても、一方に資本になるべき貨幣資産があるだけでは不十分である。貨幣資産が「自由な労働を買うための条件を見いだすのは、自由な労働が歴史的過程によってその客体的存在条件から引き離されたときである」（S.407-408. Ⅲ四四〇）。マルクスはここで、貨幣資産は「たんなる等価物の交換で部分的に蓄積されうる」けれども、「これはわずかな源泉をなすにすぎず、歴史的には述べるに値しない」と述べる。「貨幣が自分の労働の交換によって獲得される、ということが前提される場合には（とくに）そうである。本来の意味での資本、すなわち産業資本に転化されるのは、むしろ高利貸付―とくにまた土地所有にたいしてなされた高利貸付―によって、また商人利得によって溜め込まれた貨幣財産である」（S.407, Ⅲ四三九〜四四〇。尾﨑一九九〇、三三ページ参照）。

マルクスは、大塚のいうような小生産者による限られた範囲の市場での交換によって民富が蓄えられことは資本にとって「わずかな源泉」にすぎず、「歴史的には述べるに値しない」とさえ記している。資本となるべき貨幣資産の由来は商業や高利貸にあると考えていたことがわかる。しかし、資本制以前に蓄えられた貨幣資産が出会うべき「自由な労働者」が形成される条件は、また別の歴史的過程による。

「資本の本源的形成は……貨幣財産として存在している価値が、古い生産様式の解体という歴史的過程をつうじて、一方では労働の客体的条件を買うことができるようになり、他方では生きた労働そのものを、自由になった労働者から貨幣と引き換えに交換をつうじて手に入れることができるようになる、ということによってである。これらの契機が……分離すること自体が、一つの歴史的過程であり、一つの解体過程である。そして、貨幣が資本に転化することを可能にするのは、まさにこの過程なのである」（S.409, Ⅲ四四二）。

（4）「貨幣に関する章」における人格的依存関係

ここで、「貨幣に関する章」における歴史の扱いについてみておこう。

『要綱』のノート第一冊は、マルクスによってあとから「貨幣に関する章」という表題が書きくわえられたが、第一ページはA・ダリモン『銀行の改革について』（パリ、一八五六年）に対する批評にはじまり、続けて二つの商品の交換の分析から貨幣の生成にすすめている。

マルクスは、この貨幣関係の分析のなかで、商品交換は「生産におけるすべての固定的な人格的（歴史的）依存関係の解体を前提する」(S.89, Ⅰ七七) ことを明らかにした。

商品生産者たちのあいだの社会的関連は、互いに私的利害を追究し、互いに無関心な諸個人の物象 (Sache) にもとづく関係である。これにたいして、「人格的依存関係」は、「個人が、自然生的にであれ、歴史的にであれ、家族および種族 (のちに共同組織 Gemeinwesen) に拡大された個人が、直接に自然から自分を再生産している状態」(S.90, Ⅰ七八) である。この「諸個人を結びつける共同組織とは、家父長的関係、古代の共同組織、封建制、ツンフト組織」(Ibid., Ⅰ七九) である。

さらに、「人格的依存関係は、最初の社会諸形態であり、ここにおいては人間の生産性はせまい範囲でしか、また孤立した地点においてしか展開されない」(S.90-91, Ⅰ七九) という。ここでは、労働生産物や人間の能力そして活動のすべてが、「諸個人相互間の上位下位の位階的秩序 (自然生的または政治的) のうえに配分」されている。この上位下位の位階的秩序については、「それがとる性格が、家父長的、古代的、あるいは封建的なものであろうと」という注釈まで、マルクスは記している。

商品生産者たちの物象的関連にたいし、人格的依存関係は「原始の狭い血縁的性格や支配と隷属のうえにたてられた、局地的なものにすぎない関連」(S.94, Ⅰ八二) である。「諸個人は、その関係がより人格的なものとして現れるとはいえ、ある規定性における個人として、すなわち封建君主とその家臣、領主と農奴など、あるいはカーストの成員などとして、または身分に属するものとして、互いに関連しあうだけである」(S.95, Ⅰ八四)。この「規定性は、他の個人による個人の人格的制限として現れる」(S.96, Ⅰ八四)。

以上が、貨幣章においてマルクスが明らかにしている「物象的依存関係と対立する人格的依存関係」(S.96, Ⅰ八五) の内容のほとんどである。したがって、結論的にいえば、「人格的依存関係が没落して物象的依存関係になる」(S.97, Ⅰ八五。訳は異なる) のである。

(5) 前資本制生産における共同体といわゆる「第二次的」関係について

一．共同体的土地所有

「貨幣に関する章」において「人格的依存関係」としてひとつに括られていた関係は、ヨリ進んだ叙述展開にあたる「諸形態」では二つの側面に分けられる。それが先に紹介した「奴隷制、農奴制」という形態と、「労働者が自分のものとして労働条件に関係する形態」の二形態である。そして、後者はさらに、「自由な小土地所有」と「共同的な土地所有」に分けられる。後者の場合は、「そのどちらの形態においても、諸個人は労働者としてではなく、所有者として――そして同時に労働もする、ある共同体の構成員として――関わりあう」(S.379, Ⅲ四〇七)。したがって、「個人を、その身一つの状態にある一人の労働者として措定することは、それ自体が歴史的所産である」(Ibid. Ⅲ四〇八)。

「諸形態」のこれ以降の叙述は、共同的な土地所有の第一形態（アジア的あるいは東洋的、さらにスラヴ的変形）から第二形態（ローマ的、ギリシャ的あるいは古典古代的）、第三形態（ゲルマン的）へと進むのであるが、これら三つの形態について詳細な分析をおこなったうえで、マルクスは次のように書いている。

「ここで本来的に重要なのは以下のことである。これら三つの形態すべてにおいて、土地所有と農業が経済的秩序の土台（Basis）をなしており、したがって使用価値の生産が、みずからの共同体に一定の関係をもち、それらの関係の中で共同体の土台（Basis）をなしている個人の再生産が、経済的目的となる。これらすべての形態において次のことが存在する。(1) 労働の自然的条件である大地を労働に前提するものとして取得すること。（中略）一方には生きている個人、他方にはかれの再生産の客体的条件としての大地。(2) 個人は何らかの共同体の成員として自然生的に、ただし多かれ少なかれ歴史的に発展し変形された形で存在することによって媒介されている。（以下略、三形態の特徴点が繰り返し叙述されている）」(S.389-390, Ⅲ四一八)。

二　共同体と奴隷制、農奴制との関係

つぎに、共同体と奴隷制、農奴制との関係をマルクスがどのように考えていたかをみてみよう。

マルクスによれば、「資本と賃労働の生成史を形成する歴史的過程」の「結果は、人間的存在の非有機的諸条件と、活動する存在との分離であるが、奴隷制や農奴制の関係においてはこのような分離は生じない」(S.393, Ⅲ四二三)。すなわち、「人間それ自体が、土地の有機的な付属物として、土地とともに征服されるならば、……奴隷制および農奴制が生成する。それらはやがて、すべての共同組織の本源的諸形態をゆがめ、変形させて、みずからこれら共同組織の土台(Basis)となる」(S.395, Ⅲ四二五)。

「奴隷制および農奴制は、部族組織(共同組織は本源的にはこれに帰着する)にもとづく所有がさらに発展したものにすぎない。それらは必然的にこの所有のあらゆる形態を変形させる。この変形がもっとも生じにくいのはアジア的形態においてである」(S.397, Ⅲ四二七)。

しかし、こうした共同組織の再生産においても、「必然的に、古い形態の再生産とともにまたその破壊」がすすむ。たとえば、人口の増加、植民、公有地の拡大に伴う貴族たちの増加、等々」。また、「労働の新たな様式や結合、一日のうち農耕に振り向けられる部分の増大等々」。「これらによってもまた、古い共同組織の経済的条件を止揚する」。「たとえば、村落が都市になり、原野が開かれた耕地になる、等々のような客観的条件だけではない。生産者たちも変化していく。かれらは、自分のなかから新たな資質を開発し、生産することによって自分自身を発達させ、改造し、新たな諸力と新たな諸観念を作り出し、新たな交換様式、新たな欲求、新たな言語を生み出していく。……」(S.397–398, Ⅲ四二八)。

このように、マルクスは、共同組織の再生産様式あるいは生産力の発展自体がその形態自身の解体の条件を生み出すと考えている。

「奴隷制、農奴制、等々は、たしかに共同組織と共同組織内の労働とに基礎をおく所有の必然的で当然の結果

ではあるが、つねに二次的（sekundar）であり、本源的なものではない」（S.399, Ⅲ四三〇）。

ここで、マルクスが、奴隷制や農奴制が「二次的」であるということの意味するところは、本源的な、つまり最初の共同組織の次に生まれたものであるという程度の意味であろう。大塚がいうような、共同組織それ自体が発展して奴隷制や農奴制に自己展開するとしているわけではない。むしろ、共同組織とこれに属す個人（労働者）が他の共同組織や集団のために隷属させられた場合に、奴隷制や農奴制が生じるとしている。その場合、奴隷制や農奴制は最初の共同組織を変形させる。また、それによって共同組織自体がいわば分解をとげていく、というのである。

以上の叙述をうけて、マルクスは、自由な労働者が資本と相対するような関係は、「労働者が所有者であるような、あるいは所有者が労働しているような、さまざまな形態を解体する歴史的過程を前提する」として、以下の四つの形態に分析し整理する。

その四つの形態とは、（1）労働者が大地に対して共同組織の成員として、所有者として関わる本源的形態（2）労働者が用具の所有者として現れる関係（3）労働者が生産者として生活に必要な消費手段をもっていること（4）労働者が客体的生産条件に属し、そうしたものとして所有されている―つまり奴隷または農奴である―関係、である（S.400-401, Ⅲ四三一～四三二を参照）。

したがって、この四つの形態が解体されること、これが資本―賃労働関係の前提である。マルクスは、この後でさらに次のような隷属関係の解体を付け加える。

「そのような（自由な労働者を作り出す―引用者注）歴史的解体過程は次のものである。労働者を土地と土地の支配者に縛りつけているが、しかし、かれの生活手段にたいする所有を事実上前提しているような隷属諸関係の解体―これは実際には労働者の大地からの分離過程である―。労働者をヨーマン（yeoman）、労働する自由な小土地所有者または借地農（colonus）、自由な農民、に置いている土地所有諸関係の解体。……ツンフト諸関係の解体。同様に、……人身的用役給付を行う等々の、さまざまな形態の保護諸関係の解体。これらはすべて使用価値のための生産が優勢であるような関係である。（以下略）」（S.405, Ⅲ四三七）。

以上のような四つの形態を基本に、さまざまな資本制以前の、これに先行する生産諸形態の位置関係を整理すると、つぎに示す図のようになる。

概略図「先行する諸形態」の位置関係

具体的規定 ―→ 共同体（恵まれた関係1） ↓ 自由な小土地所有その他（恵まれた関係2） ⇓ 自由な労働者（二重の意味で）

ゲルマン的 ―→

古典古代的 ↓ 奴隷制、農奴制その他の（低級な関係＝形態）

アジア的

「本源的所有」 隷属関係＝「二次的関係」 資本一般 ―→

人格的依存関係 ―→ 物象的依存関係

抽象的規定＝労働者が労働諸条件から分離していない状態から分離される過程へ

⑹　賃労働と近代的土地所有の歴史的生成における資本の能動的作用

『要綱』における「資本としての貨幣に関する章」の最初の部分は「貨幣の資本への転化」の叙述である。マルクスは、このなかの「資本と労働との交換を考察する」箇所において、この交換が商品と貨幣とのいわば「普通の交換」という「第一の行為」と、これとは区別される「第二の行為」すなわち資本による「労働の取得という特殊な過程」とに区別されることを論じる。後者は「直接に交換と対立しており、本質的に別の範疇である」（S.199, Ⅱ一九七）。

このように書いた直後で、マルクスは二つ目の著述プランをみずから括弧に入れて記している。「資本．Ⅰ一般性―(一)(内容略)。(二)資本の特殊化(同)。(三)資本の個別性(同)。Ⅱ．特殊性―(同)。Ⅲ．個別性(同)。(以下略)」がそれである。そして、このなかで、マルクスは「賃労働」のプラン上の位置に論及している。長い叙述だが、簡単に要点を記すと次のようになる。

資本は、「その本性からしても、また歴史的にも、近代的土地所有を創造する。それゆえまた資本の作用は、土地所有の旧い形態の分解としても現われる」。資本がこのようなものであるのは、近代的農業を創造したものとしてである。したがって、「地代―資本―賃労働という一過程(推論形式……資本はつねに活動的な中間項)として現われる近代的土地所有の経済的諸関係のうちには、近代社会の内的構造が措定されている」。これは、「資本がその諸関連の総体において措定されていることである」。

「土地所有から賃労働への移行はどのようにして生じるのか」という問題は、歴史的には争う余地がない。すなわち「土地所有の比較的旧い形態に対する資本の反作用により、この土地所有が貨幣地代に転化し、したがってまたそれと同時に、農業が資本によって営まれるものとして産業的農場経営に転化するところでは、必然的に、小屋住み農、農奴、賦役農、永小作農、小屋持ち農などから、日雇い労働者、つまり賃労働者が生じる」。賃労働は資本の土地所有への作用をとおしてつくり出され、この形が仕上げられると、今度は「土地所有者自身をとおしてつくり出されるということを、われわれはいたるところで見いだすことができる」。

資本は、「商業資本としては、土地所有のこのような変革がなくても、完全に発展することができる(略)けれども、産業資本としては、そうはいかない。マニュファクチュアの発展でさえも旧い経済的な土地所有諸関係の分解がはじまっていることを前提にしている。他方、近代的工業が発達して高度の完成に達したときにはじめて、この散発的な分解から新しい形態がその総体性と広がりを備えて生じるのである。しかし、この近代的工業それ自身つねに、近代的農業、それに照応する所有形態、それに照応する経済的諸関係が発展していればいるほど、それだけ急速に前進する。イギリスはこの点で模範国である」(以上、S.199-201, Ⅱ一九七～一九九)。

以上の叙述は、資本となるべき貨幣が労働力商品を市場に見いだすというとき、歴史的には資本が近代的土地所有をつくり出し、その結果として賃労働がつくり出されること、したがって資本が「自分の普遍的前提」として賃労働をつくり出すことを意味する。

しかし、「貨幣の資本への転化」は「資本（概念）の発生過程」であり、この「弁証法的発生過程は、資本が生成する現実的運動の観念的表現」（S.229, Ⅱ二三一）である。したがって、資本となるべき貨幣が見いだす賃労働は、このような歴史的過程の所産であるとはいえ、理論的には与えられたものとして、資本と賃労働との交換を分析する。問題は、資本としての価値がたんなる価値または貨幣と区別される「諸規定の総括」なのである。

そうすると、マルクスは、「資本一般」の概念やその生成過程を扱うところでも、「完成したブルジョア的体制」である資本―近代的土地所有―賃労働、この「総体性としての有機的体制」したがってまた「経済学批判」の前半体系をつねに念頭におき、さらにこの体制の歴史的生成過程をも念頭におきながら概念的展開を行っていることがわかる。(7)

三　まとめ――大塚久雄とマルクス

以上、マルクスの「諸形態」を検討した結果、一、で提起した大塚の見解への疑問に対する解答、したがってまた共同体論における大塚とマルクスの差異はつぎのようにまとめられる。

第一に、資本制以前の社会における共同体とその土地所有関係は、資本制における商品・貨幣関係を同じ意味で、前資本制社会の基礎あるいは原基形態とはいえない。マルクスによれば、商品・貨幣関係に示される物象的依存関係に対置されるのは人格的依存関係である。この人格的依存関係の具体的形態規定として各種共同体のもとでの本源的所有があり、また奴隷制、農奴制その他の隷属関係の両方がある。(8)

第二に、歴史的な存在としての共同体は、それ自体として階級社会に分化するものではない。共同体は、確かにそれ自体がゆるやかに分解していくものであるが、奴隷制や農奴制はこの共同体を従属させ、変形させるものではあっても、共同体を解体するものではないし、共同体が階級関係に自己展開するものではない[9]。

第三に、小ブルジョア的な商品生産者たちの市場をつうじた競争による両極分解、したがってまたその中の少数者における貨幣的富の蓄積と、多数者の賃金労働者への転化とは、産業資本の生成の主要な契機ではない。貨幣的富の蓄積は商業や高利貸においてこそ莫大な規模に達する。賃金労働者は資本の土地所有への作用をとおして、多様な出自から形成される。

第四に、したがって、小生産者の両極分解という経済過程が資本の原始的蓄積過程の核心であるとはいえない。労働者の形成では旧い形の隷属関係の解体と生存条件の剥奪という条件が決定的である。産業資本家の生成についてもその出自はさまざまであり、大土地所有者は封建領主、商工業者や金融業者からの転化などによって形成される。さらに、一五世紀末からのヨーロッパの通商路の大きな変化や世界商業の覇権をめぐる争い、原住民の掃討や奴隷化、制服と略奪、植民地の形成などの世界市場の形成と展開、そして近代国家による保護貿易、植民地領有、公債、租税、産業の育成など、「社会の集中され組織された強力」(『資本論』第一巻第二四章)の使用もまた本源的蓄積過程の契機である。この場合、商品生産と市場を通じた分解過程が経済過程であり、その他の契機が経済「外」的であるとする根拠はないといわねばならない(尾﨑一九九〇。二—(6)でみたように、マルクスは、資本が土地所有や国家など、社会の総体に能動的に作用して賃労働をつくりだすと考えている。この点で、中産的生産者層の両極分解という大塚説はかなり局限された見方であるといわなければならない[10]。

注

(1)大塚久雄は、一九三九~一九六七年、東京大学で西洋経済史を講義、マルクスの経済分析をヴェーバーの社会学的研究法で補完統一する大塚史学といわれる独自な史学を開拓した（一九九二年文化勲章受賞）。以下、『大塚久雄著作集』（岩波書店）からの引用および参照箇所の表示は、著作刊行年、巻数と頁の順で記す。たとえば、一九五六著4―五二。同著作集は大塚の生前一九六九～七〇年に第一〇巻までが、また一九八六年に第一一～一三巻が刊行され、各巻に大塚自身の「後記」が付けられている。主要著作は『株式会社発生史論』（一九三八、著1）『欧州経済史序説』（一九三八～四九、著2）『近代欧州経済史序説』（一九四四～五二、著2）『近代資本主義の系譜』（一九四七～五一、著3）『共同体の基礎理論』（一九五五、著7）『欧州経済史』（一九五六、著4）『国民経済』（一九六五、著6）『西洋経済史講座』（編著一九六〇、著4）など。

（2）「資本主義発達史研究における二つの立場」における「資本主義発達の起動力ないし推進力を貨幣経済あるいは商業の発達に求めるという通説的な立場」への大塚の批判は、著4―四五～九八、二〇三～二一〇、などを参照。

（3）大塚が使用する訳語と原語は以下のとおり。共同体 Gemeinde、共同態 Gemeinschaft、共同組織 Gemeinwesen。

（4）マルクスの「一八五七～五八年の経済学草稿」は *MEGA* II, Bd.1, Teil 1-2, 1976, 1981. 邦訳『資本論草稿集』1・2、大月書店、一九八一・一九九三年を使用し、原書頁のみを記す。このいわゆる『経済学批判要綱』については、一九五三年にディーツ社から出された原書にもとづく旧訳が全五分冊で一九五八～六五年に大月書店から刊行されている。読者の便宜上、旧訳の分冊と頁も合わせて記しておく（例、Ⅲ三九五）。また、このなかにある「資本制生産に先行する諸形態」は、ロシア語版からの訳が一九四九年に岩波書店から飯田貫一によって刊行され、一九五三年のドイツ語版からは岡崎次郎訳が一九五九年に青木文庫から、手島正毅訳が一九六三年に大月書店から刊行された。

（5）一九四〇年のロシア語版の編集部は、「諸形態」が「草稿の第四ノート五〇～五三ページおよび第五ノート一～一六ページより」採ったものだとした。このロシア語版の邦訳が飯田貫一訳、岩波書店、一九四九年である。この邦訳の後、一九五三年のディーツ版三七五～四一三ページにもとづく邦訳がいくつか出された。岡崎次郎訳、青木書店、一九五九年、手島正毅訳、国民文庫版、一九六三年。一九五三年のディーツ版全体の邦訳は、高木幸二郎監訳『経済学批判要綱』第三分冊、大月書店、一九五九～一九六一年。新 MEGA 版『要綱』の邦訳は『資本論草稿集』1・2、大月書店、一九八一・一九九三年。「諸形態」は同書三七八～四一五ページ（邦訳『資本論草稿集』2、一一七～一七七ページ）にある。

しかし、一八五九年の『経済学批判　第一分冊』刊行後にマルクス自身がつくった「資本にかんする章へのプラン草案」（一八五九年）によれば、上記の第四ノート五〇～五三ページと第五ノート一～一六ページは、「貨幣の資本への転化」からはじまる「I　資本の生産過程」の「4　本源的蓄積」の中で利用されるノートであった。その後につくられた「私自身のノートにかんする心覚え（Referate）」（一八六一　年）において、マルクスは、第四ノート五〇～五三ページにたいして「資本主義的生産に先行する諸形態。（五〇、五一）（五二）（五三）続く」と記し、続けて、「ノート第五冊。資本関係の形成または本源的蓄積に先行する過程にかんする続き。（一〜一五ページ。労働と労働との交換は、労働者の所有喪失にもとづく。（一六））」と記した（以上、*MEGA*, II-2, 1980, S.259, 279、『資本論草稿集3』一九八四年、四五二、五一六ページ）。いわゆる「諸形態」の表題およびその範囲はこの「心覚え」からロシア語版編集部が採用したものである。したがって、「諸形態」と題されているノートの範囲はマルクスが書いた「心覚え」のとおりだが、このノートは「本源的蓄積」論の一部として読まれるべきものである。

（6）中村哲（一九九八）二二八〜二三三ページ所収。あわせて、中村哲「マルクスの歴史分析の方法」中村編（二〇〇二）第一章、および中村哲（一九七七）を参照。

（7）『経済学批判要綱』はヘーゲル論理学の方法を全面的に駆使して書かれたノートである（角田二〇〇五）。本稿は拙書（一八五〜一八九ページ）で限られた形でしか言及できなかった資本の歴史的生成を扱う意味で同書に接続する。

（8）この点で、フランス「アナール学派」の代表者マルク・ブロックの主著『封建社会』（一九三九〜四〇年）は、第一巻を「依存関係の形成」としたうえに第二巻「諸階級と統治」を置いていることはたいへん興味深い。

（9）ギース（一九八二）は、一三世紀イングランドの農村を、封土—荘園—村という三層において描いている。

（10）馬場哲「日本における西洋経済史研究」（石井寛治・原朗・武田晴人編『日本経済史 6日本経済史研究入門』東京大学出版会、二〇一〇年九月、第二章所収）は馬場哲・小野塚知二編『西洋経済史学』（東京大学出版会、二〇〇一年）の「はしがき」と「序論」を敷衍したものである。同書第一章「中世ヨーロッパの経済」（勘坂純市稿）、第二章「近代資本主義の成立」（馬場哲稿）は、大塚の共同体および農村工業に関する所論を起点にした研究のサーヴェイである。馬場論文によれば、「大塚史学」は「戦後西洋経済史学の展開」の「出発点」である。一九六〇年を境に大塚史学への批判を一つの原動力としながら、西洋経済史学の対象、方法、視点は大きく広がった。しかし、「近代資本主義の成立という経済史固有のテーマについて大塚が描いた歴史像は、いまなお完全に塗り替えられたとはいいがたい。現在使われている主要な西洋経済史の教科書を見ても、近代資本主義の成立過程については大塚の所説に沿った説明がなされるか、この問題への直接的言及を回避するかのいずれかであると言ってさしつかえない」（四六〜四七ページ）。こうした意味において、大塚がマルクス「諸形態」を第二次大戦直後にわが国に紹介された範囲で理解し、これを元にして「共同体の基礎理論」その他を展開したことについて、「諸形態」を含む『要綱』のマルクスとあらためて対照する本章の試みは多少の意味があるかもしれない。

第四篇　現代経済学批判

第四篇は現代経済学（political economy と modern economics）の制度の理論、市場経済論、雇用理論を扱う。現代経済学の源流は一九世紀のK・マルクスと新古典派経済学（広義）、二〇世紀前半のアメリカ制度学派、そしてJ・M・ケインズの経済学の四つにある。現代の経済学はこの四つの学派を直接ひきつぐか、それらのあいだの組みあわせから成り立っている。マルクスの経済理論が現代の経済学としても有効で、先駆性と優位性をもつことを明らかにするためには、新古典派経済学と新・旧制度学派の経済理論と積極的に対比する必要がある。

第一三章は、制度と組織の理論における主流派経済学の費用論アプローチと制度学派経済学の集合行為アプローチの概要を紹介したうえでその意義と限界を指摘し、マルクスの制度と組織の理論を再考する。経済制度についてマルクスはまとまった叙述を残してはいないが、主著『資本論』をひも解く限り、集合行為、費用のいずれも資本制生産関係の理論展開のなかに包摂できる。それを具体例で示し、マルクスの論理を「生産関係制度化の論理」として定式化する。

第一四章は、資本制経済の基礎にあたるいわゆる市場経済の基礎カテゴリーである商品の価値について、アメリカ制度学派の一人であるJ・コモンズの取引価値論、新古典派経済学の源流をなした三人の理論家（ジェヴォンズ、メンガー、ワルラス）の功利主義的な価値論と対比する。そのうえで、生産関係の総体的把握にもとづき商品貨幣経済を解明したマルクスの価値論および価値概念の展開による市場経済の諸カテゴリーのマルクス的理解を示す。

新古典派経済学は「市場経済の現象学」を中心とする強固な理論的枠組みによって主流派であることを誇ってきたが、一九八〇年代からゲーム理論と制度の理論によってある種の行為論に向かっている。このきっかけとなったのは、第一四章でとりあげるアメリカ制度学派の「取引」というアイディアである。主流派経済学の市場経済理論を表現する従来の費用論にこの「取引」をむすびつけ、新たな用語「取引費用」を提起したのはR・コースである。この取引費用論をもとに経済制度の新しい理論（「新制度学派」といわれる）が展開された。それには制度学派経済学の伝統にあるもう一つのアイディアである集合行為論が生かされている。

第一五章は、一九七〇年代以降、現代アメリカのラディカル派経済学の先頭を走ってきたS・ボウルズとH・ギンタスが一九八〇年代後半に提起したContested Exchange 理論をとりあげる。筆者は一九九二〜九三年の留学の際、アメリカン大学（ワシントンD.C.）のラディカル派経済学者の講義によってこの理論を知って、一九九三年の経済理論学会分科会（東大）で「抗争（的）交換」理論と名づけて紹介し、翌一九九四年に論文発表したものである。

第一三章　生産関係制度化の論理

一　現代経済学の動向

モダン・エコノミクス（modern economics、現代経済学）を名乗る主流派経済学は、かつて「市場経済の現象学」（角田）として確固とした理論体系を誇っていた。それが一九八〇年代から「静かな革命」を迎えたと言われて久しい。その一つはゲーム理論の興隆による既存の経済理論の「革新」である。もう一つは制度や組織の経済理論の興隆である。この二つの「革新」の背後にはつぎのような認識がある。

経済はある種のゲームの体系である。経済は多数の人びとがそのゲームのルールにのっとってプレイを行う世界である。行為には協力行動、非協力行動もあれば、戦略的行動もある。経済のルールは国や時代により異なる。「進化」もする。しかも、このようなルールとその「進化」は制度や組織のレベルにおいてとらえることができる。ゲーム論と制度・組織論にもとづく二つの「革新」はこうして互いに結びつき、交錯する。

以上が現代経済学における一つの動向である。このような認識にもとづく問題意識は、主流派経済学とは疎遠なマルクスの経済理論にはあるだろうか。現代マルクス経済学はどうか。マルクス自身は数学に大きな関心をよせていたとはいえ、ゲーム理論が扱うような内容は、かれの経済学批判体系のなかで扱うとすれば、おそらく「競争の特殊な世界」（マルクス）の課題にあたるだろう。しかし、いわゆる競争論は、マルクス自身によってそれ自体としては展開されなかった。これと関連する均衡と不均衡の分析も、限られた範囲にとどまった。課題は二〇世紀に持ち越されたのである。これにたいして、制度や組織への理論的な接近は非マルクス経済学から生まれた。しかし、マルクスの主著である『資本論』においても、制度や組織への理論的アプローチはじゅうぶんにうかがい知ることができる。また、これまでも一定の範囲では、理論的な関心をよんできたところである。

経済学において市場や企業、各種の産業や政府という場合、ある種の具体的な制度や組織を思いうかべることが多い。制度や組織は、その意味では経済学のありふれた対象のはずである。たとえば、いわゆる市場経済の分析でいえば、いろいろな市場（商品、資金、土地など）があり、それぞれに独自な市場における交換や取引のルール、制度そして企業や組合などの組織がある。ところが、経済学の理論は、市場における制度や組織をそれ自体として扱うよりも、たとえばマルクス経済学であれば「商品の価値・価格」「貨幣」「労働力商品」「利子生み資本（貸付資本）」といったカテゴリーを用い、それぞれの市場経済関係の特殊性を概念的に把握する。というのは、マルクスは、具体的な制度や組織のもとで人びとが取り結ぶ特殊・歴史的な関係がこれらのカテゴリーにおいて表現されていると考えるからである（「生産諸関係の物象化」論）。これにたいして、主流派（主に新古典派）経済学は「価格—費用関数」や「均衡分析」等々の抽象化され数量化された方法を用いて市場経済の動きとそのパフォーマンスを「分析」し評価してきた。さまざまな制度や組織はいわば与件（外生変数）とされ、市場経済において行為する私的個人の主観的な機能や役割を関数的に表現してきたのである。

そこで、問題となる制度（institutions）や組織（organizations）の分析には二つのアプローチがありうるということがわかる。一つはマルクスのような人的・物象的な生産諸関係（relations）制度化論、もう一つは主流派経済学の機能・関数（functions）・費用アプローチである。

この問題を経済学の歴史からみると、本書第三篇第一一章でとりあげたドイツ歴史学派が精神＝文化科学としての経済学という方法にもとづいて国民経済の特殊歴史性を観念論的に扱ったことを別にすれば、二〇世紀前半のアメリカ（合衆国、以下アメリカ）において制度や組織（企業や産業）を正面からとりあげたヴェブレン（Th.

Veblen, 一八五七～一九二九)、景気循環研究で有名なミッチェル（W.C.Mitchel, 一八七四～一九四八)、そしてコモンズ（J.R.Commons, 一八六二～一九四五）らのいわゆる「旧」制度学派があった。元来それは、二〇世紀前半にヨーロッパ大陸からアメリカに浸透しつつあった新古典派経済学への批判を含んでいた。二〇世紀後半になると、今度は新古典派経済学の流れの中で制度や組織の分析が欠落していること自体が見直される。新古典派が依って立つ理論的前提の非現実性を批判しながら、それを補う仕事がなされた。それはR・コース（R.H.Coase, 一九一〇～二〇一三）に発する取引費用（Transaction Cost）アプローチにもとづく企業組織の研究や社会的費用論などであり、それをもとに制度論を展開しているD・ノース（D.North, 一九二〇～）である。これらのいわゆる新制度学派にとっては新古典派経済学はその理論的前提である。これにたいし、マルクス経済学から制度や組織を理論化した成果はきわめて乏しい。新・旧制度学派の発想や研究成果自体は一部で好意的に扱われているが、理論的あるいは方法的にマルクスの経済理論をベースにしたものはないに等しい。

そこで、本章は、アメリカにおける二〇世紀の経済学の流れを紹介しつつ、それらとの対比において、制度や組織のマルクス理論が人的・物象的な生産関係制度化（institutionalization）論といいうるものであり、その成果は現代の経済学における制度や組織の分析においてもじゅうぶん評価に値するものであることを示す。

二　制度学派の集合行為論アプローチ

制度と組織にかんするヴェブレン、コモンズら（旧）制度学派のアプローチは集合行為（Collective Action）論アプローチとして特徴づけることができる。

ヴェブレンは、資本制経済が産業体制（industrial system）であり、その中心は企業および企業家であるとみなした。産業体制と企業は機械過程（machine process）と利潤のための投資（営利原則）との統一である（以下、

『企業の理論』一九一九による)。

機械過程とは、機械それ自体だけではなく、機械工や技師や技術者、発明などのあらゆる面で標準化(standardization)や均一性(uniformity)が進むことをいう。これは産業の相互関連、労働力、消費財、人間の欲望、さらに生活様式(scheme of life, mode of life, everyday life)についても妥当する。しかし、各産業の機械的関連はなんらかの攪乱によって不調や浪費を引き起こす。そのために調整や均衡が必要となる。そして、生活のあらゆる面あるいは諸制度がこの営利原則に立脚していることにこそ、現代の状況に適用された経済史観もしくは唯物史観の現代的装いの意味があるとヴェブレンは考えた。

「産業体制は金銭的目的のために、営利原則によって組織されている。その中心が企業家で、かれが決定権(discretion)を握り、それを自由に行使する」(p.45, 訳三八ページ)。

企業者(business man)の役割は産業の均衡を管理することにある。その手段は企業取引(transactions)である。しかし、経済的福祉を増進するうえで産業の均衡を維持することは、企業者の金銭的利害を促進するとはかぎらない。むしろ、産業体制のかく乱を大きくし、頻繁にすることで利得を得るような一時的な戦略や闘争が産業の合同や企業合同を生みだし、大企業者の戦略的行動として産業過程の組織化(organization)をもたらしている。企業者の金銭的利得は「かれに大きな企業力の支配権を与え、できるだけ大きな利得をもたらすような所有関係の状況のもとにそれをつくりだす」ような「所有権の増大」という目標を生みだすのである(p.37, 訳三一ページ)。

ところが、現代の発達した信用経済において、とくに株式会社金融が企業経営に浸透するようになると、資本は、かつての経済学が想定していたような設備等の物的手段の蓄積ではなくなり、貨幣価値の資金を意味するようになった。資本化(capitalization)は収益力を基礎とする〝のれん(goodwill)〟を含む有形無形の資産の評価をあらわす(収益力の資本化)。商品市場と並ぶ資本市場の方がむしろ商品市場よりも優位になる。資本化の方法は所有と経営の分離をもたらす。このもとでは、経営者の利害はその会社資本を有利に売買することにおかれ、株式会社の永続的事業やその繁栄という利害とは一致しなくなる。

ヴェブレンは、法律と政治における営利原則の浸透により、自然的自由の理念や体制が経済的な意味では自由な金銭的契約の体制であること、企業のための政治は愛国心と私有財産という二つの支柱によって補完されていること、企業の競争は世界市場を含む国際的なものになったために、国家の機構や政策はいっそう企業の利益に奉仕するものとなる、そのもっとも高度な特性は戦争や軍備の政策にみられることを明らかにする。かれの経済学では、均衡や調整にたいして攪乱や破壊が重視され、無駄や浪費の制度化と生産の経済性（無駄を省く過程）の並立、独占形成すなわち経済力の集中によって企業者の仕事を余計なものにしていく過程、資本制経済の「非人格化」（マルクスのいう「物象化」）の論理が重視される。

また、機械過程の文化的意義として、標準化や量的等化が労働者の知的生活をも標準化すること、労働組合運動による自然的自由への挑戦、社会主義や無政府主義による財産権否定の動き、家父長制家族における男性の地位の後退、家族の紐帯の弱化、宗教生活の後退、近代科学における非人間的な関係の探求などがあげられる。

ヴェブレンは、最後に、機械過程の原則が営利企業の精神的・制度的基礎である自然的自由や自然権の体系を掘り崩し、企業が結局、機械過程と両立しえず、営利原則が機械制度の成長とともに衰退するという「営利企業の必然的衰退」の展望を語った。

以上、二〇世紀初頭に著されたヴェブレンの代表作『企業の理論』は「機械化過程と営利原則」の二大原理（あるいは両者の対立関係）から制度や組織を説明したものである。しかし、かれの経済学は、概念やカテゴリーおよびその展開がかならずしも論理的ではない。さらに、制度や組織にかかわる人間の意識的経済行動が明示的には扱われていない。

この点を補い、より自覚的・方法的に展開したのがコモンズの「集合行為の経済学」である。

コモンズはウィスコンシン州などで多くの経済的利害の調停や仲介に従事し、産業災害、労働問題、公益企業、産業政策、社会保障、公務員制度、経済的評価、経済的取引（売買・割当・経営的取引）などの具体的な経済問題の調査研究にとりくんだ人である。全体として、アメリカ資本主義をより文明的な方向にむけ、民主的な経済とその管理のために貢献した実践的な経済学者であった。しかもかれは、そうした実践をとおして、資本制経済における集団行動（集合行為）と経済力（power）の理論化を試みたのである（以下、『集団行動の経済学』一九五〇年による）。

まず、コモンズが意味する経済制度とは、「個人の行動を統御する集団行動」（p.26, 訳三一ページ）である。個人はたしかに自発的意志をもって行動する存在である。しかし、個人の活動は、その個人がその意志を働かし得る一定の限度（誘因や制裁など）を定める合意を得た種々の行為準則（rules）により統御され、それによりその活動は解放され、拡張もされる。したがって、個人は独立の実体ではない。また、社会は個々人の総計でもない。個人は、かれら自身がその構成員であるところの諸制度に参加することをとおしてこそ意味をもつと理解されている。

コモンズによれば、経済生活の中心は行動における人間の意思である。意思の合致は種々の型の取引（transaction）という形で現れ、一定の合意を得た行為準則に従って履行される。集団的な、相衝突する利害のあいだの行為準則、折衝、取引、経営、管理の科学、あるいは「衝突、協力、競争および調整（といった行動）における人間意思の科学」、これがコモンズのめざす経済学であった。

コモンズはまた、「金融資本主義」あるいは「銀行資本主義」といった特徴づけに表現されるような二〇世紀資本主義の大規模組織とそのもとでの結合労働がもつ巨大な力に着目する。実際に展開される集団行動の形態として、企業、労働組合および政党という「組織された圧力団体」の行動、経済的・政治的衝突、たとえば労資のあいだでかわされる組織的・集団的交渉（collective bargaining）や契約に注目した。この集団行動では、個人の行為にたいして発揮される経済力の程度、一定の規制された活動において与えられる選択などが考慮に入れられている。その場合、会社主義（corporationalism）の確立によって、個人と会社や銀行とのあいだの交渉力には明らかな不平等があることを認める。コモンズがもっとも重視した社会的対立は労資の対立であった。また、個人主義的民主主義ではなく、集団的民主主義にもとづく経済民主主義とこれをつくりだす政府の役割が重要だとされた。

コモンズは、新古典派経済学を利己心にもとづく自由放任と個人的平等の「快楽主義的経済学」と呼んで批判する一方、社会主義についてはマルクスのそれをも含めてユートピアだと批判する。かれにいわせれば、新古典派、社会主義のいずれも物質主義にもとづいている（本書第四篇第一四章を参照）。

これにたいして、コモンズの制度主義経済学は実践的な問題関心にもとづいている。今日風にいえば「政策科学」である。かれ自身の言葉によれば、「経済研究の目標は理解と調停である」。人間の集団意思やその目的にもとづく理解の方法、相対主義、制度的倫理、蓋然性や経験をもとにするといわれ、経済的・社会的評価論、経営と管理の戦略論、公的管理論など、通常の経済学にはみられないテーマに多くのページがさかれている。

しかし、コモンズが重視した相対立する経済的利害は本質的にいったい何にもとづくものなのか、その変化や発展の方向は何を意味するのかなどは明らかでない。経済における人間の集団行動はたしかに一つの意思行為であるが、その経済的内容は経済的あるいは生産諸関係によって与えられる。その内容の理論的解明に関して、コモンズの経済学は大きな限界をもっていたように思われる。

三　新制度学派の費用論アプローチ

ヴェブレン、コモンズの独創的なアメリカ制度主義経済学は、第二次大戦後のパクス・アメリカーナと経済成長主義政策のなかで次第に顧みられなくなったようである。これに代わって新古典派経済学とケインズ経済学の「総合」という名を冠した経済学が主流となって続くかに見えた。しかし、一九七〇年代に入って、企業の経済学と新制度学派（例、O・ウィリアムソン『市場と企業組織』一九七五年）にたいする理論的関心が高まると、一九三〇年代後半に発表された一つの論文がひろく注目を集めた。コースの「企業の本質」（一九三七年）がそれである。コースは一九九一年、この論文をはじめとする業績（寡作）によりノーベル経済学賞を受賞する。コースの論文はいまや企業理論の古典とされ、市場取引のみを扱う新古典派経済学の欠落部分について費用論を使って制度論的にこれを補ったものと評価されている（以下、『企業・市場・法』一九八八年による）。

コースはまず、経済学において「扱いやすく」「操作しやすく」、同時に「現実的な」仮定のもとで定義を行うのは困難なことだが、その例に「企業」の定義があるという。新古典派経済学は企業の外部における資源配分には価格メカニズムが作用するとしてきたが、企業内部の資源配分は「意識的な力」（D・ロバートソン）が作用する調整（coordination）の場であり、企業家による生産の指揮（direction）と調整の作用においては「市場取引は排除され」ている。そこで、「資源が価格メカニズムの手段によって配分されるという仮説と、この資源配分が調整者である企業家に依存しているという仮説とのあいだの、経済理論のギャップを埋める」（p.37、訳四二～四三ページ）必要がある。

このように、コースは、理論的前提として新古典派の市場交換の分析をおいたうえで、その手法によって企業の本質という問題に接近する。

コースによれば、企業は「専門化された交換経済において」、たとえばある人びとが他人の指揮のもとで働こうとする場合に生まれる。しかし、これは重要な理由ではないという。企業を設立する主要な理由は、企業家の指揮のもとで生産を「組織する」うえで、価格メカニズムをとおして労働を含む生産の諸要素の適切な価格を発見するための費用に求めることができる。この市場利用の費用は、交渉と、市場におけるそれぞれの交換取引のために契約を結ぶ費用である。この費用は削減はできても、排除はできない。企業家の機能はそれらをなるべく低い費用に節約することだという。それは不確実性問題と関連してくるのである。

企業のなかで雇用される生産要素は、ある範囲内で、ある報酬の対価として企業家の指示に従うことに同意する。そして、企業家はこの生産要素に命令することができる。さらに、ある種の財やサービスの供給では短期の反復する契約はのぞましくない。長期契約にもとづき相手がなすべきことを特定せず、詳細なことは買い手である企業家が後日、決定する。こうして資源配分の方向が買い手である企業家に依存するようになるとき、企業とよぶ関係が成立するとコースは言うのである。

「企業は、諸資源の指揮が企業家に依存しているときに生じてくる諸関係の体系から成っている」(p.41f. 訳四六ページ)。このような「企業の定義は〝結合〟と〝統合〟という用語にいっそう明確な意味を与えることになる」(p.46f. 訳五〇ページ)。それはさらに、企業の大きさや、その費用曲線あるいは労資関係とも関連する。「主人と従者」「雇用者と被雇用者」とよばれる法的関係の本質は、①従者が主人にたいして個人的サービスを提供する義務があり、②主人は従者の仕事をコントロールする、ないし、これに干渉する権利をもつことに示される。

以上のように、コースの論文は、市場の交換原理とは異なる企業組織の原理を解き明かそうとしたものであった。その原理は、生産の諸要素を社会的に結合する企業家（資本家）の役割（機能）においてとらえられている。経済学が分業、組織、計画といった概念を明らかにする必要性を提起したとはいえ、企業とその「外部」である市場との対比を、市場のカテゴリーである費用、それも「取引費用」という概念を用いて、そこからいわば類推したものである。そのために、企業を成立させているもっとも主要なモメントである資本・賃労働関係の「制度化」に関しては、さまざまな生産諸要素の費用の一つとして扱われるにすぎない。ここに費用論アプローチの限界がある。すなわち、費用は生産関係およびその機能から発生するものであるから、費用のレベルだけから、しかもコースのように「取引費用」だけからのアプローチでは、生産関係の本質にねざした分析を期待することはできない。このことはマルクスのところであらためてとりあげる。

つぎに、取引費用論をもとに、いっそう広く制度と制度変化を理論的にとりあげているD・ノースの制度論をとりあげよう。

ノースは元来、計量経済史（クリオメトリックス）の専門家である。その業績にたいして、一九九三年にノーベル経済学賞が与えられている。しかし、かれ自身はすでに八〇年代には、それまでの効率性のみにもとづく制度変化の説明を放棄している。ここでは、一九九〇年にまとめられた『制度・制度変化・経済成果』をとりあげる。ノースによれば、「制度とはある社会におけるゲームのルールであり、もっと形式的にいえば、人間がつくりだした、かれらの相互作用を形づくる諸制約（constrains）である」（p.3. 訳三ページ）。

制度は「諸個人の選択の組み合わせを決定し、制限する」ものだが、その機能はむしろ「日常生活に構造を与えることによって、人間の相互作用における不確実性を減らす」ことにある。制度には、人間が考案するルールのような「公式なもの」と、慣行や行為基準のような「非公式なもの」がある。さらに、「制度と組織とのあいだの決定的な区別」についていえば、制度はゲームの基礎をなすルールであり、人間の創造物であるが、さまざまな組織はそのプレーヤーであり、制度変化のエージェントになる。

ノースの制度論と新古典派理論をつなぐものはやはり取引費用論である。新古典派経済学の理論は、「希少性と競争という根本的前提のうえに成り立っており、その調和的な含意は所有権が完全で、費用なしに特定化され、情報が費用なしに得られるような摩擦のない交換過程にかんする前提から生まれている」。「諸制度の定義は新古典派理論の選択理論アプローチを補足する定義を示す」。そして、「諸制度は、技術の採用と一緒になって、総費用をなす取引費用および転化（生産）費用を決定する。……諸制度は経済における費用関数に入り込む」。取引費用は、直接的な生産＝変換に要する費用とは区別されるが、たんなる流通費ではない。市場の担い手は多くの財やサービス、および他の担い手に関する複雑な情報を必要とする。そうした情報の入手、分析、評価にもとづくさまざまな選択、相手との交渉、所有権の保護、管理、契約の監視と執行といった広い範囲に要する費用、いいかえれば直接の生産と流通に要する費用以外のいっさいの費用が取引費用である。

ノースは同時に、新古典派理論には人間の調整（coordination）と協同（human cooperation）の理解が欠けていると指摘する。かれによれば、人間の反復的な集合行為においては、諸個人の自発的な協同が持続する可能性を積極的に証明することができる。したがって、制度は、不完全な情報環境のもとで、相対的に効率的な取引を行い、集合行為によって経済的な成果を獲得するために存在する。これがノースの制度にかんする基本的理解である。

取引費用という考え方は、ある意味で、直接的生産過程における資本と賃労働との関係、あるいは技術選択の問題などから目をそらし、もっぱら流通部面それも競争の次元における企業あるいは企業家の役割や行為をとらえるための用語ではある。しかし、ノースの場合は、市場およびこれを基礎とする新古典派の経済原理とは異質な企業（マルクスのいう「生産の社会化」の単位）の原理のもつ特殊性に着目し、これを「市場」の言葉に「翻訳」しながら、新古典派経済理論の抽象性を批判し、これをのりこえようとしていると解することができる。ノースの制度論の評価においては、この二面性を念頭におかねばならない。

たとえば「効率性」についていえば、新古典派の経済理論では「取引費用がゼロ」の状態が効率的である。しかし、現実にはそうはいかない。したがって、諸制度は取引費用があるから発生するのだが、その取引費用を節約するのもまた制度だというわけで、取引費用がなければ制度は不要という関係になってしまう。しかし、この関係は、新古典派の理論的前提をはずして考えれば、つまり制度と取引費用なるものが別個の理由でそれぞれが不可避なものであるとすれば、むしろ制度がこの取引費用を節約する機能を果たしている、というように読み替えることができる。

また、ノースが人間の調整や協同を強調することは正しい。しかし、かれには資本制経済のもとでの生産力の発展がもたらす技術的・組織的必然性という視点はない。その理由は、あくまで市場や競争のうえでの諸個人の協同がイメージされているからである。ノースの制度論は新古典派経済理論の限界、その非現実性をのりこえようとしたものであるが、あくまで費用論的アプローチにこだわるという限界のために、制度をもっぱら機能論(functionalism)的に説明せざるをえない枠組みになっている。

四　マルクスにおける生産関係制度化の論理

以上、二〇世紀のアメリカ経済学における制度や組織への理論的アプローチを概観してきた。現代の新制度学派の代表者オリバー・ウィリアムソン(一九三二～、二〇〇九年ノーベル経済学賞)、あるいはこれら新制度学派にいたるチェスター・バーナード(一八八六～一九六一、『経営者の役割』一九三八年)、ハーバート・サイモン(一九一六～二〇〇一、一九七八年ノーベル経済学賞、組織科学、情報理論その他)などの理論的系譜がここでの課題ではないので、これ以上は触れない。

さて、これらの学派に対比すれば、マルクスの制度・組織論は生産関係制度化論と特徴づけることができる。マルクスの主著である『資本論』全三部(以下、いずれも現行ドイツ語版を念頭におく)は、資本制生産様式とこれに照応する生産および交換諸関係を対象としたものである。したがって、制度や組織をそれ自体として研究対象としたものではない。しかし、叙述の過程で具体的な制度や組織の分析にかなりのページを割いている。それらを総合的に検討すると、たんなる例証にとどまらない、一定の論理を読み取ることができるように思われる。

その論理をあらかじめ提示すれば、(1)生産の社会化を担う一定の技術的・組織的基盤のうえで展開される資本制生産諸関係のなかからある種の機能が自立的に展開する(2)その機能は人間の集団的で意識的な行為をとおして具体的な制度や組織として形成される(3)それが生産費あるいは流通費その他の諸費用の節約と結びつく、というように整理できる。これをまとめて「生産関係制度化の論理」とよぶことにする。

マルクスはまた、ルールという人為的要素を含む用語にたいして客観的な「法則」の解明に重きをおいた。しかし、かれは、一定の生産様式に対応する生産諸関係の理論的展開の際に、一定のルールや組織が必然的に生成することを明らかにしている。それはいわば生産諸関係の具象化（embodiment）であるといえる。生産諸関係を構成する諸個人（players）はそうした諸関係と諸制度を前提にして、それぞれの機能と役割について、ある特定の主観的意識をもち、集団的に、したがって客観的な行為を展開する。マルクスのいう「経済的カテゴリーの人格化」「経済的諸関係の被造物としての個人」とはそういうことまでを含むのではないか。

また、新古典派や新・旧の制度学派との差異という点であげておかねばならないのは「交換過程」のとらえ方である。商品の分析の後の交換過程論（『資本論』第一部第二章）において、マルクスはつぎのように述べている。商品所有者たちが互いの同意のもとにそれぞれの商品を譲渡する過程は、かれらの意志行為にもとづいて互いに所有する商品を交換する過程である。その過程は法的には契約という形式をとる。この法的関係または意志関係の内容は経済的関係そのものによって与えられている。つまり、生産関係はかならず一定の意志行為にもとづく関係をとるが、その内容は意志によってではなく、生産関係それ自体の分析により明らかにされなければならないというのである。

以下、マルクスがあげているいくつかの例を検討する。

まず、最初に、労働力商品の交換の結果として展開される直接的生産過程において、生産様式と生産諸関係は現実の工場制度（Fabriksystem）として具体的に把握されている（『資本論』第一部第一三章第四節および第九節、および第八章全体）。マルクスによる工場制度の分析を制度論的に整理すれば、つぎのようになるだろう。

第一に、工場制度は、資本によって結合された労働とその内部での労働編制（分業体系）を主体として、機械体系とその編制を客体とする結合体という、特定の技術と組織あるいは生産力的基盤をもっている。これは制度の技術的・組織的基礎を明らかにしたものである。第二に、工場制度においては、労働の抽出による搾取の体系的手段として具体的な支配と従属の関係が形成される。成人男性にたいするだけでなく、女性労働、児童労働への支配の拡大、労働時間の絶対的延長、労働強化、兵営的規律にもとづく命令、専制支配（Autokratie）とそれを指し示す工場法典、労働力の流動化、労働条件の悪化などがそれである。これらの特徴は工場制度の特殊資本制的な権力的性格を制度化したものである。第三に、工場制度は、いわゆる機械の資本制的充用として、資本―賃労働関係の制度化された姿の原型であり、その内部で「協働」のいわゆる非市場的「調整」（先のノースを想起）が行われているとされている。第四に、工場制度は「不変資本充用上の節約」（『資本論』第三部第五章）と「可変資本節約」（本書第四篇第一五章）の費用節約機能をもつ。第五に、資本制的大工業の必然的産物として各種の工場立法がつくられる。マルクスによれば、工場立法の意義は社会が資本にもとづく工場制度に「意識的に計画的に反作用」することにある。労働時間の制限、保健条項、教育条項、さらに工場監督官や調査委員会という規制と監視のための諸制度がそれである。工場制度の生成や展開に関するマルクスの分析、そこでの論理はきわめて具体的で緻密なものであった。

つぎに興味深いのは、流通費の考察である（『資本論』第二部第六章）。広義の流通費すなわちたんなる売買費用や計算簿記費用、貨幣材料費、保管費、運輸費、通信費の分析結果は、各種費用の違いを捨象し、共通する性格規定をあげればつぎのようになる。第一に、それぞれの流通費は必要なものであり、有用な効果を生みだす（「有用性」規定）。第二に、それぞれの流通費は資本制商品生産あるいは商品生産一般に特有な機能に応じてそれぞれの経済的形態規定がなされる。第三に、それぞれが分業によって特殊な機能として分離し、自立化する。第四に、これら流通費は生産からの「空費」ないし控除という性格において共通である。第五に、それぞれの流通費にはそれぞれ縮小（節約）と増大（無駄）という二つの相反する傾向が作用する。

ここからも明らかなように、マルクスがそのように明言しているわけではないが、流通にかかわる諸機能は互いに自立化し、別個の諸々の制度に展開していくことが理論的に予定ないし前提されている。すなわち、商業制度、会計制度、貨幣制度、運輸や保管のための制度などがそれである。すなわち、マルクスの理論においては、各種制度は特殊歴史的な生産形態における諸機能の分化ないし自立化によって生じる。そして、費用の節約はそれらの機能とその制度化とのかかわりにおいて扱われる。

さらに、マルクスにおける貨幣制度論と信用制度論がある。

貨幣は商品交換関係から生成するが、貨幣の諸機能の展開とともに種々の貨幣制度が形成、展開される。価格の度量標準としての機能における度量比率の固定制（例：一円＝xグラム金）は、慣習的な金属重量の貨幣名称や単位があったとしても、普遍的妥当性が必要である限り、結局は公的な制度としてつくられ法律により社会全体に強制される。また、流通手段機能から生じる鋳造貨幣においても、その鋳造業務は国家に帰属し、そのための諸制度が整備される。支払い手段としての貨幣の機能においては、そのうえに各種の信用制度が成長し展開される。信用制度の展開とともに支払い手段機能もまた拡大し、信用貨幣のいろいろな存在形態が生みだされる（債権債務関係＝支払約束から各種手形、商業貨幣、銀行券等々の信用貨幣）。

また、利子生み資本の考察では、資本関係の最高の転倒と物象化が明らかにされる。そのあとで、「資本制一般の特徴づけに必要なわずかな点をはっきりさせる」目的で信用制度にかかわる記述がある（ただし、本来の「信用制度と信用貨幣などの分析は『資本論』の計画の範囲外にある」とされている）。

それによれば、信用制度の一側面は貨幣取引業務すなわち準備金の保管、受け払いの操作、地金取引などの集中であり、もう一面はそのことを基礎とする利子生み資本または貨幣資本の管理（貸し借りの媒介）という特殊機能である。「信用制度の土台をなす」商業信用、銀行（貨幣）信用と銀行制度、貸し付けの諸形態、架空資本の形成（資本還元）、貨幣の前貸しと資本の前貸しの区別などは、いずれも現実資本との関連のなかで取り扱われ、信用制度全体のかなめとして金属準備の機能や中央銀行制度の機能にも言及される。

『資本論』第三部第二七章「資本制生産における信用の役割」では、「信用制度のこれまでの考察から引き出された一般的論点」として、（1）利潤率の均等化を媒介するための信用制度の必然的形成（2）流通費の節約（主要には貨幣それ自体の節約、再生産過程の加速化と準備金の収縮）（3）株式会社の形成（社会的企業、社会的資本、機能資本家の管理人への転化）と株式制度（社会的資本＝労働の処分権の集中、少数者による社会的所有の取得、投機的富の形成による富の対立的性格の発展など）における資本所有の潜在的止揚、などが指摘される。さらに、信用制度にはつぎの二面性が内在すること、すなわち、「一面では、資本制生産の衝動である他人労働の搾取による致富をもっとも純粋で巨大な賭博と詐欺の制度にまで発展させるという性格、他方では、新たな生産様式への過渡形態をなすという性格」（*MEW*, Bd.25, S.457）が明らかにされている。

『資本論』第三部第五篇最後の近代信用制度の生成による資本制経済への利子生み資本の組み入れにかんする考察では、「銀行制度は、形式的な組織と集中という点からみれば、およそ資本制生産様式が生み出すもっとも人為的でもっとも発達した産物であり」、「信用制度自体が、一方では、資本制生産様式の内在的形態であり、他方では、この生産様式をその可能な最終的な形態にまで発展させる推進力である」（Ibid., S.620）ことが示される。

このように、貨幣・信用制度は貨幣・信用という経済関係が生み出す機能が自立化し、意識的あるいは人為的に、まさに制度として作られるものである。またそれが各種費用を節約する機能をもつ。

以上、『資本論』において扱われている各種の制度や組織の具体的な展開を検討した結果、冒頭に述べた「生産関係制度化の論理」ともいうべきものをマルクスの理論展開から析出することができた。それは、先に紹介した二〇世紀の「現代経済学」における制度・組織論には欠けている資本制生産関係からのアプローチであると同時に、ポスト・マルクスの二〇世紀においてアメリカ制度主義経済学が着目した集合行為や各種費用の節約効果をも、より広い範囲で包摂する豊かな理論的内容をもつものであることが判明した。

現代経済学の批判とその成果の批判的吸収はマルクスの経済理論のうえでこそなされなければならない。

第一四章　価値論のコンフィギュレーション
――市場経済の生産関係アプローチ――

はじめに

本章はマルクスの商品価値概念（以下、とくに断りのない限りたんに価値論ということがある）をより明確にし、この価値概念から市場経済における労働、生産、所有、交換、取引、効用、需要、動機、利益といった諸カテゴリーを展開した場合のそれぞれの意味内容を明らかにする。

マルクスの経済学（Marx's Political Economy）の「理論的方法」は「生産の総体性把握にもとづく概念的展開の方法」である。この方法にもとづくマルクス経済理論の基本的特徴は「生産関係の物象化論」「生産関係の矛盾論」「人間発達の可能性論」の三つにある。(1)

この理論的方法と基本的特徴によれば、マルクスの価値論にもとづいて従来の経済学とくにマルクス以後（ポスト・マルクス）の価値論を適正に配置し再構成する、いわゆるコンフィギュレーションが可能となる。(2) 具体的には、アメリカ（旧）制度学派コモンズの取引価値論、新古典派経済学の源流であるメンガー、ジェヴォンズ、ワルラスのいわゆる効用価値論と対比すると、マルクスの商品生産関係の分析にもとづくアプローチにより、これらの価値論の位置やその限界を明らかにすることができる。またそれがマルクスの商品価値概念とその優位性を示すことになる。マルクスの商品価値論に新古典派および制度学派と理論的断絶があるのはもちろんだが、ある意味、連続面もある。しかもマルクスの価値論を基礎にしてはじめて、それら新古典派と制度学派の価値論の特徴、そしてマルクスとの断絶面と連続面の両方を理解することができる。これが本章で主張しようとする要点である。なお、叙述のうえで学史的な方法を採っているが、学史研究あるいは理論史の研究そのものではないことを最初にお断わりしておく。

一　取引価値論：制度学派コモンズの価値論

（1）制度派経済学の価値論

二〇世紀前半の制度派（Institutional School）経済学は旧制度学派ともいわれ、一九二〇年代から三〇年代にかけてアメリカ（合衆国）における主流の位置をしめていた経済学である。その代表者は、ヴェブレン（Veblen, Th., 一八五七～一九二九）、コモンズ（Commons, J.R., 一八六二～一九四五）、ミッチェル（Mitchell, W.C., 一八七四～一九四八）の三人である。この三人のなかでも、もっとも包括的、理論的に制度学派の価値論を展開しているのはコモンズである。かれはウィスコンシン州を中心に労資関係の改善や公益事業の合理的運営を意図して社会改良の政策立案にたずさわり、初期ニューディールに影響を与えたとされる。

コモンズは、初期の著作『資本主義の法律的基礎』［一九二四］の第一章で、経済学の価値論は以下の三段階を経過してきたとする[3]。

経済学の価値論の第一段階は、商品それ自体の客観的意義を扱う価値論であり、コモンズはこれを「実質的価値」論とよぶ。これには古典派経済学やマルクスが含まれるという。その方法論的特徴は、コモンズによれば、機械論的である。

第二段階の価値論は主観的あるいは意志的意義を扱うものである。コモンズはこれを「心理学的価値」論とよぶ。これには新古典派経済学の限界効用価値説が含まれることはいうまでもない。その特徴は感情（feeling）を扱うところにあって、方法論的には「希少性」を原理とする。

第三段階の価値論は取引（transactions）を扱う価値論であり、価格という「名目的価値」の理論である。この理論における究極の原理は、諸団体、企業、政府の行為準則（機能ルール：working rules）の原理である。コモンズによれば、取引とは「心理学的価値」「実質的価値」「名目的価値」の三つを要約したものである。いいかえれば、取引は、意志の合致、商品の移転そして価格決定であるから、これら三つの側面における「価値づけ（＝評価：valuation）」をもつことになる。

第三段階の取引価値論の詳細については後述するとして、コモンズが経済価値をこのように整理し、制度派経済学が取り扱う価値を第三の取引価値におく理由は何であろうか。それは、端的に言って、法律したがってまた裁判所が取り扱うものが先の原理すなわち各種団体、企業、政府の行為準則（機能ルール）だからである。かれは、これをもとに経済と法律の接点を明らかにし、制度派経済学の独自な領域を切り開こうとしたのだと考えられる。コモンズはまた、その遺著『集合行為の経済学』［一九五〇］においても、「価値づけ（＝評価）」をとりあげている。「経済学者の価値理論」という副題をもつ同書第一一章において、かれはつぎのような価値論を展開している。

人間の意思が物理的自然力に加えられるのが「使用価値の生産」（［一九五〇］p.149, 訳一六九ページ）である。物理的自然力に加えられた人間の意思が、組織された、集合行為において生じるところで取引というものが存在する。そして、「現実にわれわれが市場で価値づけるものは、これらの使用またはサービスの法律的権利、すなわち所有権である」（［一九五〇］p.151, 訳一七〇ページ）。また、取引と価値づけの過程は、「社会的であると同時に個人的でもある。社会的価値づけおよび活動は個人的評価のマトリックスであり、またデータでもある。集合的行為をつうじて個人にとっての選択と機会が可能になる。（中略）集合的行為の行為準則をつうじて、公平と自由が個人にとって可能となり手に入れられるものになる」（［一九五〇］p.152, 訳一七二ページ）。

（2） 制度化される価値

コモンズの取引価値論の特徴は、すぐれて具体的な人間の集合的意思行為の価値論だという点にある。そして、このことが取引価値の制度化という論理を可能にしている。

投下労働（コモンズの用語では「体化価値」）と「支配価値（commanded value）」（［一九五〇］p.157, 訳一七八ページ）という経済学の百年来の用語は、コモンズに言わせれば人を欺く言葉であり、取引価値によってその言葉から抜け出せる。また、これにより、貨幣価値についても、金属に体化された労働あるいは所有者の支配労働の力とされた価値論から抜け出て、二〇世紀という第三の歴史的段階にふさわしい貨幣価値の考え方に到達すると言う。すなわち、この第三段階では、「銀行家が銀行信用をすべての取引における普遍的購買力とし、法律家が契約の強制によってこれを束縛したので、貨幣はまた、信用、政治および裁判所のコントロールに依拠する取引価値（negotiated value）となる」。このように、コモンズにおいては、信用貨幣が取引価値を体現する。そして、取引価値は連邦準備制度（FRS）によって管理される「信用価値（credit value）」（［一九五〇］p.158, 訳一七九ページ）というべきものになる。

コモンズによれば、取引価値さらに信用価値のなかには過去の価値論のすべての意味が含まれている。また、これによって価値の単位は人びとの行為を測る単位となり、価値尺度はあらゆる事柄によって影響されるものとなる。そして、経済学における価値の完全な意味にとって、自由や平等という価値も必要となる。「自由や平等というこれらの価値もまた制度的なのである。集合的にみて、これらの価値は、制度化する行為準則であり、諸個人にたいしてかれらの機会の一部としてこれらの価値に近づけさせるための行為準則である」（［一九五〇］p.159, 訳一八〇ページ）。

以上のように、コモンズの価値論の特徴は人間の行為準則となる価値論というところにある。このような価値論にたいしては当然、経済価値論の範囲をこえるという評価がありうる。しかし、コモンズにとって、「経済学は行為の科学である。それは、闘争、協同、競争、および調整における人間意思の行為である」〔一九五〇〕p.203, 訳二三一ページ）[4]。

（3）取引と制度

つぎに、コモンズの取引価値論をさらに詳しく検討するために、かれの主著である『制度経済学（Institutional Economics）』〔一九三四〕にあたってみよう。

この主著は二巻、九〇〇ページに及ぶ大著である。副題に「社会経済学（Political Economy）における制度経済学の位置」と記されており、ジョン・ロックに始まる、過去の経済学の多くの遺産との対比において、かれが考える制度派経済学の基礎カテゴリーを見出そうとした著作である[5]。

古典派経済学と新古典派経済学（コモンズの用語法では「快楽経済学」）、これら一九世紀の経済学においては物質的な「有体財産」が主な関心事であった。そこでは「効率性」と「希少性」が主要な属性とされた。これにたいして、コモンズのいう二〇世紀の経済学が主に関心をむけるべきは「無形資産」（無体財産）であり「将来性（futurity）」である。ここでは物質的なものと切り離された所有それ自体、あるいは契約や負債が重要な問題となる。

古典派経済学と新古典派経済学が生産や交換をとりあげたのにたいし、コモンズは取引（transaction）というカテゴリーが経済研究の究極の単位であり、法的支配を譲渡する単位であるととらえる。最高裁判所を頂点とする裁判所によってなされるすべての経済的な決定を明確にするためには、経済の単位を取引行為に置く必要がある。かれにとって、取引は、経済学の商品や労働、欲求や個人さらには交換といった「旧い」コンセプトに代わりうる定式なのである。

先にも述べたように、この取引から「価値の取引的意味」（〔一九三四〕p.84）がでてくる。そのことを明確にするためには、コモンズが取引をさらに三つに区分していることをみなければならない。その三つの取引行為とは売買（bargaining）取引、経営（managerial）取引、割当て（rationing）取引である。売買取引は売り手と買い手の四人が当事者となるもので、そこでは、平等と不平等、公正な競争か否か、価格または価値の合理性、適法性の四つが問題となる。経営取引は上位の者に対する下位の者の秩序や従属が問題となり、効率性がその普遍的原理である。(6) 第三の割当て取引は、集団交渉や貿易協定にみられるような、負担と便益をそのメンバーに配分する権威をもつ者たちのあいだで合意に達するような交渉である。

以上の三つの取引さらに行為の単位は、経済科学が取り扱う行為のすべてを尽くしているとコモンズは考える。そして、そのうえで制度に言及する。制度という言葉はさまざまに受け取られている。しかし、少なくとも、上記の三つの取引が一緒に行われているような、そして経済学が研究する大きな単位である家族から組合、企業、国家にいたるすべての「ゴーイング・コンサーン」は、正確にいえば制度の能動的概念である。そして、そうした制度が機能するルールが行為準則（working rules）である。

「もし制度として知られるすべての行動に共通の、普遍的原理を見つけようとすれば、われわれは制度を個人的行為の制御における集合行為と定義することができる」（［一九三四］p.69）。

もっとも、この意味における制度すなわち集合行為は、各種団体の組織された形態におけるよりも、非組織的形態の習慣における方がより普遍的である。また、集合行為が個人的行為を制御するといえば、たんに個人的行為を制約するものとしてのみ受け取られるおそれがあるが、集合行為は文字通り個人間の「相互―行為」であるから、他人からの強制や差別、不公正な競争から個人を解放し、個人的行為を自由にしたり拡大したりするものでもある（［一九三四］p.73）。

(4) 価値の取引的意味

さらにコモンズの取引価値論を追跡しよう。

コモンズによれば、経済学は、労働によって生産される財やサービスの使用価値やその分量を問題にする技術的あるいは工学的経済学 (engineering economics) から、希少価値という心理的価値を問題にする家庭経済学あるいは消費経済学を経て、将来に期待される価値と比べた現在価値をとりあげる制度経済学において第三の次元を迎える。ここでの要点は所有権の移転であり請求である。この所有権という制度において、使用価値や希少性は「将来性」に転換される。

取引は将来の期待にもとづくものである。また、取引は所有の制度を構成する集合行為によって保証され、交渉の終了後にのみそれが可能となる。使用価値や心理的価値はいわば物理的支配にのみ関わるのにたいして、法的支配は将来の物理的支配であるから、制度経済学においては使用価値や心理的価値の意味が消えるわけではなく、「将来性」あるいは価値の取引的意味に含まれるというのである。したがって、コモンズにおける価値の取引的意味は結局、所有権的な意味の価値にほかならない (以上、［一九三四］pp.84-87を参照)。

コモンズは、人と人との関係を扱うのが制度経済学であるとする。これにたいし、人と自然の関係を扱うのは工学的経済学である。そこで、富にも二重の意味が生じる。素材の産出という工学的意味を表わすものが使用価値であって、使用価値は労働によって生産される富である。これにたいし、所有から生まれる収入の経営的意味が希少価値であり、希少価値は貨幣タームで測られるところの法的支配に支払われる価格であり、富の資産的価値を意味する。結論的にいえば、「価値それ自体は資産、あるいは所有権の価値である」(［一九三四］p.266)。

以上のように、コモンズの主著および初期と晩年の三つの著作を検討することによって、かれの取引価値論にはつぎの二つの特徴があることが明らかになった。

一つは、従来の経済学における生産、分配、交換、消費という経済の四局面への分割や、新古典派経済学における市場中心指向に代えて、取引という経済行為を中心におき、それを割当て、経営、売買という三次元に分割するというコモンズの経済学の理論的枠組みから、経済的価値は取引価値という経済的事象に集約され、包括される。しかし、取引は行為であるから、それらの行為の背景にあって、さまざまな行為を形成する根拠となるのは人びとの関係（生産から消費にいたるもので、一言では生産関係）である。ところが、コモンズにおいて、生産関係は権利や所有の移転という制度化されたレベルでのみとらえられる。しかもかれは、労働や生産さらに交換を、取引の前提として、人と物とのあいだのたんなる素材的過程としてだけとらえており、生産や労働における人びとの関係の特殊歴史的性格をみようとしない。行為はあくまで関係行為であるから、経済学は関係行為に現われてくる人びとの生産関係における特殊歴史的形態規定性を明らかにする必要がある。

二つめに、コモンズの取引価値は何よりも所有権を表わすものであることが明らかになった。これは重要な点である。これによって、かれは、使用価値と区別された意味での本来の価値を問題にすることができた。また、主観的価値論を越えたともいえる。コモンズがいうように、所有権は人と人との関係性を表わすものである。したがって、現在と将来の所有権を取引する際の価値を問題にするというかれの着眼は正当である。これによって、かれは貨幣価値から信用の価値的性格まで視野に入れることができた。問題はその所有権を生産関係に基礎づけられたものとして把握するかどうかにあるが、コモンズは経済学の対象あるいは研究の単位を取引行為においたために、私的所有権は取引行為においてはじめから存在するものとして前提してしまっているのである。

二　効用価値論：新古典派経済学源流の価値論

コモンズは新古典派経済学を「快楽経済学」とよんだ。その価値論を心理学的価値論と名づけ、少なくとも交換者としての人間の意思や感情をみずからの取引価値論に取り入れようとした。また、「希少性」というカテゴリーが私的所有権にもとづく私的な支配欲求の表現であることを見抜いていた。そこで、第二節では、新古典派経済学の源流を形成した三人の経済学者の価値論をたずね、この点を確かめておきたい。そこからは新古典派経済学の価値論の何らかの意義と限界が明らかになるであろう。

(1) メンガー

カール・メンガー（Carl Menger, 一八四〇〜一九二一）は、正確にはオーストリア（＝ウィーン）学派の創始者であり、本書第三篇第一〇章でとりあげたように、ドイツ歴史学派との方法論争の当事者である。かれは、不確実性の経済過程における財の価値の基礎に消費者の主観的評価としての効用をおき、経済人の具体的で合理的な経済行動の法則性を明らかにして、一つの体系を築いたとされる。

メンガーの主著『国民経済学原理』［一八七一］（初版の邦訳者である八木紀一郎氏によれば、この表題は英語の theory of political economy に対応する）は、まず、経済財をそれにたいする需要が支配可能な数量よりも大きな財だとする。そして、この経済財による欲望の満足をもっとも合理的な方法で行うことに向けられる人間の行動の総体を経済と定義する。(7)

メンガーによれば、価値は経済財のみについていえる。すなわち、「価値とは、具体的な財またはその数量がわれわれにたいして獲得する意義、自分の欲望を満足させることがこれらの支配に依存していることをわれわれに意識させることによって、それらがわれわれにたいして獲得する意義である」（［一八七一］S.78, 訳六八ページ）。

メンガーは、経済財は効用性のほかになお価値をもつと考える。つまり価値と効用性とを区別する。それは非経済財も経済財と同様に効用性をもつからであり、効用性だけから経済財を区別することができないからである。したがって、経済財が効用性とは区別された価値をもち、非経済財と区別されるのは、財を支配することによる意義の有無によることになる。したがって、メンガーの価値論はじつはたんなる効用価値論ではない。かれのいう価値は、明らかに私的所有にもとづく私的欲求の財支配という特定の社会経済関係を反映した観念である。

同様に、メンガーの価値論は主観的価値論であり客観的価値論と異なるとはいえ、主観の内実を問わなければ本当の意味は明らかにならない。すなわち、価値の大きさは主観的なものであり、その財の生産や再生産にどれだけの労働が用いられたかには関わらないとメンガーが言うとき、その価値は、ある大きさのダイヤモンドを私的に支配することが当該所有者にとってどれだけの意義を有するものであるかという意味の主観性をさしているのであって、ダイヤモンドという素材にたいする欲望満足の度合いではないのである。メンガーのいう価値は、「一人の孤立した経済人」(S.100, 訳八七ページ) である「わがロビンソン」(S.102, 訳八八ページ) の私有欲とその度合いを表現するものにほかならない(8)。

したがって、メンガーの「交換の理論」において、「欲望満足の等級的意義」(S.163, 訳一四〇ページ) を置き、交換がもたらす経済的利益の逓減を説くその理論は、財の私有と、その所有において「余剰」が存在するという二つの条件が前提となっている。しかも、メンガーによれば、価格の大きさは本質的なものではない。二財の価値等価性はみせかけであって、実在するものではない。それはあくまで「主観的意味での等価物」(S.178, 訳一五五ページ) である。交換価値もまた、他人の所有する財との交換をつうじてみずからの所有欲を満足させるところの財にたいする意義であるから、使用価値と交換価値を比較してどちらがより大きいかによって経済的価値が決まるとする。

さらに、メンガーは「商品の販売力」という概念をもちだしている。「商品の販売力」は四つの方向で制約されているが、「あらゆる財のうちでもっとも販売力のある財がすなわち貨幣である」(S.233, 訳二〇二ページ)。これの「販売力」なる概念も私的所有者による所有欲の主観的表現である。だからこそ、メンガーの貨幣には私的所有者の無限の所有欲が表現されているとみなければならない。これこそマルクスがいう「貨幣の物神性」の表現である。

（2）ジェヴォンズ

ジェヴォンズ（William Stanley Jevons, 一八三五～一八八二）は、一九世紀イギリスの「正統派経済学」であったリカード経済学を「誤謬」あるいは理論的「混濁」とし、これに挑戦した経済学者である。

ジェヴォンズにとって、経済学の目的は最小の苦痛で快楽あるいは幸福を最大にすることであった。かれは主著『社会経済学の理論』（The Theory of Political Economy, 1st., 1871, 4th., 1911）[9]において、経済学は量を取り扱うので、「私の理論は性質上純粋に数学的なものである」（［一八七一］p.vi, 訳二ページ）とし、ここで述べる理論は「効用と私益の力学」（p.21, 訳一六ページ）、「効用の計算学」（p.27, 訳二一ページ）だとする。

この場合、ジェヴォンズはベンサムに依拠しているが、快楽あるいは効用の量的比較や計量自体が問題なのではないと言う。「この理論は、たんにある人が十分に購入した場合には、さらにそれ以上の一少量をもつことによって、その貨幣価格から受けるものと等しい快楽を受けるであろうことを表明するにすぎない」（p.13, 訳一一ページ）。

ジェヴォンズは、一方で効用を物やサービスがもたらす欲望充足の度合いとし、「経済学の理論は正しい消費の理論をもってはじめなければならない」とか、「経済学の科学的基礎は消費理論にある」（pp.40-41, 訳三一、三三ページ）と述べるのであるが、上にみたように、交換をつうじてある対象を所有することによる主観的満足こそが主要な問題であった。この点は、（1）でみたように、メンガーの方がより明確であるが、ジェヴォンズの場合も、ある対象がどれほど有用で必須なものであっても、所有対象にならないものには効用は認められない。「効用は商品が適当な量においてまた適当な時期に、これらを必要とする人びとの所有となるから生まれる」（p.75, 訳五八ページ）と、正直に書いている。したがって、メンガーと同様、ジェヴォンズにおいても、効用が私的所有者の支配所有欲を表わすものであることは明白である。

では、ジェヴォンズは価値をどのように考えているのか。かれはまず、価値という用語はあいまいで非科学的であると言う。とくに、「物に内在する価値（intrinsic value）」というのは、かれによれば虚構物（nonentity）である。価値は、「一トンの鉄の価値は一オンスの金の価値に等しい、あるいはこれらの価値は一対一である、というもので」（p.78, 訳六〇ページ）、価値はせいぜいこのような交換比率を意味するにすぎない。

そこで、ジェヴォンズは、「一物に対する欲求または評価の強度を意味する」価値という用語は、「同一商品の新しい増加量から得られる快楽または利益の強度によって測られる」が、「この意味の価値と交換比率としての価値とのあいだには密接な関連がある」（p.80, 訳六二ページ）とする。ここから、「任意の二商品の交換比率は、交換終了後に消費に利用しうるこの商品量の最終効用度の比率と反比例する」（p.95, 訳七三ページ）という「交換理論」および経済学の要石となる命題が導かれる。

この命題は、交換者は自分の効用（実は所有欲）を最大化するように交換を行うことを表現したものである。正確にいえば、もしも二商品の交換比率がある状態で与えられていたならば、それぞれの商品を所有し、それをお互いに交換する者にとっては、二商品をこの交換比率で交換することが各々の交換者の効用（したがって所有欲）を最大化するうえで最適であるということを述べたものにすぎない。ジェヴォンズは、「私の理論は需給の法則に完全に適合するので、もし効用関数を確定しえたなら、これらの関数を需給の均等を明示する形に変えることができるだろう」といい、「需要供給法則は私の真の価値または交換の理論の一結果である」（p.101, 訳七七ページ）というが、これは逆である。すなわち、需給均衡の価格から交換行為者の側の限界効用の均等ないし効用の最大化を導き出したにすぎない。こうして、ジェヴォンズの交換理論と価値論は、結局、「価値を支配するものは生産費ではなくてじつは生産物にたいする需要供給である」（p.199, 訳一四七ページ）ということに帰着する。

以上のように、ジェヴォンズにおいて、価値論は何よりもまず交換の理論であり、価値はせいぜい交換比率を示すにすぎないもの、あるいは非科学的な用語としてこれを葬り去る意図さえ見せた。かれのいう効用は、物にたいする私的所有者の欲求の度合いを表わすものである。また、価格を説明する理論というよりも、価格を所与として、私的交換者の交換動機を後から説明する理論である。制度学派のコモンズが、新古典派経済学を快楽経済学とよび、その価値論を心理学的価値論と名づけたことはある意味で妥当である。しかし、交換意思の背後には対象の私有ないし支配欲があり、それはコモンズが所有権を取引価値として把握する議論にもつうじるものであることを見のがしてはならない。

(3) ワルラス

レオン・ワルラス（Marie Esprit Leon Walras, 一八三四〜一九一〇）は、新古典派経済学の中でも一般均衡理論の創始者として現代経済学にその名を残している。

ワルラスの主著『純粋経済学要論』（1st., 1874-1877, 4th., 1900）の表題である「純粋経済学」とは「社会的富の交換理論」のことである。ワルラスによれば、経済学の本来の目的は、スミスのように国民と国家に豊かな収入をもたらすというものではない。また、経済学の定義を、セーのように富の形成、分配、消費の仕方の研究とは考えない。その理由は富の生産と分配には自然（科学）的性質がないからである。ワルラスの経済学体系では「交換価値と交換の理論」が純粋経済学＝科学で、これに「産業的生産の理論」である応用経済学、「社会的富の分配理論」である社会経済学が続く。純粋経済学は後の二つの経済学に先行し、「物理数学的科学とまったく類似した科学」（要目三〇、訳二九ページ）で真理を基準にする。これにたいし、応用経済学には技術が対応し、効用すなわち利益が基準になる。社会経済学には道徳が対応し、善すなわち公正が基準になる。

先のジェヴォンズは、交換理論におけるいっそう複雑な事例として多数財と多数交換者の場合を考えたが、結局それは二財交換の単純交換に分解されうるとして、ワルラスのような方程式体系を考案しなかった。ワルラスは、「ジェヴォンズは自分と同様に数学解析を純粋経済学、とくに交換の理論に適用している。ジェヴォンズが交換方程式とよんでいるものが私にとって出発点になっており、私が最大満足の条件と名づけたものと厳密に相等しい」（初版序文より）としたうえで、新たに、「任意の数の商品の相互間の交換の場合における市場価格決定の問題の数学的解析、および需給法則の科学的方式」を内容とする純粋経済学を考案した。

また、ワルラスは、自分の学説をつぎのように要約している。「純粋経済学は本質的には絶対的に自由競争という仮説的な制度のもとにおける価格決定の理論である。稀少である、いいかえれば効用をもつとともに量が限られているために価格をもつことができる物質的、非物質的なすべての物の総体は社会的富を形成する」（第四版序文より）。

ワルラスは、希少性が交換価値の原因であるとして、希少性からは三つの結果が生じるという。すなわち、①所有権、②交換価値、③産業の三点である（要目二三〜二六）。しかし、これもまた逆であろう。すなわち、産業的に生産され所有されるものが交換価値という性質をもつがゆえに、その所有者には希少性として映じるのである。ワルラスもつぎのように言う。

「希少性は個人的であり、主観的である。……だから希少性を所有量に対する有効効用の導関数と定義しうるのは、それぞれの個人に関してのみである」（要目一〇一、訳一〇九ページ）。

以上にみたように、ワルラスの（純粋）経済学は生産の理論を基礎としない。生産の理論は交換理論からの応用にすぎない。しかし、そのワルラスの理解においても生産は社会的あるいは人為的事実であるから、経済学の体系は生産から出発しなければならない。生産から展開されない交換の部面において、何か純粋な真理が得られるという経済観自体が一面的で誤っている。かれの経済学においては、「所有権の理論は本質的に道徳科学に属す」もので、「公正」といった目的は分配の理論になる。しかし、所有や分配をその中に含まない生産の理論も、所有や生産を前提としない交換の理論も、一種の虚構になるほかない。さらに、個人的な、主観的な行為が社会的な、集合的な行為となり大量現象となって、むしろ個人的で主観的な行為を制約するのが経済である。

このような社会における大量現象としての商品生産と交換、そこでの人と人との関係と関係行為を正面から理論的対象としたのはマルクスであった[10]。

三　マルクスにおける商品価値概念とその展開

(1) コモンズのマルクス理解

先にとりあげた制度派経済学者コモンズは価値を論じる際にマルクスを何度も引き合いに出している。ところが、マルクスの価値論は基本的に古典派とくにリカードのそれと同列に扱われる。コモンズによれば、マルクス価値論は機械論的で技術学的な経済学の段階にある「実質的価値」論であり、一定の労働量によって生産される財やサービスの使用価値とその分量、したがってまた効率性を問題にするものである（[一九三四] p.84参照）。コモンズは言う。「技術的経済学にその古典的な結論を与えたのはマルクスであった。それは社会経済学全体のなかでは限定された、しかし必要な部分である。なぜならそれは所有権や感情に関わりない生産性と効率性の概念だからである」（Ibid., p.254）。

他方で、コモンズは、正統派経済学者が富の素材的意味と所有権的意味とを明確に区別しないのにたいして、この二つを最初に明確に区別したのは異端派の経済学者である。そのなかでもとくに「マルクスは、技術学的経済学と所有の経済学とを明確に区別した最初の人であった」と評価する。しかし、コモンズによれば、労働は肉体的・精神的・管理的労働の「進化する反復と調整」ではあるが、生産物の交換価値を規定するものではない。なぜなら、交換価値は希少性と交渉力によって決まるからである。この場合、交渉力というのは、「富の所有権を移転するための交渉期間中に生産物と生産を支配する所有能力である」（Ibid., p.267）。

しかし、コモンズのマルクス理解は明らかに不正確である。コモンズは労働と所有権をはじめから切り離している。マルクスが明らかにしようとした、所有の基礎となる労働の社会的性格すなわち人と人との社会関係のなかで労働を考察するのではなく、労働を人と自然とのあいだの技術的・組織的な関係に限定してしまっている。したがって、労働の技術的・組織的側面についてはマルクスの見方を評価するが、労働の価値形成過程の側面すなわち特殊な社会関係のなかでの労働のあり方を表わす経済的形態規定面については考察しないで、制度派経済学の基礎となる取引と所有をとりあげるのである（ただし、雇用関係についてはまた別の面から考察しているが、ここでの課題ではない）。

マルクスにおける商品価値と労働、所有との関係は正確にはどのようなものか。それはコモンズの取引価値論や新古典派経済学の効用価値論にたいして、どのような理論的優位性をもつのか。これらポスト・マルクスの価値論との対比において、マルクス商品価値論の内容とその意義を明らかにする。これが第三節の課題である。

(2) 生産の総体性把握と概念的把握

マルクスの商品価値論はかれの経済学の方法を正確に理解することによってのみ把握できる。生産の総体性把握と概念にもとづく分析と展開、この二つにマルクスの経済学の方法は集約される。

生産の総体性把握とは、①経済を生産、分配、交換、消費の四局面に分析したうえで、生産が他の三局面の基礎あるいは出発点にあるというだけでなく、②特定の生産のあり方の中に分配、交換、消費の諸特徴がすでに含まれていること、③全体として生産のあり方や生産における社会的関係が分配、交換、消費のあり方やそれぞれの局面における社会的関係を規定するという関連性を明らかにするというものである。

マルクスは生産の総体性把握の方法をつぎのようにまとめている。

「われわれが到達した結論は、生産、分配、交換、消費は……すべて一つの総体の分肢をなし、一つの統一体の内部での区別をなしているということである。生産は生産の対立的な規定においてみずからを包括し、また他の諸モメントをも包括する。過程はたえず繰り返し生産からはじまる。……したがって、ある一定の生産は、一定の消費、分配、交換を規定し、これらの異なったモメント相互の一定の関係を規定する。（中略）異なったモメントのあいだに相互作用が行われる。これは、どんな有機的全体の場合にもあることである」[11]。

また、資本制生産を概念的に把握するとは、資本の一般的概念がその特殊的、個別的概念を包括し規定していること、近代的資本が近代的土地所有や賃労働、さらに国家による市民社会の総括、対外関係、そして世界市場のあり方をも包括し規定しているという関係を、それぞれについての表象を徹底的に分析しながら総合的に展開するというものである。

以上、二つのマルクスの方法においては、分析と総合の方法は概念的把握の方法の前提であり、概念的把握は分析と総合の方法と一体である。マルクスは、資本一般の概念を商品⇒貨幣⇒資本という順序によって資本概念の生成という形で把握したのであるが、本章の対象は商品概念に限られる。とはいえ、一般に、概念的把握とは、ものごとの諸規定のなかからそのものごと全体のあり方を規定するものを見つけ出すことであり、またこれにもとづいて全体の諸規定相互の関連を包括的に展開することである。したがって、商品概念については、労働、価値、所有、使用価値、価格、効用、取引といった諸契機が、商品の生産から消費にいたる総体の中に適正に位置づけられ再構成（コンフィギュレート）されねばならないとともに、価値概念によってこれらの全体を包括し規定する相互の関連性を明らかにしなければならない。

マルクスが商品生産や労働について行った分析を検討しようとする場合、『資本論』第一巻第一篇「商品と貨幣」だけをとりあげることが多い。しかし、資本による生産や流通およびその総過程の分析に入ったところでも、かれは商品生産や価値形成労働についての分析と展開を止めていない。本稿の限られた範囲内でその商品生産および流通の分析を全面的に再整理することはできないが、先に取り上げた制度派経済学の取引価値論、新古典派経済学の効用価値論との対比で必要と思われる点に絞り、できるだけマルクス商品価値概念の基本的で包括的な内容に迫ろうと考える。

（3）商品生産の所有法則と労働

まず、マルクスは商品価値と所有あるいは所有権との関連をどのようにとらえていたか。

『資本論』第一巻第二二章第一節において「拡大された規模での再生産」をとりあげたところで、「商品生産の所有法則の資本主義的取得法則への転回（Umschlag）」というテーマ設定がなされた。これは、資本（正確には可変資本部分）と労働力商品との交換、および前者による労働力商品の使用にもとづく商品の生産および取得が、たんに剰余価値を生み出すというだけでなく、その剰余価値がつぎつぎと新たな追加資本したがってまた追加労働力に転化され、それがまた新たな剰余価値を生むという、いわば資本の複利的な増殖過程をとりあげたところである[12]。

追加資本はつぎつぎと新たな追加資本を生み、追加労働力からも剰余労働を抽出する。これが明らかになれば、「今では、過去の不払労働の所有が、生きている不払労働をたえず大きな規模で現在取得するためのただ一つの条件として現われる」（［一八六七］S.609）ことがわかる。ここでは、「労働力と交換される資本部分（ここでは追加的可変資本のこと―引用者注）そのものが等価なしで取得された他人の労働生産物の一部分にほかならない」。「この資本部分（同上）は……労働者によってただ補填されるだけではなく、新たな剰余を伴って補填されなければならない」（Ibid.）。しかも、論理的順序として『資本論』第二篇で最初にとりあげられた前貸資本（「原資本」）は「数学的意味での無限小」になるのだから、経済学は資本を剰余価値が蓄積されたものとして扱うべきである。これがマルクスによる資本制取得法則論の主旨である。

取得法則転回論は広く理解されているような商品生産あるいは商品流通（『資本論』第一巻第一篇）の資本主義的生産ないし流通への転化（変化）論ではない。あくまで資本による労働力商品の購買と使用（同第二篇以降）がより大きな規模で繰りかえされる過程で、資本制的取得の新たな本性が明らかになったことを読者に認識させるところである。このなかで、マルクスはくりかえし、可変資本と労働力商品の交換は「商品生産の所有法則」

に照応し引き続き有効であると述べている。

「原資本の一部による労働力の購入（は）……商品交換の諸法則に照応し、また法律的にみれば労働者の側ではかれ自身の諸能力に対する自由な処分権、貨幣および商品所有者の側ではかれに属する価値にたいする自由な処分権のほかには何も前提しない購買（である）……」（S.609）。この購買では、「個々のどの取引（Transaktion）も商品交換の法則に絶えず照応し、資本家はつねに労働力を買い、労働者はつねにそれを売り、労働力の実際の価値どおりに売買が行われるものと仮定する」（Ibid.）。

「商品生産の経済的諸法則と、そこから派生する所有権」（S.611）においては、「所有権は自分の労働にもとづくものとして現われる……。なぜなら、平等な権利をもつ商品所有者だけが相対するものであり、他人の商品を取得するための手段は自分の商品を譲渡することだけであり、そして自分の商品はただ労働によってのみ生産されうるものだからである」（S.609）。ところが、資本制的取得の「内容」は「絶えず等価なしに取得する、すでに対象化された他人の労働の一部分を、絶えず繰り返しより大きな分量の生きた他人の労働と取りかえるというもので」ある。これは商品生産と流通にもとづく私有の法則とは「直接に対立する」。これにたいして労働力の不断の売買は「形式」であり、資本家と労働者との「交換関係は流通過程に属す外観（der Schein）でしかないもの」になる。しかし、個々の取引は絶えず繰り返されるから、この形式と外観はつねに生み出される（以上、S.609）[13]。したがって、「資本制的取得様式は、商品生産の本来の諸法則とどんなに矛盾するように見えるにしても、それは決してこれらの法則の侵害から生じるのではなく、むしろ反対にその適用から生じる」（S.610）。

以上のように、単純再生産をその一部として含む資本の拡大再生産において、労働力商品の交換と使用が不断に繰り返される結果、同じ商品生産の所有法則を「形式」としながら、その中で「内容」的には相対立する二つの取得法則が相互に「回転する（umschlag）」のである。

マルクスは、この取得法則転回論の箇所で、商品生産の所有法則が「たんなる形式」となって「内容」とは異なる「外観」でしかなくなること、それの「適用」による「全面的な変革」あるいは「それ独自の内的で不可避的な弁証法による直接の対立物への転回」など、さまざまな表現を使って資本制的取得法則の内実を明らかにした。その場合、『資本論』第一巻第二篇にはじまり、「資本制的蓄積を終点とする一連の運動諸段階を振り返って」、最初の労働力商品の売買はまったく商品「交換の諸法則に沿うもの」であり、契約にもとづくもので価値どおりの交換であったと書いている。

これは、『資本論』の叙述の順序としてみれば、第一篇「商品と貨幣」において「商品生産と商品流通にもとづく取得の法則または私有の法則」はすでに説明ずみであることを意味する。そして、所有は商品の生産からその取得、交換および消費にいたる過程、運動として把握されており、所有権はけっして法律的な表現だけの問題ではない。むしろ、「商品生産の経済的諸法則とそれから派生する所有権」(S.611)「商品生産に適合した所有権」(S.613) がここでは積極的にとりあげられ、その内実の変化がとりあげられている。

以上のことを確認したうえで、商品価値の概念と所有、労働との関係がどのように把握されているかについて検討しよう。

(4) 価値概念における生産の包括的契機——私的労働の社会的性格

マルクスが『資本論』第一巻第一篇で、労働生産物が商品になる、したがって価値性格をもつことの「秘密」として析出したのは、「商品を生産する私的労働の特有なあるいは独自な社会的性格」(Marx [1867] S.87) にほかならない。

マルクスの商品価値論については、任意の二商品の交換関係から、「それらの物に共通な社会的実体 (Substanz) の結晶」(S.52) として抽象的人間労働が支出され積み上げられていることを取りだす第一章第一節の「価値実体」の分析の方法や内容が主に問題となり、じつに多くの解釈や議論、批判がなされた。しかし、マルクスは、異種の商品に同等な抽象的人間労働が対象化されているという「価値を形成する実体」（S.53）「同じ実体」（S.58）「同じ社会的単位」（S.62）あるいは「価値規定の内容」（S.85）を析出する論理段階から、さらに、「いろいろな人間労働の同等性が価値対象性という物象的形態（die sachliche Form）を受け取り」、労働時間が価値の大きさという形態を受け取るという「商品形態の秘密」（S.86）を明らかにする論理段階に進んでいく。最初は価値の実体を明らかにする。それはそのつぎに価値の概念を明らかにするために必要なステップであった。後者は主として、第一章第四節「商品の物神的性格とその秘密」（S.85ff）で明らかにされる。したがって、マルクスの商品価値概念を把握するためには、第一章の範囲に限っても第四節まで読みすすまなければならない。

まず、マルクスの商品分析はたんなる「交換の理論」ではない。

第一節では、商品の交換関係が生産の社会的な性質にもとづいていることを明らかにし、「社会的必要労働時間」「社会的使用価値」などの規定を示した。第二節では、社会的分業を構成する「自立した、互いに独立している、私的労働の生産物だけが互いに商品として相対する」（S.57）として、社会的分業を構成する有用労働が互いに独立に営まれる「私事」であることが明らかにされている。したがって、ここで扱われる社会は商品生産者たちの社会であり、生産物の取得も私的労働にもとづき私的に行われる。まず生産の局面における特殊な関係があり、それによって取得や交換の関係をとらえることができるのであるから、マルクスの商品分析が任意の二商品の交換関係から開始されているとはいえ、たんなる「交換の理論」にとどまるはずはない。

事実、第二節では社会的平均労働力の支出として価値とその大きさを説き、第三節でも「商品の価値対象性が純粋に社会的であることを思い出し」ながら、価値表現の形態を分析し展開する。諸商品の等価表現は「価値形成労働の独自な性格」（S.65）を明らかにするものであり、「ある社会的関係を秘めている」（S.71）。たとえば、価値の生産において、リンネルを生産する職布労働や上着を生産する裁縫労働が抽象的人間労働という属性をもつことは「何も神秘的なことではない」（S.72）。しかし、上着を生産する裁縫労働が「商品を生産する他のあらゆる労働と同じに、私的労働であるにもかかわらず、しかもなお直接に社会的な形態にある労働であること」、「私的労働がその反対物の形態である直接に社会的な労働になるということは、等価形態の第三の特色である」(S.73)。

このような分析をふまえて、マルクスは第四節で、商品を生産する私的労働の特有な社会的性格が物の価値性格という対象的形態をとることを明らかにする。価値規定は特定の社会的産物としての「物象的形態」(S.89)である。これは、マルクスの経済学全体を貫く三つの特徴の一つである「生産関係の物象化論」の重要な第一歩にほかならない。

商品生産者たちの私的労働の独自な社会的性格はその生産物の交換関係において実証される。それは交換自体がつくりだすものではない。そして、この社会的性格は二重である。一つは自然発生的な社会的分業を構成する一分岐であること、もう一つは私的労働がそれぞれ互いに特殊で有用ではあるが互いに同等であると認められることである。このうちの後者が物の価値性格として、私的生産者の頭脳に反映する。したがって、商品の価値性格は「人間の頭脳の産物」(S.86)である。それは、「商品生産という歴史的に規定された社会的生産様式の生産関係に対する社会的に妥当な、客観的な思考形態」(S.90)である。

ここで「頭脳の産物」や「思考形態」というと、それは意識のことであるから、マルクスの価値論を客観的価値論と思い込んでいる向きからすれば、奇異に思われるであろう。しかし、マルクスは、このような表現で、商品価値が生産物に付与された社会的性格であると同時に、ある特殊な社会的意識形態として主観的性格をもつことをも見とおしていた。ただし、価値規定の内容の発見すなわち「生産に支出された人間的労働の単なる物象的表現にすぎないという後代の科学的発見」は、この思考形態が生み出す「労働の社会的性格の対象的外観を取り除きはしない」(S.88)のだが。

マルクスによれば、古典派経済学は不完全ではあるが「価値規定の内容」を発見した。しかし、「経済学はなぜこの内容が価値という形態を取るのか、したがって、なぜ労働が価値に、またその継続時間による労働の尺度が労働生産物の価値の大きさに表わされるのかという問題を提起したことさえなかった」（S.94-95）。価値規定の内容のいっそう徹底した分析と同時にこの問題を提起し、価値を価値概念にまで高めたのがマルクスの価値論である。したがって、マルクスの価値論を古典派のそれと同一視するコモンズはマルクスの価値概念を理解していない、あるいはまったくの誤解にもとづいている。コモンズは、少なくともかれが問題にした価値の所有権的意味合いをマルクス価値論のなかに「発見」すべきであったし、それはできたはずである。

商品の価値は、以上のような意味で一種の「社会的象形文字」（S.88）である。したがって、異なった商品を生産する異種労働の同等性が価値という形態をとるのであって、私的労働の独特な社会的性格が価値として表現され、人間労働としての同等性にその内容、根拠を求めるのである。「商品生産者たちの一般的な社会的生産関係が、彼らの生産物を商品として、したがってまた価値として取り扱い、（価値という――引用注）この物象的形態において彼らの私的労働を同等な人間労働として互いに関係させることにある」（S.93）。すべての労働は元来、抽象的人間労働という属性において同等である。だが、商品を生産する労働は人間労働として等しい属性があるから価値性格をもつのではない。異なった私的労働が価値という性格あるいは形態で等値されるから、同等な人間労働として互いを等値する、あるいはそうせざるをえないのである。この関係を逆に見誤ってはならない。価値概念は商品を生産する私的労働の独自な社会的性格にあるのであって、抽象的人間労働はその実体なのである。(14)

以上のように、価値概念は、私的生産者たちの独特な社会関係のなかで行われる労働という行為が特殊歴史的な社会性をもつことから説明される。そして、これによって、商品の取得と交換、社会的労働配分の独特な性格を概念的に展開することができる。これが価値概念における生産の包括的契機ということの意味内容である。

（5）分配と取得、取引と交換

それでは、商品の生産につづく分配あるいは取得についてはどうか。

マルクスは商品生産および労働の分析につづく分配あるいは取得について、『資本論』第一巻の第一篇では特別な記述はしていない。先にみたように、第二二章第一節で「商品生産と商品流通にもとづく取得の法則あるいは私有の法則」という用語を用いて、商品所有者には「自分の労働にもとづく所有権」があり、「かれが所有する価値の自由な処分権」（S.609）がある、とする。したがって、価値は、価値形成労働により生産されるとともに分配され取得されるものである。そのこと自体、生産の総体性把握のなかの一つのモメントである。

マルクスは商品の生産と分配あるいは取得をふまえて、商品の「交換行為（die Austauschakt）」や「取引（der Verkehr, der Handel, das Gechaft などの用語が使われている）」に分析をすすめる。それは交換過程において価値が実現されるからであるが、価値概念はそこでさらにいっそう展開される。すなわち、マルクスは任意の二商品の交換を分析することからはじめて、私的生産者の労働をめぐる社会関係にまで分析をすすめたが、そこから商品生産物の取得を経て再び商品の交換関係に戻り、今度は商品所有者である交換の担い手たちによる意志行為を分析し、そこで価値概念をさらに展開するのである。マルクスは資本家階級と労働者階級とのあいだの交換も「取引（Transaktion）」（S.608）とよんでいるが、対象の範囲を商品・貨幣関係に限った場合、その交換行為や取引をとりあげるのは『資本論』第二章「交換過程」においてである。その冒頭の一節を便宜上、番号を付して引用する。

「①諸商品は自分で市場におもむくことはできず、自分で自分たちを交換することはできない。われわれは、商品の保護者すなわち商品所有者たちを探さなければならない。（中略）②商品の保護者たちは、その意志をこれらの物にやどす諸人格として互いに関係しあわなければならない。したがって、一方は他方の同意のもとにのみ、どちらも両者に共通な一つの意志行為を媒介としてのみ、自分の商品を譲渡することによって他人の商品を自分のものにする。③だから、かれらは互いに私的所有者として認め合わなければならない。④契約をその形式とするこの法的関係は……経済的関係がそこに反映する意志関係である。この法的関係または意志関係の内容は、経済的関係そのものによって与えられている。⑤諸人格は、ここではただ、互いに商品の代表者としてのみ、したがってまた商品所有者としてのみ、実存する」（S.99）。

これを整理すると、①物象にたいする生きている諸個人の関わり、②その意志行為としての交換、③諸個人の相互信認、④意志関係が法的関係をとる、⑤物象の人格化と人格の物象化、というように、五つのポイントがあげられよう。

第一章が商品という物象それ自体（価値の実体と形態）の分析をとおして、私的生産者たちの、したがってまた彼らの私的労働の社会的関係を析出したとすれば、この第一章と区別された第二章「交換過程」は商品所有者たちによる交換という意志行為をとりあげている。第一章における商品それ自体の分析では、各商品は価値と使用価値の二要因をもつこと、任意の二商品の交換関係においては一方の商品価値（「相対的価値形態」）が他方の商品（「等価形態」）の使用価値において現象する関係が明らかにされた。ところが、第二章における商品所有者の意志行為の分析では、「すべての商品はその所有者にとっては非使用価値であり、その非所有者にとっては使用価値である」（S.100）とされる。これは、私的所有者の所有欲求が私的交換および所有の動機となっていることを示すものである。新古典派経済学の源流をなす経済学者たちはここに効用価値論の根拠となる舞台を見出した。コモンズの取引価値論も同様である。しかし、それは、マルクスにおいては交換過程論としてはじめて視野に入ってくる問題である。

さらに、交換は、個々の商品所有者にとって、自分の欲求を満たすための「個人的過程でしかない」。ところが、自分の商品は価値としてどの商品とも交換可能だとする個々の商品所有者の主観的意図からすれば、「交換はかれにとって一般的社会的過程」である。これは、マルクスよりあとにコモンズが、個人的行為と社会的集合行為の関係として問題にしたものにほかならない。マルクスはここで、商品交換者の「社会的行為だけが、ある特定の商品を一般的等価物にすることができる」（S.101）として、特定の商品が排除され貨幣商品になることを相互行為によって根拠づけている。

仮に、商品交換者たちの相互行為だけで貨幣商品が選ばれるとすれば、何が貨幣として特定化されるかはどうでもよいことになる。そうではない。商品交換者たちの意志行為をいったん離れて、商品という物象それ自体の分析から一般的等価物に要求される諸性質を明らかにする分析（『資本論』第一章）が必要であった。

商品交換者たちの意志行為は、発展の程度は別として、法的関係という形をとる。この点は、第一節で見たように、マルクスより後で、制度派経済学者コモンズが着目したテーマである。もっとも、コモンズの場合は、交換では狭すぎるとしてこれを取引という行為に拡大し、経営や配分なども取引範疇に含めることで、経済と法律の接点を取引行為とその制御に求めたと考えられる。この点、マルクスは労働力商品の売買、資本家間の競争や信用をめぐる関係、さらに資本と土地所有とのあいだの土地をめぐる賃借関係などにおいて、商品交換の諸法則あるいは所有法則が適用されながら、それとは異質の関係が展開しているととらえていくのである。

以上のように、マルクスの商品分析は、一見すると新古典派経済学と同じように「交換の理論」から入っているようにみえるが、商品という物象の分析から私的生産者たちの労働をめぐる社会的関係にまで徹底的に分析を掘り下げたうえで、そこからさらに私的生産者たちの意志行為としての交換とその動機となる所有欲求にまで分析が及んでいる。したがって、マルクスの商品分析を交換の次元に引き戻して解釈したり改作したりすることは、その理論の最良の内容を失うことになることに注意を促しておきたい。

（6）効用と需要

では、マルクスは、商品価値と効用や需要との関わりをどのように把握したか。

まず効用については、商品がそれぞれ特殊な使用価値をもつことと、それが人間にとっての有用性を意味することはすでに見た。さらに、商品の所有＝交換者にとって自分の商品は非使用価値で、他人にとっては使用価値であることが、意志行為を扱う交換過程論で明らかにされた。

効用（der Nütz）は商品のもつ有用性（die Nützlichkeit）という意味ではマルクスによっても使用された用語である。「ある物の有用性はそれを使用価値にする。しかし、この有用性は商品体の属性に制約され、それなしには存在しない」（S.50）。しかし、交換過程において、所有者にとって自分の商品は「非使用価値」であるという表現は、事実上、新古典派経済学がいう「希少性」につながる。先に明らかにしたように、「希少性」とは物理的な意味の希少ではない。所有者の意識における所有欲の度合いを意味する用語である。したがって、商品所有者たちが自分にとって「非使用価値」である物、したがって「希少性」の少ないあるいはない物をお互いに交換することで、それぞれの所有（さらには支配）欲求を満たす度合いが高まると意識するのは当然である。しかし、そのことは、所有欲を満足させる度合いを価格と数量の関係で表わすことができるということとは別である。また仮に価格と数量（＝価額）で主観的満足の度合いを表示するとしても、その場合の価格はあくまで所与の条件であり、価格の本質的な諸性質を分析することにはならない[15]。

では、需要についてはどうか。

商品の使用価値が他人のための使用価値、社会的使用価値であることに対応して、商品を生産する私的労働は、互いに独立していながら自然発生的な社会的分業の一分岐として、有用労働として、相互に依存しあう。かれらの私的労働は、「一面では、一定の有用労働として一定の社会的欲求を満たさなければならず、そうして総労働の、社会的分業の、自然発生的システムの諸分岐として実証しなければならない」。マルクスは、このことを「私的生産者たちの頭脳が、かれらの取引（das Verkehr）、生産物交換において現われる形態でのみ反映する」としている。すなわち、「私的労働の社会的に有用な性格は、労働生産物が有用であり、しかも他人のために有用でなければならないという形態で反映する」（S.88）と述べている。このように、ある商品への社会的需要は、私的労働の二重の社会的性格の一つとして初めから考慮に入れられており、私的生産者たちの意識の上にも反映されるものと想定されている。したがって、マルクスが商品の分析において社会的需要を捨象したとする理解は誤解であり誤読である。

任意の二商品の交換関係において、それぞれの商品に対する社会的需要は前提されている。商品生産物の偶然的で不断に変動する交換比率をつうじて私的諸労働の社会的配分が行われ、「社会的に均衡のとれた限度に還元される」（S.89）というとき、それぞれの生産物への社会的需要は有用労働の社会的配分としてはじめから考慮に入れられているのである。

その結果、『資本論』は第三章「貨幣または商品流通」の「商品の変態」W―G―Wという形態変換を分析する際に、マルクスは社会的欲求に言及することができる。有名な「商品の命がけの飛躍」について述べているところがそれである。

「社会的分業は商品所有者の欲求を多面的にしている」。「商品は、新たに生まれた欲求を満足させようとするか、あるいはある欲求をこれから自力で呼び起こそうとする、ある新しい労働様式の生産物であるかもしれない」。労働が社会的分業の公認された一分岐であっても、それだけである商品たとえばリンネルの使用価値が保証されるわけではない。「リンネルに対する社会的欲求には、すべての他の社会的欲求と同じように、限度がある」。たとえば、市場にあるリンネルがどれも「社会的に必要な労働時間」を含んでいるとしても、「もし市場の胃袋がリンネルの総量を…正常な価格で吸収できないならば、それは、社会の総労働時間の大きすぎる一部分がリンネル織物業の形で支出されたことを証明している」。つまり、リンネルの総計は「余分に支出された労働時間を含んでいることがありうる」というのである（以上、S.120-122）[16]。

（7）商品交換の動機と利益

商品の価値概念からすれば、商品の消費は私的所有者の私的欲求の充足であるから、使用価値の獲得と消費は生産や交換の最終目的である。「商品の素材的な［使用価値的な―引用注］相違は交換の素材的な動機（das Motiv）である。商品所有者たちは誰も自分自身の欲求の対象を持っていないで、それぞれが他者の欲求の対象を持っているからである」（S.174）。

商品交換の理論において、マルクスは、「使用価値に関する限り、交換者が双方とも得をすることは明らかだ」と述べている。それは、「双方とも、自分にとって使用価値としては無用な商品を譲渡し、彼らが使用するために必要な商品を手に入れる」からである。

「しかも、これだけが唯一の利益（der Nutzen）ではない」としたうえで、マルクスはさらにつぎのようにのべる。「ぶどう酒を売って穀物を買うAは同一時間内に穀物農家Bよりも多くのぶどう酒を生産するであろう。また、穀物農家Bは同一時間内でぶどう酒農家Aよりも多くの穀物を生産するであろう。だから、両者が交換を行わずに、自分のためにぶどう酒や穀物を生産しなければならない場合に比べると、同じ交換価値で、Aはより多くの穀物を、Bはより多くのぶどう酒を受け取ることができる。したがって、使用価値に関しては、『交換は両方が利益を得る取引である』（デステュット・ド・トラシ、一八二六年）といえる。しかし交換価値の方はそうではない」（S.171-172）。

この事例は、リカードが外国貿易の原理としてとりあげた比較生産費説に類似している。分業による特化の利益である。しかし、「商品の価値は流通に入りこむ前にその価格に表現されているのであり、したがって流通の前提であって結果ではない」（S.172）。

このような生産関係にもとづく交換の動機と利益の分析からみれば、マルクス以後の新古典派経済学や制度派経済学の価値論は流通や交換からの利益あるいは取引上の交渉力から価値価格を説明しようとするものである。

そこにはマルクスが述べたように、「一つの取り違えが、すなわち使用価値と交換価値の混同がひそんでいる」(S.173)と言わねばならない。しかもマルクスは、両者をきちんと区別した理論家たち(メルシェ・ド・ラ・リヴィエール一八四六、ル・トローヌ一八四六)の正しい例と、両者を混同した理論家たちの例(コンディヤック一八四七、ニューマン一八三五)を引証し、この議論の学史的根拠まで明らかにしているのである。

商品の価値はその商品の流通や交換の前に生産され、取得されてから流通に現れ、交換される。その根拠は私的労働にもとづく私的所有にあり、その所有権が商品の価値として表現され、あたかも自然属性であるかのように意識される(「希少性」)。交換や取引の場では、その価値が他の商品の使用価値量で表現される交換価値になる。そこでは確かに、何らかの力で高く売ったり安く買い叩いたりすることができる。しかし、「このような偏差は商品交換の法則の侵害として現れる」(Ibid.)のである[17]。

最後に、制度派経済学が個人的行為を制御する集合行為を制度としたことについて述べておこう。マルクスにとって経済行為は関係行為であり、当事者たちの生産関係を表現し、実現する経済行為である。しかも、商品生産関係においては、「社会的生産過程における人間の単なる原子的関係行為(das Verhalten)」は、「かれらの制御やその意識的で個人的な行為(das Tun)から自立した、かれら自身の生産関係の物象的な姿態」(S.108)である商品＝貨幣形態において現われる。したがって、商品生産者たちの社会的＝集合行為は、その独自な生産関係とこれを表現する物象である価値、さらに貨幣をとおしてはじめて、さまざまな個人的＝原子的行為をその範囲内に制御できる。その制御が意識的または無意識的にであれ、さまざまな制約や慣習あるいは規範や法律としての形をとることは確かであるが、社会経済学はコモンズがいうような行為の科学である前に、関係の科学でなければならない。関係から行為への具体化は社会経済学にとって必要不可欠の課題であるが、その論理を組み立てるためには、再び本稿が採用したコンフィギュレーションの方法にもとづく作業が必要であろう[18]。

あとがき

マルクスが商品の価値概念を明らかにし展開している論理＝方法の特徴は、「古典派経済学の分析的方法」を、マルクスがヘーゲルから学んだ「発生的展開と叙述」の「必然的前提」として、さらに徹底させるところにあった[19]。何かある箇所で商品の価値を定義し、そのうえで他の諸契機を応用的に説明するという論法はとらない。この方法を理解しなければ、マルクスの価値概念を正確に、そして包括的にとらえることはできない。さらにいえば、価値論は資本概念の展開の基礎ではあるが、あくまでその系論の位置にある。したがって、私的労働と社会的労働、労働の二重性、使用価値、生産と流通、取得、交換価値と価格、効用、社会的需要、競争といった商品価値に関わる諸契機は、資本概念の展開とともに具体的な資本・賃労働関係の諸契機としてさらに展開されるものである。

本章は、制度派経済学コモンズの取引価値論、新古典派経済学の源流をなした効用価値論（より正確には希少性価値論）との対比において、マルクスの商品価値概念とその展開の内容や意義を明らかにするという方法を採った。マルクスの価値論それ自体については実に多くの批判や反批判、解釈がなされてきたし、近年もいくつかの労作が出されている。これらについて検討・批評することなく、先のような叙述方法を採用したのは、筆者の能力の限界もあるが、マルクス価値論をめぐる論争に立ち入る前に、経済学の主要な潮流と対比することにより、まずはその正確な理解が必要であると考えたからにほかならない。現代の新古典派経済学はすでに価値論を放棄しているが、あえてその源流の価値論にこだわったのは、そこにやはり現代の新古典派につうじるものを確認するためであった。マルクス以後のマルクス経済学を含むポスト・マルクスの経済学においても、マルクス価値論への批判と、マルクス経済学内部での論争はきわめて重要なテーマである。

先に述べたように、価値論はそれ自体として閉じた理論ではない。したがって、さしあたって、資本・賃労働関係の基本となる労働力商品の売買と使用（「賃労働」）の分析においてマルクスの価値概念がどのように展開されるかを検討しなければならない。さらに、剰余価値と資本の一般的概念を明らかにするところで、その価値概念がどのような意味で展開されるかを示す必要がある。賃金、価格、利潤の一般的関係を解くうえで価値論は不必要であるとする議論への同調、あるいは、あくまで交換の次元に限定し、労働の社会的性格という社会関係を分析しない価値論も登場している。しかし、生産の総体性にもとづく価値概念が必要不可欠であると説得力をもって明らかにすることは「現代経済学批判」の大きな課題である。(20)

注

（1）角田［二〇〇五］および［一九九二］を参照。

（2）「コンフィギュレーション理論とは、一つのスクールの理論による独占ではなく、従来の諸学派のさまざまな側面を組み合わせ、統合することで現代経済学の抱える深刻かつ重要な諸課題に接近しようとする指向を示すものでもある」（田中宏『EU加盟と移行の経済学』ミネルヴァ書房、二〇〇五年、二〇ページ）。

（3）コモンズ［一九五〇］は、経済学者の価値論が「過去費用」「現在快楽」「将来の契約強制」という三つの「歴史的要素」に分解したとも述べている（同書、第一一章）。このうち、第三の価値論は「価値の取引理論（negotiational theory of value）」（［一九五〇］p.147, 訳一六七ページ）といわれ、「将来の契約強制」は「現在の取引価値の将来への誘因」として説明されている。

（4）彼はこの遺著のなかで、制度主義についてつぎのような興味深い記述を残している。「機械化と（注：動物の）家畜化とによる人為的進歩について正しいことは、われわれが制度主義と名づける人為的進歩についても正しい。それは原始共産主義として始まった［注：この一節は邦訳書ではなぜか省かれている］。それは個々人を集合行為によってコントロールすることの進歩である。その個人における産物は『制度化された精神』と名づけられてきた」（［一九五〇］p.192, 訳二一七ページ）。

（5）コモンズは、制度経済学について、「問題はいま、先行する諸学派と絶縁して、『制度』経済学という異なる種類の経済学をつくりだすことではない。どのようにして、すべての多様性において、集合行為に経済理論全体を通して妥当な位置を与えるかということである」と述べている（[一九三四] p.5)。

（6）経済学における従来の交換という用語では、以上の売買と経営とのあいだにある区別を明らかにできないというのがコモンズの見解である（[一九三四] pp.65-66.）。コモンズの取引概念は、本書第一三章でとりあげたR・コースの「企業の本質」論（一九三七年）における「取引」費用概念につながる。

（7）メンガーによれば、所有権はこうした経済財の性格から生じるのであるから、社会改革は経済財の合目的的配分に向けられるべきであって、所有権そのものの廃止に向かうべきではないと言う。かれの主著は冒頭の財の規定からして私有擁護論であり、反社会主義的である。

（8）「経済学はロビンソン物語を愛好する」。マルクスがこの注記を付したのは『資本論』第一巻の第二版（一八七三年）においてである（Marx［1867］*MEW*, Bd.23, S.90)。なお、ついでに記しておけば、マルクスはコンディヤック（一七七六年）の長い文を引用し、かれは「使用価値と交換価値とを混同しているだけではなく……発達した商品生産の社会とすりかえて、生産者が自分の生活手段を自分で生産して、ただ自分の欲求を超える超過分、余剰分だけを流通に投じるという状態をもちだしている。それにもかかわらず、かれの議論はしばしば近代の経済学者たちによって繰り返されている」（S.174）と書いている。この批判はメンガーにもそのままあてはまる。

（9）ジェヴォンズの主著のタイトルがPolitical Economyであることは奇異に思われるかもしれない。彼はEconomicsという新名称が望ましく、本文においてはこの名称を使用し、Political Economyという旧い厄介な複合名詞はできるだけ速やかに解体されてしかるべきだと考えたが、「表題を変更することは明らかに望ましくなかった」（第二版序文、一八七九年）と弁解している。

（10）新古典派に生産の理論がないわけではない。しかし、その生産論は交換の理論から演繹された資本、土地、労働の用役からなる生産費説であり、マルクスのいう経済学的三位一体説にもとづいている。選択理論に基礎をおく交換論と、需給説、生産費説の批判は置塩［一九五四］［一九五五］を参照。

（11）Marx［1857］S.35, 訳四八ページ。これは「(経済学批判への）序説」（一八五七年）のなかの一文である。邦訳同ページに付された「訳注」によれば、「この包括的契機の弁証法とも言うべき方法は、ヘーゲルの『論理学』の「本質論」においてくわしく展開されている」とされているが、これはまちがいである。正確には普遍、特殊、個別の三契機からなる概念の弁証法というべきであり、ヘーゲル『論理学』では第三巻の「概念論」で展開されているものである。生産の総体性把握と概念展開の方法については角田［二〇〇五］さらに見田［一九六三］［一九七六］を参照されたい。

(12)『資本論』第一巻第七篇「資本の蓄積過程」のうち第二四章「本源的蓄積」を除く第二一～二三章の構成や読み方については、角田［一九七八］を参照されたい。なお、『資本論』現行版からの引用はすべて *Marx-Engels Werke*, Bd.23-25による。訳は大月書店全集版を参照し適宜修正しているところがあるので、原書ページのみを文中に記す。
(13) 外観（＝仮象）とは、本質から独立し、直接に（＝無媒介に）存立しているように見えるもの（あるいは見えること）をいう（角田［二〇〇五］六三ページ）。「資本家と労働者とのあいだの交換関係が流通過程に属す外観でしかない」とマルクスがいうのは、労働力商品の交換が資本制的再生産過程と切り離されてそれだけで存立しているように見えるという意味である。したがって、個々のミクロ的な交換行為や取引ではなく、生産の不断の流れと階級間の関係として見れば、「事柄はまったく違って見える」（Marx［1867］S.612）ということがここでの論旨である。
(14) 抽象的一般労働であること自体は「通歴史的に普遍的な事柄である。しかし、（中略）特殊な生産力と生産関係の…条件に置かれた抽象的人間労働を価値と定義するのである」置塩信雄［一九九〇］一七～一八ページ。
(15) Morishima［1973］pp.41-45, 訳四八～五三ページ。
(16) マルクスがこれ以上さらに商品価値と社会的需給との関連に言及するのは、『資本論』第三巻第一〇章「競争による一般的利潤率の均等化。市場価格と市場価値。超過利潤」においてであるが、この箇所の検討は本稿の課題と範囲を超える。ここでは、マルクスによる商品価値の概念のなかに社会的需要のモメントが含まれていることを確認すれば十分である。
(17) マルクスの分析では、商品の価値性格は特殊歴史的な生産形態の社会的な「思考形態」や「頭脳の産物」であるから、貨幣形態にまで発展した価格においても、「単に観念的な、または表象的な形態」（S.110）であることは当然である。債権と債務という貨幣関係が発展すると、価値は「私法上の貨幣請求権」（S.150）になることもマルクスは述べている。第一節でとりあげた制度派経済学のコモンズの取引価値論が着目したのはこの点である。
(18) 本書第一三章は不十分であるが、その一つの試みである。
(19) *MEW*, Bd.26, 491. *MEGA*, II, Bd.3, Thel 4, S.1498-1499. 邦訳『資本論草稿集』7、大月書店、一九八二年、四七七ページ。
(20) マルクスによる商品価値の概念的把握の内容はきわめて包括的であり、労働や効用に還元するだけの単純なものではない。筆者は近年のマルクス経済学における著作にたいする批評でそのことを痛感したので、参照していただければ幸いである。「書評　大西広『マルクス経済学』（慶應大学出版会）」『季論21』（本の泉社）第一八号、二〇一二年一〇月。「書評　石倉雅男『貨幣経済と資本蓄積の理論』（大月書店）」『日本の科学者』（日本科学者会議）第四八巻第一号、二〇一三年一月。

第一五章　抗争的交換と可変資本節約法則の展開

――ラディカル派社会経済学の労働過程＝労働市場論とマルクス――

一　ボウルズ、ギンタスの抗争交換理論

本章は、現代アメリカのラディカル派社会経済学者S・ボウルズ（Samuel Bowles）とH・ギンタス（Herbert Gintis）の抗争交換（Contested Exchange）理論をとりあげ、この理論をマルクスの「可変資本節約法則」の競争市場分析への展開として評価する。これによって、現代経済学としてのマルクス理論の一つの可能性を明らかにする。

ボウルズとギンタスは一九六八年に結成されたラディカル政治経済学連合（URPE:Union For Radical Political Economics）を代表するエコノミストである。長らくマサチューセッツ州立大学アムハースト校教授として、ポスト・リベラル民主主義の立場に立ち、人権と民主主義、学習と人間発達、さらに新たな平等主義を基礎におく新しい社会経済学の展開をリードしてきた（本書第五篇第一六章を参照）。かれらは、マルクスの経済理論から強い示唆を受けながら、R・ウォルフ（Richard Wolff）やS・レズニック（Stephen Resnick）の構造主義的マルクス経済学、J・ローマー（John Roemer）などの分析的マルクス主義とは異なる立場をとっている。また、マルクスの経済理論だけでなく、新・旧制度学派、ケインズ経済学、公共選択学派をも批判的にとりいれながら、主流派の新古典派経済学（広義）に立ち向かい、しかもこれと理論的に対話のできる新しい経済理論を築きつつある。その中心となる概念が、一九八〇年代後半以降に精力的に展開された抗争的交換である(1)。

以下、二．は、アメリカ・ラディカル派エコノミストによる資本制的労働過程＝労働市場批判を簡単にふりかえり、抗争的交換論にいたるいわば前史を明らかにする。三．は抗争交換理論の概要を検討し、四．はこの理論をめぐって行われたアメリカでの論争を紹介する。さらに五．は抗争交換理論をマルクスの「可変資本節約の法則」の競争市場分析への展開として積極的に位置づけ、評価する。

二　ラディカル派エコノミストの労働過程論

（1）ボスたちは何をしているか？——マーグリン論文（一九七四年）

アメリカ・ラディカル派エコノミストによる資本制にもとづく労働過程への批判としては、スティーヴン・マーグリン（Stephen Marglin）の論文「ボスたちは何をしているか？」が有名である。一九七一年に草稿の形で討論に付され、そののちに"RRPE（Review of Radical Political Economics）"第六号（一九七四年夏）に掲載されたこの論文は、資本制生産組織を特徴づける企業内階層制（ヒエラルキー）は搾取の手段であるとして、その起源を歴史的に検討したものであった。

マーグリンによれば、独立生産者たちの賃金労働者への転化は、「労働者の各作業が専門化されることの直接の帰結」であるとともに、資本家が労働者に渡す前貸賃金による依存（＝従属）関係の形成によるものであった（［14］pp.79-80. 訳一一三〜一一四ページ）。

しかし、これだけでは、労働者の具体的な作業プロセスの管理権はなお（熟練）労働者の手に残される。これを最終的に打破したのが「工場制度」である。多くの経済史家は工場の増大を大規模な機械のもつ技術的優位に求め、規律と管理を第二次的に扱っている。しかし、工場の成功の鍵は生産過程の管理権が労働者から資本家に移行したことにある。資本家による規律と管理は、「技術的優位がなくても」、コストの切り下げを可能にした。

いわゆる労働者の「不正行為」や「怠惰」はこれにより終止符を打たれた。工場制度が効率的であるのかどうかといえば、同一の労働投入量によってより多くを産出することよりも、労働規律によってより多くの労働量の投入がなされたのである。(2)

マーグリンは、こうした理解にもとづいて、企業におけるヒエラルキー組織の具体的機能の一つとして企業経営者の貯蓄行動をとりあげ、企業ヒエラルキーを正当化しているのは資本蓄積であると主張する。かれによれば、経営者はみずからの利益である経営権力、身分保障（任期の安定性）、威信や所得などのために、企業収益を留保し再投資を決定する。

（2）ボウルズとギンタスの社会的労働関係論

上のマーグリン論文を受けて、ボウルズとギンタスは一九七六年に『アメリカ資本主義における学校教育』（宇沢弘文訳）を著し、資本制経済とくにその労働過程に焦点をあて、リベラル派による教育改革の限界を論じた。そのなかで、ボウルズとギンタスは、資本制的労働過程を次のように把握している。

経済は人間を生産する。この人間生産の過程が、職場でも、学校でも、人間本来の要求によってではなく、利潤と支配という至上命令により支配されている。資本制経済にたいするかれらのきわめて単純明快な批判である（［2］p.53f. 訳Ⅰ九二ページ）。

アメリカの経済制度は、多数派を排除し、少数派を守りながら、多数派をこの少数派の影響に従わせるという、およそ民主主義的形態をもつ政治制度とは正反対の性格をもっている。これは、資本の原動力である利潤追求にその原因をもとめることができる。資本家的企業の全体主義的構造は、雇用者が利潤追求のために労働者を管理する手段である。経済権力の体制を安定的に維持するための最大の手段は、生産過程自体を組織化することである。そして、この秩序を正当化するイデオロギーが受け入れられ、これが日常的体験を通して確認され、同時に、支配される人びとが互いに無関心な、あるいは対立的な階層に細分化されるような社会関係の構造をもつことである。

経済制度の分析では、「市場と所有関係」と「労働過程の社会的関係」、そして経済の「不均等な発展」の三つを考察しなければならない。ここでは、社会の諸個人を、生産過程への関わり方が共通な人間集団である「階級」に位置づける必要がある（［2］p.67. 訳Ⅰ一一五ページ）。

マーグリンが書いたように、技術や効率性と企業内ヒエラルキーとの関係は単純ではない。労働疎外やヒエラルキー的分業は、現代技術の必然的帰結ではない。工場制度が出現する意義は、それがもたらす有効な管理にあった。中央集権的な管理体制の導入によって効率優先のために職務の細分化と定型化がすすめられた。こうして、「雇用主が利潤追求に無関心な労働者からどれだけの成果を引き出し、労働者全体の力を弱めるために労働者の団結をどこまで抑えたりすることができるか（分断統治）によって利潤がきまる。ヒエラルキー的分業は、経営者による管理を最大限にし、職務と責任の細分化によって労働者の事後責任を高め、労働者間の安定した同盟の発展を妨げる」（［2］p.83. 訳Ⅰ一四四～一四五ページ）のである。

要するに、ボウルズ、ギンタスによれば、雇用主による仕事の編成と採用の基準のなかに権力と技術が同時に組み込まれている。社会的生産関係の階級的基礎に分析の焦点を当てないかぎり、権力と技術のどちらも十分に理解することはできないのである。

この点について、かれらは、自身の経済理論を次のように説明している。

われわれの分析は、利潤最大化を技術的効率性と同一視する通例の企業理論からは乖離している。このような伝統的な理論の誤りは、賃金と労働の交換を、他の経済的交換と対称的に同一視する点にある。雇用主と被雇用者の関係は次の点で他の経済的交換とは異なる。すなわち、もし労働者が、契約について（例えば時間通りに仕事にでてくるというような）法律的に拘束されるような側面だけを守るのであれば、生産はほとんど行われなくなるだろう。したがって、内部的な生産組織は、個々人が生産し、個人の志望と自覚が生産のヒエラルキーに合致するべく抑えられるように動機づけられ、労働者を互いに分断して、経営にたいする総体的な力を弱らせるようにデザインされていなければならない。要するに、賃労働制の契約を完全な形に保つためには、外部ではなく、当事者の権限の範囲内でそれが守られるようにしなければならない。このようにして、企業の理論に権力の問題が入ってくるのである（［2］p.312. 訳Ⅰ二七〇ページ）。この点が、本篇第一三章でとりあげたR・コースの企業論との最大の違いである。

ボウルズ、ギンタスによる経済的不平等の構造の分析は、労働過程の分析と併行している。ボウルズらはいう。「アメリカにおける不平等の根源は階級構造と性的、人種的な権力関係にみいだすことができる」。「学校教育の制度もこのような特権構造を永続させる役割を果たしているいくつかの制度の一つにすぎない」（［2］p.85. 訳Ⅰ一四七ページ）。

前述した労働の社会的関係の違いは、支払われない家事労働者と雇用労働者とのあいだの経済的不平等をもたらす原因でもある。家庭内での仕事と経済的報酬とが分化するのは、性にもとづく分業を反映したものであって、男女間、成人と子供の間の権力関係によって左右される。家庭内で成人男子が優位を占める原因は、一部は、伝統に支えられ、法律的な差別により強化された慣習的な男女の役割に、一部は、資本制経済特有の労働市場の階層区分に起因する成人男子の賃金的独立性の優位に求めることができる。家庭内の不平等は、資本制経済の（そしてほとんどの他の経済の）普遍的、中心的な特徴ともなっている」（［2］p.89. 訳Ⅰ一五三〜一五四ページ）。

アメリカ社会における不平等は「労働過程の社会的関係」に関連している。不平等は、社会的労働関係におけるヒエラルキー的分業制に組み込まれている。権限、威信、責任の相違に応じた企業内賃金格差、職階と昇進の性格による不平等などがそれである。そして、これらの特性に応じて労働者に要求される性格特性と意識形態が、企業内ヒエラルキー秩序への労働者の統合を容易にする。人種、性別、年令、学歴、年功にもとづく給与政策は、雇用主が利潤を追求するために労働者を管理する手段として用いられている。

このように、ボウルズ、ギンタスによれば、教育「問題の根源にある」のは資本制経済である。資本制経済の分析は、垂直的なヒエラルキー的分業における経済権力、技術のもつ権力的性格、さまざまな社会的不平等の経済的意味と社会的機能とを明らかにする。

しかし、この時点におけるボウルズらの研究は、リベラル派による教育改革の失敗の意味を明らかにし、教育の経済的意味を明らかにすることを課題とするもので、資本制経済における諸関係を経済理論そのものとして体系的に展開したものではなかった。このことは、一九八五年のボウルズ論文［1］においてまず明らかにされる。

つぎに、このボウルズ論文にはじまる抗争交換理論の概要を検討する。

三　抗争交換理論

(1) マルクス経済学のミクロ的基礎

抗争交換理論の起点となったボウルズ論文［1］は、一九八五年の全米経済学会（AEA: American Economic Association）機関誌「アメリカ経済学評論」（American Economic Review）に掲載された。この論文の掲載について、ロビン・ハネル（元アメリカン大学教授）とマイケル・アルバートはつぎのように書き記した。

「ボウルズ論文が掲載された時、アメリカ経済学評論誌（AER）は、一〇年以上に及ぶラディカル派〝コンフリクト理論〟の無視をやめたのだ。この論文は、コンフリクト理論の論理を簡潔に説明し、伝統的な経済学者にもなじみある用語で議論を提供した」（［12］pp.42-43）。

では、抗争交換理論の核心をなす「労働過程および労働市場論」に焦点をあて、そのエッセンスを紹介しながら検討をすすめよう。

ボウルズは、本論文の冒頭で、論文の意図をつぎのように説明した。

主流派経済学では近年、企業の内部組織への関心が高まっている。単純なワルラス・モデルにおいては、企業は費用最小化過程における投入—産出関係として表現され、企業の内部組織の研究はなされない。これにたいして、R・コースの「取引費用論」および「新制度学派」の立場を鮮明にしたO・ウィリアムソンの「企業の階層制論[3]」、その他「内部労働市場論」や「団体交渉論」の分析がある。しかし、コースらのモデルによれば、企業の内部組織は、結局、労働者による一連の不正な行為、すなわち「なまけ」やフリーライダー問題に対応するものであり、企業内階層制が個人の利己心と集団的利害との調整手段として合理化される。これはちょうど、市民革命の時代に国家を利害調整手段として説明したトマス・ホッブズに対応するものである。したがって、こうした立場を「ネオ・ホッブシアン」と名づける。

これにたいして、マルクス・モデルは、生産過程の分析および市場あるいは競争の分析にとって、生産手段の所有と、この所有が生産過程において可能にするところの支配命令（command）関係が根本的なものであると主張する。

ボウルズの研究課題は、まず、マルクスによる「労働と労働力との区別」にもとづき、「資本による労働者からの労働の抽出」をいっそう具体的に展開すること、その際、「現代マルクス主義者の貢献を統括することができるような、単純で一貫したミクロ経済学的枠組みを提供すること」（[1] p.18）に設定された。

この「マルクス経済学のミクロ的基礎」という表現については、ボウルズ自身、「ミクロ」の意味を説明しているわけではないし、主流派経済学のように、マルクス経済学を「ミクロ」と「マクロ」に分割することを提唱したわけではない。この場合は、いわば各種市場における交換当事者相互の関係（ただし市場におけるいわば水平的な競争関係だけではなく、垂直的な支配命令関係をも含んだ意味合いでの関係）を表現するものとして「ミクロ（経済理論）」という表現が使用されているものと思われる[4]。

(2) 抗争的交換の意味

―経済権力の所在と強制関係の「証明」および交換に内在する政治性の表出―

マルクス的モデルの特徴は、単なる市場での交換や、物理的な投入―産出関係ではなく、これと区別される企業内の支配命令という社会関係を扱うことにある。したがって、異なったモデルの構成が必要である。そこで考えられたのが、ボウルズらの「抗争交換モデル」である。

この場合、「抗争的交換」は、労働交換モデルに限定されるわけではない。抗争的交換は労働力からの労働の抽出よりもさらに普遍的な内容を意味し、労働市場とともに資本市場の問題を包括すると考えられるからである(［5］p.61)。しかし、ここでは主に、労働市場と労働過程に焦点をあて、［1］のあとに発表されたボウルズ、ギンタス論文を中心に紹介・検討する。

かれらはまず、「抗争的交換」の普遍的意味をつぎのように説明している。

「AとBのあいだの財またはサービスの交換において、A(=買手)にとって価値があり、B(=売手)にとってはコストがかかり、しかも強制可能な契約において完全に特定化されない属性をもつとき、(これを)抗争的交換とよぶ。この場合に、交換の事後的内容は、抗争される属性の望ましい水準をBに強制するためにAによって制度化される監視と制裁の機構により決定される」(［7］p.332)。この定義の最後の部分は、「内生的契約強制の手段としての監視と制裁」を意味する(［7］p.329)。これを労働市場における交換にもとづく資本制的労働過程にあてはめて説明すると、以下のようになる。

資本制生産過程では、ボスによる監視と、解雇の脅しを含む管理体系によって、労働者から労働が抽出される。この場合、実際の労働努力(labour effort)の水準は契約では保証されていない。なぜなら、このような水準をあらかじめ具体的に契約のなかに書き込み、約束させることは不可能だからである。したがって、雇用者と労働者の取引の中心は、契約においては解決されない実際の労働の分量と強度をめぐる利害の争いにある。この意味で、この種の交換を抗争的交換というのである（［5］p.61）。

「われわれの主な主張はつぎのことにある。資本制経済におけるもっとも重要な交換は抗争的であり、こうした交換においては、内的強制が、結託がなくても、あるいは完全競争の他の障害がなくても、自発的参加者のあいだの、明確に定義される一連の権力関係を生じさせる」（［6］p.167）。「抗争的交換」という場合の「抗争」の意味は、労資のあいだの交換が単に「競争」的であるというのではない。そこには、利害の相違と契約内容の実行における不確定性にもとづく明確な強制、権力関係と社会経済的争いがある。また、これは単なる「闘争」的な関係ではない。労資のあいだの賃金や雇用をめぐる現実の闘争は、この交換の抗争的性質から生じるのである。こうした理由から、"Contest"は「抗争（的）」と訳すのが適切であると考える。

このような抗争的な（私的）契約を外生的に強制するための道具として、「不確定な（偶然的な）更新」が中心的な位置を占める。すなわち、雇用契約において、引き続き雇用されるかどうかわからないという状況が、雇用主と被雇用者のあいだに一種の強制関係、権力関係をもたらすのである。しかし、それが効果的であるためには「強制レント」の提供が必要である、とかれらはいう（［4］p.147）。項をあらためて、このことを説明しよう。

（3）均衡賃金、労働努力と非自発的失業の存在。抗争交換における競争均衡の決定論

労働者が期待できる最低賃金水準（wmin）を「フォールバック（＝頼みの綱的あるいは代替的）賃金z」（［9］ch.10ほか）とよぶ。これは、失業時の見込み収入（失業保険、別の仕事による収入など）の現在価値によって決まる。すなわち、失業費用＝（週賃金－失業保険給付）×失業継続期間、である（［9］pp.362-363）。賃金水準がv（w）＝zであれば労働者に失業の脅威がない（ことに等しい）ので、労働者は資本家の望むような「労働努力e」（分量）では働かない。この賃金水準が、新古典派理論がとらえる「完全雇用」に合致する均衡賃金率である。

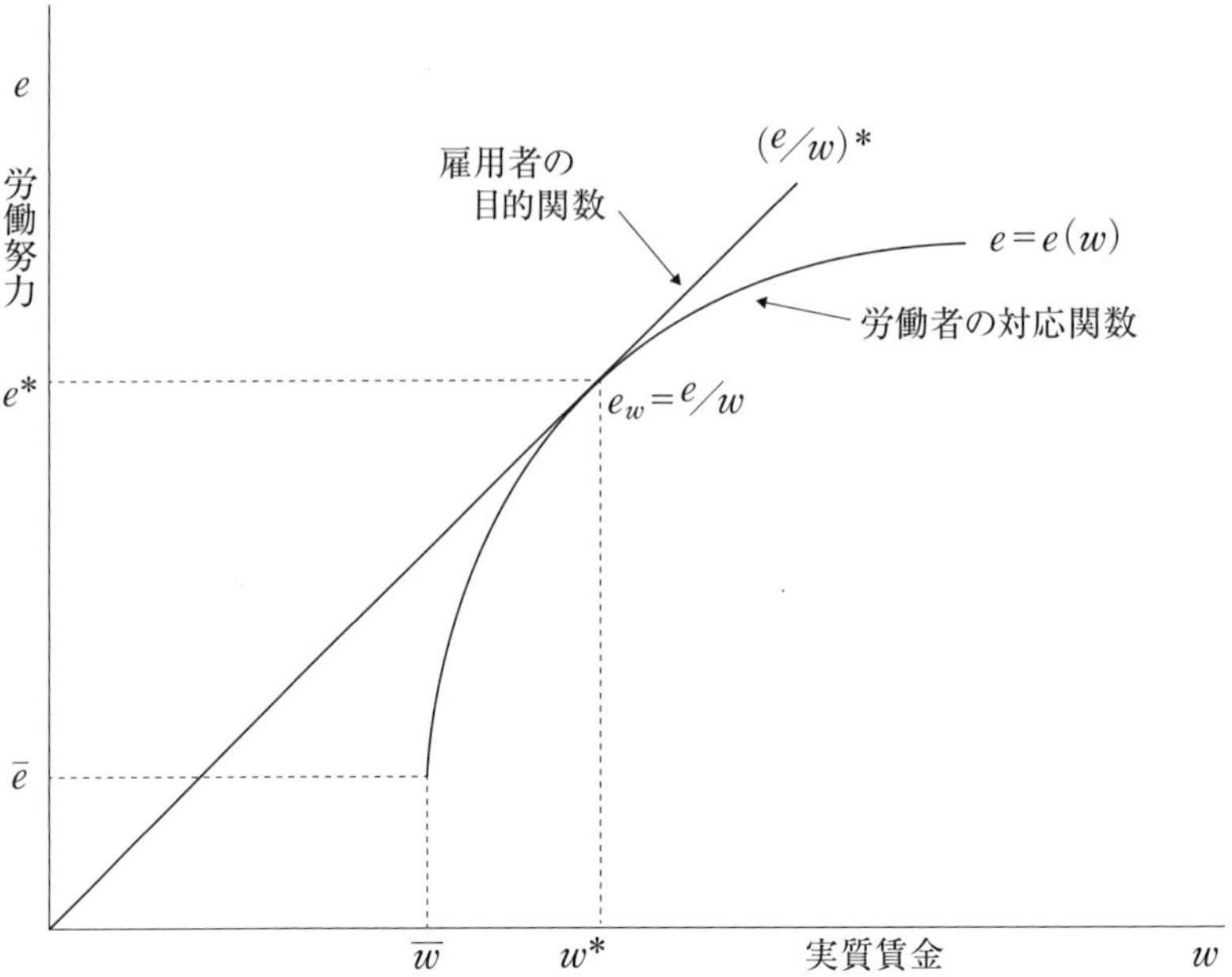

図1　最適賃金と労働強度

したがって、解雇の脅しは、賃金v（w）＞zにおいてのみ効果的である。この差額を「失業費用」あるいは「雇用レント」とよぶ[5]。

資本家は労働者にたいしある水準の労働努力（e min）を求め、この水準以下の努力では解雇されることを労働者は知っているものとする。ここで最低賃金と最低努力水準の関連づけがなされる。

資本家は、労働者から最低の労働努力より以上の労働努力を抽出するために最低賃金をこえる賃金水準を支払い、それによるプラスの失業費用（雇用レント）の支払いと、それによって引き出される労働努力に伴う利益とをバランスさせるように行動する。また労働努力水準上昇のための監視機構とそのための費用をも支払う。

他方、労働者は、追加的な労働努力による限界不効用と、より高い賃金（雇用レント）を受け取ることのトレードオフによって、どれだけハードに働くかを決めるような行動をとる。

そこで、資本家による労働抽出関数e＝e

（w）は、図1のように決定される（［6］p.180 および［9］p.196 を参照）。

この図において、資本家は、e／wの最大化すなわち単位労働費用最小化をもとめる。e／wが最大となる点が「単位労働費用 unit labour cost」の最小となる点であり、これが「最適賃金」あるいは「均衡賃金」である。

それだけではない。資本家としては、監視や制裁の機構を使ってこの曲線を上方にシフトさせようとするし、労働者は共謀してこれを引下げようとする。また、当然、フォールバック賃金率（z）をめぐる社会的争いが展開され、この水準が失業率および失業保障に関係する。つまり、労資間で展開される闘争はe／wの傾きとzをめぐるものとなる。

さらに、均衡賃金が最低賃金を上回っていることは、非自発的失業、あるいはより望ましくない状態で雇用される労働者の存在を意味する。資本家はe／w最大化のために最低賃金での完全雇用を拒む。なぜなら、それが現役労働者に対する解雇の脅しによる効果的な労働強制手段となるからである（［6］p.182,［9］chap.10を参照）。

以上の理論的枠組みにより、完全競争市場における労働市場の不完全性を証明することができる[6]。

（4）「内的要求強制」の経済学――ショートサイドの権力と富

抗争的交換が行われる市場においては、一方の担い手は、契約の更新を不確定にし、量的制約をうけずに契約の相手に対して権力をもち、それを自分の利益になるように行使することができる。これを市場の「ショートサイド」の担い手およびショートサイド権力とよぶ（［6］p.183）。これにたいし、労働の供給者と、労働取引に失敗し市場の外に配置される者はともに「ロングサイド」の担い手という[7]。契約当事者である両者のあいだには、内的要求強制が存在する。これは、国家など第三者による規制を伴う「外的要求強制」にたいして、契約当事者たちのあいだの「内的な要求強制」を対置することになる（［6］p.167）。

労働者の間の分断や支配（人種や性、長期契約と内部労働市場）の要因として考えた場合、この経済権力は、何らかの起源による社会的差別が競争する企業に低賃金の利用と利潤増大という利益をもたらし、労働者にたいしてはかれらの団結を困難にし、労働者による「非労働戦略」を停止させることになる。

さらに、ここから、利潤極大化にもとづく資本家的技術選択は必ずしも効率的ではない、という結論を導くことができる。すなわち、資本家が単位労働費用（ulc）を最小化しようとするとき、分母にあたる効率性（e）と労働努力（強度d）の二つの要因を考えると、第一の例としては効率性（e）を低下させても強度（d）をそれ以上増大させるような技術、第二の例としては効率性（e）を低下させても、低技能化により交渉力の弱い低賃金（w）で労働強度（d）のより小さな労働者で単位労働費用を低下させることができる。これら二つのケースが生じる主な理由は、抗争交換理論が前提しているように、購入される労働時間と実際の労働量との違いということにある（[9]）。

（5）資本市場における抗争的交換と階級、階層、所有および権力

ボウルズとギンタスは、さらに、抗争交換理論を資本市場にも及ぼし、そこから資本主義社会における階級、階層、所有および権力の問題を解く鍵をみつけようとしている。

まず、資本市場における資金の貸し手はその借り手にたいし、あるいは企業の所有者は経営者にたいし、それぞれ前者（貸手、所有者）の利益になる行動をするように、後者（借手、経営者）の行動の監視および必要な場合の制裁を行う。契約の更新は、借り手または経営者の行動が貸し手または仕事の提供者の満足するようなものであるかどうかによる。すなわち、ここでも「不確定な更新」が大きな役割を演じる。資本市場と、先にみたような労働市場とのあいだの大きな相違点は、借り手の担保物件（富）の存在にある。

「富の所有は抗争交換市場におけるショートサイドの地位にかれらを配置することによって、その担い手に力を与える」（[6] p.192.「命題5」）のであって、富の所有が無媒介に経済権力をもたらすのではない。

矢印は権力が行使される方向性を示す。

資本市場：　貸手 ──> 借手　｜　信用の制限
（A）　（B）　（C）

経営者市場：　所有者 ──> 経営者　｜　仕事の制限
（A）　（B）　（C）

労働市場：　雇用者 ──> 被雇用者　｜　失業または仕事の制限
（A）　（B）　（C）

（A）はショート・サイダーを表す。（B）は取引を行うロング・サイダー、
（C）は取引に失敗するあるいは次善の取引を強いられるロング・サイダーである。

図2　抗争的交換：ショートサイド権力と階級カテゴリー

資本市場においては信用供与関係にある「貸し手と借り手」が「富める者」である。かれらはともに、経営者市場においては「所有者」として経営者にたいしてその権力を行使し、経営者に仕事を与える。また、「所有者」と「経営者」の両者はともに、労働市場においては「雇用者」として立ち現われ、「労働者＝被雇用者」にたいしてその権力を行使し、仕事または失業を割当てる（［6］p.196）。この関係を図に表わしたのが、図2である。

このなかで、「経営者」は、所有はしないが権力をもつ。これにたいし、自営業者は、所有するが権力をもたない。したがって、「富の所有は、ショートサイド権力の保有にとり必要でも十分でもない」のである（［6］p.198：命題9「富と権力の非対応性」）。

さらに、所得分配についていえば、所得分配は、均衡状態にあっても清算されない市場における競争的交換によって決定される。遍在する強制レントが不平等の主要な源泉である。その利益は経済と国家の両方における集合行為によって得られる（経済における政治的関係）。だから、たとえば反差別政策や完全雇用促進による平等のプログラムは、利益の再配分を効果的にしうる。富の平等化はおそらくより平等な所得分配を普遍化するだろうが、それ自体によって経済の政治的構造を変えられるものではない。ボウルズらはこれにもとづいて、所得分配が不公正であれば、資産の再分配あるいは社会化をすればよいという議論は的外れだという。これは、新

古典派およびJ・ローマーへの批判である（［6］pp.200–202）。

（6）ポスト・リベラル民主主義における経済民主主義と民主的企業システムへの展望

抗争交換アプローチは、資本家的所有の転換と、労働者所有による企業の管理および民主的管理を支持し、「交換が抗争的であるような市場」にたいする社会的規制の根拠を示す理論である（［6］p.309f）。

ボウルズとギンタスは、一九八六年、『民主主義と資本主義：所有、協同体、現代社会思想の矛盾』（［3］）を著し、資本主義的なリベラリズムにたいして、ポスト・リベラル民主主義を対置した。そこでは、資本主義と民主主義が対立するルールであることを明らかにしたうえで、人民の主権が学習と歴史を統治する新しい社会ビジョンを提起している。かれらのいう経済民主主義論の詳細は本書第五篇第一六章でとりあげる。ここでは抗争交換理論との関連で「民主的企業」に関する議論に簡単に触れておくにとどめる。

経済民主主義は、民主的な関与の増大、社会的互恵性の平等な形態によって、社会的な衝突を弱めるであろう（［3］p.203）。そこでは、労働の場における民主主義、民主的経済計画、資本への共同的アクセスという社会的責務が明確になる。そのなかで、民主的企業の経済的優位性として、雇用者への所有権の再分配と、その大きな効率性が指摘される（［4］p.149）。その保証は、民主的な労働現場における参加と学習、発達によって、その担い手たちが効率的な生産を行うことにある。他方、経済的に不利な条件としては、所有財産の規模が小さいこと、労働者所有・管理企業にたいする金融市場の忌避、さらに所有財産を失うことになる危険負担行為に対する労働者の側の慎重さ、があげられる（［9］ch.11）。

抗争交換理論の概要は以上である。抗争交換理論の中心は、いわばミクロ的な労働過程＝労働市場分析の理論である。これがどのようなマクロ的な議論と結びつくのかという点について、ボウルズは、レギュラシオニストであるR・ボワイエと共同論文を著し、「ケインズ的総需要分析と労働過程分析の暫定的総合」を意図したものと述べている（[10]）。抗争交換理論にもとづく資本蓄積の型の分析、あるいは総需要と総供給との関連などについては別途検討しなければならない。さしあたりS. Bowles et.al., *Understanding Capitalism*, 3rd. ed., Part 4を参照することができるが、ここでは検討対象外とする。また、抗争交換論の背景となっているボウルズとギンタスの新しい社会観、思想、経済分析の方法などに関する検討は次篇第一六章にゆずる。

つぎの四．では抗争交換理論に対する批判とこれにたいするリプライの要点を紹介しよう。

四　論　争——批判と反批判

（1）批判と反批判——その1

抗争交換理論は、主流派ないし正統派である新古典派経済理論への批判を含む。

ボウルズらによれば、新古典派経済理論は公的領域すなわち国家と政治と、私的領域すなわち家族と私的企業とを分割した図式に立っている。私的（交換）領域において経済権力は不在とされ、したがって私的領域における社会的責任性は欠如させられている。それは、①所有（資産）の中立性、②支配の無関係性、③市場交換の効率性、という三つの誤った前提にもとづいているからである。さらに、新古典派経済理論においては、競争的均衡における非自発的失業が否認される。労働市場における差別もまた非効率だとして否認されるが、これらは物事の一面すなわち経済の水平的次元である市場における競争しか見ない議論であり、経済の垂直的次元である支配命令関係を看過したものである。

また、新古典派経済理論において一種のブラック・ボックスとなっていた企業論を、新制度学派は非市場交換的関係としてとらえた。しかし、かれらの企業論では、企業内の階層的支配構造は「機会主義」や「不正行為」から生じる「取引費用」の節約として擁護される。ボウルズらによれば、この議論は、抗争的交換のホッブズ的解決の合理化である（［1］［3］）。

抗争交換理論はラディカル派エコノミストのあいだでも議論をよびおこし、いくつかの重要な論点が提起されている。ここでは、一九九〇年に『政治と社会』誌上で交わされた批判とリプライを紹介しよう（以下、［6］所収の論稿による）。

まず、D・マクロスキーは、ボウルズとギンタスの抗争交換理論は旧き良きシカゴ学派の「取引費用」論と同じであり、「黒板の経済学」ではないか、という高踏的な批判を行った。マクロスキーは、結局、市場の抗争的性格を、交換における摩擦（フリクション）であるとしかみない。市場のフリクションに関する伝統的な理論においては、失業をともなう均衡もショート・サイド権力も理論的に支持しない。コースら（そのほかG・ベッカー、アルチアン、デムゼッツなど）は非市場的な相互作用に関して新古典派の静止的な分析を拡張したが、抗争交換理論は、市場交換の部面においてさえもそうしたことは起こらないということを議論するものである。

第二の批判的論点は、競争論についてである。J・R・ボウマンは、抗争交換アプローチが完全競争の仮定を受け入れたことで、生産物市場や資本市場における資本家同士のあいだの積極的な競争と、それが労働市場に影響する論理とが不十分になり、資本家はたんなる価格の受手（price taker）になってしまっているのではないか、との批判を行った。

これにたいし、ボウルズとギンタスは、生産物市場における抗争交換モデルの拡張可能性について応えて、それが消費財市場において成り立つことを論じている。消費者が企業を「切り換える力 the power to switch」による消費者主権は、消費財市場が競争均衡において清算される場合には存在しないが、企業が慢性的過剰供給により非価格競争を展開せざるをえない状況においては、財の非契約的側面である品質について消費者の嗜好に迎合せざるをえないために、消費者主権が成立するという。もちろん、消費財市場は、富の平等な配分がある度合いに応じてのみ、消費者主権の力が平等に配分されるのであり、資本制経済社会における富の配置はこの点で批判可能なものである。

第三に、E・O・ライトとM・ビュラヴォイは、労働努力を引き出すメカニズムは抗争交換論が想定する監視・制裁モデルだけでは不十分であるとする。かれらは、行動における服従の関係としては、単なる支配関係だけでなく、資本家の「ヘゲモニー」を含む非対称的相互関係の論理が、また、行動における認知メカニズムとしては、戦略的合理性とともに非戦略的な行動と評価の基準が必要であるという。また、かれらは、進んだ資本主義国では、単純なボスによる監視と制裁という手段よりも、労働者による集団的な自己監視メカニズムの方がより効果的であるという現実を説明する必要がある、と述べている。

ボウルズとギンタスはこれに応えて、ライトたちの「強制と同意」の関係についての議論の多くは有益であることを認める。しかし、ライトたちは、抗争交換モデルにおける同意の重要な役割を誤解している。抗争交換モデルにおいて、労働者は報酬、制裁、監視の体系に対応して労働努力の水準を選ぶ。それはまさに、労働者の戦略的合理性を分析する一つの方法である。さらに、解雇の脅威は無力でも、相対的に重要でないのでもない。仕事を失うコストは実際に相当なものである。また、企業における所有者と労働者との共同利益は、抗争的交換の枠組みにおける雇用レント（失業費用）を規定する労働者の状態、すなわち失業持続期間と賃金にたいする失業保障の水準に依存する。労働者の相互監視もまた、労働抽出関数のシフトとしてとらえることができる。

(2) 批判と反批判――その2：「権力と所有」

抗争交換理論にたいする重要な批判の論点に、J・ローマーによる「権力と所有」をめぐる批判がある。ローマーの批判は、ボウルズとギンタスのいう「ショートサイド権力」が、ひとつは政治過程をつうじた国家の政策のコントロール、もうひとつは学校やマス・メディアを通じたイデオロギー支配、この二つの大きな資本家の力を説明できないから資本家の力の本質をつきとめられない、ということに向けられる。

ローマーによれば、資本家の力は富や生産的資産のコントロールに起因するものであるにもかかわらず、ボウルズとギンタスの説明では所得分配や階級が富や生産的資産と相関関係をもたないものになっている。ローマー自身も、富の平等的な再配分（people's capitalism?）だけで は資本家の力を廃棄するうえで十分ではないと考えるが、ボウルズとギンタスは人びとの内的な特質が問題だと考える点で誤っているという。

ローマー自身による階級と搾取の説明によると―これはボウルズたちが「ポスト・ワルラシアン」とよんだものであるが―、生産的資産における富の私的で不平等な配分自体は、労働契約が完全に描写でき、コストなしに強制できるものであっても、経済の担い手たちにある種の最適状態と経済的均衡をもたらす。その意味で、階級構造と搾取の存在は労働と賃金との交換が「抗争的」であるという事実（抗争的だという現実は不可欠だと認めたうえで）に依存しない。ボウルズたちがローマー・モデルを批判するさいに、そうした「明白に非現実的なモデル」においても階級と搾取が内生（因）的に発生するというローマーの主張に挑戦していない。これがローマーによる批判である。ローマーは、「抗争的な労働交換」がなくとも「差別的な所有」があれば「階級と搾取の構造」は存在しうると考える。その点で、ローマーのモデルの方がボウルズ&ギンタス・モデルよりシンプルであるから、証明の義務はかれらのほうにある、というわけである[8]。この批判にたいするボウルズとギンタスのリプライは、つぎのようなものである。

ローマーの議論は、非清算的市場における担い手のショート・サイドへの配置にもとづく制裁権力が現実に存在することを否定はしないものの、この事実が資本制経済システムの機能にとって本質的ではないと考えるものである。「マルクス的意味における階級構造と労働者の搾取とは、労働と賃金との交換が抗争的なものであるという事実に依存しない」というのが、ローマーの言明である。しかし、われわれ（ボウルズとギンタス）の目的は、搾取のみならず支配の理解にある。したがって、問題は、ローマーが強調する富の分配とわれわれが考える抗争との関係にある。

失業、労働の資本への従属、人種その他の差別のないローマーの仮説上の体系が、資本制経済の現実の歴史を説明するうえで十分であることを示す責任は、ローマーの側にある。かれの議論は富の影響を強調するが、雇用主が行使する権力についてはほとんど不明である。経済におけるショート・サイド権力の独立の重要性を拒絶するだけでなく、資本の国家権力もそのイデオロギー的影響のいずれも、経済取引におけるショートサイド権力に起因しないということを示唆し続ける。しかし、資本の国家にたいする権力が、投資およびそこから間接に雇用にたいするコントロールに関連することは明白である（資本のストライキや資本逃避など）。同様に、資本のイデオロギー的権力は、労働市場が決して清算的ではないという事実にもとづいているのである。

抗争交換理論の「目的は、権力が所有よりも重要であるというのではなく、強制と同意のように、それらが相補的で互いに重要であると主張することである」（［6］p.302）。

付論すれば、ボウルズとギンタスは、われわれとローマーとの相違は民主的左翼の前進する道に関する違いに由来するのかもしれないと述べている。ボウルズとギンタスは、資本制経済体制批判の中心はその非民主的性格におかれるべきで、左翼的対案は何よりも労働現場の民主主義と投資の民主的責任を受容するべきであると主張する。「抗争交換と民主的左翼」あるいは対案戦略の問題はあらためて検討する必要のある重要課題である。

五　抗争的交換と可変資本節約法則

（1）抗争交換理論が提起したもの

従来、ラディカル派経済学には、「グループ内部の多様性を反映して、いまだ一つの体系ないし学派と呼ばれるべきものはできあがっていない」（都留編『岩波・経済学小辞典第二版』一九八七年「ラディカル・エコノミクス」）、あるいは「一つの体系ないし学派と呼ばれるべきほどのまとまりをもつにはいたらなかった」（同上第三版一九九四年、新版二〇〇二年）、とする評価があった。しかし、三節でその概要を示した抗争交換理論は、ラディカル派社会経済学の旗手ボウルズとギンタスによって提起された一つの新しい理論体系にほかならない（これが『民主主義と資本主義』［3］の刊行と同時に展開されはじめたことは注意すべきである。あわせて、一九九〇年代半ばまでのラディカル派社会経済学の概要については角田（一九九五）（一九九七）を参照していただきたい）。

「資本主義の社会経済学のための新しいミクロ理論的基礎」をなす抗争交換理論は、マルクス『資本論』の理論構成をそのまま踏襲していない。しかし、同書の「資本と労働（力）の交換」理論につよく影響され、「マルクス的モデルの根底にあるミクロ経済学的論理を展開」（［1］）したものである。また、新古典派およびその他の政治経済学において展開されてきた手法に即して、しかもそれらに代わる理論モデルを提起している。それは、O・ランゲ、森嶋通夫に代表される「現代マルクス経済学」派における権力性や強制関係を欠く「ワルラス的一般均衡論」とマルクス理論の結合、あるいはローマーのいう「資本制経済の一般均衡モデル」にたいする批判をも内包している（［6］p.168f）。

わが国のマルクス経済学界では、ボウルズらの理論は、「ＳＳＡ（社会的蓄積構造）学派」あるいは「コンフリクト理論」の名で紹介されていることが多かった。上にみたように、抗争交換理論の中心は「雇用関係」の理解にあり、産業予備軍の存在を組み込んだ資本—賃労働関係の理論として、いわばマクロ的な資本蓄積論の基礎理論になるものである。また、賃労働関係を基礎にした制度論と競争（機能）論の展開、個人的および集合的行為論にもとづく賃金決定と労働抽出（強度）と労働市場不均衡との理論的同時解決を提起した理論である。

そこで、五．では、抗争交換理論の労働過程および労働市場分析がマルクス理論を現代経済学として展開するうえでどのような理論的可能性を提起しているかについて、一つの試論を提起したい。

（2）「転化」論のミクロ理論的展開

先に述べたように、抗争交換理論の本質的な要素は、「資本と労働のあいだの交換と搾取」の関係を説くことにある。

ボウルズとギンタスは、経済的担い手の内的本性と、労働力からの労働の抽出における闘争の洞察は本来、マルクスのものであるにもかかわらず、かれの労働価値論の展開において背景に隠れてしまった、と考えている。しかも、その後、ランゲ、森嶋、ローマーなどがワルラス流の一般均衡モデルを若干修正して利潤と搾取の理論に適用した際に、この洞察はまったく消え去ってしまい、問題がいわば非政治化させられてしまった。そこで、こうしたポスト・ワルラシアン（とくに左翼の）の間違いを克服するためには、社会経済学における新たなミクロ理論的基礎が必要であるというのである。

contest（抗争）は compete（競争）と conflict（闘争）の両方の意味を含む。内容的には、「競争」的交換と均衡を通して実は内在的な力の強制関係を要求するがゆえに「闘争」的であるということを表現する用語である。この内在的強制要求（endogenous claim enforcement）関係が資本家の内的選好（endogenous preference）である。抗争交換理論は、雇用における「政治的関係」あるいは「権力と社会構造」だけでなく、資本市場論においても適用可能であり、これにより資本制社会の階級理論に新しい光をあてることができる。その意味で、「抗争的交換」モデルは「社会経済学の一般的な方向づけ」をも示唆している。

じつは、資本と労働との交換がどのようにして単なる商品（貨幣）交換と同質でありながらしかもそれとは正反対のものに転化し、それがいかにして再生産されうるか。これを明らかにしたことがマルクスの経済理論における最大の跳躍点であった。マルクス自身の表現を使えば、それは、商品交換「それ自体から生じる従属関係（relations of dependence…which result from its own nature）」（［15］p.271. 訳二一九ページ）が、労働力という特殊な商品の交換関係においていかにして支配と「従属的労働」関係をつくりだすかということである。

ボウルズとギンタスは、マルクスが『資本論』第一巻第四章「貨幣の資本への転化」における「労働力の売買」の理論で明らかにしたような資本家と労働者のあいだの対等な交換関係が、どのようにして労働強制関係に「転化」するかということをミクロ理論の用語を用いて説明したものといえる。いいかえれば、ボウルズとギンタスのいう「抗争的交換における競争的均衡のシステム」を通しての資本家の権力あるいは「生産の場における政治」は、結局、失業の脅威を背景にした資本家の権威の確立を表現するものである。かれらの議論は、本質的に、マルクスの「転化」論に新しい光をあてたものである。

（3）可変資本節約法則（論理）と資本家の単位労働費用最小化行動

マルクスは、「資本の可変成分をできるだけ縮小しようとする資本の傾向」（［15］p.420. 訳四〇二ページ）を明らかにした。これを「可変資本節約法則」と名づけよう。そうすると、抗争交換理論は、その内容のすべてを表すのではないが、この「可変資本の運動における節約の法則（論理）」を資本と賃労働のあいだの抗争の次元で展開したという意味をもつ。

資本家は一定の賃金額を支払い、所定労働時間内の労働力の処分権を手に入れる。買われた労働力は当該の資本家によって「使用」され、契約により定められた時間内に新たな価値を生産する。この価値はすべてその資本家の取得するところとなる。しかもその価値量は、資本家が労働力商品に支払う価値量よりも大きい。資本家が取得する新しい価値から労働力に支払う価値を差し引いた「剰余」の価値部分こそ、資本価値の外面的な運動においては「追加」価値分として現象する「利潤」の本質である。この意味で、労働力商品の購買にむけて前貸しされる資本価値は、ある一定の価値量でありながら、資本主義的労働過程で真に価値増殖し、可変という名が示すとおり、量的に変化（増大）して回収される資本価値部分である。これにたいし、生産手段に前貸しされる資本価値はその価値量を変化させずに新しい商品価値のなかに移転され保存され回収される。後者は、マルクスによって不変資本と名づけられた。

マルクスは、『資本論』第三巻において、利潤率（前貸総資本に対する剰余価値総量の比率）を規定する諸要因を分析し、「不変資本充用上の節約」が利潤率を上昇させる一つの要因であることを明らかにしたが、これに対応する形で「可変資本の節約」という定式化はしなかった。しかし、『資本論』第一巻における資本主義的生産過程の内的諸法則の分析では「可変資本節約の傾向」を明確に指摘していた。

剰余価値を生み出すのは可変資本であるから、可変資本価値にたいする剰余価値の比率こそ資本の価値増殖の本質を示す量的関係である。物象化した世界におけるこの量的関係には、資本の労働にたいする社会的関係が表現されている。この物象化した世界の用語によって蔽い隠された社会的関係の内実は「労働にたいする指揮権」、剰余労働を行わせる「強制関係」にほかならない。

資本家は、剰余価値率さらにまた利潤率を高めるために、可変資本の節約をはかる。

これにはまず、労働時間の延長によるものがあげられる。契約にもとづく労働時間が延長されて日・週・月賃金が変らなければ、単位労働時間当りの賃金すなわち「労働の価格」は低下し、可変資本は節約される（絶対的剰余価値生産の方法）。

次に、労働の生産性の上昇によって商品価値が低下することによる結果（影響）がある。労働生産性の上昇は一定の価値量を表わす生産物量を増大させる。労働者が消費する生活手段の生産に関連する産業部門において商品価値が低下すれば、労働者を安く「生産」することができ、労働力の価値は、生活手段の分量すなわち実質賃金が上昇する場合でさえ、低下しうる。この場合、「同じ可変資本価値がより多くの労働力を、したがってまたより多くの労働を動かすことになる」（［15］p.753. 訳七八八ページ）[9]。

この場合、労働力の低廉化と、その結果としての剰余価値率の上昇（相対的剰余価値生産の方法）は一般的法則である。「一般的」というのは、資本の「内的な本性」から生じる「内的な法則」あるいは「内的な衝動」ということであって、それが競争場面に「外的」に現われる仕方やその姿とは区別される。つまり、個々の資本家と労働者が相対する競争の場面に現われる資本の動機や行動は、直接に、労働の生産力全般の上昇による労働者全体の低廉化ではない。

可変資本節約の法則は、上のような二つの「内的な」傾向にとどまらず、現実の競争と抗争の世界に現われる。

第一に、可変資本の所与の価値量にたいし、実際に抽出される労働量したがってまた価値量は、ある限界の範囲で可変的である。労働時間は契約上、定められているが、所定労働時間内に行われる実際の労働量は資本家の指揮・命令・監督により可変的である。したがって、労働の強度をたえず増大させることが資本による強制として労働者のうえにのしかかる。それは、容易に、労働者の生命や健康の浪費につながる。[10] 実際の「労働の抽出」が「抗争的」であるという事実は、労働力の売買の性質から不可避的に生じるものである。

第二に、可変資本価値は、労働市場の競争の表面では、時間賃率（w）×労働時間数（T）×労働者総数（l）の総量として現象する。資本はつねに、より安価な賃金率の労働者を求める。これは、より低い「労働の価値または価格」を支払っても「同等に有用な労働」が得られることを意味する。これもまた、資本家による可変資本を充用するうえでの節約の一つである。したがって、人種や性など、何らかの社会的根拠にもとづく差別的あるいは労働市場分断的な低賃金は、可変資本の節約・縮小をはかろうとする資本の傾向から生じる。そのため、資本は、今日ではＩＬＯ条約にも定められている「同一価値労働同一賃金」（いわゆるコンパラブル・ワース）原則をたえずふみにじろうとするのである。[11]

第三に、労働時間数（T）は、時間賃率とともに、契約によって定められるものであるにもかかわらず、資本家は競争の場面でたえずその時間を「かすめとり」（マルクス）、実際の労働時間を増大しようとする（「ただ働き」「サービス残業」など）。[12] ボウルズとギンタスの単位労働費用節約論は労働努力（d）の増大に焦点をあてる傾向があるが、労働時間の実質的増大は時間賃率の切り下げであることはあまり強調されていない。しかし、この問題は、ボウルズの研究協力者であるJ・ショア［17］が雇用レントの計測とともに明らかにしたところである。

第四に、賃金率（労働の価格）と労働時間との具体的な関係において、低賃金率と長時間労働は相互に作用しあう。賃金率が低ければ、それ自体が労働時間増大への刺激となる。また逆に、労働時間の延長もまた賃金率の低下を引き起こす。すなわち、一人の労働者が多くの労働をすることで、「市場にある労働力の供給は変らなくても、労働の供給は増大する。こうして、労働者のあいだに引き起こされる競争は、資本家が労働の価格を押しさげることを可能にし、労働の価格の低下はまた逆に資本家が労働時間をさらにいっそう引き伸ばすことを可能にする」（［15］p.689. 訳七一一ページ）[13]。

第五に、可変資本の節約の具体化として、可変資本により「使用」される実際の有用労働の効率性が増大することがあげられる。ここでいう効率性は、一定の労働時間内に、平均的な所与の強度で行われる有用労働がより多くの生産物量を産出する度合を意味する。

いま、時間当り産出量を（z）とする。これは時間当り労働強度（分量）（d）と労働の効率性（e）とをかけあわせたものである。三．四で説明したことから、

z＝d・e

時間当り産出量にたいし、資本家が支払う時間賃率（w）を考慮すると、ある資本における産出量単位当りの時間賃率である単位労働費用（unit labour cost ＝ ulc）がえられる。個々の資本家は、具体的な競争次元においては、単位労働費用を最小化することで可変資本の節約をはかろうとする。

ulc＝w／z＝w／d・e　（［9］p.186）

他の条件が変わらなければ、単位労働費用が小さいほど、利潤率は大きい。労働者は高い賃金率と低い労働強度を求めるが、資本家は低い賃金率と高い労働強度を求める。両者の利害はまっこうから対立する（いわゆる日本的経営＝雇用管理システムにおいても潜在的に妥当する）。賃金率と労働強度は、かなりの程度、労働者と資本家

のあいだの「三面競争」（マルクス『賃労働と資本』一八四九年）、さらには個人的・集団的交渉力の度合いによって決定される。資本家の目的は単位労働費用の最小化による利潤率の上昇にある。単位労働費用を構成する一要素としての労働の効率性は、あらかじめ労働契約において保証されるものではない。それは、適用可能な一定の技術水準によって規定されている。

マルクスが「特別剰余価値」の発生について論じたことは、個々の資本における労働の効率性の増大による、当該商品の「個別的価値」の「社会的価値」以下への低下である。これは、先にのべた労働力価値の低下による相対的剰余価値生産という一般的法則が、個々の資本家の行動にどのように現象するかという文脈のなかで論じられた。この現実の運動は、同種商品の生産における労働の効率性の増大による単位労働費用の低下と特別利潤の獲得として理解しうる。

しかし、その際、資本家はかならずしも最大の効率性をもつ技術を選択するとはかぎらない。資本家の目的は単位労働費用の最小化であるから、労働強度が所与であれば、支払賃金率との関連で最適な労働効率をもつ技術を選択する。一方に労働効率のより高い技術があっても、他方でそれを上回るほど低い賃金率の労働者（それは低い技能をもつ労働者であることが多い）が得られ、かれらに過度労働をさせることができるならば、かならずしもその効率性の高い技術を選択しない。また、効率性が低下しても、賃金率を上げずに労働強度をそれ以上に増大させるような技術があれば、そちらを採用するだろう。

以上のことは、可変資本の運動のなかで搾りだされる実際の労働量が契約上の労働時間数とは異なるということから生じるのである。したがって、可変資本節約法則は、市場競争の次元では、個々の資本による単位労働費用最小化法則として現象すると理解すべきである。

(4) 可変資本の節約と非自発的失業の存在

よく知られているように、マルクスは、資本蓄積の増大にともない、一方で雇用量が増えるにもかかわらず、他方ではなぜ労働力人口の過剰（産業予備軍）が増大するのかという問題をとらえ、その解答を技術的構成（生産手段／労働力）の高度化の加速と、それを反映するかぎりでの資本の有機的構成（不変資本／可変資本）の累進的高度化にもとめた。

労働需要を規定する可変資本の分量は、総資本量の増大と均等の割合で増大しない。資本蓄積は、かならず技術的構成の高度化をともなうような労働生産力の発展をもたらし、可変資本の相対的減少をもたらす。しかもその傾向は、①諸資本の集中の際の技術変革、②原（元）資本の技術的変革、③技術変革自体の加速化により、累積的に進行し、可変資本したがってまた労働需要の絶対量はますます減少する割合でしか増大しなくなる。このような労働需要の増加率の逓減傾向から、マルクスは、所与の割合における「正常な」労働供給がかならず「異常」になる、つまり労働が供給過剰になるという結論を導き、これを相対的過剰人口形成の説明の基軸とした。こうした論証が、資本家による技術選択の型と、産業部門の区分の無視という点で不適切であるとしても[14]、ここで注目したいのは、このことを述べたあと、マルクスがさらに可変資本節約の論理を追加していることである。

マルクスは、可変資本の累進的な相対的減少による相対的過剰人口形成の必然性を説明して、資本主義的生産が人口の自然増加による労働力供給だけでは十分でなく、この自然的制限から独立した産業予備軍を必要とする、と結論したあとで、「これまでは、可変資本の増減には精確に雇用労働者数の増減が対応することを想定していた」ことを認める。そして、その想定は現実的ではないとして、資本家による可変資本節約傾向の結果、労働者の絶対数の増大をともなわない労働量の増大が導かれる。

まず第一に、労働者の数は増えなくても、「より多くの労働を流動させる」ことにより可変資本が増大する場合がある。一人ひとりから抽出される労働量は増大し、労働時間（T）の増大により一人当りの賃金額は増えるが、賃金率（w）は低下することもある。この場合は、可変資本の絶対量は増大するが、労働者数を増やさない、いわば消極的な方法での可変資本節約であるといえる。

次に、やはり労働者の数が増えなくても、同じ大きさの可変資本でより多くの労働量を流動させることができる。これは第二のいわば積極的な可変資本節約である。

両者に共通するのは雇用労働者数が増えないことである。他方、その差異は可変資本の分量が増えるか否かにある。この背後にあるのは、マルクスによって労働生産性（効率性）の上昇と区別され、「より大きな外延的または内包的搾取」と表現された事態である。その内容は労働時間の延長または労働強度の増大であるから、それが可変資本の分量を増やすかどうかということは、賃金率の変化の度合と労働時間および労働強度の変化の度合との数量的関係にかかっている。ともかく、ここでは、労働量の絶対的増加より小さい割合でしか雇用者数が増えない形態での可変資本節約の傾向が付論的にのべられている。

そして、第三の節約として、同じ可変資本量で賃金率の低い労働力を（人数としては）より多数雇い入れることがあげられる。[15]

このように、マルクスの相対的過剰人口形成論では、加速される労働節約的技術変革という論理の基礎のうえに、さらに技術的に必要とされる労働者「数」を減少させるメカニズムの進展が重ねあわされている。つまり、労働生産力の上昇にともなう技術的構成の変化による可変資本（労働需要）の相対的減少の論理だけでなく、剰余価値率上昇のために可変資本を節約し、「ある程度まで労働者の供給から労働の供給を自立させる」（マルクス）資本の傾向もまた付け加えて論じられている。後者はまさに、抗争交換理論が着目した生きた労働力と生きた労働それ自体との相違にほかならない。この二つの傾向（法則）のうえで、資本家のあいだの競争、労働者のあいだの競争（その最大のものは産業予備軍と就業者とのあいだの競争）、両者のあいだの競争（および抗争）という「三面競争」の論理が展開される。こうして、内的法則と競争の部面に現われる事態との関係が、いわば三段階で説かれているのである。

いうまでもなく、産業予備軍との競争が現役労働者軍に加える圧力は就業労働者の過度労働と資本への従属を強制し、後者はまたそれ自体として予備軍の形成を促進する。それにより、市場賃金率の変動は資本蓄積が許容する範囲に抑えられる。「この基礎のうえでの労働の需給法則の運動は、資本の専制を完成する」。これがマルクスの証明しようとした事柄であった。

しかし、マルクスの論理はここで終わっている。市場における賃金率が過剰人口の圧力をうけてどこで決まるかについて、マルクスはそれ以上、展開していない。これにたいし、ボウルズ、ギンタスの抗争交換理論は、非自発的失業が存在している条件のもとで、資本家が労働者から労働を抽出するうえでもっとも「効率的」な賃金水準は何か、なぜ実際の賃金水準は自発的失業のみが存在する最低限まで下がらないのか、労働者は資本家による解雇すなわち雇用契約を更新しないという脅しと監視を受けながらどの程度の強度で働くのか、その場合の賃金水準はどのようなものか、生産過程における技術水準の決定と労働の効率性の問題にまでふみこんで展開されている。それは、資本—賃労働関係における賃金率と労働強度と非自発的失業の存在とを統一的に説明しうる有力な理論的枠組みを示しているのである。

六　「理念的平均」と競争——むすびにかえて

資本主義的労働過程および労働市場は、労働力商品の売買それ自体に含まれる従属的労働関係の結果として、資本による指揮命令と監視のもとで労働が使用され、その全生産物が資本によって取得されるという基本的特徴をもつ。この特徴は、相対的過剰人口の形成によって完成する。剰余価値というカテゴリーは、剰余労働の抽出を一方が他方に経済的に強制する社会的関係、階層制（ヒエラルキー）をなす兵営的労働規律と資本の専制支配を社会経済学のカテゴリーとして集約的に表現したものである。このカテゴリーは、他人による剰余労働の取得という社会関係の物象化である。このことを再確認しておきたい。

これにたいし、ボウルズとギンタスの抗争的交換理論は、資本と労働とのあいだの交換が強制関係と権力関係を内在させているという特殊な性質を明確に示したものである。労働市場では、雇用契約の不確定な更新にもとづく監視と制裁の脅しによって、資本が一定の費用を支払っても資本にとって望ましい水準の労働を労働者から抽出し、労働者もまた最低の水準を上回る労働強度とひきかえにその費用を受け取るという一種の均衡状態が成り立つが、非自発的失業が存在するからその均衡はけっして市場清算的ではない。

マルクス理論と抗争交換理論のあいだには、明らかに連続性と共通性がある。しかし、両者の違いは、「理念的平均」の想定のもとに内的な諸関連・諸法則の析出に課題を限定したマルクス理論にたいし、抗争交換理論は資本主義的「競争市場」を正面から扱っていることにある。後者が「資本主義の社会経済学のミクロ的基礎」といわれる理由はそこにある。

周地のように、マルクスは、『資本論』の範囲を、「資本主義的生産様式の内的機構だけを、いわばその理念的(ideal)平均において叙述すべき」ものとした。「競争の現実の運動」は『資本論』叙述プランの計画外にあったのである。それによれば、資本主義的生産の「内的機構」「内的関連」「法則」が市場の担い手にとり圧倒的な自然法則としてその本性を現わしかれらを支配する仕方こそが、市場価格の運動や貨幣市場における貸手と借手の競争、産業循環など競争の現実の運動にほかならない。それは、「生産諸関係の物象化と自立化」のいっそう現実的な姿でもある(［16］p.831. 訳一〇六四ページ)。競争という多数資本の交互作用においては、資本の内的で必然的な傾向(たとえば剰余労働の際限のない追求)やその本質的な諸規定は、資本への強制、資本を駆り立てる機構として現われる。「内的諸法則が実現される現象形態」である競争は、すべての事柄を転倒させる。(16)

この場合、理念的平均イコール均衡、競争イコール不均衡ではない。理念的平均を想定したうえで明らかにされる内的諸法則には資本の矛盾が含まれる。したがってさまざまな均衡と不均衡との現実的対立もまた明らかにされている。また、競争の運動は単なる需給変動にもとづく市場価格や費用価格、市場利潤などの変動に解消されるものではない。競争の場面は、支配と従属、格差と分断、経済権力の行使とそれにたいする抵抗、無政府的な個人や集団の行為とこれにたいする社会的規制にもとづく激しい抗争と利害衝突の世界であるといわねばならない。

したがって、資本と賃労働とのあいだの競争市場における交換も、他の商品の交換とどのような意味で異なった性質をもち、そのことが労働市場における運動においてどのような抗争、衝突あるいは妥協といった姿で現われるかということを理論化し、それを新しい用語で展開することはマルクス理論を現代的に展開する上で不可欠な課題である。この意味で、ボウルズとギンタスの抗争交換理論は、マルクスの理論を基礎とする社会経済学にとって一つのフロンティアを開くものである[17]。

なお、ボウルズとギンタスは、階級と個人、集合的行為、方法的個人主義と構造主義的ホーリズムの克服に関する新しい社会経済学の方法論を提起している。また、「強制能力は制度的進化の決定因である」（[6] p.205）というかれらの言明にも示されるように、生産の社会的諸関係（relations）の分析に重心をおいたマルクスの理論にたいし、いわば生産の社会的構造（諸制度 institutions）および生産の社会的諸機能（functions）の分析の必要性を提起している。これらの課題は、抗争交換理論を出発点にして、さらに検討すべき課題である。そして、すでにボウルズはその途をすすみ、一連の理論的成果を世に問うている（[30］［31］［32］）。

注

（1）“Contested Exchange”に「抗争（的）交換」という訳語をあてた理由は、そのエッセンスを説明するなかで明らかにする。なお、都留康は、S・ボウルズを紹介する短文において、Contested Exchange を「競合的交換」と訳した（毎日新聞社『エコノミスト』誌一九九三年七月六日号)。野下保利は経済理論学会第四一回大会の分科会報告「現代金融危機へのラディカル派アプローチ」において「闘争的交換」と訳している(一九九三年一〇月、東大会場における配布資料)。筆者は、のちに述べる理由で、本理論およびこの用語には「競合」と「闘争」との両方の意味合いがあると考え、「抗争」という訳語をあてた。

(2)石川経夫は、こうした主張を「労働者管理仮説」となづけ、肯定的に評価している([19]二一三ページ)。

(3)コース/ウィリアムソンの企業組織論については、さしあたり、坂本和一[25]が参考になる。

(4)経済学の体系という問題で、ボウルズは、リチャード・エドワードとの共著による政治経済学のテキスト[9](1st. 1985, 2nd. 1993)を「第一部　競争、支配、変化」「第二部　資本主義と階級」「第三部　ミクロ経済学:市場と権力」「第四部　マクロ経済学:失業と成長」と構成し、かれらの三次元アプローチにもとづく政治経済学の特徴点を、「新古典派経済学」「ミクロ経済学」「マクロ経済学」と対比しながらまとめている([9]p.23, 259, 473)。このテキストは二〇〇五年に編集の一人にFranklin Rooseveltを加えて大幅に改訂され、第三版となっている[9]。

(5)マルクスの理論的枠組みではこうしたものはみられない([6]p.213 注三六)。なお、「取引費用」あるいは「強制費用」という用語を使用しない理由について、かれらはつぎのように説明する。

「われわれは、より広い用語である取引費用を適用することより、これらを強制メカニズム　あるいは戦略とよぶ。ウィリアムソンにより使用された取引費用は、抗争交換において生じる要求の強制よりも多くのことに妥当する。そして、いかなる場合も、生産技術がそれらの潜在的な強制能力で選ばれるときには、取引費用と生産費用とのあいだの区別は明確になされない。われわれは、同様の理由で、強制費用という用語を避ける。われわれの分析は、強制の問題が交換の一方の側においてのみ存在する場合に限定されている。交換の一方が貨幣的支払い(監視費用はゼロと仮定されている)を提供する場合を強調することによって、交換の双方が戦略的権力を行使する「双方的内的強制」のより一般的な問題は脇に置かれている。青木昌彦『企業の協調的ゲーム理論』ロンドン、一九八四年をみよ」([6]p.212 注三二)。

(6)これは、J・M・ケインズのいう非自発的失業論を取り入れたものと考えられる。

アメリカにおける雇用レントの測定については、J・ショア[12]を参照されたい。

(7)石倉[20]は、需給不一致市場においては実際の総取引量が総需要と総供給のうちどちらか小さい方の値に決まる原則が成立し、「ショートサイド」とは取引主体が希望する取引量のうちいずれか小さい方を指すので、超過供給市場では需要側がショートサイド、供給側がロングサイドになる、したがって労働市場の抗争交換モデルでは、労働市場が超過供給状態にあるので、雇い主がショートサイド、労働者がロングサイドである、と説明している。

また、磯谷［22］は、市場のショートサイドにいるものは望ましい取引を実現でき、ロングサイドにいるものは数量の割り当て（rationing—まさに制度学派—角田注）をうけるという非対称的関係をいうと説明している（同、六九ページ）。

（8）ローマーの搾取論については、甲賀［24］、高増明・松井暁編『アナリティカル・マルキシズム』前出、を参照されたい。

（9）マルクスは、同じ箇所で、「実質賃金は労働の生産性に比例しては上がらない」という重要な命題をのべているが、その根拠は説明していない。

（10）「資本主義的生産は、他のどんな生産様式よりもいっそう、人間の生命、生きている労働を浪費する」。しかし、マルクスによれば、「労働者の生命と健康の浪費」あるいは「個人的発達の浪費」は、「人間的社会の意識的再建」に先行するこの資本の「時代に、人類一般の発達が確保され実行される」ただ一つの道でもあった（［16］p.88. 訳一一一ページ）。このような「人間発達と浪費の矛盾論」は、マルクスの経済理論の基本的性格の一つとして認められるべきである（角田『生活様式の経済学』第四章を参照）。

（11）同一価値労働同一賃金（コンパラブル・ワース）については森ます美［29］を参照。

（12）資本は、労働者たちの過度労働（over-working）をもたらし、「食事時間や休憩時間をも少しずつ盗みとる」（［15］p.351f. 邦訳三一五ページ）。

（13）低賃金（率）と長労働時間の悪循環は、『資本論』の範囲では、「異常な、社会的平均水準を越えた不払い労働量」の搾取であり、商品価格を切り下げる資本家の競争手段になって、さらに過度な労働時間のもとでのみじめな賃金の基礎になる、とされている。『資本論』は「競争の分析をするところではないので、この運動は暗示するだけにしておく」（［15］p.690. 訳七一二ページ）とされたからである。

（14）技術進歩と利潤率低下の関連で、マルクスによる労働生産性上昇に限定された新技術導入という基準は適切でなく、資本家の新技術選択の基準は生産費の引下げにあり、賃金財関連の産業部門における新技術の導入は、もし実質賃金率が十分に増大しないなら（均等）利潤率を上昇させるとする置塩定理（一九六一年）がある（［28］）。

　なお、マルクスによる過剰人口形成の論理には、相対的剰余価値生産で明らかにされた労働力の価値低下（労働者の低廉化）による可変資本節約の論理はない。ここで重要なことは、生産手段量の増大に比べた労働力量の低下、労働節約的技術変革、言い換えれば資本が稼働させる生きた労働力の相対的減少であり、その変化を反映する限りでの不変資本／可変資本比率の低下だからである。マルクスは、不変資本の素材的要素である生産手段の価値低下（低廉化）があるから、資本の価値比率の変化は技術的構成の変化を近似的に示すだけだと断っている（［15］p.774. 訳八一三ページ）。労働生産力の全般的上昇は生産手段だけでなく、可変資本の素材的要素となる生活手段の価値低下という形でも作用する。したがって、生産力の上昇による労働力価値の低下という論理を導入すれば、相対的に減少した可変資本でより多くの雇用が可能になるか、あるいは、技術的構成の変化のために減少する労働量をよりいっそう少ない可変資本量で稼働させることができるといわなければならない。

(15) フランス語版『資本論』第一巻は、この箇所をごく簡単に要約し記述している。

「蓄積の進行に従う産業の発展は、……同時に個々の労働者が提供しなければならない労働の分量を増大させる。資本主義体制が労働の生産力を発展させる……につれ、それはまた、労働日を延長させるか労働をより強化して、賃労働者からより多量の労働を引き出す手段を、さらにはよりすぐれた高価な労働力をより劣った安価な多数の労働力に置き換えることによって、……外見的に雇用労働者数を増大させる手段を、発展させる。これらは一つ残らず、労働にたいする需要を減少させて労働の供給を過剰にするための、一言でいえば過剰人口を製造するための方法である」(林直道編訳、大月書店版、一〇九～一一〇ページ)。

(16)「競争」に関するマルクスの叙述は、久留間［23］に整理されている。また、『資本論』の対象領域と残された課題を整理し、「経済学批判」のプランにおける「賃労働」、賃金理論の具体的展開方法を考察したものとして、井村［21］が参照されるべきである。

(17) 筆者が抗争交換理論を最初にとりあげたのは一九九三年一〇月に開催された経済理論学会第四一回大会第一一分科会での報告発表である（報告要旨は同学会年報第三一集（青木書店、一九九四年）所収)。その成果は「抗争的交換と可変資本節約の論理―ラディカル派エコノミストの労働過程＝労働市場論」『立命館経済学』第四三巻第一号、一九九四年として発表した（本章)。抗争交換理論に関してはその後も石倉［20］磯谷［22］佐藤［26］［27］などが出されているが、学会においても紹介をこえた評価が確定しているとはいえない。ミクロ経済学における「効率賃金仮説」や情報の不完全性にもとづく不完備契約理論である「プリンシパル（依頼人)・エイジェント（代理人）論」あるいは「取引費用論」の援用との評価もある。しかし、理論のツールはそれらの援用であったとしても、マルクスの経済理論をベースに資本―賃労働関係が本質的に支配と強制の関係であることを明らかにした内容は主流派経済学の枠内に収まるものではない。抗争交換理論はマルクスの経済理論と別に扱うのでは意味がない。マルクスの経済理論の現代的可能性を示す有力な一理論として積極的に評価し、吸収すべきものと考える。

第五篇　民主主義と資本主義

第一五章の抗争交換理論の展開とほぼ同時期の一九八六年、ボウルズとギンタスは『民主主義と資本主義―所有、共同体、現代社会思想の矛盾』という社会哲学の共著を刊行した。同書は、資本主義とよばれている経済体制と民主主義とが対立する二つのルールからなることを明らかにし、資本制経済に制約されたリベラリズムにたいしてポスト・リベラル民主主義を対置し、人民主権によって歴史と人間の学習を統治する新しい社会ビジョンを提起した。副題の「現代社会思想の矛盾」にもあるように、第一五章の抗争交換理論の社会哲学的基礎を広く深く論じた著作である。

ボウルズとギンタスの社会哲学は、本書第一、二章で述べてきたマルクスのリベラリズムから民主主義、さらに社会主義思想へという展開に対応する資本制経済の理論、第三章の現代アメリカ社会哲学に表れた公民性と私民性の分裂、経済過程における意識諸形態(第四章)、さらにポスト・マルクス(ポスト・マルクス主義ではない)の各種の意識とイデオロギーをめぐる議論、そして日本における丸山眞男のラディカル・デモクラシー論にも通じる内容をもつ。それと同時に、社会科学の方法についても新しい課題を提起した。すなわち、経済社会における人びとの集合行為、制度やルール、コミュニティ、言説(discourse)、人間発達といった現代経済学批判に必要な多くの新しいアイディアを提起している。

ボウルズらはその後も、サンタフェ研究所などを拠点にして、人間学を基礎とする新しい哲学と理論を展開している。その成果は日本でも翻訳、紹介されるようになってきたが、第五篇ではさしあたり一九八〇年代から九〇年代初頭にボウルズとギンタスが展開した社会哲学の内容とその意義を確認し、本書の結びの章とする。

第一六章　民主主義と資本主義

一九七〇年代半ば、先進資本制経済諸国は、ベトナム侵略戦争によるアメリカの疲弊、金＝ドル交換停止と変動相場制への移行、そして第一次石油危機などを契機に世界的な経済危機と構造的不況に陥った。第二次大戦後の世界の資本制経済における蓄積体制、いわゆる高（度）成長あるいは「資本主義の黄金時代」の終焉であった。そのなかから資本のいっそうグローバルな展開と新たな世界市場創出によりこの危機を打開しようとする新自由主義思想にもとづく経済政策がすすめられた。しかしそれと同時にこれに対峙あるいは対抗する代替的経済戦略（AES: Alternative Economic Strategy）構想もまた、各国においてさまざまな形で提起され、模索された。

イギリスの航空機メーカー、エアロスペース社の労働組合の「ルーカス・プラン」、フランス社会党の一九八〇年代戦略文書「社会主義プロジェクト」、同じくフランスのレギュラシオニストたちによるいくつかのオルタナティブ・エコノミー構想、日本の平和経済計画会議の「日本型ニューディール」、『講座　今日の日本資本主義第一〇巻』に結集した経済学者たち（置塩信雄と野澤正徳代表）による「日本経済の民主的改革」論などがそれである。個人の著作であるが、J・ロバートソン『二一世紀の経済システム展望』（石見ほか訳）もあげておこう。

こののち野澤を中心とするグループは、「自立と協同」をキーワードとする、「自立した人間たちによる自由を基礎とした協同（co-operative）・連帯（solidarity）の原則が貫かれる新しい経済システム」を提起した。それは「資本制市場経済の欠陥を克服し、市場メカニズムを承認あるいは利用しながら、企業内の自由と民主主義の確立、公共性の保障を第一段階とし、主要決定権の共有、参加と分権による非資本制企業からなる市場経済を第二段階とする自由（な）社会主義（Liberal Socialism）」への展望であった[1]。
アメリカにおいてこうした代替的経済戦略構想を精力的に提起したのはラディカル派エコノミストたちのグループであった。そして、その中心にはつねに先のS・ボウルズがいた。

一　ラディカル派経済学の代替的経済戦略

ラディカル派経済学とは、一九六〇年代後半、ベトナム侵略戦争を拡大するアメリカ国内で多くの社会経済諸問題（差別、貧困、不平等、教育危機、環境破壊など）が噴出したことに対応して、主流派が支配する経済学の現状に批判的な研究者たちが結成した学会URPE（Union for Radical Political Economics）およびその経済学の名称である[2]。

その有力メンバー、ボウルズ、D・ゴードン（一九四四〜一九九六）、Th・ワイスコフ（一九四五〜）らは一九八三年に『荒地を越えて』（邦訳名『アメリカ衰退の経済学』）を出版した。

かれらはまず、戦後アメリカにおけるコーポレイト・システム（大企業体制）がつくりだした膨大な浪費が七〇年代の経済危機を生みだしたと考える。したがって、「賃金の平等化と大幅上昇によって主導される生産性上昇戦略」によって、経済の民主的で合理的な再生が可能になることを主張する。同時に、「浪費を越え」た「経済の衰退にたいする民主的対案」をめざし、二四項目にわたる「経済の権利章典」をかかげた。この賃金主導の成長戦略と経済的権利章典はアメリカ資本主義の経済構造を改革するもので、社会主義への「青写真」ではない。しかし、「根本的な変革の動学」（弁証法？）によって、「結局のところ、人間発達、自由時間の拡大、互いに充足しあうような社会関係を優先し、経済の再生をその目的のための手段にする」と言う。

ボウルズらの「経済の権利章典」には五つの柱があった。（1）経済的安心と平等の権利（2）民主的労働現場の権利（3）経済の未来を決める権利（4）よりよき生活様式（way of life）の権利（5）民主的経済に向けての権利、の五つがそれである。たとえば（4）の内容を具体的にみれば、①軍事支出の削減、②天然資源・環境の政府による保護と安全なエネルギー、③良い食料、④国家的保健政策、⑤生涯学習と文化の機会、⑥片親世帯への養育費の支払い、⑦コミュニティ再生と犯罪管理支出の削減、⑧共同需要の情報と広告支出の削減、⑨公平な課税と資源の公的な配分、といったポイントがあげられる（邦訳では省略されている）。

さらにボウルズらは、一九八〇年代のいわゆる右派経済学（レーガノミクスとよばれた）の失敗を受けて『荒地のあとで』（一九九〇）を出版し「西暦二〇〇〇年のための民主的経済」の構想を提起した[3]。その「より民主的で、平等主義的な経済システムは、労働者と市民に経済的生存の基礎的権利を保障する経済であり、経済的決定への参加の機会を提供し、雇用主にたいする経済的従属や、女性の男性への経済的従属をなくし、経済のあらゆる分野にアクセスする場合の人種的、性的その他の差別を取り除く経済である」(1990, p.187)。民主的で平等主義的な経済システムは、現代資本主義における巨大な浪費を削減し、人びとの生活水準を持続的に改善しながら、自然環境を維持する。また、家族から国際的協同にいたる民主主義とコミュニティを強め、支配、対立、不平等をなくし、より大きな公平性を求める。ボウルズたちは（1）パクス・アメリカーナ（アメリカによる「平和」）の終焉（2）パクス・パトリアルキー（家父長制支配）の終焉（3）自然の限界という三つの経済的現実をつくりだすことが重要だと言う。この三つの新しい現実性は、自由市場アプローチにたいする民主主義の優位性、政治的領域における民主主義的参加と公平の促進という二つの対案を前提する。そして、民主主義の優位性を支えるためには、①市場の失敗にたいする政治的誘導と規制、②政府の介入の失敗にたいしては政府の民主主義的性格を高める、③支配、対立、不平等がもたらす軍事国家への傾向をストップする、④成長のための成長をやめ、生産性の上昇を財の産出ではなく、自由時間の増大にふりむけ、安全、健康、尊厳、自由のための財やサービスにふりむける、といったいわば成長の意味転換が必要だと論じる。

このような「民主主義的な経済」が依拠すべき前提は、現代資本主義の批判的分析にもとづく現実具体的な経済改革として構想されている。それは二一世紀の現在にもじゅうぶん通用する内容であることはいうまでもない。

二　ボウルズ、ギンタスの民主主義論

ここでとりあげるボウルズ、ギンタスの共著『民主主義と資本主義』（一九八六、未邦訳）は、発達した資本制経済（かれらの用語では「リベラル民主主義的資本主義（LDC）」）の内部から生じる現代社会思想の矛盾にふみこんだ社会哲学の書である。その矛盾とは、タイトルに示されているように、「民主主義と資本主義」のあいだの矛盾である。同書は、この矛盾を個人の権利と所有権との対抗と衝突の関係として理解する。そして、これを軸に、経済、社会構造、行為、コミュニティという順序で社会構成（体）を多元的に分析し、民主主義の過去、現在、未来を展望するという、難解ではあるが、ダイナミックで、奥の深い内容をもっている。したがって、ボウルズとギンタスの経済学は、経済政策における代替経済的戦略論、経済学批判（ミクロレベル）における抗争交換論、そして社会哲学における民主主義論という三層構造のなかにおいてはじめて、その体系、内容及びその意義が理解できるものとなっている。

同書の冒頭に、「われわれは民主主義を自由 liberty および民衆の主権と同一視する」（1986, p.4）との言説がある。これは本書第一～三章でとりあげたマルクスの社会思想（さらに第八章の丸山眞男）と同じである。民主主義のルールが個人の諸権利の行使にもとづく自由と民主主義的な責務の優位を要求するのにたいして、資本制経済のルールは所有権にもとづく経済的特権の優位からなる。鋭く対立するこの二つのルールは、現在の「人間発達の過程と社会の歴史的発展の過程の両方を規制」している。したがって、「個人の生活と社会の歴史の両方を統治する能力を前進的に拡大するという目的」からすれば、資本制経済の中心的な諸制度を除去し、民主的な社会

秩序を確立する要求を掲げて議論しなければならない。これがボウルズとギンタスの社会哲学の基本的立場＝理念である。

(1) 三つの異なる立場と方法

じつは、ボウルズとギンタスの基本的立場＝方法は、(1) アメリカにおけるラディカル・デモクラシーの伝統 (2) リベラル社会理論 (3) マルクス主義の三つの立場が交わった結果として生まれたと、かれら自身認めている(「クロスオーバー」!)。

第一のラディカル民主主義は二つのことを示唆する。一つは、抑圧が一つではなく多くの形態をとるということ、とくに経済と家族は国家と同程度に支配と政治的抗争の領域となること、もう一つは、政治はたんに権力が諸々の資源にたいする相争う要求を表明する態度についてのものだけではなく、われわれが「成る」べきもののための抗争であるということ、すなわちアイデンティティ、利害、連帯が政治的行動の出発点であり結果でもあるような抗争であるということである。ラディカル民主主義論は、自律性を尊重する個人の行動と社会的束縛の概念、われわれの意志の力と社会的構造がわれわれの行動を制約している、しばしばあいまいな仕方、この両方の力を理論的に展開しなければならない。それは、個人が集合的な社会的な行為者として結合する方法、社会的構造が更新され、互いに相争うグループの政治的行動によってひっくりかえされる方法、これらの方法にかんする理論を必要とする。

これにたいして、リベラリズムにたつ社会理論は、家族や資本制経済という私的領域と、国家にかかわる公的領域とを明確に区分したうえで、後者の公的領域だけに民主主義の基準を適用する結果、私的領域における支配と抑圧をおおいかくしてしまう。搾取という所有の剥奪、各種の差別、交換における詐欺などとともに、コミュニティという家族、国家、集合的組織の最強の形態である営利企業の問題点については沈黙する。また、諸個人は合理的な選択者としてのみ描かれ、成長し発達する学習者としてはとらえられず、また評価もされない。

最後のマルクス主義は、所有の不平等による支配を明らかにするが、選択などという要因は集合的行為がなければ無意味だし、誤りだとしてきた。マルクス自身の仕事は民主主義の理論に本質的な出発点を提供した。すなわち、かれは人びとの相互の実践をとおして社会的構造に焦点をあてて、家族や資本制経済が支配の領域であることを強調した。しかし、マルクス主義の理論には、選択の条件、個人の自由や尊厳といったことを表現する基礎的な理論用語が欠落しており、独裁の問題を十分に説明できない。それは、個人を社会関係にもとづくグループを代表するにすぎないと考えるからである（かれらはこれを「行為の表現概念」とよぶ）。(5)

マルクス自身は選択の問題を単純に見逃したわけではない。マルクスは、利害は相対的に直接的な行為に関係すると考えた。つまり搾取の構造は客観的な利害の構造に対応して起こると考えた。これにたいして、ボウルズらは、客観的に与えられた利害というのは空虚な、つじつまのあわないものであり、「客観的利害の発見」というプロセスは無意味であると考える。一般的に使用される利害は実践を動機づけるだけでなく、実践をとおして形成されるのだというのである。ボウルズらの行為論は、外から与えられた（外生的）利害という前提を議論として否定する。その代わりとなる妥当な行為概念とは、人びとはみずからをつくりだし、その行為をとおして他人をつくりだすというものである。行為とは所与の欲求の満足の手段でもなければ客観的利害の表現でもない。行為は欲求の普遍化であり、客観的利害の特殊化の局面である。個人とグループは「成る」のである。伝統的な政治理論を矯正する場合の中心的要素はこのような「成ることの政治」にある。

マルクス主義は権力を階級構造から生じるものとして、いわば一元的な権力を考えてきた。支配、搾取、階級という用語は相互に交換可能である。その結果、非階級的、非経済的な支配形態である国家、白人と黒人、国家と国家、男と女の関係をおおい隠してしまう。このような権力の一元的な理解にたいして、ボウルズらは権力の異種性という考えを提起する。権力というのは多面的で、一つの起源や構造に還元できない。支配、搾取、階級の三つの用語には、それぞれ異なった使用法が与えられる。支配は不均等な権力の体系的関係であり、搾取は支配の特殊な経済的形態であり、階級は財産所有にもとづく搾取の一形態である。したがって、すべての階級関係は搾取によって特徴づけられ、すべての搾取関係は支配によって特徴づけられるが、すべての支配の形態が搾取的であるわけではないし、すべての社会関係が支配によって特徴づけられないと考える。

あらゆる社会生活の領域は人間の実践に多様性を充てる。家族もまた生産の場であるだけでなく政治的な地帯でもある。経済は政治的実践の場であるだけでなく、文化的な実践の場でもある。すべての社会的な舞台が一連の共通する標準的原理を受け入れ、実践の範囲を組織する異なる言葉で分析することができる。ボウルズとギンタスの民主主義論の背景にあるのはこうした多元的社会理論である。

（2）所有権と個人の権利との衝突

したがって、リベラリズムの一方には個人の権利（personal rights）の優先があり、そのもう一方には所有権（property rights）の優先がある。この二つの対立が、たとえば一九六〇年代の公民権運動や学生反乱の問題の背景にあった。これらの問題は、「リベラル民主主義的資本主義の構造によって与えられる権利の矛盾する本質をもっともドラスティックに証明している」（p.28）。ボウルズとギンタスによれば、リベラルな共和主義の誕生の時からすでに個人の権利と所有権との衝突は感じられていた。それがもたらす一つの歴史的傾向は個人の権利の拡大であり、それは経済の管理や家族内の関係にも示されるように、社会のあらゆる面に広がっていった。これは本書第三章でとりあげたサンデル（一九九六）の危機感と同じものであった。サンデルは個人の自由よりも高次の共和主義的あるいは公民的自由を理念とする社会哲学をうちだしているが、ボウルズらは、個人の権利の拡大に対立するもう一つの傾向は所有権にもとづく資本制経済の拡大という論理であり、これにより資本蓄積の必要と市場経済が社会のあらゆる部面をおおっていったととらえるのである。

さまざまな権利が調和的でありうるという資本主義の擁護論（たとえばM・フリードマンの『資本主義と自由』一九六二年）とは違って、諸権利が互いに矛盾し、それが社会変動の原動力となっているような現実世界の問題は経済問題あるいは階級闘争に還元することはできないとボウルズたちは考える。「リベラル資本主義における社会変動は、資本制蓄積システム内部の矛盾の結果としてよりも、個人の権利と所有権というシステマティックに広がった二つの論理の相互作用の結果として理解することができる」（p.32）。その意味では、リベラルなコンテキストにおける資本制の秩序にとって基本的な脅威は、じつは社会主義ではなく、個人の諸権利の完全な拡がりであったと考えられる。社会的意識形態のレベルにおける諸権利の言説上の対立がここで問題となる。

それでは、なぜヨーロッパと北米においては一応の社会的安定が可能だったのか。それは一連の歴史的に特殊な制度的調停（調整）に依るものと考えられる。それには、財産のある者に政治参加を制限するロック的実践、市民のあいだに広く所有が分散されているというジェファーソン的考え、市民のあいだの異なる利害を助長するマディソン戦略、そして所得分配をとおして利害の共通性をつくりだして経済成長をはかるケインズ的モデルなどがあげられる。権利のぶつかりあいは、爆発の可能性をもちながら、互いに打消しあい、新しい緊張をもたらす。何が勝利をおさめるというのではなく、自由民主主義的な諸制度と資本制経済の諸制度とに支配された社会生活の領域は同時的に拡がりをみせてきた。しかし、その結果は支配的調停形態の腐食であった。

（3）経済民主主義——生産と交換の政治的基礎

ボウルズとギンタスは、一九七〇年代に所得分配に焦点をおくケインズ・モデルの不十分さが明らかになったことで、経済民主主義が現代的な課題になる幾分かの理由が説明できると言う。福祉国家の拡大は二〇世紀後半には経済的諸問題にうまく反応しなくなった。しかし、それだけではない。さらに重要なことは資本のグローバルな展開である。それは、効果的で民主的な投資の責任性を伴わない場合、資本逃避の脅しにより、平等主義的再分配のいっそうの追求を困難なものにする。同じく、労働の社会的組織の完全な民主的再構築がなければ、労働者のより大きな経済的保障は、労働の抵抗の増大、したがってまた管理や監督のコストを増大させ、永続的な生産性危機と結びつく。ボウルズらによれば、このようにして一九七〇～八〇年代に経済がコントロール体系として政治化したのである。

これにたいして、リベラルな政治理論の大半は権力を論じても経済を扱わず、富とりわけ多国籍企業のトップ経営者たちがまさに権力であるという事実を避けている。これにたいして、リベラルな経済理論は政治を無視する。このようにして、リベラルな理論は経済的権力に取り組めない。

ここで必要なのが資本制経済の政治的構造を明らかにするもうひとつのアプローチである。この代替的モデルにおいては、自由と民主主義が経済体制および経済制度の評価基準に適用される。それによれば、資本制経済はもはや私的な領域ではない。その所有組織に関わる基礎的問題は公的な領域に入る。この事実を認識することが、経済にたいする個人の権利の一貫した拡大のために戦ってきたグループを社会経済学が扱うことに関わらせる。ここで「公的」という言葉は「社会的に重要な権力の使用」ということを意味する。また、「権力の使用」とは、他者を、かれらがしたくもない仕方で行動させることである。

（4）資本の三つの権力との闘いをとおした学習の重要性

資本には三つの権力が与えられている。

その一つは、企業の所有者が行う生産と労働にたいする指揮命令の権利である。新古典派経済学は労働をたんなる契約上の商品とみなし、たんに生産＝投入要素の一つとしてしかみていない。また、資本の所有は企業のコントロールにたいして中立的だとみなす。しかし、資本制経済はたんなる私的所有と市場交換のシステムではない、賃労働のシステムである。資本制企業はまさに市場システムのなかの権威システムとして存在する。この点で、新古典派経済理論は一般に「契約強制コスト」を無視している。雇用主が被雇用者に契約を強制することがもつ特殊性は「労働力」から「労働」を抽出することだというのがマルクスの中心問題であった（本書第一五章）。

新古典派経済学はこの資本の権力をおおいかくしている。それだけではない。資本制経済にたいする民主主義的な批判を弱め、経済効率を理由に労働にたいする非民主的なヒエラルキー（階層制）組織を正当化する。それは人種や性、その他の差別が市場競争に適合しているという事実を拒否し、失業は自分のサービスの市場価値を認めたがらない労働者の自発的な選択だと説明する。

資本の第二の権力は、資本の所有者が投資にたいして支配権を行使することである。資本制経済の現実は、少数の限られた個人（役員その他）が生産、価格、投資、生産の革新、工場配置といったすべてのことに影響する大きな決定を行い、広範囲のコントロール権をもっている。

資本の第三の権力は国家の経済政策への影響力の行使である。選挙活動、投票キャンペーン、政治資金の提供、各種のルートの政治宣伝による世論形成、ロビイストあるいは業界団体による活動など、資本の所有者は絶大な能力をもっている。しかも、資本は公的政策を拒否する力ももっている。資本の「期待利潤率」を下げるような公的政策にたいして、資本は「資本のストライキ」と評される資本の移動や逃避で応えることができる。コンピューターの操作一つで、資本は世界中に移動し、回収され、隠される。

ボウルズとギンタスは民主主義革命にたいする資本の妨害を過小評価すべきでない、と注意を促している。「資本のストライキ」は代替的経済戦略を挫折させる力をもっている。新しい経済システムを大慌てで採用することは重大なコストを伴う。大事なのは新しい生産システムにおける組織と機能の学習に必要なプロセスである。新しい経済システムにふさわしいスキルや態度、価値の展開は何十年あるいは何世代にもわたるので、時間だけでなく、実験が必要である。資本制社会はときに無責任な権力の行使を促し、民主主義社会が根本的な政治的関与を深め、能力を高める手段である政治的「選択をとおした学習」形態をも妨害する。

したがって、経済権力の民主主義的責任性は、経済の構造を変えるだけでは保障できない。リベラル民主的資本主義（ＬＤＣ）への批判は資本の権力への批判だけにとどめてはならない。なぜなら、民主主義とは社会を形成する社会関係の総体的アンサンブルの特性だからである。

（5）民主主義の社会理論——支配構造・学習選択行為・コミュニティ

こうして、ボウルズとギンタスの議論は経済民主主義論から民主主義の社会理論へと展開する。それは、権力の多元的支配構造と、それが各種の社会的行為に影響するルールの構造、具体的には、①国家の強制手段の独占にもとづく支配、②所有権にもとづく資本制経済の支配、③性に基礎をおく特権にもとづく家父長制家族の支配、この三つの支配形態と、それぞれの場所における搾取的、配分的、政治的、文化的な実践をとりあげる。

ボウルズとギンタスは、社会を「再生産的で矛盾した総体性（totality）」（p.103）としてとらえる。構造主義でも交換行為でもない、新しいメタファーとして、「社会は抗争的である」、「ゲームのアンサンブルである」との見方を提起する。社会はルールと行為者がつねに変化する多元的なゲームである。

「われわれは、社会関係を相対的に自律的な社会的個人とグループの戦略的な行動を規制するルール（複数）として取り扱う立場に立つ」（p.118）。

行為の理論については、リベラル派が豊かな概念を提供しているが、それは「選好」や「利害」といった外的な「選択」に限定されている。そこには、形成しつつある学習者の視点というものが欠けている。そのために、諸個人の発達可能性を規制する家族や学校の支配形態があいまいにされる。

ボウルズとギンタスは、「民主主義の経済理論は、労働と同様に学習を包括しなければならず。物の生産と同様に人の生産と再生産とを包括しなければならない」（p.130）と考える（「生産様式」と「生活様式」—角田）。

そこで、資本制経済と民主主義文化との関係における諸個人の発達規制と、それを妨げるものとを明らかにし、そのうえで市場を政治参加と民主主義文化との関係で評価をする必要がある。民主的な国家にたいしても干渉にたいする壁を設けておかねばならない諸個人にとって、コミュニティは市場と政治参加（「投票箱」）と並ぶ自由の集合的形態である。コミュニティは、そこにおいて自主的管理を学習し、文化を再生産する場である。

また、個人の集合行為は、階級や性、民族等々の表現でも、たんなる手段としての道具的行為でもない。個人が社会的個人として形成するために他者との相互行為に入り、そこにおいて自己を確証することである。この場合、言説（discourse）は共有された意識やイデオロギーのたんなる反映ではない。諸個人が集合的行為をとおして形成し、連帯する重要な道具である。したがって、そこには「権利の言説」があり、「言説にたいする言説の闘争」が展開される。たとえば、自由、平等、所有などの言説において、リベラルな言説の限界を脱して民主主義のそれに鍛えることができるというのである。これこそ本書が鮮明にしようとしてきた「実践的意識」の具体的な形態ではないだろうか（本書第三章）(6)。

三　ポスト・リベラル民主主義と人間発達の経済学

ポスト・リベラル民主主義（PLD）、これはボウルズたちが提起する未来のありようを示す語である。リベラリズムはコミュニティを経済的従属や家父長制などの支配の起源と同一視し、コミュニティを傷つけるまでに個人の自律性をもちあげてきた。その結果、国家と経済における無責任な権力を空前の規模の大きさにまで蓄積するという犠牲を払って、高度な物質的生活水準と私生活への強権的介入からの自由が得られたとして、現在の社会秩序を正当化する。それは、結果として、個人と国家のあいだにある多くの集団的自律体を侵食してきた。

他方、マルクス主義は、民主主義的な責任性を妨げる、集権化された国家官僚制の能力を考慮できず、生産財の共有と集団的コントロールという社会主義の理念は自由の反対物に転化した。

これにたいして、ポスト・リベラル民主主義は、個人の権利を継承、拡大し、所有権と国家権力の行使を民主主義的な意味で責任性あるものにする。代議制民主主義と個人の自由の伝統的かつ民主的な諸形態を確認し、国家から自立した新しい形態の社会権力すなわち共同体と仕事における民主主義的に責任性のある保証された自由を提案する。投資と生産の民主的なコントロールを含む経済民主主義のこれらの諸側面は、それ自身の権利において望ましいだけでなく、政府の民主的コントロールを可能にするためにもますます必要な条件である。

ボウルズとギンタスのいうポスト・リベラル民主主義は、マルクス主義的理想とジェファーソン的理想との総合であると説明されている。生産は社会的であるからその非集中化は個人的所有の形態をとりえないとするマルクス主義の認識、それにたいして生産設備の非集権的コントロールというジェファーソン的関与（第三代アメリカ合衆国大統領の独立自営農民や一般大衆を第一とする思想—角田）との両方を推進するというのだが、ポスト・リベラル民主主義の経済のコントロールへの関与は、マルクス主義的な私有の集団化でもなければ、ジェファーソン的な個人的所有の普遍化でもない。それにふさわしく、また必要なことは、所有権を民主的個人の権利に置き換える（displacement）ことである。それにはこの後に述べる一連の条件が形成される必要がある。

その前に、ポスト・リベラル民主主義の指導原理は何か。それは人間発達（human development）という幅広い理想である。人間は、選択と労働の両方が個人の人間としての発達のための必須の手段である学習者として表現される。したがって、ポスト・リベラル民主主義が理想とする社会は、個人の権利の行使により規制される学習、この学習に基礎を置く社会である。経済活動は目標としてではなく、人間発達の民主主義的に決定された形態に向かう手段とみなされる。新しい成長モデルは蓄積ではなく学習、したがって個人と社会の両方の変化の過程をとおしてその能力と理解力とを継続的に高め、深めることに基礎を置く。

それはリベラルの伝統をつぎの二つの面でのりこえるものである。一つは、自身と他人の能力、感覚、結合の恒常的な転換に没頭する個人を本質的に社会的存在として表現することにおいて、もう一つは生産的財産の私的コントロールを、国家の要求にたいする防壁としてではなく、経済的従属の基盤、民衆の主権の侵害物として表現することにおいて、である。

(1) ポスト・リベラル民主主義の経済学序説

ポスト・リベラル民主主義の理想は、じつはリベラル民主主義的な資本制社会(LDC)が生み出した三つの要素からなる。その第一の要素は権利の言説における転換、第二の要素は国家の拡大、強化に反対して職場と共同体を強化すること、第三の要素は現代の経済生活における新技術と組織の要求である。伝統的な社会民主主義はこのなかの第一と第二の要素を同義とするという基本的弱点をもっている。では、第三の要素の意義は何か。それは情報、文化、その他のサービスの生産の拡大、それへのシフト、階層的組織にたいする民主的な挑戦、知識の増大する中心性、そして増大する高価な自然の略奪などであり、それが民主主義の原理の経済へのラディカルな拡大を求めることを意味する。生産自体の性質の変化と、経済行動における資源の変化により、現在では労働の重要な部分はわれわれ人間自身の変化にむけられているのである。

以上のような意味で、二一世紀の社会経済学のいわゆる三位一体は、一九世紀の経済学における資本、土地、労働ではなく、身体、労働、知識であるとボウルズらは言う。身体も知識も財産として交換することはできない、あるいは少なくとも容易にはそうならない。そして、労働過程と労働対象の進歩がいまや個人の権利の言説の拡大を要求している。これが先に保留しておいた「所有権を民主的な個人の権利に置き換える」ための条件の形成であろう。

（2）民主主義と社会主義

ポスト・リベラル民主主義のモデルにおいては、官僚的階層制から職場の民主主義へのシフト、資源の集合的配分と投資の決定における集中化されたコントロールと責任性にもとづく民主的経済計画が重要になる。しかし特殊具体的なケースへの適用は、「それぞれの特殊な場合に結びつけられたコスト研究」によって決定されるべき実践的な問題である。その手段についてあらかじめ優位をきめておくのではなく、それぞれの評価基準や価値づけが必要になる。

しかし、民主的な責任ある投資計画と資源配分によって利潤中心志向の資本市場を置き換える、各種の代表制や参加制度によって職場と他の共同体を組織する、さらに経済的不平等を削減する、こういったことはすべて、これまでの民主的社会主義運動になじみのあるものではないのか。この疑問にたいして、ボウルズとギンタスはつぎのように応える。

こうした社会主義の関与はそれ自体が目標ではない。自由と人民主権の拡大された概念を確実にするための手段とみなすべきである。階級あるいは階級的搾取の廃絶ですら、それ自体が目標であるかのように誤解し、民主主義を手段視するような傾向をボウルズたちは拒否する。さらに、かれらが、民主主義、人民主権あるいは自由といった言説の優位性を強調するのは、それらの言説が経済関係の政治的性質を表しているからである。たとえば、経済的不平等は、分配上の正義という観点からではなく、個人の自由を制限する従属の形態として説明すべきである。投資にたいする民主的コントロールも、資源の有効な配分のためではなく、「資本のストライキ」にたいする人民主権の擁護に必要な手段だとみなすのである。

二一世紀の現在、自由と民主主義の言説は、多くの先進資本制諸国における政治的コミュニケーションにおける唯一の手段として主導権をもっている。しかし、この言説には深い矛盾がある。適応性と同時に潜在的にラディカルな性質がある。人びとがかれら自身の個人的で集合的な歴史の主人公であるような新しい社会秩序への道徳的関与と政治的企図が、ボウルズらをして「民主主義」に最重要で優先的な言説の位置を与える理由である。今日の世界において、民主主義の防御的戦略は結果的にみて長期には支えられない。民主主義は、現在は資本制所有の特権に支配されている領域をのりこえて拡大することによってのみ生き延びることができる。これがボウルズらのメッセージである。このメッセージが丸山眞男の《永久革命としての民主主義》の思想とあい通じることを賢明な読者はすでに理解されたことであろう。

注

（1）以上のものは、巻末の第一六章参考文献リストを参照されたい。

（2）さしあたり、本書第一五章、および角田（一九九五）（一九九七）を参照。

（3）waste land は本文では「荒地」と訳したが、「浪費の結果として荒廃した国」の意味にとるべきであろう。

（4）同書における「民主主義的経済のためのプログラム」の「テーマ」と「提案」の内容は、ほぼ（一九八三）と同じである。

（5）ボウルズとギンタスは、自分たちの考えを各種のネオ・マルクス主義と区別して、つぎのように述べている。

「ネオ・マルクス主義（アルチュセールの構造主義、マルクーゼやハーバマスの批判理論、オスマンやコラコフスキーのヒューマニズム、サルトル、アンドレ・ゴルツ、グラムシ）とわれわれとの間隔を要約しておこう。第一に、マルクスの経済理論の誤りに直面して、現代のマルクス主義者たちは、一般に経済理論の重要性を格下げにし、哲学、心理学、解釈学、そして社会生活における経済のキーポジションに対抗するという誤りを犯すその他のエレガントな研究に転換してきた。第二に、ネオ・マルクス主義理論は権力の多様な概念を発展させるという批判的な仕事において失敗してきたし、国家的専制のリベラルな理解、性差別のフェミニスト的理解、人種、宗教、民族的支配の比較分析を深めることを怠ってきた。最後に、ネオ・マルクス主義理論は、一般に、その理論装置のなかに個人の選択の論理を組み入れてこなかったし、個人の自由の開放された状態を受け入れてこなかった。社会的抑圧にもっとも敏感な批判理論の伝統においてさえ、支配の否定は自由ではなく、むしろ『真実』『合理性』『生のコミュニケーション』あるいは『真の人間的欲求への適合性』であり、これらはわれわれのアプローチの『選択』志向、われわれが民主的社会を建設する中心とみなすものとはまったく異なる」（p.215）。

（6）ボウルズたちの行為論にも、三木清の「存在」と「本質」との区別（第七章）、丸山眞男の「であること」と「することとの区別（第八章）と共通するところがある。検討してみなければならないテーマである。

本書に収録し補足・修正・削除などを加えた論稿の初出一覧（発表順）

角田修一「抗争的交換と可変資本節約の論理—ラディカル派エコノミストの労働過程＝労働市場論—」『立命館経済学』第四三巻第一号、一九九四年四月。

角田修一「協同社会の経済システム—アメリカ・ラディカル派エコノミストの経済民主主義論—」野村秀和ほか『協同の社会システム』（くらしと協同の研究所『年報』創刊号）法律文化社、一九九四年一一月。

角田修一「制度・組織論の生産関係アプローチ—現代経済学批判とマルクス—」関西唯物論研究会編『唯物論と現代』第一八号、文理閣、一九九六年一一月。

角田修一「市場経済の生産関係アプローチ—価値論のコンフィギュレーション—」『立命館経済学』第五四巻第四号、二〇〇五年一一月。〔平成一五年度〜平成一七年度科学研究費補助金基盤研究C「社会経済学のコンフィギュレーションに関する理論構築研究」（研究代表者：角田修一）による成果の一部である〕

角田修一「分析的方法を基礎とする弁証法—ヘーゲル、マルクス、見田石介」関西唯物論研究会編『唯物論と現代』第三九号、文理閣、二〇〇七年五月。

角田修一「近代市民社会批判の学としてのヘーゲルとマルクス」『立命館文学』第六〇三号（向井俊彦先生追悼記念論集）、二〇〇八年二月。

角田修一「マルクスとメンガーにおける方法の差異」関西唯物論研究会編『唯物論と現代』第四〇号（二一世紀の唯物論）、文理閣、二〇〇八年三月。

角田修一「シュモラーとヴェーバーにおける社会科学・経済学の方法—ヘーゲルとマルクスからみた差異—」『立命館経済学』第五七巻第一号、二〇〇八年五月。

角田修一「丸山眞男におけるラディカル・デモクラシーと思想史研究の方法」基礎経済科学研究所編『経済科学通信』第一二〇号、二〇〇九年九月。

角田修一「前資本制生産様式における人格的依存関係と共同体―マルクス「諸形態」と大塚久雄における論理と歴史―」関西唯物論研究会編『唯物論と現代』第四五号、文理閣、二〇一〇年一二月。

角田修一「ベイシック・インカムと社会哲学―ロールズ、ノージック、サンデル―」『立命館経済学』第六一巻第一号、二〇一二年五月。〔立命館大学経済学部研究施策推進プロジェクトによる成果の一部〕＊本書に収めたのはロールズ、サンデルの節のみである。

角田修一「ベイシック・インカムと社会哲学―ドゥウォーキン、セン、マルクス―」『立命館経済学』第六一巻第二号、二〇一二年七月。＊本書に収めたのはマルクスの節のみである。

KAKUTA, Shuichi, *Radical Democracy and Methodology in post-Marxist Maruyama Masao*,『立命館経済学』第六一巻第三号、二〇一二年九月。〔立命館大学「研究成果の国際的発信強化」の支援による成果である〕

角田修一「経済過程における意識とイデオロギー」関西唯物論研究会編『唯物論と現代』第五〇号、文理閣、二〇一三年一〇月。

角田修一「経済過程における意識とイデオロギー―ポスト・マルクス（その1）―」『立命館経済学』第六二巻第五・六号、二〇一四年三月。

角田修一「経済過程における意識とイデオロギー―ポスト・マルクス（その2）―」『立命館経済学』第六三巻第一号、二〇一四年五月。

角田修一「丸山眞男の思想と科学」『季論21』第二六号（二〇一四年秋）本の泉社、二〇一四年一〇月。

角田修一「マルクス「学位論文」の哲学と思想」『立命館経済学』第六四巻第一号、二〇一五年五月。

本書第七章「三木清における意識とイデオロギーの哲学」は新たに書きおろしたものである。

著者紹介

角田修一（かくた　しゅういち）

博士（経済学　京都大学）
立命館大学経済学部
社会経済学　経済学方法論　生活経済論
著作
『生活様式の経済学』青木書店　1992年
『「資本」の方法とヘーゲル論理学』大月書店　2005年
『概説　社会経済学』文理閣　2011年
『概説　生活経済論〔改訂版〕』文理閣　2014年
Methodological Differences between Two Marxian Economists in Japan: Kozo Uno and Sekisuke Mita, "*Researcch in Political Economy*", edited by Paul Zarembka, Emerald UK, Vol.25, 277-299, 2009 (with anonymous reviewers).
その他

社会哲学と経済学批判
—知のクロスオーバー—

2015年12月10日　第1刷発行

著　者　角田修一

発行者　黒川美富子

発行所　図書出版　文理閣
京都市下京区七条河原町西南角〒600-8146
TEL (075)351-7553　FAX (075)351-7560
http://www.bunrikaku.com

印　刷　亜細亜印刷株式会社

 ISBN 978-4-89259-772-5

References

＊原書（邦語を含む）は著者名、原書名（発行年)、その他の順で表記。
＊邦訳のある外国書は著者名（外国語)、訳書名（原書発行年あるいは執筆年)、原書名、その他の順で表記。訳文は基本的には邦訳にしたがったが、一部に変更しているところがある。
＊論文は筆者の後に発表年、論文名その他の順で表記。
＊便宜上、ヘーゲル、マルクス、著者の文献（本書収録以外のもの）を先に掲載。第13章と第15章は番号順表記。
＊先に各々の章で掲げた文献は、その後の章では省略されている。

{ヘーゲル}

ヘーゲル（Hegel, G.W.F.）『精神現象学』*Phänomenologie des Geistes, Werke,* 3, Suhrkamp Verlag, Frankfurt am Main, 1970. 樫山欽四郎訳、上・下、平凡社ライブラリー、1997年。

ヘーゲル『大論理学』*Wissenschaft der Logik, Werke,* 5, 6, Suhrkamp, Frankfurt am Main, 1969. 武市健人訳、上・中・下、岩波書店、ヘーゲル全集6～8、1956～61年。

ヘーゲル『法の哲学』*Grundlinien der Philosophie des Rechts oder Naturrecht und Staatswissenschaft im Grundrisse, Werke* 7, Suhrkamp, 1996. *Elements of the Philosophy of Right,* translated by H.B.Nisbet, Cambridge University Press, 1991. 藤野・赤澤訳『世界の名著35　ヘーゲル』中央公論社、1967年、所収。

ヘーゲル『小論理学』*Enzyklopädie der philosophischen Wissenschaften im Grundrisse 1830, Erster Teil, Die Wissenschaft der Logik Mit den mündlichen Zusätzen, Werke* 8, Suhrkamp, 1973. *Hegel's Logic,* translated by W.Wallace, Oxford University Press, 1975. 松村一人訳、岩波文庫版、上・下、1951～52年。

ヘーゲル『精神哲学』*Enzyklopädie der philosophischen Wissenschaften im Grundrisse 1830, Dritter Teil, Die Philosophie des Geistes Mit den mündlichen Zusätzen, Werke,* 10, Suhrkamp, 1995. *Hegel's Philosophy of Mind,* translated by W.Wallace, Oxford University Press, 1971. 船山信一訳、岩波文庫版、上・下、1965年。

ヘーゲル『哲学史』*Vorlesungen über die Geschichte der Philosophie,* Ⅰ, Ⅱ, *Werke,* 18, 19, Suhrkamp, Frankfurt am Main, 1971.『哲学史　上巻』武市健人改訳、岩波書店、ヘーゲル全集11、1974年、『哲学史　中巻の2』宮本十蔵・太田直道訳、岩波書店、ヘーゲル全集13、2001年。

{マルクス}

マルクス（Karl Marx）『デモクリトスとエピクロスの自然哲学の差異』*Doktordissertation: Differenz der demokritischen und epikureischen Naturphilosophie nebst einem Anhange, und Hefte zur epikureischen, stoischen und skeptischen Philosophie, Marx Engels Werke*（*MEW*）Ergänzungsband, Erster Teil, Dietz Verlag Berlin, 1968. 岩崎允胤訳、ドイツ社会主義統一党中央委員会付属マルクス＝レーニン主義研究所編『マルクス・エンゲルス全集』第40巻、大月書店、1975年。本文では、*MEW,* Bd.40, S…. と表記。

中山元訳『マルクス・コレクションI』筑摩書房、2005年。
メーリング『マルクス・エンゲルス・ラッサール遺稿集』第1巻、1902年にはじめて公表。
Mehring,.F, *Aus dem literalischen Nachlass von Karl Marx, F.Engels und F.Lassale,* Stuttgart, 1902.（未見、山中隆次1972、12ページ注による）
リャザノフ編『マルクス・エンゲルス全集』第1部第1巻第1分冊、1927年、注解、7冊の準備ノートとともに刊行。*Marx/Engels Gesammtausgabe,* I-1/1, Herausgegeben von D.Rjazanov, Moskau, 1927. S.1-144. 服部英太郎訳『改造社版　マルクス＝エンゲルス全集』第1巻、1928年、所収（注解および7冊の準備ノートの訳は含まれていない）。

Karl Marx Friedrich Engels Gesammt Ausgabe（*MEGA*）, Erste Abteilung, Bd.1, *Karl Marx Werke Artikel Literarische Versuche Bis Marz 1843,* Dietz Verlag Berlin, 1975, S.5-92. Vierte Abteilung, Bd.1, Karl Marx Friedrich Engels Exzerpte und Notizen Bis 1842, Dietz Verlag Berlin, 1976, S.5-152.（MEW版とは第5ノートと第6ノートが逆で、他にも少し違いがある）。以下、*MEGA*, Bd.1. S…. と表記。

マルクス『ヘーゲル法哲学批判序論　付国法論批判その他』（1844）*Karl Marx Friedrich Engels Gesamtausgabe*（*MEGA*）, Erste Abteilung, Bd 2, Dietz Verlag Berlin, 1982. Karl Marx, *Early Writings,* translated by R.Livingstone and G.Benton, Penguin Books, 1992. 花田圭介訳『全集』第1巻、大月書店、1959年、国民文庫版、大月書店、1970年、城塚登訳『ユダヤ人問題によせて　ヘーゲル法哲学批判序説』岩波文庫版、1974年。

マルクス『経済学・哲学手稿』（1844）*Ökonomisch-philosophische Manüskripte, Marx-Engels Werke*（*MEW*）Bd.40. 藤野渉訳、大月書店、1963年、真下信一訳『全集』第1巻、1975年、城塚登・田中吉六訳『経済学・哲学草稿』岩波文庫版、1964年。

マルクス『ドイツ・イデオロギー』（1845）*Die Deutsche Ideologie, Marx-Engels Werke*（*MEW*）, Bd.3. 渋谷正編訳版『ドイツ・イデオロギー』新日本出版社、1998年。

マルクス「フォイエルバッハに関するテーゼ」（1845）*Die Thesen über Feuerbach*（nach dem Originalmanuskript）, *Marx-Engels Archiv,* herasugegeben von D.Rjazanov, Band.1, 1928, Frankfurt. 服部文男訳『新訳　ドイツ・イデオロギー』新日本出版社、1996年、所収。

マルクス「自由貿易問題についての演説その他」（1847-48）*Rede über die Frage des Freihandels,* usw., *Marx Engels Werke*（*MEW*）Bd.4, Berlin, 1959.『全集』第4巻、大月書店、1960年、所収。

Marx, Karl（1857）*Einleitung, Ökonomische Manuskripte 1857/1858, Marx Engels Gesamtausgabe*（*MEGA*）, Zweite Abteilung, Bd.1, Teil 1, Berlin, 1976.『マルクス資本論草稿集1』大月書店、1981年。

マルクス「序言」『経済学批判第1分冊』（1859）*Vorwort in Zur Kritik der politischen Ökonomie,* Erster Heft, *Marx Engels Gesamtausgabe*（*MEGA*）, Zweite Abteilung, Bd.2, Berlin, 1980. 邦訳『マルクス資本論草稿集3』大月書店、1984年、『全集』第13巻、大月書店、1966年、所収。

マルクス『経済学批判』(1859) *Zur Kritik der Politischen Ökonomie, Marx-Engels Werke* (*MEW*), Bd.13, Dietz Verlag, Berlin, 1961. 杉本俊郎訳『全集』第13巻、大月書店、1964年、所収。

Marx, Karl (1861-63) *Zur Kritik der Politischen Ökonomie* (*Manuskript 1861-1863*), *MEGA*, Abt. 2, Bd. 3, Teil 4, Dietz Verlag Berlin, 1979. 邦訳『マルクス資本論草稿集 7』大月書店、1982年。

Marx, K. (1863-1865) *Das Kapital, Drittes Buch, in Ökonomische Manuskripte 1863-1867, Marx Engels Gesamtausgabe* (*MEGA*) II-4, Dietz Verlag Berlin, 1992.

マルクス『賃金、価格、利潤』(1865) *Value, price and profit, MEGA*, Abt. 2, Bd. 4, Teil 1, Dietz Verlag Berlin, 1988. *MEW*, Bd.16.『全集』第16巻、大月書店、1966年。

マルクス『初版資本論』*Das Kapital, Kritik der politischen Ökonomie*, Bd. 1, Hamburg. 1867, *Marx Engels Gesamtausgabe* (*MEGA*) II-5, Dietz Verlag Berlin, 1983. 江夏美千穂訳、幻燈社、1983年。

マルクス『ゴータ綱領批判』(1875) *Randglossen zum Programm der deutschen Arbeiterpartei, Marx-Engels Werke* (*MEW*), Bd.19. 後藤洋訳『ゴータ綱領批判／エルフルト綱領批判』新日本出版社、2000年、所収。

マルクス『資本論』第1巻 (1890) *Das Kapital, Kritik der politischen Ökonomie*, Bd. 1, *Marx Engels Werke* (*MEW*), Bd.23, Dietz Verlag Berlin, 1962. 邦訳『マルクス・エンゲルス全集』大月書店、第23巻第1～2分冊、1965年、資本論翻訳委員会訳、新日本出版社、第1～4分冊、1982～83年。

マルクス『資本論』第3巻 (1894) *Das Kapital, Kritik der politischen Ökonomie*, Bd. 3, Herausgegeben von Friedrich Engels, Hamburg. *Marx Engels Werke* (*MEW*), Bd.25, Dietz Verlag Berlin, 1964. 邦訳『マルクス・エンゲルス全集』大月書店、第25巻第1～2分冊、1966～67年、資本論翻訳委員会訳、新日本出版社、第8～13分冊、1986～89年。

{角田修一}

角田修一『生活様式の経済学』(1992) 青木書店。

角田修一『「資本」の方法とヘーゲル論理学』(2005) 大月書店。

角田修一『概説 社会経済学』(2011) 文理閣。

KAKUTA Shuichi (2009), Methodological Differences Between Two Marxian Economists in Japan : Kozo Uno and Sekisuke Mita, "*Research in Political Economy*", edited by Paul Zarembka, Emerald, UK, Volume 25, 277-299, 2009. (with anonymous reviewers)

KAKUTA, Shuichi (2012) Radical Democracy and Methodology in post-Marxist Maruyama Masao. "*The Ritsumeikan Economic Review*", Vol. LXI, No. 3, Sep. 2012.)『立命館経済学』第61巻第3号、2012年9月。

角田修一 (1977)「書評『見田石介著作集第1巻　ヘーゲル論理学と社会科学 (大月書店)』」『立命館経済学』第26巻第2号。

角田修一 (1978)「資本の蓄積過程」島恭彦監修『講座・現代経済学Ⅲ』青木書店、第6章、所収。

角田修一（1995）「ラディカル派政治経済学」山本広太郎ほか編『経済学史』青木書店、第９章、所収。

角田修一（1997）「アメリカ経済の民主的改革と政治経済学」横田茂編『アメリカ経済論を学ぶ人のために』世界思想社、第８章、所収。

角田修一（2006）「書評　大石雄爾『ヘーゲル論理学の真相』（白桃書房、2005年７月）」経済理論学会編『季刊経済理論』第43巻第２号、2006年３月。

角田修一（2007）「大石雄爾氏の書評へのリプライ」経済理論学会編『季刊経済理論』第44巻第１号、桜井書店、2007年４月。

角田修一（2011）「重田澄男『再論　資本主義の発見―マルクスと宇野弘蔵』（桜井書店、2010年７月）を読む」基礎経済科学研究所『経済科学通信』127号、2011年12月。

角田修一（2012）「書評　大西広著『マルクス経済学』慶應義塾大学出版会、2012年４月刊」『季論21』2012年10月、本の泉社。

角田修一（2013）「書評　石倉雅男『貨幣経済と資本蓄積の理論』大月書店、2012年刊」日本科学者会議『日本の科学者』2013年１月号、通巻540号。


第１篇第１章　原書発行順。著者、邦訳名、原書、邦訳書の順で表示
エピクロス『エピクロス』出隆・岩崎允胤訳、岩波文庫、1959年。

ルクレーティウス『物の本質について』樋口勝彦訳、岩波文庫、1961年。

ブルーノ・バウアー（Bruno Bauer）『無神論者で反キリスト者のヘーゲルを裁く最後の審判ラッパ』（1841）Die Posaune des jungsten Gerichts über Hegel den Atheisten und Antichristen, Neudruck der Ausgabe, Leipzig 1841, Scientia Verlag Aalen, Darmstadt, 1969. Hegelische Linke, ausgewählt und eingeleitet von Karl Löwith, Friedrich Frommann Verlag, Stuttgart-Bad Cannstatt, 1962, S.123–225. 大庭健訳、良知力・廣松渉編『ヘーゲル左派論叢第４巻』御茶の水書房、1987年、所収。

ブルーノ・バウアー『キリスト教国家と現代』（1841）壽福眞美訳、良知力編『資料　ドイツ初期社会主義　義人同盟とヘーゲル左派』平凡社、1974年、所収。

レーニン『カール・マルクス』（1914）村田陽一訳、大月書店（大月センチュリーズ）、1983年、『レーニン全集』（第４版）第21巻、大月書店、1957年。

メーリング（Franz Mehring）『カール・マルクス－その生涯の歴史－』（1918）*Karl Marx：Geschichte seines Lebens*, Leipzig, 1918, *Franz Mehring Gesammelte Schriften*, Band 3, Dietz Verlag Berlin, 1960. 栗原佑訳、第１巻、大月書店、1953年。

Karl Marx, The Story of His Life, translated by Edward Fitzgerald, 1936, London, Reprinted 1981, Humanities Press, USA.

フック（Sidney Hook）『ヘーゲルからマルクスへ』（1936）*From Hegel to Marx, Studies in the Intellectual Development of Karl Marx,* 1936, With a New Introduction by Sidney Hook, The University of Michigan, 1962. 小野八十吉訳、御茶の水書房、1983年。

レーヴィット（Karl Löwith）『ヘーゲルからニーチェへ』（1941）*Von Hegel zu Nietzsche*, Zürich, 1941. 柴田治三郎訳、岩波書店、1952～53年。

コルニュ（Auguste Cornu）『マルクスと近代思想』（1948）*Karl Marx et la pensée mod-*

erne, Contribution à l'étude de la formation du marxisme, Paris, Editions sociales, 1948. 青木靖三訳、法律文化社、1953年。訳書は著者コルニュからの指示により原文を訂正、拡充したもの。

Auguste Cornu, *Karl Marx und Friedrich Engels, Leben und Werk,* Erster Band 1818–1844, Aufbau-Verlag, Berlin, 1954.

ルカーチ（George Lukacs）「若きマルクス」（1954）Zur philosophischen Entwicklung des jungen Marx（1840–1844）, *Deutsche Zeitschrift der Philosophie,* 1，2 Jahrgang 1954, Deutscher Verlag der Wissenschaften, Berlin, S. 288–343. 平井俊彦訳、改訂版、ミネルヴァ書房、1958年。

イッポリット（Jean Hyppolite）『マルクスとヘーゲル』（1955）*Etudes sur Marx et Hegel,* Paris, Librairie Marcel Rivière et Cie, 1955. 宇津木正・田口英治訳、法政大学出版局、1970年。

淡野安太郎『初期のマルクス－唯物史観の成立過程－』（1956）勁草書房。

重田晃一（1958）「初期マルクスと青年ヘーゲル派」関西大学『経済論集』第７巻第７号、1958年１月。

山中隆次（1958）「マルクス『学位論文』（1841年）について－マルクス－ヘーゲル関係理解のために－」一橋大学経済研究所『経済研究』第９巻第２号、1958年４月。

レーヴィット（Karl Löwith）「ヘーゲル左派の哲学における哲学的理論と歴史的実践」（1962）*Die Hegelsche Linke,* ausgewählt und eingeleitet von Karl Löwith, Friedrich Fromman Verlag , Stuttgart-Bad Cannstatt, 1962. 麻生建編訳『ヘーゲルとヘーゲル左派』所収、未来社、1975年。

オイゼルマン、テ・イ『マルクス主義哲学の形成　第一部』（1964）森宏一訳、勁草書房、1964年。

富沢賢治（1964、1965）「初期マルクスとキリスト教（１）（２）」『一橋論叢』第52巻第６号、1964年12月、第53巻第２号、1965年２月。

Gunter Hillman（1966）, *Marx und Hegel, Von der Spekulation zur Dialektik,* Europäische Verlagsanstalt Frankfurt am Main, 1966.

廣松渉『マルクス主義の成立過程』（1968）至誠堂、新装版1974年、増補版1984年。

マクレラン（David McLellan）『マルクス思想の形成』（1969）*The Young Hegelian and Karl Marx,* The Macmillan Press Ltd, 1969. 宮本十蔵訳、ミネルヴァ書房、1971年。

マクレラン『マルクス主義以前のマルクス』（1970）*Marx before Marxism,* Macmillan and Co.ltd. London, 1970, 2nd., 1980. 西牟田久雄訳（初版）、勁草書房、1972年。

メサーロシュ（Istvan Mészaros）『マルクスの疎外理論』（1970）*Marx's Theory of Aienation,* Merlin Press, London. 三階徹・湯川新訳、啓隆閣、1975年。

城塚登『若きマルクスの思想』（1970）勁草書房。

良知力『初期マルクス試論』（1971）未来社（ブルーノ・バウアー論の初出1968年５月）。

廣松渉『青年マルクス論』（1971）平凡社。

山中隆次『初期マルクスの思想形成』（1972）新評論（第１章の初出は1969年３月）。

正木八郎（1972）「マルクスにおける実践概念の生成」『思想』（岩波書店）第580号、1972

年10月。

正木八郎（1973）「マルクス思想形成の出発点」『現代の理論』第114号、1973年７月。

良知力編『資料ドイツ初期社会主義　義人同盟とヘーゲル左派』（1974）平凡社。

鈴木伸一（1974）「マルクスの哲学的出発点における知と実在の問題」『熊本大学法文論叢』第34号、1974年７月。

大井正『マルクスとヘーゲル学派』（1975）福村出版。

村上俊介（1977）「ブルーノ・バウアーにおける自己意識の哲学－三月革命前夜の自由主義的『ラッパ』－」専修大学大学院紀要『経済と法』第８号、1977年３月。

疋野景子（1977）「《研究ノート》マルクス『学位論文』における「自己意識」」『一橋論叢』第78巻第２号、1977年８月。

Zvi Rosen（1977）*Bruno Bauer and Karl Marx, The Influence of Bruno Bauer on Marx's Thought*, Martinus Nijhoff, The Hague, Netherlands.

村上俊介（1978）「《研究ノート》ブルーノ・バウアー批判としての『経済学・哲学草稿』」『専修経済学論集』第13巻第１号（24号）、1978年８月。

黒沢維昭（1979）「マルクスの『学位論文』についての一考察－「具体的普遍」を中心にして－」神奈川大学人文学研究所『人文学研究所報』第13号、1979年６月。

疋野景子（1979）「宗教批判と哲学の実現－マルクス『学位論文』補遺を中心として－」岩崎允胤編『価値と人間的自由』汐文社、1979年11月、所収。

粟田賢三・古在由重編『岩波哲学小辞典』（1979）岩波書店。

鷲田小彌太『哲学の構想と現実－マルクスの場合』（1983）白水社。

山本広太郎『差異とマルクス』（1985）青木書店（第１章の初出は1981年３月）。

岩淵慶一『初期マルクスの批判哲学』（1986）時潮社。

良知力・廣松渉編『ヘーゲル左派論叢　第４巻　ヘーゲルを裁く最後の審判ラッパ』（1987）御茶の水書房。

良知力『ヘーゲル左派と初期マルクス』（1987）岩波書店。

渡辺憲正『近代批判とマルクス』（1989）青木書店。

岩佐茂・島崎隆・高田純編『ヘーゲル用語事典』（1991）未来社。

加藤尚武ほか編『ヘーゲル事典』（1992）弘文堂。

石塚正英編『ヘーゲル左派　思想・運動・歴史』（1992）法政大学出版局。

黒沢維昭（1994）「具体的・普遍的「自己意識」の展開・再考－マルクス「学位論文」と「ライン新聞」期の接合－」『理想』第653号、1994年６月。

工藤秀明『原・経済学批判と自然主義－経済学史と自然認識－』（1997）千葉大学経済研究叢書。

フォスター（John Bellamy Foster）『マルクスのエコロジー』（2000）*Marx's Ecology, Materialism and Nature*, Monthly Review Press, N.Y. 渡辺景子訳、こぶし書房、2004年。

石井伸男『マルクスにおけるヘーゲル問題』（2002）御茶の水書房。

田畑稔『マルクスと哲学－方法としてのマルクス再読』（2004）新泉社。

神田順司（2009）「マルクスと学位論文」同編『社会哲学のアクチュアリティ』未知谷、所収。

第１篇第２章

有井行夫『マルクスの社会システム理論』（1987）有斐閣。

アヴィネリ（Shilomo Avineri）『終末論と弁証法－マルクスの社会・政治思想』（1968）The Social and Political Thought of Karl Marx, Cambridge University Press, 1968. 中村恒矩訳、法政大学出版局、1984年。

アヴィネリ『ヘーゲルの近代国家論』（1972）Hegel' s Theory of The Modern State, Cambridge University Press. 高柳良治訳、未来社、1978年。

細見英（1960）『経済学批判と弁証法』未来社、1979年、所収。

生松敬三『社会思想の歴史－ヘーゲル・マルクス・ウェーバー』（1969）岩波現代文庫版、2002年。

岩佐茂・尾関周二・島崎隆・高田純・種村完司『哲学のリアリティ－カント・ヘーゲル・マルクス』（1986）有斐閣。

岩佐茂・島崎隆編『精神の哲学者ヘーゲル』（2003）未来社。

植村邦彦『市民社会とは何か』（2010）平凡社新書。

梯明秀『ヘーゲル哲学と資本論』（1959）未来社。

形野清貴（2007）「市民社会論の射程」関西唯物論研究会編『唯物論と現代』第39号、2007年５月。

粂康弘（1979）「市民社会の解体とヘーゲル哲学の崩壊」『思想』656号、1979年２月号。

小松善雄（1997）「現代の社会＝歴史理論における市民社会概念の考察」東京農業大学産業経済学会『オホーツク産業経営論集』第８巻第１号（通巻９号）、1997年12月。

マルクーゼ（Herbert Marcuse）『理性と革命』（1954）*Reason and Revolution*, N.Y. 枡田・中島・向来訳、岩波書店、1961年。

向井俊彦『唯物論とヘーゲル研究』（1979）文理閣（増補版『向井俊彦の探求１』文理閣、2008年所収）。

長洲一二（1953）「ヘーゲル国法論批判」『マルクス・コンメンタールⅠ』現代の理論社、1975年、所収。

尼寺義弘『ヘーゲル推理論とマルクス価値形態論』（1992）晃洋書房、第１部第１章。

尼寺義弘「ヘーゲルの政治経済学の研究」「ヘーゲルの『理性の狡智』と目的活動」「ヘーゲル《法の哲学》の『欲求の体系』の経済分析」（牧野広義・藤井政則・尼寺義弘『現代倫理の危機』文理閣、2007年３月、第８～10章所収）

尼寺義弘・牧野広義・藤井政則『経済・環境・スポーツの正義を考える』（2014）文理閣。

プリッダート、B. P.『経済学者ヘーゲル』（1990）高柳・滝口・早瀬・神山訳、御茶の水書房、1999年。

リーデル『ヘーゲル法哲学』（1969）清水・山本訳、福村出版、1976年。

島崎隆『ヘーゲル弁証法と近代認識』（1993）未来社。

ウィリアムズ（Robert R.Williams）編『リベラリズムとコミュニタリアニズムを超えて』（2001）*Beyond Liberalism and Communitarianism: Studies in Hegel's Philosophy of Right*, N.Y.　中村・牧野・形野・田中訳、文理閣、2006年。

山口定『市民社会論　歴史的遺産と新展開』（2004）有斐閣。

吉田傑俊『市民社会論－その理論と歴史』（2005）大月書店。

渡辺雅男『市民社会と福祉国家』（2007）昭和堂。

第１篇第３章

グールド、キャロル（Carol C. Gould）『『経済学批判要綱』における個人と共同体』（1978）*Marx' s Social Ontology – Individuality and community in Marx's Theory of Social Reality,* The MIT Press, 1978. 三階徹・平野英一訳、合同出版、1980年。

ノージック（Robert Nozick）『アナーキー・国家・ユートピア』（1974）*Anarchy, State, and Utopia,* Basic Books. 嶋津格訳、木鐸社、1992年。

ロールズ（John Rawls）『正義論　改訂版』（1999）*Theory of Justice,* 1 st ed., 1971, revised ed., 1999, Harvard University Press. 川本隆史ほか訳、紀伊國屋書店、2010年。

ロールズ『万民の法』（1999）*The Law of Peoples,* Harvard University Press. 中山竜一訳、岩波書店、2006年。

ロールズ『公正としての正義　再説』（2001）*Justice as Fairness, A Restatement,* Harvard University Press. 田中成明ほか訳、岩波書店、2004年。

ロールズ『ロールズ政治哲学史講義Ⅰ・Ⅱ』（2007）*Lectures on the History of Political Philosophy,* Edited by Samuel Freeman, The Belknap Press of Harvard University Press, USA. 齋藤純一ほか訳、岩波書店、2011年。

サンデル（Sandel, Michael J.）『民主政の不満－公共哲学を求めるアメリカ』（1996）*Democracy's Discontent : America in Search of a Public Philosophy,* Harvard University Press. 金原恭子・小林正弥監訳上・下、勁草書房、2010年。

サンデル『リベラリズムと正義の限界』（1998）*Liberalism and the Limits of Justice,* 2 nd ed., 1 st.,1982, Cambridge University Press. 菊池理夫訳、勁草書房、2009年。

サンデル『公共哲学』（2005）*Public Philosophy : Essays on Morality in Politics,* Harvard University Press. 鬼澤忍訳、ちくま学芸文庫版、2011年。

サンデル『これからの「正義」の話をしよう』（2009）*Justice What's the Right thing to Do?* , Farrar, Straus and Giroux. 鬼澤忍訳、早川書房、2010年。

牧野広義（2003）「マルクスにおける『人間的社会』について」『経済』2003年５月号、新日本出版社。

牧野広義『現代倫理と民主主義』（2007）地歴社。

牧野広義（2010）「マルクスの変革の哲学」関西唯物論研究会編『唯物論と現代』第45号、文理閣。

牧野広義『人間的価値と正義』（2013）文理閣。

牧野広義『環境倫理学の転換－自然中心主義から環境的正義へ』（2015）文理閣。

松井暁『自由主義と社会主義の規範理論－価値理念のマルクス的分析』（2012）大月書店。

中村哲編『『経済学批判要綱』における歴史と論理』（2001）青木書店（中村・赤間道夫・角田・野田公夫・牧野広義執筆）。

第２篇第４章

Bowles, Samuel, Edwards, R., Roosevelt F.（2005）*Understanding Capitalism*, 3rd., N.Y.

マルサス（Malthus, T. R.）『経済学原理』（1836）*Principles of Political Economy*, 2nd. N.Y. 1951. 邦訳、各種。

廣西元信『資本論の誤読』（1966）こぶし書房、2002年。

基礎経済科学研究所編『未来社会を展望する－甦るマルクス』（2010）大月書店。

西谷敏『規制が支える自己決定権－労働法的規制システムの再構築－』（2004）法律文化社。

田畑稔『マルクスとアソシエーション－マルクス再読の試み』（1994）新泉社。

友野典男『行動経済学』（2006）光文社新書。

大谷禎之介『マルクスのアソシエーション論－未来社会は資本主義のなかに見えている』（2011）桜井書店。

第２篇第５章

Бухарин, Н. (1921), Теория исторического материализма; популярный учебник марксистской социологии, Государственное издательство Москва, 1923. 佐野勝隆・石川晃弘訳『史的唯物論－マルクス主義社会学の一般的教科書』（現代社会学大系７）青木書店、1974年。

Bucharin, Nicholai, Theorie des Historischen Materialismus, Gemeinverständliches Lehrbuch der Marxistischen Soziologie, Autorisierte Übersetzung aus dem Russischen von Frida Rubiner, Verlag der Kommunistischen Internationale, Hamburg, 1922. 廣島定吉訳『唯物史観』白楊社、1929年、改訳版「マルクス主義の旗の下に」文庫５、1930年。

Bukharin, Nikolai, Historical Materialism, A System of Sociology, Authorized translation from the third Russian edition, International Publishers Co.,Inc. George Allen & Unwin Ltd. London, 1925

Cohen, Stephen F., (1973), Bukharin and the Bolshevik Revolution: A Political Biography, 1888–1938, Alfred A. Knopf, N.Y. 塩川伸明訳『ブハーリンとボリシェビキ革命－政治的伝記、1888－1938年』未来社、1979年。

Korsch, Karl（1967）Karl Marx, Europäische Verlagsanstalt, Frankfurt am Main. 野村修訳『マルクス－その思想の歴史的・批判的再構成』未来社、1967年。

Lichtheim, George（1961）Marxism, An Historical and Critical Study, Second Edition, 1964, Routledge and Kegan Paul, London. 奥山・田村・八木訳『マルクス主義　歴史的・批判的研究』みすず書房、1974年。

Mehring, Franz（1893）Über den historischen Materialismus, Franz Mehring Gesammelte Schriften, Bd.13, Philosophische Aufsätze, Dietz Verlag Berlin, 1961. 佐藤進訳「史的唯物論について」『世界大思想全集　社会・宗教・科学思想篇15』河出書房新社、1960年、所収。

Плеханов, Г. В.（1895）К　вопросу о развитии монистического взгляда на историю, Сочинения Том VII, под редакцией Д. Рязанова, Государственное издательство, Москва,

1923. 川内唯彦訳『改訳史的一元論』岩波文庫版、上・下、1963年。

Плеханов, Г. В.（1897）О материалистическом понимании истории, Сочинения Том VIII, под редакцией Д. Рязанова, Государственное издательство, Москва,「歴史の唯物論的理解について」西牟田久雄・直野敦訳『歴史における個人の役割』未来社、社会科学ゼミナール 5、1956年所収。

Плеханов, Г. В.（1898）К вопросу о роли личности в истории, Сочинения Том VIII, под редакцией Д. Рязанова, Государственное издательство, Москва, 木原正雄訳『歴史における個人の役割』岩波文庫版、1958年。

Плеханов, Г. В.（1908）Основные вопросы марксизма, Сочинения, Том XVIII, под редакцией Д. Рязанова, Государственное издательство, Москва, 1925.

Plechanow, G. Die Grundprobleme des Marxismus, Herausgegeben von D.Rjazanov, Übersetzung von Karl Schmücle, Verlag für Literatur und Politik, Wien, 1929. 鷲田小彌太訳『マルクス主義の根本問題』福村出版、1974年。Übersetzung von Dr. M. Nachimson, Dietz Verlag, Stuttgart, 1910. 恒藤恭改訳『世界大思想全集第14巻』河出書房、1955年、所収。

バロン、サミュエル・H（1963）『プレハーノフ－ロシア・マルクス主義の父』白石・加藤・阪本・坂本訳、恒文社、1978年

ブハーリン、蔵原惟人訳「史的唯物論の諸問題（躁急なる覚書）」『ブハーリン　唯物史観』廣島定吉訳、白揚社、1929年、所収。

デボーリン、ルダス、マルティノフ、ボリーリン『「ブハーリン唯物史観」批判』廣島定吉訳、白揚社、1930年。

エンゲルス、F.（1893）「エンゲルスからフランツ・メーリング（在ベルリン）へ」『マルクス・エンゲルス全集』第39巻、大月書店、1975年、所収。

エンゲルス、F.（1895）「エンゲルスからゲオルギ・ヴァレンチノヴィチ・プレハーノフ（在チューリッヒ）へ」『マルクス・エンゲルス全集』第39巻、大月書店、1975年、所収。

田中真晴『ロシア経済思想史の研究　プレハーノフとロシア資本主義論史』（1967）ミネルヴァ書房。

第２篇第６章

Engels, Friedrich（1859）「書評」Rezension zu Karl Marx: Zur Kritik der politischen Ökonomie. Erstes Heft, *Marx-Engels Werke*（*MEW*）Bd.13, Dietz Verlag, Berlin, 1961. 邦訳『マルクス＝エンゲルス全集』第13巻、大月書店、1964年、所収。

コルシュ（Karl Korsch）『マルクス主義と哲学』（1923,1930）*Marxismus und Philosophie, Zweite, durch eine Darstellung der gegenwärtigen Problemlage und mehrere Anhänge erweiterte Auflage*, C.L.Hirschfeld Verlag, Lipzig, 1930. 平井俊彦・岡崎幹郎訳、未来社、1977年。

Karl Korsch *Gesamtausgabe, Bd. 3, Schriften zur Theorie der Arbeiterbewegung* 1920–1923, Herausgegeben und eingeleitet von Michael Buckmiller, Stichting beheer, IISG Amsterdam, 1993.

Korsch, K.（1970）*Marxism and Philosophy*, translated by Fred Halliday, NLB, London.

コルシュ『マルクス－その思想の歴史的・批判的再構成』（1938）*Karl Marx*, Russell & Russell, New York, 1963. 本書は1936年のドイツ語原稿からのコルシュ自身による英訳版である。野村修訳、未来社、1967年刊は、第二次大戦後の1950年までにコルシュが改訂・補筆したドイツ語原稿からの翻訳である（邦訳「凡例」および「訳者のあとがき」「附記」を参照）。このドイツ語版はつぎのKorsch（1967）にあたる。

Korsch, K.（1967）*Karl Marx*, Europäische Verlagsanstalt Frankfurt am Mein.

ルカーチ『歴史と階級意識－マルクス主義弁証法の研究－』（ルカーチ著作集９）（1923）, *Geschichte und Klassenbewusstsein, Studien über marxistische Dialektik*, in Georg Lukacs Werke, Fruhschriften Ⅱ, Hermann Luchterhand Verlag, Darmstadt, 1968. 城塚登・古田光訳、白水社、1968年、平井俊彦訳『歴史と階級意識』未来社、1962年、同『ローザとマルクス主義』ミネルヴァ書房、1965年。

Lukács, G.（1971）*History and Class Consciousness, Studied in Marxist Dialectics*, translated by Rodney Livingstone, Merlin Press, London.

Lukács, G.（1925）*N.Bucharin: Theorie des historischen Materialismus, Hamburg 1922*（Rezension）, Archive für die Geschichte des Sozialismus und der Arbeiterbewegung, XI, S.216–224. in *Georg Lukách Werke, Frühschriften* Ⅱ, Hermann Luchthand Verlag, Darmstadt, 1968. 池田浩士編訳（1977）に所収。

（邦語文献）

フォーガチ、デイヴィド編『グラムシ・リーダー』（1995）東京グラムシ研究会監修・訳、御茶の水書房。

コルシュ、カール『労働者評議会の思想的展開』（1969）木村・山本訳、批評社、1979年。

ラブリオーラ、アントニオ『思想は空から降ってはこない　新訳・唯物史観概説』（1896）小原耕一・渡部實訳、同時代社、2010年。

ラブリオーラ、アントニオ『社会主義と哲学ジョルジュ・ソレルへの書簡』（1897）小原耕一・渡部實訳、同時代社、2011年。

レーニン「哲学ノート」『レーニン全集』第38巻（ロシア語第４版）所収、大月書店、1961年、松村一人訳『レーニン　哲学ノート』岩波文庫改訳版、上・下巻、1975年。

ルズールド、ドメニコ『グラムシ実践の哲学－自由主義から《批判的共産主義》へ』（1997）福田静夫監訳、文理閣、2008年。

野村修編訳『カール・コルシュ政治論集　危機のなかのマルクス主義』（1986）れんが書房新社。

上村忠男編訳『新編　現代の君主』（2008）ちくま学芸文庫版。

上村忠男監修、イタリア思想史の会編訳（2013）『イタリア版「マルクス主義の危機」論争』未来社。

山崎功監修、代久二編集『グラムシ選集』（1961～65）第１～６巻、合同出版。

平井俊彦（1966）「カール・コルシュの実践の弁証法－カール・コルシュのマルクス主義（１）」『経済論叢』98巻１号、1966年７月、所収。

平井俊彦（1967）「ブハーリンとルカーチ」『経済論叢』99巻１号、1967年１月、所収。

平野喜一郎『経済学と弁証法』(1978) 大月書店。

池田浩士編訳『ルカーチ初期著作集』(1976) 第4巻、三一書房。

池田浩士編訳『論争　歴史と階級意識』(1977) 河出書房新社。

形野清貴 (1988)「イデオロギー論の射程」松田博編 (1988) 第1章。

牧野広義『哲学と現実世界』(1995) 晃洋書房。

牧野広義『現代唯物論の探究－理論と実践と価値』(1998) 文理閣。

丸山眞男 (1961)「思想史の考え方について－類型・範囲・対象－」『丸山眞男集』第9巻、岩波書店、1996年、丸山眞男『忠誠と反逆』筑摩書房、1992年、同ちくま学芸文庫版、1998年、所収。

松田博編『グラムシを読む』(1988) 法律文化社。

鈴木富久『グラムシ「獄中ノート」の学的構造』(2009) 御茶の水書房。

鈴木富久『グラムシ「獄中ノート」研究』(2010) 大月書店。

鈴木富久『アントニオ・グラムシ』(2011) (シリーズ世界の社会学・日本の社会学) 東信堂。

竹村英輔『グラムシの思想』(1975) 青木書店。

竹村英輔『現代史におけるグラムシ』(1989) 青木書店。

第2篇第7章

島崎隆『ポスト・マルクス主義の思想と方法』(1997) こうち書房。

平子友長「戦前日本マルクス主義哲学の到達点－三木清と戸坂潤」(2006) 山室信一責任編集『「帝国」日本の学知』第8巻、岩波書店、所収。

『三木清全集』第3巻、岩波書店、1966年。

『三木清全集』第6巻、岩波書店、1967年。

吉田傑俊『近代日本思想論Ⅱ「京都学派」の哲学－西田・三木・戸坂を中心に』(2011) 大月書店。

東京唯物論研究会　岩佐茂・島崎隆・渡辺憲正編『戦後マルクス主義の思想－論争史と現代的意義』(2013) 社会評論社、第Ⅲ部。

第2篇第8章

{丸山眞男の著作その他}

『丸山眞男集』全16巻・別巻1 (新訂増補版)、岩波書店、1995～1997年 (第三次刊行2003～04年、2015年)。引用では集①……と表記。

『丸山眞男集　別集』(東京女子大学丸山眞男文庫編) 全5巻、岩波書店、2015年～。引用では別集①……と表記。

『丸山眞男講義録』(1948～1967) 全7冊、1998年、岩波書店。引用では講①……と表記。

『丸山眞男座談』全9巻、岩波書店、1998年 (2006年2刷)。引用では座談①……と表記。

『自己内対話　3冊のノートから』みすず書房、1998年 (タイトルは編者である小尾俊人による)。

『丸山眞男話文集』(丸山眞男手帖の会編) 全4巻、みすず書房、2008～09年。

『丸山眞男話文集　続』（丸山眞男手帖の会編）全４巻、みすず書房、2014～15年。
丸山眞男『自由について－七つの問答－』（聞き手　鶴見俊輔／北沢恒彦／塩沢由典）編集グループ SURE、2005年。
丸山真男・加藤周一『翻訳と日本の近代』岩波新書、1998年。
みすず編集部編『丸山眞男の世界』みすず書房、1997年（追悼文集）。
Masao Maruyama, Patterns of Individuation and the Case of Japan: A Conceptual Scheme, in Marius B. Jansen edited, *Changing Japanese Attitudes toward Modernization*, Princeton University Press, 1965.　英語で書かれたもの。松沢弘陽の邦訳が「個人析出のさまざまなパターン」としてジャンセン編『日本における近代化の問題』岩波書店、1968年、『集』９、所収。
Thought and Behaviour in Modern Japanese Politics, edited by Ivan Morris, 1963, expanded edition 1969, Oxford University Press（『現代政治の思想と行動』1957年、増補版1964年、未来社、の英訳）。
Studies in the Intellectual History of Tokugawa Japan, translated by Mikiso Hane, 1974, Princeton University Press, University of Tokyo Press.（『日本政治思想史研究』東大出版会、1952年、『集』第１巻第２巻所収の英訳）
{丸山眞男研究：本稿に関連して参照したもののみ}
バーシェイ（Andrew Barshay）『近代日本の社会科学－丸山眞男と宇野弘蔵の射程』（2004）*The Social Sciences in Modern Japan*, The Marxian and Modernist Traditions, University of California Press. 山田鋭夫訳、ＮＴＴ出版、2007年３月（邦訳副題は不正確）。
バーシェイ『南原繁と長谷川如是閑』宮本盛太郎訳、ミネルヴァ書房、1995年、原書 *State and Intellectual in Imperial Japan, The Public Man in Crisis*, University of California, 1988.
Barshay, A., *Maruyama Masao, Social Scientist*, in Maruyama Archives Memorial Lecture, Tokyo Woman's Christian University, June 25, 2004, 東京女子大学比較文化研究所附置丸山眞男記念比較思想研究センター『丸山眞男記念比較思想研究センター報告』創刊号、2005年３月所収。平石直昭訳「社会科学史の観点からみた丸山眞男」『思想』964号、2004年８月。
Barshay, A., *Socialism and the Left*, in Sources of Japanese Tradition, vol.２, ２nd ed,. part ２: 1868 to 2000, Compiled by W. Th. de Bary. C. Gluck, and A.E.Tiedemann, 2006, Columbia University Press, pp.212‒259.
石田雄『丸山眞男との対話』（2005）みすず書房。
石田雄『日本の社会科学』（1984）東京大学出版会。
刈部直『丸山眞男－リベラリストの肖像』（2006）岩波新書。Karube Tadashi, *Maruyama Masao, and the Fate of Liberalism in Twentieth-Century Japan*, translated by David Noble, 2008, International House of Japan, Tokyo.
間宮陽介『丸山眞男－日本近代における公と私』（1999）筑摩書房、ちくま学芸文庫版、2007年。

笹倉秀夫『丸山眞男論ノート』（1988）みすず書房。

笹倉秀夫『丸山眞男の思想世界』（2003）みすず書房。

冨田宏治『丸山眞男－「近代主義」の射程－』（2001）関西学院大学出版会。

清眞人（2014）「丸山眞男の『思想史的方法』はどのように継承されるべきか」『季論21』第26号、2014年秋号。

竹内真澄『諭吉の愉快と漱石の憂鬱』（2012）花伝社。

竹内真澄（2014）「丸山眞男の社会科学」『季論21』第26号、2014年秋号、本の泉社。

吉田傑俊『丸山眞男と戦後思想　近代日本思想論Ⅲ』（2014）大月書店。

吉田傑俊（2014）「丸山眞男と戦後思想－「民主主義の永久革命」論＝〈真性近代〉論を中心に」『季論21』第26号、2014年秋号、本の泉社。

日高六郎（1964）「解説　戦後の『近代主義』」日高編集『現代日本思想体系34』筑摩書房、所収。収録：丸山の論稿４、大塚３、清水２、桑原２、都留２、川島１、加藤１、丸山ら７人の座談会「唯物史観と主体性」（座談①所収）、戦争と平和に関する声明１、講和問題に関する声明１。

第３篇第９章

平野喜一郎（2006）「書評　角田修一『「資本」の方法とヘーゲル論理学』」『経済』新日本出版社、2006年３月号。

牧野広義（2006）「書評　角田修一『「資本」の方法とヘーゲル論理学』」関西唯物論研究会編『唯物論と現代』第37号、文理閣、2006年６月。

山本広太郎（2006）「書評　角田修一『「資本」の方法とヘーゲル論理学』」基礎経済研究所編『経済科学通信』第110号、2006年６月。

大石雄爾（2006）「書評　角田修一『「資本」の方法とヘーゲル論理学』」経済理論学会編『経済理論』第43巻第２号、桜井書店、2006年７月。

鈴木茂（1976）「見田氏の弁証法的方法について」『鈴木茂論文集２　唯物論と弁証法』文理閣、1989年（原論文は日本科学者会議大阪支部哲学研究会『科学と人間』第４号、1976年11月）。

鈴木茂ほか編『ヘーゲル論理学入門』（1976）有斐閣新書。

向井俊彦「分析的方法を基礎とする弁証法的方法とはどういうものか」『唯物論とヘーゲル研究』（1979）文理閣（増補版『向井俊彦の探求１』文理閣、2008年、所収）。

両角英郎「『資本論』の方法と『法哲学』の方法」『哲学の探求・1975年度版』（第３回全国若手哲学研究者ゼミナール論文集）所収。

両角英郎「方法としての弁証法について」『科学論研究会誌』第２号、日本科学者会議沖縄支部科学論研究会、1979年２月、所収（両角英郎『宗教・唯物論・弁証法の探求』文理閣、2013年に所収）。

吉田浩（2006）「論文　角田修一著『「資本」の方法とヘーゲル論理学』について」関西唯物論研究会編『唯物論と現代』第38号、文理閣、2006年11月。

吉田浩（2000）「見田石介氏における分析的方法の変化について」関西唯物論研究会編『唯物論と現代』第25号、文理閣、2000年７月。

Mark E. Meaney (2002) *Capital as OrganicUnity, The Role of Hegel's Science of Logic in Marx's Grundrisse,* Kluwer Academic Publishers, The Netherlands.

第３篇第10章

メンガー（Carl Menger）『経済学の方法』(1883) Untersuchungen über die Methode der Socialwissenschaften, und der Politischen Oekonomie, *Carl Menger Gesammelte Werke,* Bd. Ⅱ, J.C.B.Mohr, Tübingen 1969. 福井孝治・吉田義三訳、吉田改訳、日本経済評論社、1986年。改訳版には関連するシュモラー論文「国家科学・社会科学の方法論のために」と、メンガーの1884年の論文「ドイツ国民経済学における歴史主義の誤謬」の邦訳が新しく収録されている。

ヘーゲル論理学研究会編『見田石介　ヘーゲル大論理学研究』(1979) 全３巻、大月書店。

松井暁（2004)「社会経済学と規範理論－『創造』の経済学へ」『季刊経済理論』第41巻第１号。

見田石介『見田石介著作集』全６巻、補巻１、大月書店、1976～1977年。

住谷一彦・八木紀一郎編『歴史学派の世界』(1998) 日本経済評論社。

大谷禎之介・平野喜一郎（1974)「経済学の方法およびプランの問題」日本経済学会連合編『経済学の動向』上巻、第14章、東洋経済新報社。

八木紀一郎編『ドイツの経済思想　経済思想７』(2006) 日本経済評論社。

第３篇第11章

シュモラー（Gustav von Schmoller）『国民経済、国民経済学および方法』(1991) *Volkswirtschaft, Volkswirtschaftslehre und -methode,* in Handworterbuch der Staatswissenschaften, Dritte Aufgabe, Achter Band, Jena, S.426-501.　田村信一訳、日本経済評論社、1999年。原書である同辞典にあたることができなかったので、論文集Gustav Schmoller, *Historisch-ethische Nationalökonomie als kulturwissenschaft,* Ausgewählte methodologische Schriften, Hrsg. von Heino Heinrich Nau, Marburg, 1998. を参照し、訳文は基本的に田村訳に従った。訳語をすこし変えているところがある。田村の訳者解題によれば、ナウ編の同論文集は誤植がひどく、利用には注意が必要だということである。また同書には、シュモラーによるメンガーとディルタイ「批評」の全文と、ベルリン大学総長就任講演とが訳出されている。

ウェーバー（Max Weber）『国民国家と経済政策』(1895) *Der Nationalstaat und die Volkswirtschaftspolitik, Akademische Antrittsrede,* Freiburg und Leipzig. in *Gesammelte Politische Schriften,* Dritte Auflage, herausgegeben von J.Winckelmann, J. C.B.Mohr, Tübingen, 1958, S. 1-25. 田中真晴訳、未来社、1959年、同新版、2000年、『世界の大思想３　ヴェーバー』河出書房新社、1973年、所収。

ウェーバー『ロッシャーとクニース』(1903-1906) *Roscher und Knies, und die logischen Probleme der historischen Nationalökonomie, in Gesammelte Aufsätze zur Wissenschaftslehre,* Sechste Auflage herausgegeben von J.Winckelmann, J.C.B.Mohr, Tübingen, 1985, S. 1-145. 松井秀親訳、未来社、1988年。

ウェーバー『社会科学と社会政策にかかわる認識の「客観性」』(1904) *Die "Objektivität " sozialwissenschaftlicher und sozialpolitischer Erkenntnis, in Gesammelte Aufsatze zur Wissenschaftslehre,* Sechste Auflage, herausgegeben von J.Winchkelmann, J.C.B.Mohr, Tübingen, 1985, S.146–214. 富永祐治・立野安男訳、折原浩補訳、岩波文庫版、1998年、徳永訳『現代社会学体系５』青木書店、1971年、出口勇蔵訳『世界の大思想３』河出書房新社、1973年、祇園寺信彦・祇園寺則夫訳『社会科学の方法』講談社文庫版、1994年。本文の引用では原書ページと岩波文庫版のページとをかかげる。

ウェーバー『理解社会学のカテゴリー』(1913) *Über einige Kategorien der verstehenden Soziologie, in Gesammelte Aufsatze zur Wissenschaftslehre,* Sechste Auflage, herausgegeben von J.Winckelmann, J.C.B.Mohr, Tübingen, 1985, S.427–474. 林道義訳、岩波文庫版、1968年、海老原・中野訳、未来社、1990年。

ウェーバー『社会学および経済学の「価値自由」の意味』(1917/18) *Der Sinn der》Wertfreiheit《der soziologischen und ökonomischen Wissenschaften, in Gesammelte Aufsätze zur Wissenschaftslehre,* Sechste Auflage, herausgegeben.von J. Winckelmann, J.C.B.Mohr, Tübingen, 1985, S.489–540. 松代和郎訳、創文社、1976年、木本幸造監訳『社会学・経済学における「価値自由」の意味』日本評論社、改訂版、1979年、中村貞二訳『完訳　世界の大思想１　ウェーバー　社会科学論集』河出書房新社、1982年、所収。

ウェーバー (1922a)「社会学の基礎概念」*Soziologische Grundbegriffe, Wirtschaft und Gesellschaft, Grundriss der verstehenden Soziologie,* Studienden herausgegeben von J.Winckelmann, Koln/Berlin,Kiepenheuer & Witch, 1964, Erster Teil, Erstes Kapitel, Erster Halbband, S. 1 –42. ヴェーバー死後、編纂され出版された『経済と社会』第１章。清水幾太郎訳『社会学の根本概念』岩波文庫版、1972年。濱島朗訳『現代社会学体系５　ウェーバー－方法・宗教・政治－』青木書店、1971年、所収。本文では「基礎概念」と略し、原書ページと岩波文庫版のページ数のみを記す。現在のヴェーバー研究ではこの「経済と社会」の編纂が疑問視され、少なくとも著作全体を１つのものとみることはできないとされている。

ウェーバー「経済行為の社会学的基礎範疇」(1922b) *Soziologische Grundkategorien des Wirtschaftens, Wirtschaft und Gesellshaft,* 1964, Zweites Kapitel, Erster Halbband, 1964, S.43–155. 同上、第２章。富永健一訳『世界の名著50　ウェーバー』中央公論社、1975年、所収。

ウェーバー『権力と支配』(1922c) *Die Typen der Herrschaft, Wirtschaft und Gesellschaft,* 1964, Drittes Kapitel, Erster Halbband, S.157–227. 同上、第３章。濱島朗訳有斐閣、1967年（原書第３版の訳)。

ウェーバー『一般社会経済史要論』(1923) *Wirtschaftsgeschichte, Abriss der universalen Sozial- und Wirtshafts-geshichte,* aus den nachgelassenen vorlesungen von S.Hellman und M.Palyi, München und Leipzig. 黒正巌・青山秀夫訳、上、下巻、岩波書店、1954～1955年（原書第２版の訳)。

ライト Erik OlinWright (ed.)『平等主義の政治経済学』(1998), Samuel Bowles and Her-

bert Gintis, *Recasting Egalitarianism: New Rules for Communities, States and Markets*, Verso. 遠山弘徳訳、大村書店、2002年。

伊東光晴『現代に生きるケインズ－モラルサイエンスとしての経済理論』(2006) 岩波新書。

小林一穂・大関雅弘・鈴木富久・伊藤勇・竹内真澄 (1996)『人間再生の社会理論』創風社。

見田石介『宇野理論とマルクス経済学』(1968) 青木書店、
塩野谷祐一 (1988)「シュンペーター・シュモラー・ウェーバー－歴史認識の方法論－」『一橋論叢』第100巻第6号、1988年12月。

塩野谷祐一 (1990)「グスタフ・フォン・シュモラー－ドイツ歴史派経済学の現代性－」『一橋論叢』第103巻第4号、1990年4月。

住谷一彦・八木紀一郎編『歴史学派の世界』(1998) 日本経済評論社。

玉野井芳郎『転換する経済学』(1975) 東京大学出版会。

田村信一『グスタフ・シュモラー研究』(1993) 御茶の水書房。

八木紀一郎『オーストリア経済思想史研究－中欧帝国と経済学者』(1988) 名古屋大学出版会、とくに第1章「マックス・ウェーバーにとってのメンガー」。

八木紀一郎編『経済思想のドイツ的伝統　経済思想7』(2006) 日本経済評論社。

吉田浩『ウェーバーとヘーゲル、マルクス』(2005) 文理閣。

渡辺雅男『階級』(2004) 彩流社。

第3篇第12章

ブロック、マルク『封建社会』(1973) 新村猛他訳1・2、みすず書房、1973、1977年。堀米庸三監訳、岩波書店、1995年。

ギース、ジョセフ&フランシス『中世ヨーロッパの農村の生活』(1982) 青島淑子訳、講談社文庫版、2008年。

馬場哲 (2010)「日本における西洋経済史研究」石井寛治・原朗・武田晴人編『日本経済史 6 日本史研究入門』東京大学出版会。

小谷汪之『マルクスとアジア』(1979) 青木書店。

小谷汪之『共同体と近代』(1982) 青木書店。

中村哲『奴隷制・農奴制の理論』(1977) 東京大学出版会。

中村哲「資本制生産に先行する諸形態」『マルクス・カテゴリー事典』青木書店、1998年、所収。

中村哲編『『経済学批判要綱』における歴史と論理』(2001) 青木書店。

『大塚久雄著作集』1969／1986　全13巻、岩波書店。

尾﨑芳治『経済学と歴史変革』(1990) 青木書店。

芝原拓自『所有と生産様式の歴史理論』(1972) 青木書店。

第4篇第13章

[1] 奥野正寛編『現代経済学のフロンティア』(1990) 日本経済新聞社。岩井克人・伊藤

元重編『現代の経済理論』(1994) 東京大学出版会。
［2］ヴェブレン (Thorstein Veblen)『企業の理論』(1904) *The Theory of Business Enterprise*, N.Y.. Reprinted by Augustus M.Kelley Publishers, N.J., 1975. 小原敬士訳、勁草書房、1965年 (原書は1919年版)。
［3］コモンズ (John R. Commons)『集団行動の経済学』(1950) *The Economics of Collective Action*, The Macmillan Company, N.Y. 春日井薫・春日井敬訳、文雅堂銀行研究社、1958年。
［4］コース (Ronald H.Coase)『企業・市場・法』(1988) *The Firm the Market and the Law*, Chicago, 1988. 宮沢健一ほか訳、東洋経済新報社、1992年。
［5］ノース (Douglass C. North)『制度・制度変化・経済成果』(1990) *Institutions, Institutional Change and Economic Performance*, Cambridge. 竹下公規訳、晃洋書房、1994年。

第4篇第14章

コモンズ『資本主義の法律的基礎 (上巻)』(1924) *Legal Foundations of Capitalism*, Transaction Publishers, NJ., 1999. 新田・中村・志村訳、コロナ社、1964年。

Commons (1934) *Institutional Economics, Its Place in Political Economy*, Vol. 1, 2, The University of Wisconsin Press, 1959.『制度経済学』(上) 中原隆幸訳、ナカニシヤ出版、2015年。

ジェヴォンズ (Jevons, W. Stanley)『経済学の理論』(1871) *The Theory of Political Economy*, 1911 London. *W.S.Jevons Writings On Economics*, Vol. 3, Palgrave Publishers, 2001. 小泉・寺尾・永田訳、日本経済評論社、1981年。。

メンガー (Carl Menger)『国民経済学原理』(1871) *Grundsätze der Volkswirtschaftslehre, Erster allgemeine Theil*, Wien. *Carl Menger Gesammelte Werke*, Bd. I, J. C. B. Mohr (Paul Siebeck) Tübingen 1968. 安井・八木訳、日本経済評論社、1999年。

森嶋道夫 (Morishima Michio)『マルクスの経済学』(1973) *Marx's Economics: A Dual Theory of Value and Growth*, Cambridge. 高須賀義博訳、東洋経済新報社、1974年。

ワルラス (Leon, Walras)『純粋経済学要論』(1874～) *Elements d'economie politique pure ou Theorie de la richesse sociale*, Paris et Lausanne, 1926. 久我雅夫訳、岩波書店、1983年。

久留間鮫造・玉野井芳郎『経済学史』(1964) 岩波書店、1977年改版。

見田石介『資本論の方法』(1963) 弘文堂 (『見田石介著作集第4巻　資本論の方法Ⅱ』大月書店、1977年、所収)。

見田石介『見田石介著作集　第3巻　資本論の方法Ⅰ』(1976) 大月書店。

見田石介『価値および生産価格の研究』(1972) 新日本出版社。

杉原・鶴田・菱山・松浦編『限界革命の経済思想　経済思想史 (3)』(1977) 有斐閣。

杉本栄一『近代経済学史』(1953) 岩波書店。

杉本栄一『近代経済学の解明』(1950) 理論社、岩波文庫版、上・下、1981年。

置塩信雄 (1990)「労働価値説の主要命題と現代の問題」『経済理論学会年報』第27集 (置

塩『経済学と現代の諸問題』大月書店、2004年、所収)。

置塩信雄(1955)「価値と価格－労働価値説と均衡価格論」『神戸大学経済学研究年報』1(置塩『マルクス経済学－価値と価格の理論』筑摩書房、1977年、所収)。

置塩信雄(1954)「交換論について」『国民経済雑誌』第89巻第4号(置塩『近代経済学批判』有斐閣、1976年、所収)。

第4篇第15章

[1] ボウルズ(S. Bowles)・ギンタス(Herbert Gintis)『アメリカ資本主義と学校教育』(1976) *Schooling in Capitalist America: Educational Reform and the Contradictions of Economic Life*, N.Y., Basic Books, 1976. 宇沢弘文訳、岩波書店、1986～87年。
[2] Bowles, Samuel, "The Production Process in a Competitive Economy: Walrasian, Neo-Hobbesian, and Marxian Models," *The American Economic Review*, Vol.75, No. 1 (March, 1985) pp.16–36.
[3] -----, *Democracy and Capitalism: Property, Community, and the Contradictions of Modern Social Thought*, N.Y., Basic Books, 1986.
[4] -----, "Contested Exchange: Political Economy and Modern Economic Theory" , *The American Economic Review*, Vol.78, No. 2 (May, 1988) pp.145–150.
[5] -----, "Democratic Demands and Radical Rights," *Socialist Review*, Vol.19, No. 4 (October- December, 1989) pp.57–72.
[6] -----, "Contested Exchange: New Micro-foundations for the Political Economy of Capitalism, and, Reply to Our Critics," *Politics and Society*, Vol.18, No. 2 (June, 1990) pp.165–222, 293–315.
Macloskey, Donald, "Their Blackboard, Right or Wrong: A Comment on Contested Exchange," Ibid., pp.223–232.
Roemer, John E., "A Thin Thread: Comment on Bowles' and Gintis , "Contested Exchange" Ibid., pp.243–250.
Burawoy, Michael and Erik Olin Wright, "Coercion and Consent in Contested Exchange," Ibid., pp.251–266.
[7] -----, "Power and Wealth in a Competitive Capitalist Economy," *Philosophy and Public Affairs*, Vol.21, No. 4 (Fall, 1992) pp.324–353.
[8] -----, "Revenge of Homo Economicus: Contested Exchange and the Revival Political Economy," *The Journal of Economic Perspectives*, Vol. 7 , No. 1 (Winter, 1993) pp.83–102.
[9] Bowles, S. and Richard Edwards, *Understanding Capitalism*, Second edition, Harper Collins, 1993.
Bowles, S. Richard Edwards, Franklin Roosevelt, *Understanding Capitalism, Competition,Command, and Change*, 3 rd., N.Y., 2005.
[10] Bowles, S. and Robert Boyer, "Labor Discipline and Aggregate Demand: A Macro-Economic Model," *The American Economic Review*, Vol.78, No. 2 (May, 1988)

pp.395-400.

［11］-----, “A Wage-Led Employment Regime: Income Distribution, Labor Discipline, and Aggregate Demand in Welfare Capitalism,” in Marglin, S.A. and Juliet B.Schor, eds., *The Golden Age of Capitalism*, Oxford University Press, 1989. 磯谷明徳ほか訳『資本主義の黄金時代』東洋経済新報社、1993年9月、所収。

［12］Bowles,S. and Juliet B.Schor, “Employment Rents and the Incidence of Strikes,” *Review of Economics and Statistics,* Vol.69, No.4（November, 1987）pp.584-592.

［13］Hahnel, Robin and Michael Albert, *Quiet Revolution in Welfare Economics*, Princeton, New Jersey, 1990.

［14］Marglin, Stephen A., “What Do Bosses Do? The Origins and Functions of Hierarchy in Capitalist Production, ” *Review for Radical Political Economy*, Vol.6, No.2 (Summer, 1974). 青木昌彦編著『ラディカル・エコノミックス』中央公論社、1973年、所収。

［15］Marx, Karl, *Capital*, Vol.1, Tran., by Ben Fowkes, N.Y., Vintage Books, 1976. 邦訳『資本論』第1巻、大月書店。

［16］Marx, Karl, *Capital*, Vol.3, Edited by Engels, Moscow, 1971. 邦訳『資本論』第3巻、大月書店。

［17］Schor, J.B., *Overworked American*, 1992. 森岡孝二ほか訳『働きすぎのアメリカ人』窓社、1994年。

［18］Wright, Erik Olin, eds., *Recasting Egalitarianism, New Rules for Communities, States, and Markets*, Samuel Bowles and Herbert Gintis, and other respondents, Verso, 1998. 遠山弘徳訳『平等主義の政治経済学』大村書店、2002年。

［19］石川経夫『所得分配』（1991）岩波書店。

［20］石倉雅男（1999）「市場と経済権力」『一橋論叢』第121巻第6号、1999年6月。

［21］井村喜代子『『資本論』の理論的展開』（1984）有斐閣。

［22］磯谷明徳『制度経済学のフロンティア』（2004）ミネルヴァ書房。

［23］久留間鮫造編『マルクス経済学レキシコン①競争』（1968）大月書店。

［24］甲賀光秀（1991）「J. Roemer の搾取論」『立命館経済学』第39巻第6号、1991年2月。

［25］坂本和一（1992）「コース／ウィリアムソン型企業組織モデルの検討」『立命館経済学』第41巻第1号（1992年4月）。のち同『新しい企業組織モデルを求めて』晃洋書房、1994年、所収。

［26］佐藤良一（1996）「USラディカル派と新古典派」伊藤誠・野口真・横川信治編『マルクスの逆襲』日本評論社、所収。

［27］佐藤良一編『市場経済の神話とその変革－〈社会的なこと〉の復権』（2003）法政大学出版局。

［28］置塩信雄『マルクス経済学Ⅱ－資本蓄積の理論』（1987）筑摩書房。

［29］森ます美『日本の性差別賃金－同一価値労働同一賃金原則の可能性－』(2005) 有斐閣。

［30］Bowles, S., Microeconomics：Behavior, Institutions, and Evolution, 2004, Russell

Sage Foundation, N.Y., Princeton University Press. 塩沢由典・磯谷明徳・植村博恭訳『制度と進化のミクロ経済学』NTT出版、2013年。

[31] Bowles, S., H. Gintis, A Cooperative Species, *Human Reciprocity and its evolution*, Princeton University Press, N. J., 2011.

[32] Bowles, S. *The New Economics of Inequality and Redistribution*. Cambridge University Press, 2012. 佐藤良一・芳賀健一訳『不平等と再分配の経済学』大月書店、2013年。

第5篇第16章

ボウルズ、ゴードン（D. Gordon）＆ワイスコフ（T. E. Weisskopf）『アメリカ衰退の経済学』（1983）*Beyond the Waste Land, A Democratic Alternative to Economic Decline*, N.Y.,（一部邦訳）都留康・磯谷明徳訳、東洋経済新報社、1986年。

Bowles, S., D. Gordon & T.E. Weisskopf, *After the Waste Land, A Democratic Economics for the year 2000*. N.Y. 1990.

アグリエッタ、M.／A.ブレンダール『勤労者社会の転換』（1990）斎藤・若森・山田・井上訳、日本評論社、1990年。

Club Socialist, *Projet Socialiste*, 1980. 大津真作訳『社会主義プロジェクト』合同出版、1982年。

リピエッツ、A.『勇気ある選択』若森章孝訳、藤原書店、1990年。

エリティエ、P.『オルタナティヴ・エコノミーへの道』若森章孝監訳、大村書店、1991年。

野澤正徳・木下滋・大西広編『自立と協同の経済システム』（1991）大月書店。

置塩信雄・野澤正徳編『講座　今日の日本資本主義　第10巻』（1980）大月書店。

Wainwright, H. & D. Elliot, *The Lucas Plan: A new trade unionism in the making ?* 1982. 田窪訳『ルーカス・プラン』緑風出版、1987年。関連して、Dickson, D. *Alternative Technology and the Politics of Technical Change*, 1974. 田窪訳『オルタナティブテクノロジー　技術革新の政治』時事通信社、1980年。

Robertson, J., *Transforming economie life*. 石見尚・森田邦彦訳『21世紀の経済システム展望』日本経済評論社、1999年。